宇野弘蔵（1897 - 1977）　（堀内璋二郎氏撮影）

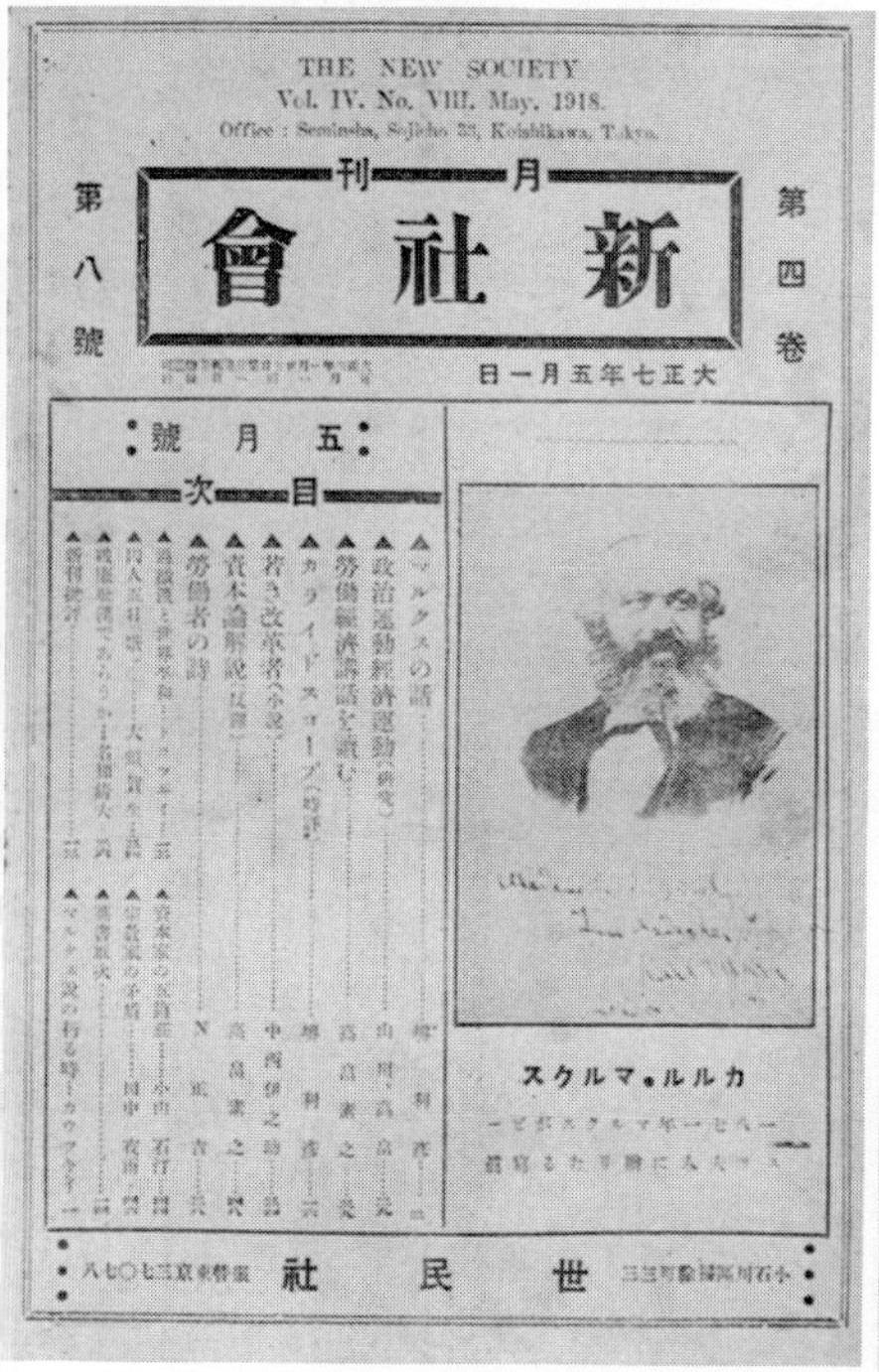

THE NEW SOCIETY
Vol. IV. No. VIII. May. 1918.

月刊
新社會

第四卷 第八號

大正七年五月一日

五月號

目次

カール・マルクス

世民社

資本論解説

カウツキイ著
高畠素之譯

第一章 商品生産の性質

（一）資本論の目的

マルクスが其著『資本論』に於いて研究せんとした事は、今日廣く行はる丶資本家的生産方法であつて、生産行程の根底に横はる自然法ではなかつた。かくの如き自然法は、物理化學の研究に屬する問題であつて、經濟學の取扱ふべき問題ではない。

マルクスは又、總べての民族、總べての時代に通有の生産形式のみを研究しやうともしなかつた。斯くの如き研究の結果は、多くの場合、人は物を生産する爲に、常に勞働器具、土地及び生活品を要す、と云ふが如き、洵に平々凡々の事柄を發見せしむるに過ぎないからである。マルクスは寧ろ、或特定の時代（即ち最近數世紀）に於いて、或特定の國民（即ち歐洲及び其系統の諸國、最近に於いては又、日本及び印度）に特有なる社會的生産方法の發達理法を研究した。

『新社会』と「資本論解説」（同誌，大正6年2月号）

高梁中学校時代の著者
（大正 4 年）

第六高等学校時代の著者
（大正 5 年）

東京帝国大学時代の著者
（大正 9 年）

大原研究所大阪本館

小田原海岸で休日を過ごす高野所長

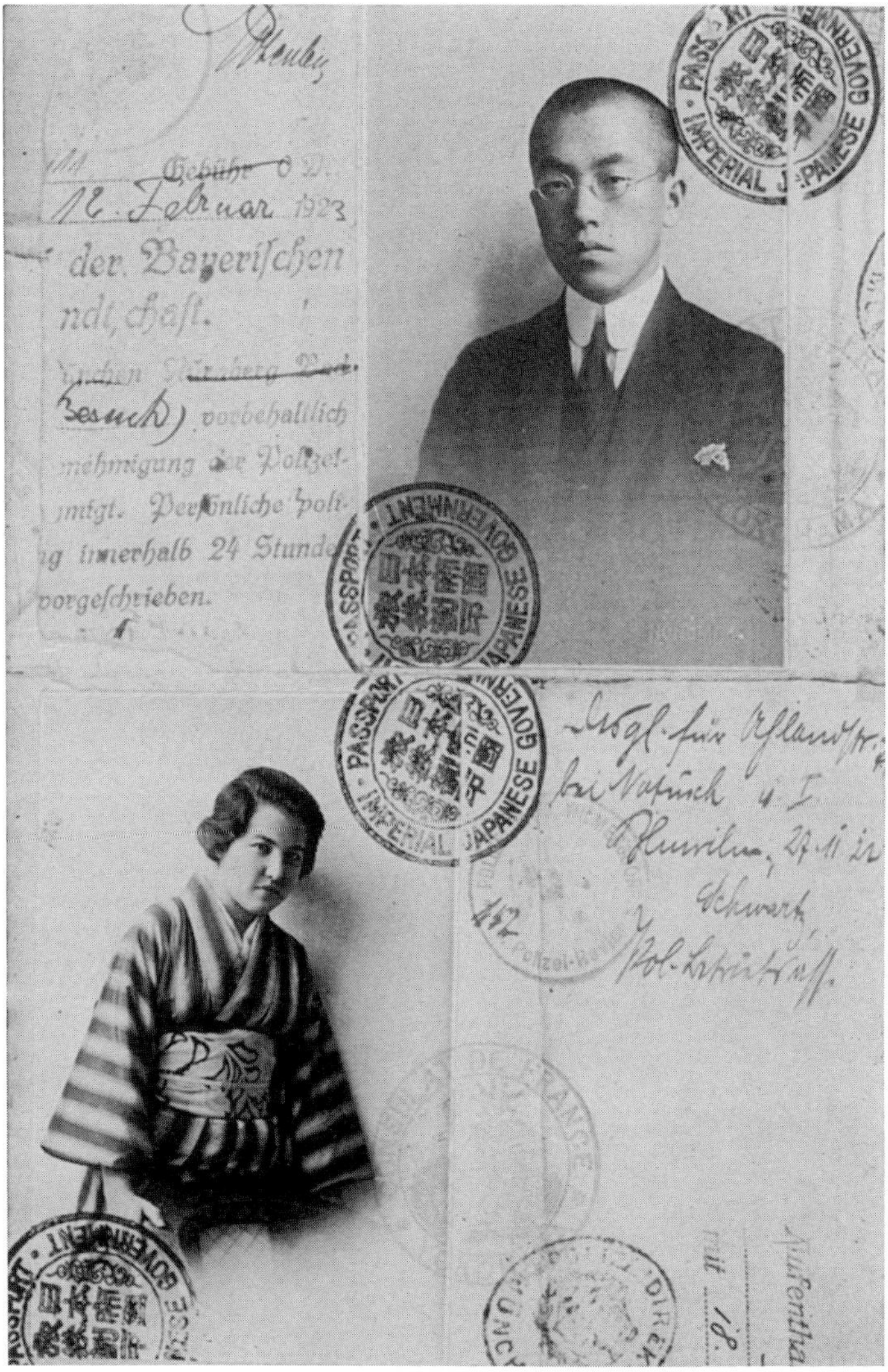

ベルリン留学の旅券，左は妻マリア

ストッシュ家のベランダで
（ベルリン留学時代）

ベルリンのトレプトウで
右は向坂逸郎氏（大正12年夏）

Kozo Uno
Berlin
1922

Das Kapital

Kritik der politischen Oekonomie

von

KARL MARX

Erster Band

Buch I: Der Produktionsprozeß des Kapitals

Volksausgabe

Herausgegeben von KARL KAUTSKY

STUTTGART

Verlag von J. H. W. Dietz Nachfolger, G. m. b. H.

1914

著者が使用したカウツキー版『資本論』(第１巻の扉)

東北大学時代の著者（昭和 6 年）

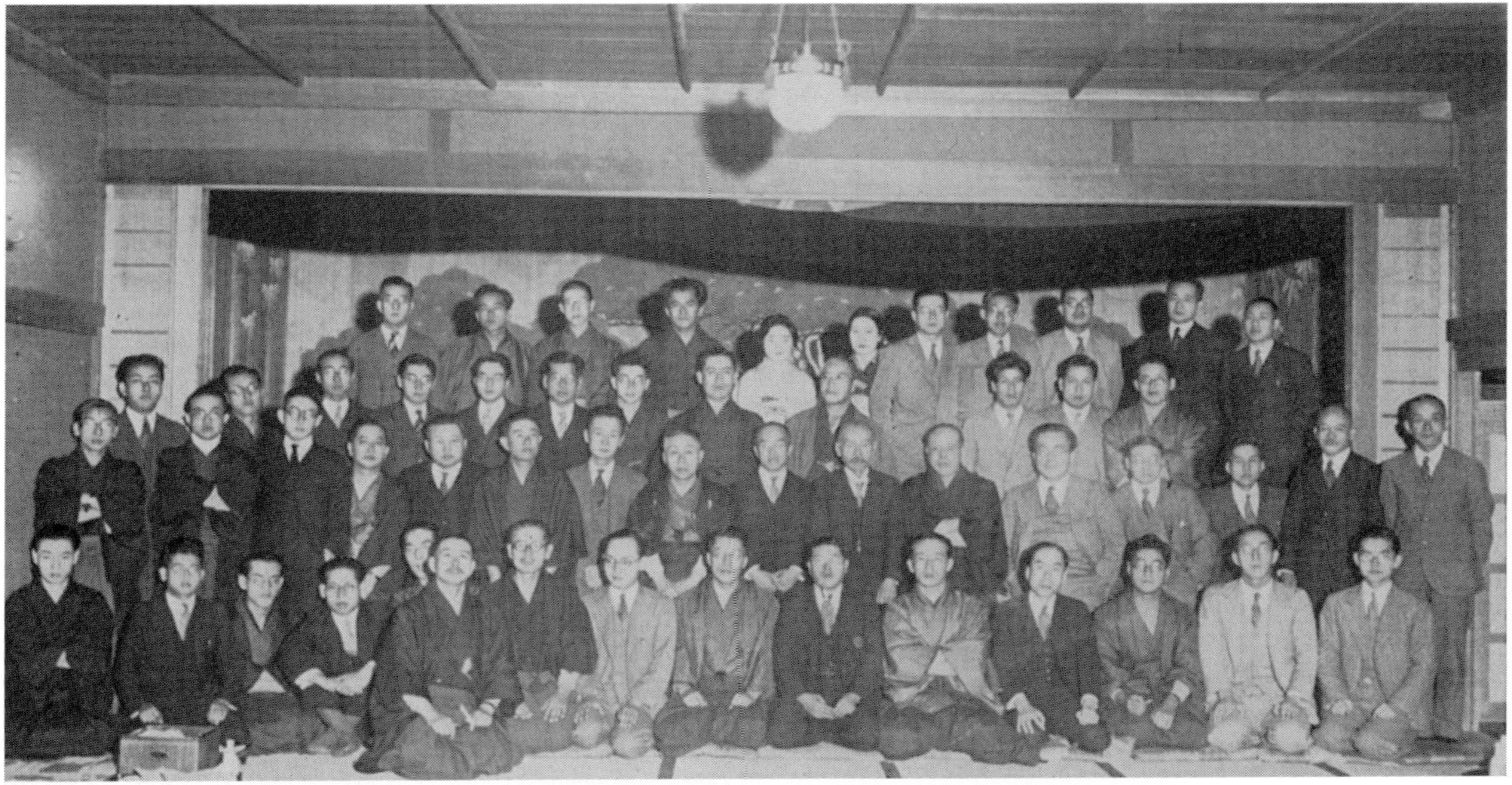

昭和７～８年当時の東北大学の諸先生，前から２列右より５人目が宇野

東北大学経済研究室で

松島にて，右は向坂逸郎氏（昭和12年）

松島にて，左は向坂逸郎氏

学生主催の向坂，大森両氏を囲む会（昭和12年）
前列正面，右から３人目有沢広巳氏，大森義太郎氏，１人おいて向坂逸郎氏，著者

昭和16年初春

妻マリア，義郎（長男）

高野岩三郎（妻の父），達二郎（次男），著者

資本論五十年

（上）

宇 野 弘 蔵

法政大学出版局

はしがき

若いときから私にとっては友人と雑談するのが何よりの楽しみだった。大学の教師になってからは雑談がだんだんと専門の経済学を中心とすることが多くなってきたが、年をとるにしたがって昔話を繰返しては、自分ながらまたかと思う場合も少なくなかった。法政大学に勤めるようになってからは、自分の研究室に常時いるというのでなく、毎週二、三回講義のために出かけることになったので、そのせいもあって出かける日は必ず昼食を職員食堂ですまし、食後二、三十分若い諸君と雑談することを楽しみにしてきた。おそらくこの雑談に時どき加わった法政大学出版局の稲義人君の思いつきからだと思うが、こういう書物をつくることになった。はじめ稲君から話があった時は、問題にならないと考えてことわったのであるが、再三の慫慂を受けている内に、私の『資本論』に対する態度に示されてきた一部のマルクス主義経済学者ないし哲学者諸君の余りにも無理解な、時には単に反対するための反対としか思えない批評も、結局は私の『資本論』研究が特殊の事情の下に行なわれてきたためであることを、こういう話の内に明らかにすることもできるのではないかと思うようになって、つい承諾してしまった。もっとも私は、実際にやってみた結果は、どうもこれらの諸君に理解されそうもないものと思わざるをえなかったし、またそれでもよいと思うのである。私自身、この話の内に自分自身を反省する機会を屢〻与えられたことと、また私の従来の所説を好意をもって理解しようとして種々なる批評や疑問を示してくれた多くの諸君に、少しでも私の考えをよりよく理解していただけるのではないかということをもって十分と思うのである。私自身、この歳になってもまだこれで自分の経済学の原理的研究が確立したとは思っていない。しかし、経済学の原理はその性質上完成しうるものであるということは確信している。そしてそれは『資本論』から私の得たものである。それは勿論『資本論』に書いてあるままでよいというのではない、と同時に如何なる批判にもたえうるものとして体系的に証明されなければならないものと考えている。それは私に、そしてまた『資本論』に経済学を学ぶ多くの者にとっての残されている任務といってよい。それはまた科学的社会主義としてのマルクス主義の要請するところのものとも思うのである。私は、自分のこの考えをそのままに認めて貰おうというのではないが、経済学という学問がマルクスによってあの大成をみたことと考え合せて貰いたいのである。

周知の通りマルクスは『経済学批判』の序文であの有名な唯物史観を公式的に述べる際に、それが彼のその後の研究の「導きの糸」となったことを明らかにしながら、その研究が歴史的には一発展段階をなす資本主義社会を対象とする経済学に集中せられたこと、それはまた「法律、政治、宗教、芸術、または哲学の諸形態、つづめていえばイデオロギーの諸形態」と区別せられる対象であることをも提示している。しかもこの歴史的に特殊な一社会を支配する諸法則はまた他の諸社会を支配する諸規定にも通じ、さらにまた科学的に一分野を限定するこの方法は、法律、政治を対象とする社会科学はもちろんのこと、宗教、芸術、その他の文化生活を対象とする研究にもその基準として、その唯物論的見地を確実にするものでもあった。しかしこの点で特に注意しなければならないことは、経済学の対象をなす資本主義社会は、一定の歴史的時期に、しかも特定の国に発生し、発展してきたものであるということ、そしてまたその発展にしたがってその経済をいわば自立的に支配する法則を確実にしてきたのであって、マルクスもこの点をいわば手がかりとして経済法則を原理として明らかにすることができたのであった。それはしかし裏からいえば当然にその原理的に明らかにされる法則自身がその社会の発生、発展、没落の過程の内に決してそのままに展開されるものではないことを意味するものであった。十七、八世紀に資本主義の典型国とせられたイギリスが、十九世紀後半以後ドイツ、アメリカ等の後進諸国にその地位を譲るということになる。経済学は、歴史科学として、また社会科学として、私のいわゆる原理と段階論と現状分析とを区別しなければならないことになるのであった。それによってまた他の法律、政治の社会科学とはもちろんのこと、宗教その他のいわゆる文化科学ともその関連を明らかにしうることになる。それればかりではない。おそらくは一般に自然科学をも含む科学的研究の唯物論的基礎をも明確にするものではないか。私はそう思わざるをえないのであった。

私は、何とかして『資本論』が読めるようになりたいと考えてから実際に『資本論』を読むまでに十年近くの年月を要し、また『資本論』の研究から今述べたような考えを得るまでに、「経済政策論」の講義を十年余も繰返してようやくその体系化を段階論として規定するということが必要であった。もちろんこれで直ちに『資本論』の経済学を原理論として確立することができるわけではなく、現状分析はほとんど手をつけるということはできなかった。昭和十三年からの十年間は、むしろ少しでもこの現状分析を手がけてみたいと心がけてきたのであるが、敗戦後、思いがけなく東大の社会科学研究所に入ることになって、我が国の資本主義の発生、発展の後進国としての特殊の道程を明らかにしようと考えていたし、また多少その試みをしてきたのであるが、そしてその点には今も非常に深い関心と興味とをもつのであるが、『資本論』の経済学の原理論としての確立の主張が、従来のマルクス主義経済学者諸君の異常な反論を受けることになったので、漸次にその問題の解決が戦後二十年の中心題目となることになった。しかしほとんど全ての経済学の基本的概念を『資本論』から学び、スミスもリカードもマルクスを通して知るという、いわば不精者の思索は、そういう反論を受けて初めて自分の問題とした点を明らかにするという場合も少なくなく、長い年月を繰返し同じ問題にかかわるということにならざるをえなかった。全く多くの人々からは実に魯鈍ともみえるかも知れないが、しかし私にとってはこれで初めて『資本論』の所論が自分のものとしてわかったといえるように思えるのであった。

もっとも、この長い過程を直接に自ら誌すということは到底できそうになかったので、三、四人の友人に援助を求めて聞き手になって貰い、これをテープにとって原稿にし、それに加筆する方法をとった。法政大学の時永淑、日高普、渡辺寛（現在東北大学）の三君と武蔵大学の桜井毅君をレギュラー・メンバーとし、その他二、三の諸君にも時どき加わって貰って、月に一、二回土曜日の午後を実に二十二回にも亘って会合することになった。これらの聞き手になってくれた諸君には心から感謝している。なお私は、一昨々年秋、私の古稀を祝っていただいた諸君にこの拙い思い出話をお礼としてお贈りしたい。もちろん最初は全体をまとめてと思ったのであるが、余りに長話になるので二巻として、この度は上巻だけにした。御諒承をうるとともに、改めてお礼を述べる次第である。

最後に、こういう思いもよらない書物をつくることのできたことを法政大学出版局の相島敏夫、稲義人の両君に対してとともに、長期間の会合の度にその世話をし、編集に種々と手数をかけた藤田信行君と、われわれの乱暴な発言のテープから原稿に直すという実に厄介な仕事を綿密に完遂された風間耿子さんにも感謝したい。

昭和四十五年一月十二日

宇野弘蔵

目次

資本論五十年（上）

○○　『資本論』発刊百年にちなんで、この機会に先生のいわゆる『資本論』五十年というのを詳しくお話していただきたいと思うんです。

――　ぼくの場合、精確にいうと五十年ではない。ただ『資本論』を何とかして読みたいと思うようになったのが、大正六年頃だったので、それから数えると五十年になるわけです。しかし昭和十三年春から戦争の終るまでの七、八年のブランクもある。ただ最初『資本論』が読めるようになりたいと思ったときには全く予想もしなかった大学の先生になるということになったので、とうとう今日までいわゆる一生をかけるということになってしまった。しかしぼくが東北大学で受持った講義が「経済政策論」だったということは、ぼくの『資本論』の勉強に、いわゆる『資本論』学者としての研究でなく、『資本論』から経済学を学ぶという、そしてそれを自分の講義にできる限り利用するという方向を与えることになったと思う。もちろん根本はぼく自身の性格や能力にもよることだろうが、ぼくは長い間『資本論』を勉強しながら今日でもなお必要に応じてどこかの箇所を読みかえすごとに新しいことを教えられるという場合が少なくない。もともとぼくには『資本論』にはこう書いてあるというのが主題ではなかったのでそういうことになるのかも知れない。それはともかくどういうことから話したらよいことか。

○○　ぼくらは思うんですけど、戦後派とか戦前派とか戦中派とかいろいろありますけど、先生のような時代はそのどれでもない。現代人のいき方にはもうないものがあるのではないか、そこが聞きたいんです。

――そういうことがいえるかも知れないが、またそれは大したことでもないだろうが、しかし考えればそれはぼくが大学生時代に明治十年代の話を聞くようなもんだからね。まったく五十年昔のことになる。しかし明治の五十年と、大正以後の五十年では……。

○○　それでもやはりずいぶん遠い昔のことという感じがするんじゃないかな。

――ただ社会主義に関しては、例の冬の時代の一面というか、もちろんぼく自身はちょうど冬から春になりかけを、しかも外部から少々知っているというにすぎない。しかしそれはぼくの『資本論』五十年にも関連しているわけだ。

○○　それでどうでしょう。先生、まず初めにいつ頃から社会主義を知るということになったかということから話していただきたいんです。

第一章　社会主義を知る

――ぼくが社会主義を初めて知ったのは中学校から高等学校へかわるという時だった。大正三年か四年のころです。
○○　やっぱり堺利彦、大杉栄というような人の書物で……。
――堺さんです。
○○　『へちまの花』ですね。
――いや『へちまの花』じゃない。大杉の『生の闘争』に堺さんが序文を書いていた。それでぼくは初めて社会主義が政治的主張であることを知ったのです。ぼくにはあれが非常におもしろかった。政治思想の表をつくっているんだ。いちばん右が守銭奴、隠遁者、遊蕩者等の個人主義、その次が国家主義とかというようにね。いちばん最後に無政府共産主義から個人的無政府主義というので右につながることになる。社会主義の堺氏やサンディカリズムや無政府共産主義の大杉氏らはその中の左翼にいるわけだ。これでぼくは初めて社会主義の主張が政治的主張として政友会や国民党とも対抗するものだとい

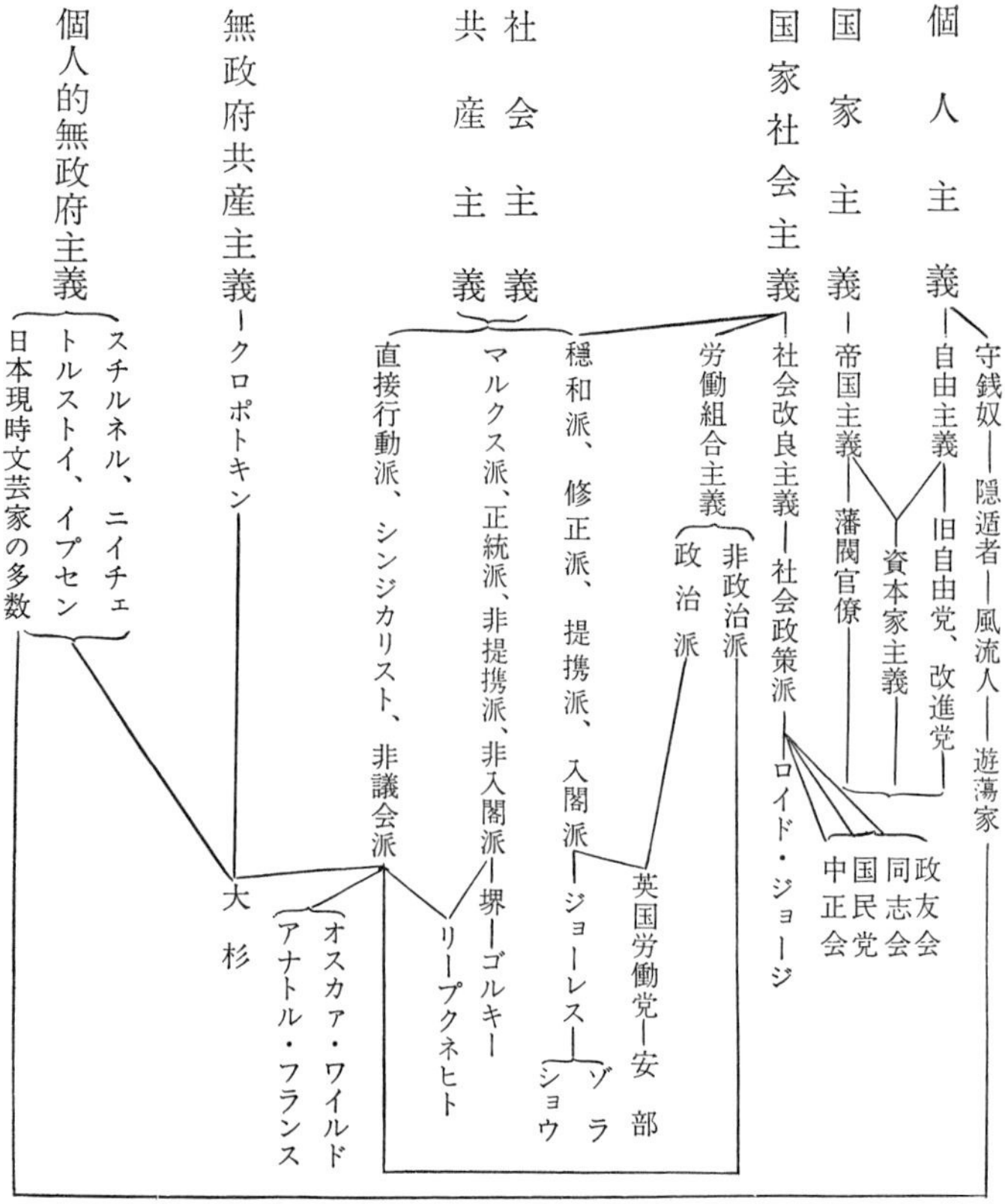

うことを知ったんだ。

○○　先生、どうでしょうか、もっとその前の中学時代のことから話していただきたいのです。

——　もちろんぼくにとっては中学時代も社会主義を知るという上での親しい友人をえたということで大切だった。後に社会主義者となった西雅雄もそうだけど、もうひとり松田亨爾というのがいたんです。これとは非常に親しかった。これが『万朝報』にいた茅原華山なんかを教えてくれた。

ぼくはクラスじゃ年少の方だった。松田とか西とかはぼくより年上だった。

○○　それはどういうわけですか。

――　それは高等小学校を一年か、二年やって中学にきたからだった。二人とも中学卒業までぼくより思想的には先輩だった。それにごく短い期間だったが、ぼくには特別の関係のあった先生がおられた。高田大治という人だが、この人でぼくは高梁中学へ入れたんです。その点、むちゃな先生だけどね。ぼくは高梁中学へ行くつもりは全然なかったのに偶然のことから入れてもらったんだ。全く妙なことになったものだ。それはともかく今もいったように社会的なものに早くから興味をもつようになったのは、その松田という友人の影響といってもよい。これはぼくにとってはかなり貴重な友人だったが、のちにクリスチャンになってもう死んでしまった。

○○　なにをやった人ですか。

――　法律。学校の方もよくできていた。一高に行って東大の法科を出たが、もう大学時代には病気でおくれていたし、方向も違っていた。後に知ったことだが、クリスチャンの黒崎幸吉という人の弟子になっていたんだ。ぼくは外国に行くときにその黒崎氏と一緒の船に乗ったのです。黒崎さんはぼくの家内の父の学生だったので船に乗ったとき紹介されたのだが、後にぼくの中学校の話をしたら、自分も高梁中学の人を知っているというんだ。聞いてみると、それが松田なんだ。そしてその松田はちょうど神戸に自分を送って来ていたというのだ。惜しいことに船の出たあとでもう会えなかった。その後いつごろ死んだか、それも知らない。しかし中学時代はずいぶん親しくしていた。もっとも彼は思想的な興味をもった連中と青雲会という会をつくったりして彼らだけで演説会をやったりしていたが、ぼくはそれには加わらなかった。前に話した、もう一人の友人西雅雄もその会に入っていたが、西の方は中学時代はむしろ文学青年だった。西は、しかし松田と違って中学時代は政治的なものには興味がなく、ぼくらが華山の『第三帝国』なんていう雑誌をとっているのを、むしろ冷笑していた。ぼく自身はしかし西から文学趣味を教えられた。たとえば啄木を教わったのは中学校三年の修学旅行の帰りだった。西といっしょに汽車に乗っていて、啄木歌集を見せてくれたんだ。えらい歌があるものだなと思った。そのときはたいしてなんとも思わなかったが、その後高等学校に入ってからか、ぼくは自分でも啄木歌集と『啄木遺稿』を手に入れ、歌集のほうはたいして感銘を受けたわけではなく、こんな歌ならぼくにも作れると思った程度だが、(笑) 真似てみるとそうはゆかなかった。遺稿のほうは非常に面白かった。詩が載っていてこれには非常に感銘を受けることになった。

○○ 啄木が死んだのはいつごろですか。

―― あれは大正の初めでしょう。あるいは明治の終りか。

○○ そのころあまり有名じゃなかったのですね。

―― そうだろう、ぼくも西から教わらなかったら知らなかったわけだ。

○○ 中学というと……

―― 中学校三年が明治四十五年＝大正元年です。ちょうどそのちょっと前に死んでいるのじゃないか。だから明治末だろう。そのころは一般には知られていなかった。彼が有名になったのは大正八、九年以後です。そういう意味じゃぼくはわりあいに早く啄木を知ってその遺稿を読むということにもなったのだが、その啄木を教えてくれたのが西だった。そういうわけで西と松田というのは、ぼくにとってはどっちも同級生だけれど、ぼくよりはませていたし、政治と文学を通して——といっても、たいしたものではないが、しかしぼくにはやはり重要な思想的影響をあたえることになったと思う。

○○　いまから見たらそれは幼稚なものにきまっているけれど、その当時先生がなにか読んで非常にショックを受けたとか、うつぼりがとれたような感じがしたとか、そういう特別のものは……

——　それが結局社会主義ということになる。ぼくの子どもの頃、ぼくの近所に山川均さんの家があって、明治三十年代のことだが、山川さんの事件があった。

○○　不敬事件ですか。

——　ぼくは明治三十七年に小学校に入ったのでそのことはぜんぜん知らないんだ。後に大正の高等学校時代に、その山川さんとは知らずに山川さんのものは読んでいたわけだ。前に近所にあった山川さんのうちでは、社会主義者が出たために青竹を門に打って、閉門したんだと兄から聞かされて、ただ社会主義というものはケシからんものと思いこんでいたのだ。山川さんのうちは、小さかったけれど、きれいなうちだったようだ。そして後には向いの山川さんの義兄にあたる人の屋敷内に移られたが、とにかくそのうちの人をぜんぜん見たことがなかった。すぐ近くなんだけれど。だれが住んで、どういうふうにくらしているのか、出入りする人もいない、不思議なうちだったね。ぼくは子ども心に社会主義者っていったいどういうものなのかと思わずにはいられなかった。

○○　家の人は出ないわけですか。

――出ない。あとで聞いたが、おとうさんは事件以来一歩も出られなかったらしい。ぼくはその当時はぜんぜん知らなかった。それに続いて大逆事件があったからね。

○○　大逆事件はそのまま信じていたのですか。

――信じるもなにもない。ただわけがわからずに大変なことだと思っていた。

○○　ちょうど小学校終るときですね。

――そのころです。これもぜんぜんわからなかった。この間ある新聞にだれかが、吉川幸次郎氏だったかな、大逆事件のとき子どもながらにうちでいろいろ話をきいて知ったとかいうことを書いていたけれど、ぼくはそういう環境にはいなかったからね、ぜんぜん知らなかった。ただ、事件があったということは知っていた。しかし社会主義というのは、どういっていいかな、恐ろしいものだと思っていた。ところが堺さんの一覧図を見ると、ちゃんと社会主義がまんなかに書いてあるんだな。（笑）そしていろんな人と並んでいるでしょう。政友会や国民党、ロイド・ジョージや、安部磯雄、堺利彦と、驚いたね。ぼくははじめて社会主義というのはこういうものかと思ったんだな。つまり個人主義、それから国家主義、国家社会主義、社会主義、共産主義、こういうものが並んでいる。こういうものかと思って、初めて社会主義なるものに興味をもって、それで大杉のものに特別の興味を持つようになった。そのときはまだ『生の闘争』をのぞいて見ただけだが、それが中学校の五年の頃だと思う。『生の闘争』は、ちょっとハイカラな本だった。そのあとに出た『社会的個人主義』も、同様だった。彼はなかなかスタイリストだからね……。それはともかく、ぼくのうちが本屋だったせいで偶然にぼくは『生の闘争』なんかをみることになったわけだ。

○○　本屋というのは小売りですか。

──もちろん小売り。

○○　かなりの本が置いてあったのですか。

──置いてあったことは置いてあったが、関西の田舎のことで大阪の雑本が多かった。東京の本というのは雑誌と、それから特別にぽつぽつ注文があったり、見はからいでくる本。だから『生の闘争』が来たというのは、間違って来たんだろうと思う。

○○　そういうものをずっと置いているわけでもないのですか、棚があって。

──それは置いていた。けれどいまのような具合いに立読みできるような形ではない、昔の田舎の本屋というのは。前に台があって、そしてお客さんが来るとそこにいすがあって、そしてどういう本がほしいというと、こっちから持ってきて台の上へ出して……。

○○　呉服屋みたいなものですね。

──そうです。少なくともぼくのうちではね。

○○　その本は。

──うしろにある。

○○　それが見えるわけですか。

――それから奥にもずいぶんあった。ことに講談本なんていうのは一間を占領するぐらい置いてあった。

○○　講談本が見たいというとみはからって持ってくるわけですか。

――そうそう。ぼくの覚えている頃はもうおやじはちっとも商売していなかったので、母親が一人でやっていた、小僧を使って。小僧が何人かいたからね。

○○　ずいぶん大きな本屋さんですね。

――ぼくの郡ではほかにないから。だから郡の内外を、今日でいうセールスマンがまわっていたわけです。本を背負って注文の本とみはからいの本を背負って、二人ぐらいは常にいたね。

○○　倉敷の丸善。

――丸善というのとは違うよ。とにかく愛文舎といえばぼくの郡での本屋だった。

○○　それは先生のお父さんのときで終ったのですか。

――兄貴もちょっとやったけど、兄貴はじきやめてしまった。

○○　あとは絶えているわけ。

――いまはほかの愛文舎ができている。たしか愛文社になってる。

○○　それは縁がないのですか。

――縁がない。ぼくのところは本と紙と文房具、それから印刷、これを兼ねてやっていた。

○○　印刷というのを先生からよく聞いているのですが、どういう印刷をやっていたのですか。

——それは名刺から始まって、広告ビラ、役所、学校用のいろんなものですよ。

○○ 印刷機械を置いていて。

——大きいのが二台、その他に小さいのがあった。大きいといっても、足で踏む輪転機だった。ぐるぐると回って印刷するのです。今もよく覚えているが、正月の元日の日に、ぼくの町じゃみんなお互いに回礼に歩くのをよして、新年祝賀会というのを小学校でやって、それに名前を出すんだ。その紙を夜十二時ごろまでかかって、ガッチャン、ガッチャンやっているのを、ぼくは寝床に入りながら聞いたもんだ。工場といっても同じ屋内で店につづいていて、奥に活字のケースがずっとたくさんあった。機械のすぐ横に組むものがいて、それが主任だった。そのほかに、そういう印刷機械を動かす職人が二、三人。それから小僧が四、五人いた。組んだり、印刷するのは通いの職人だったが、小さい小僧はぼくのうちの工場の二階へみな泊っていた。

○○ それは印刷ですね。文房具のほうはどのくらい。

——文房具もいろんな文房具やっていた。だいたい本と文房具は一緒ですから、店でも小僧を何人か使って……。

○○ その地方ではずいぶん大きいのですね。

——まあそういってよいかも知れない。ぼくのおやじは百姓でしたが、若い頃百姓をやめて本屋になったんです。ぼくが生まれたのはもっと小さいうちで、印刷と本屋をやっていたらしい。山川さんが、子どものとき印刷機械を見にいったというのはその方です。窓へぶら下がって見たと『自伝』に書いてあるが……。
○○　そういう機械は子どもが見ていて実に面白いですね。
――ガッチャンガラガラ、ガッチャンガラガラ動くからね。
○○　当時、印刷というように、文字なんか読めるというのは、活字工にしても相当インテリというか……。
――そうまでもないだろうが、まあ新しい職業だったのだろう。ときどき印刷の職人が雇ってくれといって来たこともある、流れ職人が。それはしかしいわゆるジャニーマンじゃなくて、渡りものの、どこでも勤まらなくて行きつまった連中だ。なかには同志社の学生だというのが来たこともある。夕方来て、なんとかしてくれといって、それでしばらくいて、またどこかに行っちゃった。ぼくは、だから子どものときのそういう思い出を頭に繰返していると、なんだか小説が書けそうな気がするね。(笑)
○○　足で踏んでいる輪転機というのはいいな。
――いや、それは輪転機とはいえないかも知れない。版の方が平面で印刷される紙がシリンダーに一枚ずつまかれてすられるんだ。おやじの生まれたうちというのは今は倉敷市の中に入っているすぐ近くの村の農家ですが、文明開化の百姓だったのかもしれない。その村でランプを初めてつけたうちだとか、おやじがよくいっていた。叔父さんか、何かに書物が好きで沢山の本をもっていた人もいたし、俳句の宗匠だった文人も親戚にいたとか、そのせいで本屋をやることになったのかもしれない。そういうので、おやじは長男なのに百姓やめて本屋を始めたんだ。

○○　そのあとは。
――おやじの弟がやっていた。
○○　飛び出してきたという……。
――そうでもないだろうが、その点はよく知らない。
○○　明治の進歩的な文化人。
――進歩的、そんなのじゃない。ただ、よくいっていたよ。自分は博文館の大橋新太郎と同じ年に倉敷に出た。博文館の大橋は東京に出たためにあれだけになった。自分は倉敷に出たからこんな小さい本屋で一生終ったとよくいっていた。
○○　そういう気概があったのですね。
○○　それから文字に対する興味。
――あったのでしょうね。東京に来た話をよくしていた。明治何年かな、十八、九年ごろじゃないかな。東京へ来ているのです。日光まで行っているのですが。大阪から船に乗って東京に来るのに非常に荒れて、下田で一泊した話をよくしていた。
○○　東京になんで来たのですか。
――遊びに来たのです、見物に。
○○　いくつのときですか。
――二十歳前後じゃないかと思う。

○○　維新のちょっと前に生まれたわけですか。

――そうです、元治元年ですから。維新より三年前ですよ。それで両国の井生村楼というところで政談演説を聞いているんだ。

○○　自由民権かなんかの。

――自由民権らしいな。よく知らないけれどね。そういう話をよくしていたよ、酒飲むと。ぼくも年とっちゃったからそんな話になっちゃうけれどね。そういう環境で『生の闘争』なんか偶然見る機会があったわけだ。

○○　そういうことでお父さんがそういう本を入れてきたわけですね。

――いや、それはそうではない。その頃はおやじはもう店はやっていなかった。おやじはぼくが子どものときには、毎日遊んでいるようなものだった。母親が全部店からなにからとりしきっていたんだから。

○○　お父さんはなにしていたのですか。

――毎日、朝起きてめし食うと大原(孫三郎)さんの店に行って、そこに集まる連中と雑談をしていたらしい……。

○○　旦那衆。中央委員クラス。

――ぼくのおやじはまだ中央委員よりちょっと下だったようだ。(笑)『てんやわんや』という獅子文六の小説に出る、あの四国の町がそれによく似たことをやっている。毎日みんなそこへ集まるんだ。

そして町の話をいろいろやるわけ。それからあとはなにしていたのかな。人のところを訪ねてあるいていたのじゃないかな。

○○　一種の長老政治の下地みたいな。

――大原氏の下手間ですね。

○○　大原氏としては、そこでいろんなニュースを仕入れて。

――大原さんは店の間なんかにはあまり出なかったのではないかと思うが、その点はよく知らない。

○○　先生が『生の闘争』を読んでいるということをお父さんが知って、いかんとか、いいとか、そういうような反応は。

――おやじは知らない。ぼくがなにを読んでいたか、どういうことに興味をもっているかは、ずっと後に知ったようだ。ぼくが大原研究所に入ったときに、初めて、ああそうだったのかといっていた。そのころは、しかしおやじ、もうロシア革命がすんだあとだから、もしこれが成功すればお前らのほうが勝ちだといっていた。(笑)

○○　先生が法科に行かないで経済科のほうに行ったときは……

――そのときは、おやじは実業界に行くと思って喜んでいた。

○○　工科に行ってほしいというようなことをきいていますが……。

――それは中学校のときのぼくの自慢話の数学競争試験によるわけだ。

○○　それが理科へつながったのですか。

――そうそう。

○○　文学書ですけれど、啄木に入る前にいったいどういうものを。

――入門はたいてい蘆花だった。それに中学校二年のころ『自然と人生』というのが国語の副読本になっていた。みんな暗唱できるぐらい読んでいたからね。「降り積む雪を落花とけ散らして……」なんかというような小説や、「霜おり大根引く頃は……」というような「武蔵野風景」も暗唱していた。だからああいうものから小説を読むことになった。それにぼくのいた寄宿舎に図書室があって、そこに蘆花のものがたくさんあった。『思出の記』や『寄生木』、そういうもの。

○○　その時代というのは、つまり漱石、鷗外の活躍した時代ですね。

――ですが、ぼくが漱石、鷗外を読んだのは少し後です。その頃はぼくはまだ読んでいない。漱石の『猫』はもう書かれていたんだが、それもまだ読む機会はなかった。

○○　そのころは先生だけじゃなしに一般的に蘆花というのがむしろ代表的な文学者だったのですか。

――でもないだろう。もっともぼくは、うちに雑誌や本が来ていたので、たとえば『文章世界』なんていう雑誌がきていたから、わりあいに早く白鳥やなんかも読んだ。その点少し違うかも知れないね。

○○　そこでいままでのものと違う、非常に深いものだというような、そういう感銘をもったことは……

――小説では、あまりたいしてそういうものを受けなかった。ただ楽しみに読んだのだが、白鳥なんかよくわからなかったといった方がいい。少し暗いものがわからぬなりにひかれるというようなことになったようだ。蘆花のほうは楽しんで読んだけれど、たいしたことはない。それより独歩だな。独歩はだいぶ読んだ。やはりこれも寄宿舎の図書室で。
○○　独歩は一種の人生というのを感じさせるのですね。
――　独歩と、その次読むのが樗牛。樗牛の『滝口入道』から入って論文を読んだ。樗牛というのはぼくの寄宿舎の図書室に全集があった。大きな立派な全集だった。五巻か六巻。ぼくのちょっと先輩ですが、赤木桁平というのがいたの知っていますか。
○○　ぜんぜん知りません。
――　後に池崎忠孝といってこんどの戦争前に『米国恐るるに足らず』という本を書いた人です。しかし中学校、高等学校時代は文学青年でなかなかの秀才だったらしい。ぼくが入った年にはもう出ていたので個人的には知らないが、後に「遊蕩文学撲滅論」を東京に出てやった人です。その人なんか樗牛全集を非常によく読んだようです。ぼくの寄宿舎の図書室にそういう先輩の読んだものがたくさん残っていたのです。そういうのでぼくらも大いに読んだわけだ。
○○　感想かなにかでも残っているのですか。
――　それはたいして覚えていないけれど、わりあいにたくさんの本があったのです。ぼくは図書係をその寄宿舎でよくしていたんです……、図書係や炊事係を。(笑)
○○　しかしどうですか、そういう一種の文芸的なものから入って、だんだん進んでもあとまでずっと……社会主義で始末できないようなものが先生の人生観にもあるような気がするのですが。

―― もちろんあるでしょうけれど。それはどうかな。基礎や背景には残るだろうが……。

○○ 後のサンディカリズムなんていうのは、ちょっとそういうものに続くようなものがあるのではないですか。

―― サンディカリズムにしても直接にはどうかな。

○○ 外国文学はどうですか。

―― もちろん少しずつだが読んだ。ぼくは外国文学も大部分を西から教わった。

○○ どういうもの。

―― 中学校のときから西はトルストイを読んでいた。

○○ 英訳ですか。

―― 西は大部分英訳で読んでいた。ぼくも西から英訳の『アンナ・カレーニナ』をもらったことがある、中学校のとき。

○○ それで、読んでどうでした。

―― どうでしたはないよ。(笑) ただ、ぼくはそのうちにトルストイよりもむしろドストイェフスキーがわりあいに好きになったからね。それは高等学校に入ってからだが、だいたい高等学校時代はドストイェフスキーを読んだ。

○○ 文芸のほうはそのくらいにして、話を進めて社会思想に移りますが、大杉から学んだ点は……。

―― 初めはむしろ大杉が茅原華山を批評した文章を華山の雑誌『第三帝国』で読んで、これはなかなか偉い男がいるんだなという、そのぐらいに思っていただけで、べつに大杉の影響を受けたとはいえなかった。

○○　どんなもの読まれたのですか。

――　中学時代にはたいして読んでない。

○○　『近代思想』は。

――　『近代思想』は読まなかった。その論文を集めた『生の闘争』をはじめて見たわけだ。今も持っている『近代思想』はぼくが東京に来て古本で買ったのです。

○○　堺さんの図譜を見たのは。

――　いまさっきいったように中学五年頃に、『生の闘争』の序文で見たのです。『近代思想』で見たのではない。『近代思想』はぜひ見たいと思っていたから、のちに東京に来たときに古本屋で二冊になった合本を買ったのです。

○○　『近代思想』をぜひ見たいという気持は中学校のときからあったのですか。

――　中学校じゃない、高等学校。

○○　『労働運動の哲学』なんていうのも高等学校のときですか。

――　そうです。あれはぼくが高等学校二年ぐらいじゃないかと思う。

○○　そうすると中学のころは文芸的イデオロギーと大杉栄への入門のとば口ぐらいのところで終っているのですね。

―― そうです。だから中学を出て高等学校へ入るというときには、おやじは工科をすすめたのに法科を希望して文科へ――その当時の一部丙の独法というのへ入った。おやじが工科をすすめたのは、さきにもいった中学校の数学競争試験で成績がよかったからです。この数学競争試験というのは、ぼくの唯一の自慢話で君たちには幾度も話したかと思うが、そして『図書』にも書いたことがあるのだが、実に面白い試験だった。第二学期の試験の終った冬休み前だったと思う。一年から五年までの全校生徒に同じ問題で数学の試験をするんだが、第一回は一年生の算術の問題、それに及第すると第二回の二年生程度ということになり、第四回の四年生程度までの四回の試験をする。そして最後に各学年で最高の点をとったものに銀メダルが与えられるというわけだ。もちろん第一回の試験で落第する上級生も沢山いた。ぼくはこの試験で在学中に三つのメダルを貰ったように記憶していて『図書』にそのことを書いたところが、同級の友人で四年生のときメダルをとった男から「お前は二つとったのではないか」と抗議がきた。二回までは確実なのだが、あとの一回はあやしい。あるいはそうかも知れないが、しかしそれにしてもぼくは得意だった。ぼくのおやじなどはそれですっかりぼくに数学の才能があると思いこんでいたわけだ。どうもまだぼくには三回貰ったように思えてならないのだが、どうだか……。

○○ 二回でしょうね。(笑)

○○ 問い合わせてみます。先生の高い鼻をくじくためにも。(笑)

○○ それはともかく、そういう文学書からそういう思想的なものへだんだん移ってくる。それはつながり方というのは……

――よくはわからんが……。
○○　まったく異質な形なのでしょうか。
――そうじゃない。これはすこし後に高等学校に入ってからになるけれど、啄木から後に、ぼくは土岐哀果を読んでいる。それも『生活と芸術』という雑誌を通してです。それは一種の文芸的社会主義というかな、そういう傾向をもっていた。彼はそのころは、いまとちがって啄木の影響を受けてか、そういう文芸的な社会主義をもっていた。たとえば、『街上不平』なんていう詩集があった。いまでもぼくは持っているが、貧乏をうたった詩です。しかしこれは啄木の詩のように愛唱はしなかった。むしろ「生活と芸術」叢書というのを出していて、その中に大杉の『労働運動の哲学』、荒畑寒村の小説、啄木の小説、それから安成貞雄の文集、堺利彦の『金魚のうろこ』というような、そういうものが入っていてこの方を大いに愛読した。安成、堺の両氏のものは『へちまの花』に出た文章を集めたものじゃないかと思うが……。
○○　安成貞雄のも『へちまの花』のやつですか。
――でしょう。たしか『文壇与太話』といったもの、ぼくはそれには非常に感心したね。
○○　あれはどこが面白いのですか。
――意味もなにもないですよ、感心するんだから。
○○　そういわれちゃうと……。
――いろんなこと知っているからね。そしてこういうことはいえるでしょう。アカデミックな、偉そうな顔をした学者諸先生をばかにしている。それは安成や大杉はみんなそうでしょう。社会主義の連中――大学の先生なんか偉そうな顔していても、みんなだめじゃないか、社会主義も知らんじゃないかというような、思想的にいうとレベルが非常に低いんだ、大学の先生のほうが。だからそういう点を痛快に思ったんだな。それがぼくには愉快だったようだ。

○○　それはもう……。

――　高等学校時代です。

○○　もう少し前の話ですが、蘆花は別として、正宗白鳥にしろ、国木田独歩の末期のものにしろ、貧困の問題とか貧富の差とか、そういうふうな問題が出てくると思うのですが。

――　そういうのはあまり感じなかったな。

○○　そう直接にそれとはつながっていないということですね。

――　文芸的なものに興味をもったというのは、これは事実だけれどね、しかしそれがために貧乏の問題をというのではない。

○○　先生は周囲の生活なんか見て、そういう点に矛盾を感じたり、憤りを感じたりということもあまり記憶はないですか。

――　ないんです。ただ、ぼくは紡績の町に育っているでしょう。そして紡績女工の悲惨な状態というのはよく知っているんだ。ぼくの母親もそれはよくいっていたですよ。こんな町で偉そうにみんなしているけれど、女工さまさまだ……　女工のおかげでこの町は豊かに暮らしているんだということを母親はよくいっていたね。

○○　お母さんのそういう考え方、女工のおかげだということは、当時としては非常にめずらしい考え方じゃないですか。

――そうかも知れないが、ぼくたちには女工の生活がよくわかっていたのです。ぼくのうちは――またぼくのうちの話になるけれど――本屋と紙屋と印刷をやっていたばかりでなく、ぼくのおやじはあらゆる商売をやっているんだ。氷まで売っていた。ぼくのおやじは氷を売るために、裏へ大きな蔵を作っていた。それは大変なものです。周囲の壁に栗の木の厚い板をはって、その中におがくずを入れて、そして氷をつめる。そうすると上でなきゃ入れなくなる。上から入るような別の戸口まで作ってあった。ぼくの記憶しているときにはもうその氷はなかったが……。

○○　うまくいかなかったのですか。

――それはよく知らないけれどね、もとは天然氷を切ってきて貯蔵しておいて売っていたわけだが、それが製氷会社ができておそらくそのためじゃないかと思うが、いらなくなった。つまり初めは氷を自分が寒い頃に寒いところから買ってきて、但馬の奥とか、あるいは北陸のほうから買ってきて氷を貯めておいて売るつもりだったらしい。そのうちに、おそらく使わないうちに製氷会社ができた。そこで製氷会社へ多少関係していて氷を売っていたのです。後まで小売りをしていた。氷の屋台がいくつかうちに残っていたが、ぼくのときは使ってなかったから知らないけれど、そんなもので売らしてもいたらしい。子どものときよくその屋台を持って遊んだものだ。

○○　屋台というのは、かき氷を売るわけですか。

――そうです。そういう屋台がいくつか裏の蔵に残っていた。つい氷の話が長くなったが、その氷を売っていたために紡績の寄宿舎に毎日のように届けていたことを知っている。しじゅう病人が出る。それはとっても大変ですよ。今と違って不衛生な寄宿舎に大勢の女工を入れているでしょう。昼業、夜業と続いていて同じ床をつかっていたときいている。それは悲惨でした。結核その他の流行伝染病がしじゅうあるんです。氷をしじゅう店のものが運んでいるのを見ている。ぼくの母親なんかも女工の悲惨な様子をよく知っているからそういうことといっていたわけだ。

○○　そういう紡績の町で、ある程度そういうような工場生産にともなう弊害というのを見ていて、そこから直接なにか……。

――いやそれで社会主義的な考えなんかもったわけではない。

○○　あとでいろんなことを知ってから……。

――それはともかく、ぼくにとっては運がよかったといってよいのだろうか、ぼくが中学校へ入るころはまだ上の学校へゆけるかどうかわからなかったらしい。たとえばぼくが中学校に入った年に山川さんの兄さんの林さんが、――この人は非常に立派な人で、ぼくのうちのこともよく知っているんだが、その人が――ぼくのおやじに、――あとでおやじが話していたのだが――おまえ、子どもを中学校にやって先を続けてやれるかといって心配されたというのだ。しかしどうにかなるだろうといってそのままにしたわけだが、ぼくが中学校にいる間に、だんだんとよくなって、高等学校に行くころはもう問題でなくなっていた。だから貧乏の味も全く知らないんだ。それは自分の個人的な問題ではなかった。人の貧乏としては、その女工さんなんか見ているけれどね。身にしみては知らない。どっちかというと、そういう点は実にのんきに育ったほうだ。

○○　どうも社会主義へのきっかけをつかみ出したいのですがね。

――　ただ、高等学校に入って後に、つまり西が朝鮮から帰ってきて、これは非常に影響しているね。ぼくは西が帰ってくる前に今もいったように「生活と芸術」叢書なんかで多少知っていたけれど、西が帰ってきてから急に変ってきたように思う。西は朝鮮に行ってから大杉の一派の連中と一緒になったために社会主義について、ぼくより非常に詳しくなったわけです。たとえば『新社会』なんていう雑誌をぼくは知らなかったけれど、西が岡山に帰ってきてから初めて知ったのです。また西がクロポトキンの *The conquest of bread* を岡山で探し出してきた、英語本を。岡山の古本屋にどうしてあんなものがあったかわからない。もっとも、ぼくはそれを読んだけれど、まあ、そう感銘を受けたわけではない。

○○　先生の時代によく出てくるのは、河上肇の『貧乏物語』なんか見て社会主義的なそういう貧乏に対する関心をもったというのがかなり共通しているのではないですか。

――　それがぼくにはぜんぜんないんだ。

○○　先生も河上肇の影響を受けていないのではないでしょう。

――　あとでは……。しかし『貧乏物語』は、ぼくは読んでいない。いまだに読んでいないんだ。『第二』のほうは読んだけれど、それはあとのことだ。

○○　それから文芸的な興味のほかに、生物学的な興味とか、自然科学とか。

——　生物学というのはあまりなかった。ただ、大杉とか『新社会』の連中は生物学にわりあい興味をもっていた。

○○　進化論ですね。

——　そう、進化論。高畠素之氏なんか『進化論と社会主義』なんていう文集を出しています。そういうのでぼくも多少興味はもったけれど、それからどういう影響を受けたか、たしかではない。丘浅次郎の『進化論講話』というのは大杉が非常に推賞していたけれど、それでちょっと見ることは見たけれど、そうたいして興味をもつということにはならなかった。それで社会主義的にということはない。

○○　そうではない別の、たとえば国家主義みたいな思想の流れというのはずっとあったと思うのです。そういうものと接したり……。

——　それはある。雑誌『第三帝国』がそうですよ。

○○　それは国家主義ですか。

○○　国家社会主義みたいなものですか。

——　国家社会主義というよりはむしろ国家主義です。理想国家論ですね。

○○　保守的な日本主義とは違うわけでしょう。

——　保守ではないけれど、書生論的な理想主義ですからね。それで国家主義。だからその当時の国家主義というのは、後の社会主義に対抗するという意味じゃなかった。つまり日露戦争後の、例の大逆事件をやったような国家思想というのは、よくは知らないが、主義というより現実の政治としてやったのではないか。むしろ犬養毅なんかがそういう現実政治の批評家でしょう。そしてあと、『万朝報』の茅原華山とか、『万朝報』じゃないですけれど横山健堂とか、そういう政治評論家がいたのですね。そういうのが一種の国家主義を主張していた。それはしかし書生論ですわね。

○○　そうすると初めから興味なかったのですか。

――　たいしてね。それでどうということはなかったね。影響を受けてもいない。中学時代の親友の松田なんかも、また後で話しすることになると思うが、内村鑑三、黒崎幸吉の弟子になったんだからね。

○○　キリスト教と先生は。

――　ぼくはぜんぜん関係がない。

○○　関係がないというのは、終始興味がなかったわけですか。

――　そうです。ごく小さいときに姉がクリスチャンの女学校に行っていたから、クリスマスになにかくれるというので教会に行ったことが二、三度あるだけだ。だから讃美歌なんかは姉から多少教わって知っている、いまでも。その程度ですね。

○○　ご両親もそういう宗教的な……。

――　ぜんぜんない。ぼくのおやじはむしろ多少反感をもっていた、キリスト教に。というのは、クリスチャンに偽善的なものを感じていたのだ。だから、いまちょっと話した、非常に親しい林さんに対してさえ、ある程度そういう感じをもっていた。林さんはけっしてそうじゃないけれど、おやじは多少そういう点を疑っていたね。

○○　林さんはクリスチャンですか。

――非常に熱心なクリスチャンです、あの一家は。山川さんのうちもそうらしいが、山川さんのところではお位牌をお寺に返しちゃったというのです。そのお寺の坊さんが話していた。激しいんだ。

○○　それから、われわれの時代とは違うかもしれないけれど、小学校から天皇崇拝みたいな教育を相当たたき込まれているのじゃないかと思うのですが、そういうものから意識的に脱却したのはいつ。

――やっぱり高等学校でしょうね。

○○　中学校で堺さんのものなんかを見て……。

――見て初めて社会主義を知ったぐらいのもので、すぐ天皇に対してどうということはない。

○○　そういうときに、非常に確執があるんじゃないですか。

――中学校の三年ごろまでは、ちょうど明治天皇がなくなるころまでは、天皇というのは偉いと思っていた。しかし、もう四年、五年になると、そんなにまで思わなかったね。

○○　大正天皇と……

○○　明治天皇との違いからですか。

――そういうわけではなかった。ただ、ぼくをあの中学校に入れてくれた寄宿舎の舎監の高田大治という偉い先生が、明治天皇が岡山に大演習で来るというんで、ぼくが一年生のときのことだが、幾度か出迎えの練習をやったとき、その先生が、「こんなつまらんことをやる」といって怒っているのを聞

いたのはいまだに忘れられない。「ホー、偉い先生がいるな」とは思った。(笑)

○○　話が前後しますけれど、寮の時代のことをうかがわなければならないでしょう。中学に入るときのことから。岡山中学にどうして入らなかったか……。

——ぼくのとき初めて小学校が六年制度になったのです。

○○　それまでは何年だったのですか。

——四年です。ぼくのクラスから五年、六年と行ったんだ。そこで六年から中等学校を受けるというのはぼくの町じゃ初めてだった。それまでは高等小学校に行って三年から受ける。そうすると、つまり六年の次にもう一年やって受ける。これが普通だったのです。ぼくの年に六年制度ができたから、六年から受けるのが十人近くいたかな。

○○　クラス五十人ぐらいですか。

——五十人以上いたでしょうね。百人ぐらいいいたんじゃないかな。

○○　一クラス。

——一学年。二つクラスがあった。十人ぐらいいたでしょうね。その中に商業学校を受ける人もいたけれど。

○○　男女共学のクラス。

——いや共学ではない。女子は別だった。小学校はいっしょだった。ぼくが小学校五年ぐらいのとき別になったでしょう。ちょうど続きの学校ですが、新築した女子校ができた。ぼくも小学校のときはできるほうだったので自分も中学校に入れるかとも思っていたが、しかしむずかしいのじゃないかと初めから思っていた。岡山中学校を何人か受けて一人だけ入った。あと全部落第。

○○　たいがい岡山を受けたのですか。

——　ほとんどみんな岡山。岡山市の小学校はたくさん上がるんです。ぼくらの小学校はまだのんきだったからな。

○○　学力差があるのですね。

——　非常にあった。そういう試験ではその当時の田舎と都会とは大違いです。それは中学校に入ってみてすぐわかったが、入ってみるとすぐなくなる。ぼくは落第して、落ちた連中と一緒に来年受けるつもりでいたのだ。ところが、ぼくのうちに、岡山の本屋で知り合いがあって、それが中学校へ見に行ってくれた。成績も、先生を知っていたから調べてくれた。そうしたら、ちょうどそこに、のちにぼくが行った高梁中学校の先生でぼくの入った寄宿舎の舎監をしている高田大治先生が来合わせて、この成績なら自分のところでとってやるということになった。ぼくはその中学は志望していなかったんだ。

○○　どのくらいの成績だったのですか。

——　よく知らないけれど、これならとってやるというので、その高梁中学に補欠入学さしてもらうことになった。

○○　高梁中学は実際受験しなかったのですか。

——　しない。このあいだ高田先生の息子さんに会った、息子さんがちょうどぼくの中学校の後身の高等学校の校長に今度なっているのです。だからぼくは同窓会に行ってその人に会ってその話をしたら、「おやじ、そんな融通がきいたのですか。(笑) 自分は父がほとんど病身で寝ているときに育ったので、おやじはあまり知らない、怒るばかりしていた」といっていた。その先生がぼくを補欠で入れてくれた。ところがぼくの入った年度の一番、二番、三番、みんな岡山中学を落第したので来ているのです。それは岡山中学を第一志望、第二志望を高梁中学というので来たのです。県立の中学校だから、そういうことができたのです。

○○ そうすると、先生の場合は第一志望しか書いてなかったのですか。

―― 第一志望しか書かなかったんだ。(笑)

○○ 自信が強かったのですね。

―― いや自信はなかったけれど、落ちたらまた来年と思っていた。ところが一人だけ入ったので、つい高梁へゆく気になったようだ。爾来、ぼくは優等生に対するコンプレックスを長くもつことになったわけだ。

○○ やっぱり高梁中学校に行くと決まったのは、ちょっといやな点もありましたか。

―― もちろんそうだ。落第していたからそれがいやだと思うのはいうまでもない。ただぼくの兄貴の嫁が高梁から来ていた関係で、その兄嫁が、行きなさい、行きなさいというんだな。自分のうちがあるから、いいところだから行け行けいうし、うちのものも、それでもいいだろうというので、それで行くことになった。

○○　小学校六年ぐらいに、かなり自分のことをある程度自分の意見をいって決めるような関係にあったのですか。

——それはそうですね。

○○　倉敷の尋常小学校のその年の男子卒業生百人ぐらいの中から十人ぐらい受けたというのですが、だいたい中学へ進学する率、希望者はそれぐらいのものだったのですか。

——むしろ多いぐらい。もっとも他の中学校や商業学校へいったのも多少はいた。都会と違って……。倉敷といってもいまの倉敷よりずっと小さくて、人口も一万に足らなかった。

○○　われわれのときでもそうですよ。

○○　ぼくのときは一クラス五人しか受けなかった。

○○　ぼくのときは一クラスで残ったのが三人ぐらい。

——それは都会との違いです。ただ、中学に入ってみると一学期の成績からもう違ってくるんだ。岡山中学から回った連中にもいいのもいたけれど、大部分は高梁を第一志望で受けた連中がよくなるんだ。まるで違うんだ。

○○　つまり岡山中学を落ちて高梁に回されて、一番二番という順番はどういうことなのですか。

——それは高梁を第一志望で受けた連中より成績がずっといいのだ。

○○　先生のは補欠だから。

——ぼくはいちばんしりっぽ、いちばん前に坐っていた。もちろん成績は相当よかったらしい。しかし一学期の成績見ると、もう第一志望を高梁の連中がずっとよくなっている。

○○　コンプレックスのないほうがずっと上に行くわけですか。

――どういうのか、少なくともそれはコンプレックスの問題ではない。西とは、ぼくは二年か三年のとき一緒になったんだけれど、西もおそらく津山中学を落第して来たのじゃないかと思う。津山の東のほうから来ているんだから。

○○　津山の中学というのはよかったのですか。

――岡山、津山、高梁、矢掛と、この順位になっていた。しかしぼくらのほうから津山に行く人はほとんどなかった。高梁に行くのも非常に少なかった。というのは、当時の高梁は大変不便なところなんだ。高梁の町から鉄道まで六里あったんだ。二四キロかな。だから大変なところですよ。だけども中学校に来ている多くの連中は、六里どころじゃないんだ、新見というところは高梁からまだ九里も十里も山奥にあるのだが、そこからおおぜい来ていた。だから寄宿舎が六つもあって、そこに入っていた。

○○　一種の皆寮制度になっちゃうわけですね。

――皆寮ではないけれど、半分以上寮にいた。そして寄宿舎はちょっと高等学校の寄宿舎のまねをして、自治寮だった。ぼくの寄宿舎は、ぼくを中学に入れた高田先生が舎監だったのでその点は特に進んでいた。たとえばさきに話した図書室とか、あるいは購入部といっていたけれど、共済部もあった。舎長というのも生徒がやっていた。炊事係も生徒がみなやるんです。三年、四年、五年と、みなそういう係をやった。

○○　コックさんなんかいないのですか。
――いやコックはいる。炊夫といっていた。
○○　あと配ってあるくのですね。
――いや、コックを監督し、簡単な献立や、費用の計算などをやるわけです。たとえば、きょうは五銭のお菜にしようと思ったら、魚屋が毎朝来るので五銭の魚にするとか、四銭の魚にするとか。きょうはいくらぐらいの肉を買ってこいとか、炊夫にいうのです。そうするとライスカレーを作ったり、いろんなことをしていた。それはともかく、ぼくは、ぼくをその中学校と寄宿舎に入れてくれた先生には非常な影響を受けたね。
○○　つまり、一種の開明的な人なのですか。
――そうでしょうね。たとえば中学校の三年以上だったか、四年、五年生だったかもしれないが、寄宿舎で英語のクラスを特にやっていた。自分は数学の先生です。英語の先生を呼んできて寄宿舎で課外の英語の授業をやるのです。本を読む。むずかしい本読んでいたですよ。それに自分も出るんだ。英語の先生の講義に、毎週やっていたんです。そういうこと、ちょっとなかなか……。もうずいぶん年なのですよ。
○○　寮全体の舎監だったのですか。
――ぼくの寮の舎監です。その寮に何人ほどいたか。五、六十人の小さい方の寄宿舎ですけれどね。
○○　ずいぶん運がよかったのですね。

――そういう人に補欠で入れてもらったんだからね。
○○　その人が自分のところに来いと……。
――そう、だいたい、高田先生というのは大変なんだ。成績がよくないと入れないんだ、自分の寄宿舎にも。そういうところもある。
○○　各寮の間の統制が、わりにとれていないのですね。
――各寮は別々にやっている。
○○　それぞれ勝手にやっているのですね。
――そうそう。だから、たとえばぼくの寄宿だけは、高等学校のまねして、先輩が休みなどに帰ってきて教えたのでしょう、記念祭というのをやっていた。各部屋で、いろんな催しをやって、飾りつけやったり、それから喫茶店や模擬店を出したり、みな分担して。その中には瓶を持った女の人の像、あれを石膏で作ったのがあったですよ、ぼくの一年のとき。驚いたね。それから水が出るんだ。(笑)そして中学校の諸先生を呼ぶ。それからほかの寄宿舎の代表を呼ぶ。そういうこともやっていた。
○○　だけど一つの学校の中で寮がそういうふうにてんでんばらばらなやり方をしているというのはまずいこともあるんじゃないですか。
――それは一種の競争にはなった。だから、たとえばテニスの競技の試合をしたり、また成績の競争もすることになる。たとえばさきに話した数学競争試験なんかでも、ぼくが一回のときいい成績だったというのでぼくの室長なんか、これは後に京都大学の医学部の教授になった人だが、その室長が、ぼくを非常に応援してくれるんだ。代数を教えてくれる。二年生の試験が受けられるように、つまり自分の寄宿舎からメダルをもらうのを出そうというわけなんだ。それでぼくは一年のときメダルがもらえた。それだけでなく、寄宿舎からはラムの『シェクスピア物語』を副賞にもらった。みどり色のきれいな本だった。三年のときにはシノニムの辞典をもらった。いまでもぼくはその辞典をもって いて使っている。そういう副賞を出していたのもぼくの寄宿舎だけだったのではないかと思う。そういうのが高田先生のやり方なんだ。その副賞が二回は確実なんだ。(笑)

○○　問題はあとの一回のほう。なんにももらっていないのですね。あとの一回は何年のときもらったと先生は確信しているのですか。(笑)

――　五年のときもらっていると思うんだ。

○○　副賞はなんですか。

――　その副賞を覚えていないんだ。

○○　だから、それがどうもあやしいというわけですね。(笑)

○○　初めの二つはちゃんと覚えていて。

――　こういうこともあるんだ。三回目はもうメダルをもらうのもなんでもなくなっていた。(笑)一年、二年、三年までは、メダルをもらうといったら大変だった。各学年で一つだからね。もっともぼくの一年のときのは、たしかぼくと同点のやつがいて、二人でもらった。それにしても三年のときももらったのでぼくは数学がよくできるということになってしまった。ぼくのおやじがそう思うのもむりないでしょう。だから高等学校受けるときに、必ず工科をやれやれといって、ぼくが法科をやるというのを嫌っていた。

○○　どうして先生は工科じゃなくて法科というふうに思ったのですか。

――　それは、そのころは『中学世界』なんていう雑誌を見ると、秀才の偉い人はみんな法科なんだ。そしてこういう人が法律をやるんだから、きっと面白い学問だろうと思っていた。それだけの話です。別にたいした考えはなかったんだ。ただ、自分には本当のところ、数学の才能はたいしてないとは思っていた。ぼくはただちょっと一年のとき二年のを見ても少しはわかるし、三年のときは四年、五年のでも少しはわかる、そういう早わかりの性質はもっていた。数学というのは子どものときから好きは好きだったからね。学科の中で数学だけで、ほかはみんな嫌いだった。ことに嫌いなのは歴史だった。日本歴史ぐらい面白くないものはなかったよ。中学校のときの日本歴史は、どうしてこんなものを覚えなくちゃならんのかと思っていた。だからぼくは成績あまりよくないんだ。

○○　それは先生の影響もないですか。

――　もちろん教える先生にもよるだろう。しかし本が面白くない。あれ、簡単に歴史が書いてあるでしょう。あれをわけもわからずに覚えるということができなかった。

○○　先生がいいと歴史というのはいちばん面白い課目に入るのではないですか。

○○　そうかしら。やはり教科書によりけりじゃないですか。暗記ものでね。

○○　教科書だけによるというような教え方をしたらつまらんけれど。

○○　数学こそ、先生がうまく、面白がらせて教えるか、つまらなく教えるかということは相当決定的になるのではないですか。

○○　そうかしら。ぼくは逆じゃないかしらという気がするけれど。数学の好きな子どもというのは、わりあい先生にかかわらず……。

――ぼくは中学校一年のときの数学の先生というのは、あまり尊敬しなかったな。ただ、二年になって、pqというあだなの、頭がpと小文字のqというように前後に出ている先生に教わったが、この先生は数学を教えるのがうまかった。ぼくはそれには感心した。その先生はぼくを非常に可愛がってくれた。しかし数学は本当にできるとは自分で中学校卒業するまで思わなかった。早わかりがするぐらいのものであまりその才能はぼくにはないと思っていた。英語もたいしてできんし、習字、図画ときたらとてもできない。国語もあまり得意じゃなかった。数学だけですよ。物理、化学もあまり好きじゃない。生物その他の博物、みんなだめ……。(笑)　中学校のときやる学科ないのですよ。だからそれが動機で、高等学校に行くときは英語をあまりやらない、ドイツ語をやるところに行こうと思ったわけだ。

○○　好きじゃなくても、中学のときはやはりトップクラスにいたわけでしょう。

――トップクラスじゃない。いまの日赤武蔵野病院長をしている神崎三益とか、前に話した松田とか、ああいうのはみな優等生です。

○○　特に優等生というのがあったのですね。

――特待生というのがあった。特待生というのは月謝がただになる。それはクラスに二人ぐらいいたのです。
○○　法政大学出版局でこの本を出すとき「読め、全国の劣等生よ」という広告をしますか……。（笑）
――劣等生というのではないが、特待生の中に入ったことはないのです。多少、中学三年以後になると、たいしたことないやつも特待生になっていると思ってはいたが……。
○○　中学は一クラス何人ぐらい。
――四、五十人。
○○　西さんとか、その松田という人は。
――松田は特待生にいつもなっていたけれど、しかし西はならなかった。
○○　同じ寄宿舎ですか。
――西も松田もちがった寄宿舎。
○○　そのころの優等生というのは、社会に出てからも……。
――みんな死んだね。（笑）残っているのは二人ぐらいのものだ。いま東京にいるけれどね。いまの武蔵野病院長とほかにもう一人。そのぐらいのものです。
○○　中学の上級生になったとき将来どういう道を進もうと考えたのですか。
――ぼくはなにになろうという考えももっていなかった。非常にその点のんきなんだな、いまから考えると。大学の先生になれるなんて夢にも思わなんだ。というのは、成績があまりたいしたことないでしょう。ぼくはけっして学校の成績を無視していたわけではない。母親がいつも気にしていたので試験勉強もやったが、どうも面白くないものは十分にできなかった。ぼくの母親というのはおとなしそうで非常に強かった。前にもいったように店を一人でやっていたほどだ。ぼくの兄貴とはぼくは母親が違うのだが、ぼくは高等学校に入るまで知らなかった。ぜんぜんそういうことで区別つけない、だから兄貴自身も商業学校へ入るまで知らなかった。初めて知って驚いたらしい。ぼくは高等学校へ入った頃、家のものがみんな『毎日新聞』に連載されていた『生さぬ仲』という小説を熱心に読んでいるのでどうしてこんなものを涙を流しながら読んでいるのかわからなかった。(笑) 聞いたら姉が教えてくれた。姉は知っていた。

○○　前の方の子どもなのですか。

――　姉はぼくと同じ母親だけど、兄貴は違った母親だった。いま考えるとわかるのだが、ぼくが成績がよくないと母は非常に機嫌がよくなかった、成績表をもって帰って見せるとだめなんだな、どうしてそんなのかと思ったが、それは兄に対してすまなく思っていたらしい。兄は商業学校で特待生だった。

○○　それで厳しかったわけですか。

――　晩年は実にだらしがないほどぼくのことを必配するようになって、もうそんな厳しさなんかぜんぜんなくなってしまっていた。ただ、ぼくの母親は自分の妹が非常に学問が好きだったことをよくいっていた。自分は学校もできないけれど妹は非常に学問が好きで、学問したいしたいといいながら早く死んでしまった。ぼくはその叔母を知らないが、ぼくが高等学校に入ったときに、自分の妹、これは「まし」というのだったので、ぼくに「おま叔母さん」が生きていたら、どんなに喜ぶだろうとしきりにいっていた。とにかく学問を一生懸命に本当にやらなくちゃいかんということを口ぐせのようにいっていた。それだけです。だがぼく自身は学校の優等生ではなかったので、ぼくが後に大学の先生になるなんて全く夢にも思わなかった。ぼくにはそんな才能はぜんぜんないものと思いこんでいた。

○○　学校の先生でなくても、評論家とか、『近代思想』に書いているような人たちとか、文士とか、そういうようなものには……。

――それもぜんぜん考えなかった。

○○　兄さんとおかあさんが違うということを聞いて、相当ショックは感じなかったのですか。

――いや、別に変わりはなかった。驚いたことは驚いたが……。ぼくの兄貴とは死ぬまで変わらなかった。

○○　ご兄弟は三人ですか。

――三人、ぼくがいちばん下です。

○○　にいさんなり姉さんなりの影響を受けるとか。

――別に影響は受けていないが、兄貴はぼくを非常に可愛いがった。自分では商業学校すましたときに、大阪の高等商業に行きたかったが、あとを継げというので行かなかったといっていた。しかしぼくが高等学校に行くというのを非常に喜んだ。そういう点は実にいい兄貴だったね。だからぼくにとっては違った母親の兄貴だけど、そんなことはぜんぜん感じなかった。

○○　小さいときから同じように育てられたからでしょう。

――そうだろう。ぼくの母親も、やはり兄貴を非常に可愛いがっていた。後までもね。小さいときから苦労して育てたのが後には酒飲んでしようがなくなったけれど、それでもずいぶんいろいろ心配していた。

○○　お兄さんは倉敷に一生おられたのですか。

――そうです。

○○　先生はのんきだとおっしゃるけれど、ある意味ではわりあいとよく怒ったりなんかする、それはどうも末っ子からくるのではないでしょうか。

――かもしれないね。わりあいうちでみんなに可愛いがられたという点があるかもしれない。その点は恵まれすぎていたようだ。姉からも兄貴からも、母親や父親からも。

○○　家庭の雰囲気はある程度のんき。

――そうでもないが、本を読んでも、どんな本読んでいるかみな知らない。ただ、おやじは、講談本は読むなといってた。

○○　立川文庫みたいの……。

――立川文庫じゃなしに、あれより前に神田伯竜とかなんとかいうのが口演をしたのを速記した雑本です。いろんな色刷りの表紙のついたザラ紙の厚い本が店の奥にたくさんあったんです。それは読まないほうがいい。学校へゆく者が読むものではないと思っていたわけだ。あとの本はなにを読んでもいいと、おやじがいつもいっていた。あとではちょっと残念な気がした。(笑) あのころに講談本を読んでいないので、もう読む機会はなくなった。

○○　西さんというのは特殊な環境におられたのですか。あるいは非常に早熟な……。

――早熟でしょうね。西は津山の先きの兵庫県近くの田舎から来ていたので、家のことは知らない。ぼくより一年上だったのです。そのクラスでは成績が非常によかったらしいが、病気して休んで、ぼくと同じクラスになった。それが三年のときだったか二年のときだったか覚えてないが、とにかく三年のときはぼくと同じ教室にいて、ぼくの机のそばにいたのをよく覚えている。そのときはもう学校の成績など問題にしていなかった。西はもう立派な文学青年だった。ぼくなんかがその当時出た蘆花の『黒い眼と茶色の目』なんか読んでいると「なんだ、お前、まだ蘆花を読んでいるのか」なんていっていた。（笑）西はもうトルストイだったからね。（笑）

○○　西さんというのは、自分でそういうのを次から次へ……。

――でしょうね。しかし、彼は文学青年といっても、自分のことをあまり語らんのだ。どこからか聞いてきたに違いないことでも、（笑）もとから知っているような顔をするんだ。中学校の校友会誌なんかに、大変な大文章を書くのです。四年か五年のとき。「接触より結合へ」という大論文を書いていた。

○○　どういうのですか。

――どういうのか、内容はぜんぜんおぼえていないが、初めの書き出しだけはおぼえている。『アンナ・カレーニナ』のアンナがウロンスキーにモスコーの停車場で会うところがあるでしょう。あれがいちばん初めに出てくるんだ。会うところが。黒い毛皮の外套かなにか着て……。たいへんなものだろうとは思ったが、よくわからなかった。そのころ『早稲田文学』の関係で文学普及会というのがあって、それへ西ははいっていたんだ。そういうところでたいていみんな教わっているんだろうと思うんだけど、そこへ自分の書いた論文を送ったりしていたようだが、そのうち相馬御風の目にとまって、——例の「都の西北」を作った人だと思うが、文学の評論家だったんです。その人の目にとまって——西の評論をほめて、もし早稲田に来るなら自分がせわしてやるといって西に手紙を寄こしたというのです。それで彼は中学を出たら早稲田に行って文学者になるつもりだったが、父親がどうしても許さない。文学者なんかというのはみんなようかん色の羽織着て遊んでいるようなやつだというて許さなかった——と西の話なんだ。（笑）いや文士だ、文学者とは言わなかったようだ。あんなものになってはだめだ、どうしても文学をやるんなら高等師範へ行けという。

○○　お宅はなんなんですか、西さんというのは。

——よく知らない。中学の町からも、ぼくの家からもずうっと遠いんで、行ったこともない。彼は高等師範なんか行かんというんで、それで中学校を卒業するとすぐ朝鮮へ行って、にいさんが勤めていた朝鮮の江原道の春川というところの道庁で一年間書記みたいなことをしていた。その間に彼は大杉一派の者といっしょになってみんなで文学の同人誌を出していたんです、歌や評論をガリ版にして。それからぼくが高等学校一年の終りに、兵隊へ行くため帰ってきた。その一年間に貯えた多少の金を持って岡山に来て、たしか七月だったと思うが、十二月に兵隊にとられて鳥取に行くまで、ぼくの近くに下宿していたんです。そしてその間に毎日図書館にかよって勉強していた。彼は実に筆まめなんです。朝鮮からも鳥取からもぼくにはがきでずいぶん書いて寄こしていて、大変な枚数になっていたが、それをみんななくしちゃったんだ。おしいことをしたと思っている。書くことも好きだし、ノートもきれいにとっていた。図書館へ毎日かよってノートしていた。ちょっとそういうことはぼくには考えられないことだ。学校へ行かないで役所に勤めて貯蓄してその金で下宿して図書館へかようという。そしてまた岡山の古本屋をずうっとあさって歩いてその間に『コンクェスト・オブ・ブレッド』を見つけたり、『新社会』が岡山で買える店があるということを発見してきたりしているんです。それでぼくも『新社会』を読むことになったわけだ。ぼくはクロポトキンもそのとき初めて読むことになった。もっともクロポトキンの名は大杉の本で知ってた。それからまもなく岩波の古本から――当時はまだ岩波では古本も扱っていたので――ドイツ語版の『相互扶助論』を手に入れることができた。岩波から『思潮』という雑誌が出ていてそれの後ろに古本のリストが出ていたんです。その中に『ゲーゲンザイティゲ・ヒルフェ』があってね――ぼくは岩波に郵便で注文してそれをとって読んだ。しかしたいして面白いとは思わなかった。クロポトキンといえば、山本飼山という人がいて――早稲田の人らしいが、戸山が原のあたりの鉄道で自殺したんでその遺稿が出ていた。『相互扶助論』の一部を訳して載せていたが、その『飼山遺稿』というのに掲載されていた日誌は興味をもって読んだように思っている。それもぼくは岡山で手に入れたのだが、山本飼山をどうして知ったかはちょっとはっきり覚えてない。ことによると西から教わったかもしれない。西はそういうことをよくノートしていたから……。やはり当時の社会主義者として、無政府主義だったようだ。

○○　先生、クロポトキンとアナキズムとそれから大杉なんかアナルコ・サンディカリズムですが、ちょっとやっぱりだいぶ違いがあるわけですね、それの関係は先生どうだったんですか。

――なんにもないよ。

○○　いっしょにはいって来たわけですか。

――よくわかってはいなかったのです。

○○　先生はそのとき西さんと同人雑誌で書くとか……。

――いや、そんなことはない。西は朝鮮にいたときそういうことをやっただけで岡山へ帰ってきてからはなんにもしないで、毎日、ぼくは学校へ行っているし、彼は図書館へ行って、それでたいてい夕食後いっしょになって散歩しながらいろいろ話をした。あれは夏から十二月までと思う。下宿は違っていたのだが、ほとんど毎日会っていた。

○○　やっぱりそういう話をしていたわけですね。

――ええそう。それでぼくは社会主義に非常に大きな興味を持つことになったわけだ。

○○　中学の末期に多少あったけれども、本格的な入門というのはやっぱり高等学校の時期というわけですね。

――そう。高等学校のとき、西が下宿生活しているときにいろいろそういう雑誌や本を教わったり大杉の本を読んだり、前に話したように『労働運動の哲学』は「生活と芸術」叢書で――西は『生活と芸術』なんかあんまり相手にしなかった――しかしぼくは「生活と芸術」叢書で当時なかなか得られなかった社会主義的な書物を僅かだが、そして小冊子だが、読むことになった。

○○　サンディカリズムについてはどういうものを読まれたのですか。

――　ちょうどサンディカリズムについての米田さんの紹介が出たのがぼくの高等学校二年ころじゃないかな。

○○　米田庄太郎の書いたものですね。

――　そう、あれは初めに『国民経済雑誌』に出ていたんです。

○○　そうですか、なにか大杉の紹介によると『京都法学界雑誌』というものに載ってるというような、これを読めというように書いてあるんです。

――　いや、『国民経済雑誌』です。ぼくは確かにそう記憶している。これは神戸高商の雑誌です。それはぼくのうちにきてたんだ。

○○　ああそうですか。

――　それに連載されていたんですよ。それでサンディカリズムというのを初めて詳しく知ったんだ。

○○　先生、それは米田氏の「革命的サンディカリズムと現代生活」というんで、それは明治四十五年七月一日発行の『京都法学界雑誌』……。

――　それでは、ぼくの読んだのはそれとは別のかも知れない。連載されていたのを読んだのです。それはレビンという人のサンディカリズムの著作の翻案みたいなものだったのです。あとで知ったんだが……。

○○　レビンの本がありますね。

――ぼくが後に東京大学へ入ってから図書館でみるとレビンの本があった。輸入禁止だったんで普通は買えなかった。大杉は口が悪いから、米田庄太郎の本――『サンディカリズムの研究』としてあとで単行本になって出たんですが――それは非常にいい本だ、原本がいいからだとか言ってね。（笑）それでぼくもその原本を読んだが、非常にわかりいい本だった。それから後にぼくはサンディカリズムの本を二、三冊読んだが、やっぱりレビンのがいちばんよかったと思った。

○○　高等学校の初期にそういうものに引かれはじめたというのはクロポトキンというより大杉になるわけですね。大杉に引かれたところというのはどういうところなんでしょうか。ちょっと、多少わかるような気もするんですけど。

――どうというんでもないなあ。あれには一種の労働者哲学があるでしょう。

○○　いや、それが一つと、労働者というのは無知で非合理的なんだけれども、近代的な合理主義なんかをろ過しないで、一種の実体的な生命力みたいなんですね。そこからずうっと変革にはいっていくんだという点が一つサンディカリズムにあって、それからもう一つは一種のコンベンショナルな政治家みたいな批評でなくて、社会の根本的な批評に向かわなければいかんというんで、あの茅原華山をはじめとしてそういう俗流評論家をみんなけなしますね。それの根本的批評はよくわからないんだけれど、根本的批評にはいらなければいかんというんで一種の俗流的なイデオロギー批判をずうっとやっていくというところが、あるいはそういうところがつながるのか……。

――しかし『社会的個人主義』なんかみてもわかるけど、相当唯物史観やなんかも紹介していますよ。

○○　ええそうですね。ただ唯物史観の紹介のしかたがちょっと違って……。

――ええ、それは本来のマルキストじゃないからね。彼流の紹介のしかたですけれど、また彼は唯物史観というのをマルクス自身から教わったかどうか明確にしていなかったと思う。

○○　いや彼はむしろ唯物史観うんぬんというのは、当時のマルキシズムという一種の第二インター的なものとして押えてそれでいかんというふうに言っていますね。

――そうだったかな、それは堺さんやなんかに対してでしょう……。

○○　ええ、しかしマルキシズムを紹介する場合に堺さんと離れて紹介する場合でも、マルキシズムというのは議会主義だからいかんという形でそれで根本的批評をしなければいかんと、その根本的批評のところで唯物史観を借りるわけですけれども、それだけでもないようなところがあるわけですね。さっき先生の言われた労働者運動ということで、その労働者……。

――そう、唯物史観だけじゃないです。つまりもっと源泉的なエネルギーがあるわけだ、人間的な。

○○　だがヒューマニズムとちょっと違って生命力というような形ですね。

――そうです。それはその当時流行したベルグソン哲学やなんかの影響も受けてるんでしょうね。しかしその点はぼくはまだよく知らなかった。

○○　翻訳もなかったですか。

――翻訳もなかったでしょう。アカギ叢書いうのでベルグソンとかオイケンなんかいうのが紹介されていたけど読んでもなんのことか一つもわからなかった。オイケンというのがベルグソンといっしょに、非常にはやっていた。オイケンというケンを習ってるそうだけれども、おまえは東京へ遊学してそんなことをならってどうするのか、そういう田舎の父親の手紙を『中学世界』にだれか書いた人がいたほどにはやっていた。大杉なんかはそういうものにも通じていたのではないかと思う。

○○　ただ普通の社会主義から、いわゆるマルクス派の社会主義からはいらないで、もちろんそれから影響を受けてるんでしょうけれど、大杉的なサンディカリズムからはいったということ……。

――それはだれにでもわかりやすいからね。

○○　どういうところに特に感激なさったんですか。

――労働者のエネルギーを説くところ、それは非常にわかりいいですよ。

○○　労働者のエネルギーを説くというそれはわかるんですけれど、同時に一種の卑俗な労働者万能主義でもないんですね。

――そうじゃないんですよ。やっぱり一種のヘロイックなものがあった。たとえば『労働運動の哲学』には妙な顔の労働者、野沢重吉とかいう車引きの写真が出ていた。だけどぼくはその写真見てもちっとも感激しなかったけどね。(笑) ただ労働者というのはなにかそういうエネルギーを持ったもんだということは大杉から教わったな。その考えは後までも残ってるでしょうね。

○○　マルクスの名前はもう中学のころに知れていた……。
――いや明確には『新社会』で初めて知ったのです。また『新社会』には高畠氏がカウツキーの『資本論解説』を訳していたのです。ところがそれがぜんぜんわからない。何か大変なもののようではあるが、わからない。経済学をやろうとぼくが考えるようになったのはそういうところに原因があるかも知れない。
○○　じゃあすこし図式的に言うと、文芸的なイデオロギーと一種の習俗に対する、コンベンショナルなものに対する疑惑というか、多少異端的な考えを持って、アナルコ・サンディカリズムでそういうものに対する批評がただそれだけで卒業しないでもうすこし社会科学的な批評にならなければいけないというような形になって、そこから更にマルクスまでずうっといくということになるわけですね。
――そうかも知れない。大杉でサンディカリズムやクロポトキンはある程度知ったけど、マルクスは全然わからなかった。
○○　そのころの世に喧伝され方というんですか、そういう点ではクロポトキンと並べてマルクスというのはもっと低いんですか。
――いや、クロポトキンも森戸さんの事件で有名になったのだし、マルクスにしても低いとかなんとかいうんじゃない。みんな知らないんです。こういうこともあったんです。高等学校のぼくのドイツ語の先生で、ドイツ語では非常に偉い先生ですが、それが、マルクスユンゲルということばがドイツ語の時間に出たとき、マルクスとマルサスとをまちがえて『人口論』の著者だという程度だった。ぼくはもうマルクスを知ってるんだ。（笑）そしてあとで高橋里美先生に立沢先生でもまちがうことがあるんだっていったことがあった。高橋先生はぼくが東北へ行った後までもそれを覚えておられてよくいわれた。

○○　それがあの立沢剛さんですか。

――　そう。いつかぼくは立沢さんのうちへ遊びに行ったことがあってそこへちょうど高橋さんも来られたんだ。あるいはその席で言ったのかもしれないんだ。高橋先生が、「宇野君は……」とかいってぼくをからかうんだ、「マルクスを高等学校のときにもう知ってたからね」なんか言うんだ。「立沢君のまちがったのを指摘しているから」とかいって。（笑）しかしぼくもそのころはマルクスを知っていたわけではない。知らないが、たいへんな人だということは知っていた。

○○　ただなんかやっぱり偉いものがあるという感じだけはあったわけですね。

――　そう、そう、それから高等学校の三年ころかな、『新社会』でいろんな英訳本を買うことを教えてくれた。いつ教わったか忘れたが、外国郵便為替で金を送ると送ってくれるんです。それでシカゴのカーという本屋にへたな英語で本を注文したわけだ。（笑）そうしたら『クリティーク』の英訳やいろんなそういうものを送ってよこした……。

○○　当時いくらぐらいしたものですか。

――　覚えてないなあ。

○○　アナルコ・サンディカリズムの方はいつごろ自覚的に卒業したと思っておられますか。

――　卒業は知らん間にしているね。大学にはいった年まだ読んでいたからね。

○○　先生にはいまも、たとえば実践運動と科学的理論との関係を考える場合に、アナルコ・サンディカリズム的な運動のきびしさとか、あるいは少数精鋭主義でなくちゃだめだとか、そういう考えが多少残ってるんじゃないですか。

――　あるかもしれない。ぼくには思想的にはやっぱりサンディカリスティックなものが残っているかも知れない、とは思う……。

○○　大杉がなにかで言っていたと思うのですが、インテリにできることは労働者が自由にやれることを認識させることしかできないんだということを言ってるようなところがあるんですけれども。

――　あるかもしれない。それはたとえば西が社会主義運動をやるといって東京に来たときにも、ぼくにはそんなことはできないと思っていた。ぼくは第二回のメーデーのとき洲崎までついていったが、そのときもぼくにはなにか身につかないものに思えたんだ。いまだにそれは残ってる。メーデーにぼくらが参加するのはおかしいという感じがいまだにある。今はもうその方がおかしいのだろうが、しかしぼくにはメーデーに参加することはちょっとできない。ぼくが社会主義者としてやるなら別だが、運動もしないで社会主義者とはいえないし、平常は相当の俸給で生活していながらそういうときに出かけるということはできない。インテリが運動に参加するのはもっときびしいことに思っている。これは高等学校以来のぼくの思想だ。

○○　しかしそのあとの話にもつながりますけど、理論と実践の関係、については後に先生が非常に熟読された『なにをなすべきか』でもって逆の形で理論が実践に対して役立つ、そこにインテリゲンチャの任務があるということになるのではないですか。

―― つまりレーニンが職業的革命家というのを教えてくれたけれど、ぼくにはそういうものにはとてもなれそうにないといつも思ってきた。自分で社会主義者と思ったことはない。

○○ 理論と実践の関係というのではちょうどアナルコ・サンディカリズムと逆なんだけれども、あるなにか奇妙な一致点があって……。

―― そう、一致するところがある。

○○ うらはらで似てるところがあるわけですね。そういうわけで初期に得たあれがある意味じゃうらはらの形でずっと確信の強まったような……。

―― ぼくには社会主義者になる考えはなかったから別にそういうわけではないと思うのだが、昭和初年の共産党の運動が盛んなころはそういう実践家にコンプレックスを持っていたようだ。何か研究室で『資本論』を読んでいるということにひけ目を感じていた。戦後はそのコンプレックスから解放されちゃった。(笑)

○○ 残念ですね。(笑)

―― コンプレックスがなくなってきたのは、年とったせいもあるけど、戦後運動に対する圧迫がなくなったということが第一だね。東北大学に勤めるようになったときはまだ優等生に対するコンプレックスがあったので、教授になかなかなれなかったのも自分にはあたりまえだという気が多少はあった。ほかの連中はみんな中学校、高等学校の優等生だったんだろうなあとぼくはいつも思ってた。ぼくは文部省が大学教授にしなくても助教授で十分だという……。(笑) これは正直のところそう思っていた。もっともその方のコンプレックスはそのうちにだんだんとなくなってきた。

○○ つまり優越感もいっしょにともなってるわけでしょう、そういうときは。

―― 多少ね、だから中学校の数学競争試験と同じに優等生に対してもおれのほうがメダルを取ってるんだという……。(笑) メダルはなかなかとれんというのと同じですよ。実際、優等生の大学教授もたいしたことはないということがだんだんとわかってきたのだ。実践家に対するコンプレックスはそうはゆかなかった。

○○ 大杉を見るとやっぱりずいぶん労働者の主体性を強調して言っていますね。

―― ええ、そうです。それがぼくに実践家に対するコンプレックスをつくることになったといってよいが、同時にまた実践家を買いかぶるということにもなっていたようです。

○○ 買いかぶっていたのかな……。

―― いや正直のところほんとにそうです。それはいまの優等生に対するコンプレックスと同じです。もちろん今も社会主義は単なる思想ではなく、実践運動だから実践家をおいては問題にならないと考えている。そして自分の地位もそれに対応して考えているわけだ。

○○ そうすると戦後コンプレックスがなくなって自由になったというのはどうも困った現象じゃないかという……。(笑)

―― どうして困る? コンプレックスがないと。ひっくり返るようになるとか……。

○○　いや、先生がほんとうにリジットなそうした……。

――むしろそういうコンプレックスがなくなってはじめて理論と実践の関係がほんとうに考えられるようになったと思う。実践の問題なんかやっぱりコンプレックスをもって考えていたのではほんとでない。戦後はそれに自分でもある程度経済学の体系ができてきたからだが、それができない間というのはやっぱり実践家に対して非常に大きいコンプレックスをもっていた。自分にそういう理論体系ができるとともに実践家に対してもそれ相当の敬意を表しうるようになったわけだ。もっともわけもわからずにいばる実践家や、実践運動をやらない社会主義者にはむしろ反感をもつようになってきた。

○○　大杉のものなんか読んでも、たとえば河上肇みたいにやたらに自分にむち打って、というのじゃないけれども、やっぱり労働者に合一するんだという、自分たちはそうしなければならないんだというような考えが強いように思うのですが……。

――そうね。その点よくわからないが――ぼくは大学のころ大杉の会の北風会というのにいっぺん行ったことがある。ちょうど大杉が来なかった。そのせいか、その夜は彼の周囲の連中が、彼に対して、彼はわれわれ下ずみを踏み台にして有名になったというんだ。一将功なって万骨枯る、なんか言って。（笑）われわれはみんな警官が演説禁止を宣するとバッタのごとく演壇に上って大杉を擁護したのに、有名になるのは大杉だけだといってみんな憤慨しているのを聞いて驚いたね。その中のいちばん年寄りには斎藤なに次郎とかいう筆を作る職人もいた。

○○　明治時代の名物男ですね。

――ああ、こんな大きなからだした、それもやっぱりやっていた、いっしょに。

○○　どう思いましたか、それを聞いて。

――いやどうもこうも、異常なふんい気にちょっとびっくりした。労働者主義の大杉の運動はもっと社会主義的にやるんだとばかり思ってたら、これはえらいことをやってるもんだと、思ったな。ぼくが政党へはいってたら同じ感じを持つだろうね。連中はみんなワイワイ言って政治家がだんだんと上がっていくのをみると万骨枯るということになるのじゃないのかな。(笑)ぼくはそのとき全く異端者みたいな感じを受けた。山川さんの水曜会へ行ったときもそういう感じはまぬがれなかったね。しかしそれはもう大分違っていた。

○○　だから大杉が労働者に合一するなんて言うときの労働者というイメージは、非常に空想的なイメージじゃないのかな……。

――かもしれんね。

○○　人はそういうふうに言いますね。大杉というのをそういうふうに批評していますね。

○○　その点、マルキシズムでも問題ですね。大衆と政治的指導者の関係は……。

――しかしやっぱり運動のエネルギーは大衆にあるんで、指導者はそれをつかむということがたいせつなんだろう。そのエネルギーだけを人格化すると大杉の哲学になるわけだろう。

○○　そういう点ではレーニンはやっぱり偉い……。

――それはそうだと思うな。ぼくはしかしレーニンというのはすこし比較がとっぴかも知れないが、喜劇役者みたいなもんだと思うんだ。悲劇だったらいっしょに泣いてもよいんだろうけど、喜劇役者は自分は笑わないで笑わせる。（笑）たとえば彼は農民を非常に軽べつしているんじゃないかな、同時に非常に愛しているんだ。それができなきゃああいう運動できないんじゃないかな。

○○　ゴールキーのレーニンの回想にもちょっと出ているでしょう、それが。頭をぶってなでてやるんだとかいうような意味の言葉で……。

——　というような気がするな、レーニンというのは。その点では天才ですね。

○○　彼のものを読んでもあんまり大衆を信頼しろなんてなことは言わないですね。むしろ絶えずクリティークしながら、しかし信頼感が同時に行間に出てるような妙な一種のバランスみたいなのがあって……。

——　ぼくはしかしずっと後までレーニンを知らなかった。

○○　そうですね。革命になったときにはじめて……。

——　だいたいロシアのものはあんまり読まれなかったでしょう。プレハーノフぐらいなもんじゃないかな、有名だったのは。

○○　ドイツ語で本を書いているからそれで輸入しやすかったかもしれないですね。

○○　プレハーノフは、日露戦争のときだったか片山潜とインタナショナルの会議で握手したので有名だった。

——　後に山川さんによって紹介されるまではボルシェビズムなんかぜんぜん知らなかった。山川さんも革命後にはじめて知ったんだから……。
○○　イデオロギーに関する本というのは五、六十年たつとたいがい色あせちゃうもんですけど、大杉のはちょっといま見ても発想が、それから文章がまた割合とうまいということもあるのかもしれないんですけれども。
――一種のスタイリストですよ。風采もそうですよ。ちょっと変なひげはやして妙な着物を着てね。
○○　どんなに貧乏していても貧乏たらしくなかったとか。
――ぼくが見たとき筒そでのような妙な着物きていた。
○○　すが目でちょっとあれ魅力的じゃないですか。
――そうかなあ……。
○○　どもりだったそうですね、すごく。
――有名などもりで、何カ国語でどもるとかいって、(笑)エンゲルスもそうだったとかでまねしていわれていた。
○○　後藤新平のところへ金をゆすりに行って、九百円と言おうとしたんだけど九という発音ができなくて三百円と言っちゃったんだ。三百円しか強迫できなかったという話があるけど……。
○○　おふくろさんがきついんですってね、大杉の。どもるとぶすぶす言って物さしでピシッと……。
○○　ああそれはますますどもるね。どもりに対しては実に典型的な悪教育ですね。
○○　おとうさんは軍人で、のんびりしていたんだけど、おかあさんがきつくて。

○○　大杉なんかあの当時でも相当議会主義をこてんぱにやっていますね。

——　そうだったかも知れないが、ぼくはその点はむしろ山川さんの吉野(作造)さん、大山郁夫に対する批判で初めて教わったね。それはぼくにとってたいへんなものだった。それでもう法科なんかやめちまえという気がしたともいえる。(笑)　高等学校の二年か三年のころだけどね。いやそれにちょっとほかの動機もあるんだ、法科をやめたのには。ある日新聞見てたら六法全書を持って死んだ法律書生がいたんです。本屋だから六法全書というのをぼくは知ってたんです。あんなものを法科ではやるのかと思ったら……。(笑)　あんなものを勉強するんじゃかなわんなあと思った。それまで法科で何をやるかぜんぜん知らなかったんだ。(笑)　六法全書を持って鉄道自殺をしているでしょう、びっくりしたね。法科をやると六法全書を読まなくちゃならないとはたいへんなことだと思って、そんなものは読めんと思って……。

○○　それで社会主義が始まった。(笑)

——　確かにそれが法科をやめちまえと思った一つの理由だ。そうしてぼくはおやじに今度は法科をやめて経済科へ行こうと思うと言ったら、おやじはよしっと言って賛成した。(笑)　おやじがすぐ承知することは前から知ってたんです。おやじうまく乗ったなあと思ってた。(笑)

○○　つまり官吏と実業家という感じなんでしょう、法科と経済は。いまでもそうですよね。

——　ぼくのおやじはその当時ちょうど倉敷紡績に関係してた。ぼくが高等学校へはいる前後からヨーロッパ戦争で景気がよくて、倉紡が拡張するっていうんで、そのときに大原さんの下で倉紡拡張に大いに功績があったということだ。のちに倉紡の重役の中にも入ったようだった。そして官吏や政治家に対しては反感をもっていたんだ。倉敷から今の伯備線をつけるのにも大臣が賄賂を取ってるというので憤慨していた。みんな堕落していてだめだ、実業家のほうが正直でいいっていうんで、おやじは経済科へ行くと言ったらとっても喜んで、それはいいって言ってすぐ賛成してくれた。(笑)

○○　実業家だって堕落そのものをやってるんだから、ずいぶんと虫がいいなあ。

○○　それは官吏が賄賂を取るのと、実業家が金をもうけ、賄賂出すのと違うのでしょう。明治以来の商人精神というのかな……。

——ぼくは子供の頃、士農工商平等にという歌を教えられていたが、うちのおやじは商でしょう。いちばん下。(笑)農より二つ下。どうしてこんなことになっていたのか、と思わずにはいられなかった。もちろん明治になって士農工商が平等になったというんだが……。

○○　商も平等にしてやるっていうわけですね。

——そう。明治になったから文明開化で平等になったというのだけど、その士農工商という商をいちばん下というのは実にけしからんと思ったな、子供のとき。なぜ下になってるか経済学やるまでわからなかった。これいつも講義でやるんだけど。(笑)封建社会における商人の地位ということでね。

○○　先生におとうさんが法科へ行けといっぺんもおっしゃらなかったわけですね。なんとなく明治では息子を大学へやろうなんていうのは法科にやるのが普通みたいになって……。

——ぼくの場合は法科よりも工科へ行けといってたんだ。前にもいったように、ぼくが数学ができると思って、おやじが買いかぶってるということを知っていたから、かえって工科へ行く気がしなかった。ぼくのおやじは紡績会社の工科出の重役に非常に仲がいいのがいてよく一緒に酒を飲んでいたのだが、それから思いついたのだと思う。工科へ行けっていうのもたいした理由があったわけではないんだ。役人なんかより、その重役のようなのにしたかったのだろう。

○○　だからそれは工科というのも経済とずうっとつながっているような……。

○○　ある意味では岡山中学へ行かなかったということが、そういうことにつながっていたわけですね。

――　そう、高梁中学で松田と西、この二人を友人に持ったということはぼくの生涯に決定的でしょうね。そしてそれを決定したのが高田先生ということになるが、たいていの人がそういういろいろの事情をもっているわけだろう。

○○　おもしろいですね。

○○　ほかの中学へ行ってたら……。

――　さあ、それはわからない。ぼくらが岡山中学を落第したときただ一人入学できた友人は中学校でも非常に成績がよかったようです。ぼくは中学も高等学校も違っていたが仲はよかった。休みにはいっしょに遊びにいったり、書物を貸し借りした。彼にはしかしぼくのような思想上の友人はいなかったようだ。彼はどっちかというと軟派の文学を、ぼくは小説ではドストイェフスキーだった。(笑)

○○　その軟派の文学というのは……。

――例のオスカー・ワイルドなんか読んでた。バイロンからワイルド。英語は非常によくできてた。ぼくなら読めないけど、彼は読んでた。

○○ 先生は岡山中学へ行けなかったんで大分違った道をとることになったわけですね。

――そうね、しかしそれはなんともいえない。このごろテレビで相撲をよく見るが、ぼくは栃の海見るごとにその友人を思いだす。ああいうふうにからだ小さくてなかなか俊敏なんだ。高等学校時代に遊んで病気になって大学を出ることは出たが廃人のようになって死んでしまった。おしいことをしたと思う。生きていればよかったなあと、今もよく思う。彼のおとうさんに彼が亡くなった後にぼくは会ったが、しきりに残念がっていた。彼の父親は大原さんの番頭だったんだ。

○○ 親にしてみたらそういう不運な病気で――まあ身から出たさびということだけど――ほんとうに残念でしょうね。

――ええそれはね、ぼくを見て涙を流していた。

○○ 親はずいぶん期待していたんでしょうね。

――ほんとによくできたのだ。中学校も優等生だったからそれは非常に期待もっていたでしょう。人によっては生意気だという人もあったが、ぼくはそう思わなかった。多少気どってはいたが……。学校の秀才にはそういうのがときどきあるよ。西にだってそういうところがあった。もう一人の松田にはそんなことはなかった。

○○ 松田さんというのはその後どうなんですか。

――みんな亡くなったです。
○○　いつごろ?
――松田はわりに早く亡くなったらしい。クリスチャンになってからはほとんど会ってない。しかし彼は実にいい男だった。いまもそう思う。いつごろだったか西が東京へ来てから後に、ぼくと西と松田と三人で郊外を散歩してね。いまの東中野の辺がまだ郊外だったけど、あそこの土手へ三人で腰をおろしてしばらく話した。なにを話ししたか覚えてないけど、それが松田とは最後だった。
○○　松田さんというのはなにになったんですか。
――大学を出てからなにになったか知らないんだ。熱心なクリスチャンになったということは、前に話したようにドイツへゆく船で知り合った黒崎(幸吉)さんからきいたが、職のことは聞かなかった。
○○　また話がもとに戻りますが、おうちのことをもう少し聞いておきたいと思うんです。
○○　お父さんのおうちは農家だったとききましたが、どのくらいの田畑をやっていたのですか。
――さあ、よく知らない。ぼくが物心ついたころは、ぼくの母のうちはなんにもしていなかったし、父親のうちはお米はほとんどやっていなかった。薄荷をやったり、ぶどうをやったり。ぶどうの苗を作っていた。つまり商業作物だね。そういうものをやってた。
○○　びわは……
――やっていない。ぼくの叔父が薄荷をやっていたのをよくぼくは覚えているし、ぶどうを作っていて、いまごろのアレキサンドリアとかなんとかという、あの古いやつを作っていた。

○○　母方のほうは地主にでもなっていたのですか。

――　地主でもないけれど、あれ、どうやって生活していたのか。年寄り一人で暮らしていた、小さいうちに。だけどそのうちを訪ねるのは楽しかったよ。ちょっと山越えて行くんだ。小学校のときに、母親に連れられて、彼岸などの墓参りによく行った。

○○　先生のお父さんが倉敷に出てくるなんていうのも、ある程度いまのお話の商業的な農業というのを前からやっていたことと関係あるわけですか。

――　いやそれはぼくが知っているときのことで、おやじが出てきたときはどうだったか知らない。

○○　先生のお父さんお母さんが生まれた家や、山川さんの事件を見てもそういう感じしますけれど、かなり農村の中へも文化的なものが入っていたのですね。

――　あのへんじゃね。そういえるかも知れない。しかし山川さんのうちは倉敷の町でも貴族階級だけれど、ぼくのうちなんかお百姓から入ってきたんだから、下層階級じゃないけれど、中流ですね。貴族じゃないね。だから子どものころそういう意識はあったですよ。格子戸のあるちゃんとしたうち、格子戸のないうちでも、山川さんの姉さんの嫁いでいた林さんは薬屋さんだったが、やっぱり貴族階級みたいな気がしていたね。ぼくの町は大きい地主がたくさんいたんです。もとはみんな呉服屋などの商人だったのが地主になって、格子戸のしもた屋になったわけだ。それでちゃんと裏に蔵をもって、米を入れていた。そういうのが貴族階級をなしていたわけだ。

○○　先生は、インテリというのは己れを知ることだということをよくおっしゃいますけど、そういう一つの、いわば封鎖的な商業社会の中で、ある程度身分的なヒエラルキーというようなものが作られていて、その中で成り上がり的な階層に属していて、上と下との関係などもたえず意識しているようなことが……。

――多少あったのではないか。ぼくのおやじがいつもそういうふうな態度でいたからね。たとえば、山川さんの姉さんの林さんなんかは、自分たちより上の人だという考えをいつももっていたからね。ぼくにも多少あったのかもしれない。ぼくの小学生の頃はもう、おやじは店はほとんどしていなかった。またああいう小さい商売はできなかったらしい。短気者だったから、少しでも値切ったりすると、もう売りませんといって客を追い返したりしていた――そんなのを見たことがある。ぼくのおやじは非常に涙もろく弱虫のくせに、短気者だった。その点はぼくも自分でよく似ていると思う。

○○　お父さんは小学校だけですか。

――その頃どういう教育を受けたのかよく知らない。酒を飲むと、よく末広鉄腸などの話をしたりしていた。多少書物は読んでいたのだろう。

○○　先生は数学は本当は自分にはできないと思って高等学校も理科へゆかなかったといっておられるし、またはなにか、己れを知るには経済学をやらなきゃわからんということをおっしゃいますけれど、比喩的ないい方だと思いますが、たとえば山川均なんかでも社会主義運動やっていて、ときどき反省期に入って、そこで何年か後退して、それからまた出発するということをしますね。なにか先生を見ていると、反省期というより、しょっちゅう反省しておられるような感じがするんです。それは一つのキャラクターだと思いますけれど、それだけじゃなくて、そういう倉敷という町なんかで、ある程度近代的なのに、一種の身分的な秩序みたいのがあって、そういう中での一つの人間の型みたいなものとしてあるのではないのでしょうか。

――そういう面があるのかも知れない。ぼくらの言葉でいえば「倉敷もん」というのですがね。どういうかな、普通の城下町やなんかに対しては、たいして財力もないくせに、派手なことをするという、そういう考えが非常に強いのです、倉敷もんには。だから外はあまり飾らないで、しかし自分の家の中は裕福に暮らす。商人根性ですね。つまり内部的な力を頼りにする。実存主義者かな。(笑)

○○　それは、先生のおとうさんが、法科より経済のほうがいいといった。それから官吏なんかにあまり好感をもてないとか、そういう形で生きているわけですね。

――そうかもしれないね。しかし倉敷全体にあるのじゃないかな。

○○　山川さんも書いている、「倉敷もん」と。

――書いているでしょう。倉敷にはそういうなにかがあった。それは代官町としてでしょう。たとえば倉敷の勢力範囲にくると殿様が槍を下ろしたとかなんとかというふうなことを子供の頃から聞かされていた。そんなことほんとかどうか知らないが、そういう気風はあるんじゃないかな。

○○　それは、よくはわかりませんけれど、ある程度幕府の強大な権力によりかかって、自分自身は身分はたいして上ではなくても、ある程度実力をもっていて、そういうものが、モダナイズされた形で……。

―― そういうことはあるね。そういう意味じゃ文化は進んでいる。ぼくらが子どものとき、たとえば大原氏なんかはもう大変な資産家であったが、外面は少しも飾らない。力はあるんだがという、それは倉敷のものにみんなあるんじゃないかな。大原孫三郎氏のおとうさんというのは大原孝四郎という人ですが、この人は、たしか、ぼくの子ども心に覚えていることで間違っているかもしれないけれど、非常に質素なふうをしていて、汽車でも三等じゃないかな。二等に乗らなかったのじゃないかと思う。いまの一等だけどね。孫三郎というぼくがよく知っている、いまの総一郎君のおとうさんは、これはもう一等か二等かに乗っていたけれどね、孝四郎というお父さんはそうじゃなかったと思う。町の中では車にも乗らずにいつも歩いていたのを見た記憶がある。また山川さんの義兄になる林さんなんかでも汽車は三等ということになる。いつも前だれをかけて非常に腰の低い人だった。

○○ 大原さんが大きくなったのはその孝四郎という人の代なのですか。

―― だろうと思う。

○○ 近代的なものがそういう形以外ではありえないとは思いませんけれど、日本における近代的なものの一つのあり方ですね。

―― まあそうでしょうね。たとえば倉敷に紡績会社ができたのが明治二十二、三年でしょう。そしてあれをつくったのは大原氏じゃない。ぼくの友人のおやじさんだ。二十いくつで作ったんだね。そして金主になったのが大原孝四郎氏と聞いている。後になって大原氏が大株主として支配することになったのじゃないかな、よく知らないけれどね。だから株式売買なんかもそれで親しんでいたわけだ。

○○　先生のそういう一種の性格の型というのは、現在のような、たとえばいわゆる宇野理論というようなものにならなくても、たとえば清水幾太郎氏に代表されるような、いわゆる進歩的文化人というのを見ていると、そういうあれは非常にちゃちな感じが……。

――　ちゃちということはないけれど、つまり、ああいうことはできない。らっぱ吹いたり旗をふることはどうしてもできん。それが悪いというのではないが、できない。山川さんも、ぼくはそう思うんだけれど、政党政治家になれないのが当然だという感じがするんだ。それは性格的にそうだと思う。そういうと山川夫人には悪いかもしれないけれどね。ぼくはそういう気がするね。だから戦後、大分活動されたが、ぼくにはどうも山川さんのなさるべきことではなかったような気がするんだね。

○○　やっぱり政治的に行動するには、ある程度、いったん判断したらそれをしゃにむにやらなければいけないわけですね。

――　じゃないかと思うな。

○○　すぐ内省していてはね……。

――　それから自分がやれる限度というのを初めから考えるようじゃ政治家にはなれんのではないかな。それは性格の問題だと思うが、ぼくの場合小心のためだろうと思うが、やっても失敗するならやらないほうがいいというふうな考えがあるかもしれない。しかし、それよりもやはり恥ずかしくてやれない……。

○○　やっぱり倉敷からは理論家は出るけれど革命家は出ない。

—— それでも山川さんのところに初めて行ったとき、予言者は故郷に入れられずというけれど、郷里から青年が二人出てきたといって喜んでね。ぼくはいまでもそのときの情況をよく覚えているけどね。大森のうちに西と二人で夜訪れていったら、とても喜んで、上がれといって。そのとき英訳の『共産党宣言』をもらった。

○○ 先生が近くにいる宇野さんの子どもだということは、向こうにすぐわかったのですか。

—— それは、上がって話したから。初めはわからない。岡山から来たというだけで行ったんだから。しかしそういう話をすればすぐ向こうはよく知っているんだ。

○○ 山川さんの話はあとでまたきくことにして、次はどうでしょう。高等学校時代のそのほかの点についてお話し願いたいのです。

第二章　高校、大学の学生として

○○　先生は、高等学校へ入られても寮へ入られなかったときいています。ふつうはみな寮に入る、そしてそれが旧制の高等学校生活を代表しているようにいわれているのですが、なぜ寮に入られなかったのですか。それも何かふつうの高等学校の生活と違ったものをなさることになった理由をなすのではないかと思うのですが、どうでしょう。

―― 中学校で寮生活を五年間やってきたから、寮はもう満腹している。それにちょうどおやじが度量衡器の製作をしている、職人が十人もいないような小さな工場を岡山にもっていたので、その店の二階に住みこんだのだ。ぼくのおやじは、前にもいったように、なんでもやるんだからね。台秤や物差しや枡をつくっていた。だからいまでもぼくのうちではそのときの不合格になった枡を使っている。(笑)木をずっと積み上げて雨にしばらくさらして、それで枡を作る。サワラやヒノキでね。そういう工場を、小さい蔵のような工場だったが、もっていた。その職人といったら本当にしようのない連中で、給料もらうとあくる日休んじゃうような、そういう旧式のものだった。そこの店の二階が三間ぐらいあって、ぼくの従兄で県庁に出ているのが住んでいたりしたので、それでぼくもその一部屋をもらっていたんだ。そういう理由があれば寮に入らなくてもいい。うちがあるとかなんとかいうことになるわけだ。ただ、これはたいしたことじゃないけど、それがためにぼくは高等学校の寮生活というのを知らない。これはぼくには、高等学校の友だちがすくないという点では重要だったかも知れない。友人といえば学校の教室で知り合うぐらいのもので、ごく親しいのはすくなかった。そのためだろう、学校で昼めしを食ったあと一時間ほどなんにもすることがないんで、毎日図書館に行っていろんな本を読んでいた。

○○　高等学校の中の図書館ですか。

——そう。わりあいに気持ちのいい図書館だったし、中学校の寄宿舎の図書室と違っていろんな書物があったから、ぼくはずいぶんいろんな書物を楽しく読んだ。

○○　思いだされる書物の名前など、とくに。

——とくにといっちゃなんだけれど、クロポトキンの『フレンチ・レボリューション』なんかそこで読んだ。それから和辻(哲郎)さんの『キエルケゴール』、これは面白かった。ぼくは『ニイチェ研究』を後で読んだが、この方はつまらなかった。それから西田さんでは『思索と体験』なんか読んだね。そういうもの、つまり手あたりしだいに、しかし主として哲学はみんなあの図書館で読んだ。

○○　リッケルトやなんかは……。

——リッケルトは、『認識の対象』が訳されたので買って読んだ。その当時西田さんを少し読んでいたのだが、有名な『善の研究』はその機会をえないで、とうとういまだに読んでいない。『思索と体験』を読んだあと、ぼくは西田さんに少し感心して、京都の哲学会がちょうど『哲学研究』を出したので、哲学会に入って会員になった。高等学校一年だったか、あるいは二年だったかもしれない。そこで京都大学の文科の雑誌『芸文』から続いて『哲学研究』に毎号連載されることになった西田さんの「自覚に於ける直観と反省」を読むことになった。十分にはわからぬなりに面白かった。その頃の西田さんの影響はかなりに受けたように思う。

○○ それは会費を送って会誌を送ってもらうという……。

―― そう、そう。史学会やなんかと同じだ。

○○ そういう人が集まってなにかやるということはないのですか。

―― やっていたのかも知れないが、ぼくはそういうところに出たことはない。だけども、ぼく、ああいうので自分からすすんで入っているのは、この高等学校のときに哲学会に入ったのと、いま東大の史学会に入っているのと、この二つだけ、あとは経済学関係の専門ということで入っているだけだ。『史学雑誌』、これは大して読まないんだけれど、雑誌がきて、一応どういうことをみなやっているかということを知るのがぼくに興味があるんだ。史学会に入ったのは戦後のことです。しかし昔、高等学校のときに哲学会に入ったのも、だいたい同じようなもので、たいして読みはしなかった。西田さんの「自覚に於ける直観と反省」なんかはわけがわからずに読んで感心していたんだけれど、それでも何程かの意味はあったと思う。西田さんのものでは『現代における理想主義の哲学』というのが記憶にある。現代哲学入門だったが、わりあいに興味をもって読んだ。いまさっき話に出たリッケルトは、その当時非常に問題になっていたのだが、どういうものかよくわからんので、高等学校二年のときだと思うが、山内得立という人の訳で読んだ。初めて読んだときにはぜんぜんわからなくて、なんべんも読んで、ようやく、なにかこういうことかなと思うようになった。

○○　その当時、高等学校の学生のなかに、そういったような雰囲気はあったのですか。

――一般にはないでしょう。少なくともぼくの知っている範囲ではね。

○○　リッケルトの中で、自然科学と社会科学との違いなんていうことで、後まで残っているということは……。

――その点は後に大学に入って知ったのだが、法律学の方ではずいぶん影響があったのではないか。またそれが当然だと思う。経済学では問題にならないのではないか。

○○　歴史的な事物の特殊性とか、そういうふうなことで認識論的に自然科学と非常に違うということを強調しますね。

――その点も、たとえば左右田喜一郎氏の『経済哲学』に見られるように認識論としては積極的には意味ないのではないか。ライテンデ・イデーによる学問の成立というのはイデオロギーの学問に適しているんで、法律、政治、宗教というようなものによる考え方ではないか。なおそういう点は、しかし『認識の対象』では直接は問題ではなかったと記憶している。それにまだウェーバーを知らなかったのでわりあい簡単だったかも知れない。

○○　そういう哲学書を読んで、それに同ずるというようなことは……。

――たいしてなかったね。
○○　それはやっぱり前に多少社会主義を知っているというようなことが……。
――まあ、そういうことでしょうね。
○○　明確に、これはいかんというふうには……。
――そういうふうには考えなかった。ただ西田さんなんかがしきりにリッケルトはなんていうからね。一つこいつを知っておかないと、知らずに文句いってもしようがないと思って読んだぐらいのものです。西田さんの書物はぼくにとっては頭の体操みたいなものだからね。どこから読んでもいいというような……。しかし後に意識の問題とかなんとかいい出してからはわからんようになっちまってぼくは読まなくなった。結局、西田さんのものも「自覚に於ける直観と反省」、あれだけになる。これはわりあいよく読んで、わからんところを何べんも読んでいる。リッケルトもそういう程度です。ウィンデルバントそのほかのものの訳が後に出てすこしは読んでみたけれど、ぼくはあまり感心しなかった。
○○　読書に入っちゃったのですけれど、……もうすこしいかがですか、下宿というか、下宿でもないわけですか、先生のうちの出店みたいなものですけれど、そこでの生活なんかどういうふうにしていたのか。たとえば飲酒、放蕩、恋愛とか、そういうことはなかったのですか。
――そういうのは、ぼくが小説家ならともかく、(笑) 話にならんよ。
○○　なかったとはいわない。
――ぼくは行きか、帰りに後楽園を通っていた。それから一年ほど店にいただけで、二年目は下宿していた。
○○　どういううちに下宿なさったのですか。
――　ぼくのおやじの知り合いの、株屋の店員の家ですが、後楽園の裏のほうの畑のまんなかにあった。そこに一年あまりいて最後に旭川の岸上の下宿にしばらくいた。
○○　じゃ、学校のすぐ近くですね。
――　そうだ。そのことは別に意味ないよ。
○○　文学書はどんなものをお読みになったのですか。
――　文学といっても、ぼくはそう……。『白樺』はとっていたが、たいして面白く思ったわけではない。あの当時の新思想というところか。土岐哀果の『生活と芸術』については前にも話したように、その「叢書」で大杉の『労働運動の哲学』などを読んだことの方が重要だった。啄木の詩はその遺稿で読んだ――これももう話した通りだが、ぼくに詩の不思議な面白さを教えてくれたのは萩原朔太郎だった。これは本物だと思っていた。
○○　朔太郎はいつ頃ですか。
――　もちろん高等学校。
○○　なにか、先生のそのころの感情生活はちょっと分裂しているような感じですね。
――　分裂しているといえばそうに違いないが……。
○○　一方では社会主義への興味をもちながら、なにか内面の生活では、むしろそれと違うような。

――それはしかしそう簡単にかたづけられないのではないか。
○○　それから、たとえば漱石、鷗外、荷風はどうですか。潤一郎も大正時代の花形でしょう。
――潤一郎は中学生のときから読んでいたけれど、あまりぼくは傾倒したことはない。それは、『中央公論』なんかに出るのを読んだだけだ。むしろやはり有島武郎、すこしあとになるけどね。
○○　文学的なものは、その当時の学生はどうなのですか。
――ぼくのクラスの連中にはわりあい少なかったように思う。ぼくにはそういう友人はいなかった。ぼく自身はドストイェフスキーをずいぶん読んだ。
○○　英訳版で……。
――英訳とドイツ訳と日本訳と、いろいろだった。『罪と罰』なんか、ぼくは独訳で読んだね。
○○　かなりドイツ語もできたのですね。
――訳だもの、やさしいよ。それからすこし後になるが、『カラマーゾフ』を日本訳で読んだ。これはいつ頃だったか覚えないが、高校の終りか、大学へ入ってからかも知れない。クロポトキンに『ロシア文学における理想と現実』という本があるのです。それの抄訳を田中純という人が出していたのです。あの人いまどうしているかな。
○○　最近亡くなったんじゃないですか。
――その人の抄訳を読んでロシア文学に大いに関心をもったように思うが、あれではドストイェフスキーはあまりよく評価されていなかった。トルストイやツルゲーネフを大いに称揚していた。ツルゲーネフなんかをそれに煽られて読んだけれど、ぼくにはツルゲーネフは楽しくはあるけれど、やっぱりドストイェフスキーのほうが面白かったね。
○○　ドストイェフスキーが面白いというところをもう少し詳しく。
——　やっぱり、それはいまの萩原朔太郎が好きなのと似ているんだろう。
○○　両方を詳しく。
——　萩原朔太郎の詩のほうが、啄木の詩なんかより本物の詩という気がしていたのだが、それは少少異様な幻想が何らの無理も感じないで、ぼくらのもっていた憂うつを表現しているように思っていた。ぼくはほかにこういう詩を知らない。ぼくはその当時買った『月に吠える』を今も持っている。戦後、金に困って古本を売ったとき巌南堂がこの本を見て、これを売らないかというから売らんといったら、これは大切な本だからといってカバーをして帰っていった。それはきれいな表紙がついていたし、中にも絵が入っている。
○○　民芸調の……。
——　いやあれは田中恭吉という、結核かなにかで病院に入っていた人の版画です。薬袋なんかに妙な、猥雑な線で絵を書いたりして、そういう絵も幾枚か載っていた。カバーも少々神秘的な妙な美しさで、ことによると、ぼくはそのカバーの絵で買ったのかもしれないんだ。ちょっと見て、なかなかきれいだと思って、買って読んでみたら、なにか妙な、詩というのはこんなものかと思った。そのうちにこれはたいしたものだと思って何回も読んだ。地面の底に顔が出たり、天上で首をつったりしてね。

○○　そういうものに先生がぴったりしたような感じをもたれたのですか。

――　気持の上でわかるような気がしたわけだ。まるで荒唐無稽だけれどね。

○○　そうすると、たとえば斎藤茂吉なんていうのは……。

――　ぼくは知らなかった。知っていたら読んだかもしれないけれどね。しかしずっと後に『赤光』あれを読んだけど、そう……。

○○　当時は宣伝されてなかったのですか。

――　宣伝されていたのだろうが、ぼくは知らなかった。西も読まなかったのではないかな……。ぼくは西からも教わっていない。しかし萩原朔太郎も西からじゃない。

○○　独創。

――　独創じゃない。本のカバーが運命の出会いだ。(笑)

○○　先生、どうでしょうか。よくわかりませんが、たとえばドストイェフスキーが好きだとか萩原朔太郎が好きだということと、一方で社会主義的なものに対する興味というのは、おそらく先生の中に、いまに至るまでずっとあると思うのです。そういうのはどうでしょう、結びつかないものでしょうか。

――　さあ、わからないな。あるいは君らが聞きたがる青春の悩みということでしょうね。今もぼくは若いからそういうものをもっているかも知れない。

○○　具体的にはどういうことでしょう。

――　たとえば生死というようなことと同じに無限にたいする有限の問題など……。

○○　結局そういう問題が青春のころに……。

――そうだとぼくは思う。ドストイェフスキーなんていうのは神さまと悪魔とがいっしょにいるような人間をつくってるのじゃないのかな。社会主義なんていうのはその点じゃ限度を知った、わかりよいものとしてぼくは理解している。いわば現実的な問題を現実的なものとして解決しようというわけだ。社会主義の社会でも詩は残るわけで、萩原朔太郎は生きている……　そういう気持ちはいまもする。もっとも戦後ふとドストイェフスキーの『悪霊』を文庫本で買って読んでみようと思ったが、もうこれは読めなかった。ドストイェフスキーは社会主義社会には残らないかも知れない。

○○　そういう形で理解していると、社会主義的なものに対する自分の身の入れ方、イデオロギッシュなものにたいする身の入れ方に、ちょっと問ができてくるということにどうしてもなりますね。

――ある程度はそうです。だから、むしろ大杉の『労働運動の哲学』やサンディカリズムのほうが、ぼくには感じとしてわかる、それは理屈でわかるということじゃないと思っていた。『資本論』なんかは、その当時まだ知らんからね。しかしだんだんとそういえないものを感じてきたようだ。もっと現実の問題の重要性を考えるようになったわけだ。高等学校の後半にぼくは『資本論』をどうしても知りたいと思うようになった。これは『新社会』によるといってよい。『新社会』にはマルクスの偉大さがいつも書かれていたし、『資本論』の解説も出ていて、これにはなにかとても偉いものがあるに違いないという気がしじゅうしていた。なんとかしてこれが読めるようになりたい。しかしそれで全てがかたづくというわけじゃない――とはいつも思っていた。

○○　人生の根本的なものに対する疑いと、それから社会主義の根本的なものにたいするのとは、両方、二極分解して、ずっとそのまま持続されるというようなところが……。

――あるかもしれないな。それは当然といってもよいのではないか。事実、社会主義にしてもその解決するものの限度を知ることが大切なのではないか、科学的理論としては。

○○　先生はどうですか。その当時影響を受けられた高等学校の先生は……。

――だれの影響も受けない。

○○　マルクスとマルクスとマルクス。（笑）

――ぼくらはドイツ語を前に話した立沢剛という若いが偉い先生に習って、ずいぶんしぼられた。ぼくはほとんど一時間ぐらい立たされたことがあった。

○○　それはどういうことで。

――つぎつぎに聞かれて、いくら答えても坐らせないんだ。

○○　次から次へ。

――そう、関係の言葉の文法までやらせるんだ。

○○　どういうものをやったのですか。

――立沢さんというのは一年の二学期の間に文法をやっちゃうのです。英語で書かれたホイットニーの『ドイツ文法』を。毎朝学校はホイットニーで始まる。そして二学期の間にそれを終って、三学期は小説。『イン・ザンクト・ユルゲン』だった。

○○　いまでも使うのじゃないですか。

○○　だいたい入門的な、最初のとっかかりというのは、そう変わっていないのじゃないの。向こうでもとっかえひきかえやっている。

――　ずっと後に一高で立沢さんに教わったぼくの友人で外務省にいるのと話していて『イン・ザンクト・ユルゲン』を一高で教わったというので驚いた。立沢さんは暗記するぐらいやっていたんだろう。一年三学期の間毎朝教室に入ると、立沢さんがダーッと入ってきて、ぎょろっとした目で、さっさとおじぎして、それから教壇に上るんだ。

○○　そのドイツ語はかなり役立ったですか。

――　それはそうだ。相当しぼられたからね。

○○　高橋里美先生というのは。

――　高橋先生は二年のときだ。二年のとき立沢さんと高橋さんの二人で、ぼくらのクラスはできるというのでそうしたのか、できないからそうしたのか知らないけど、三十何人のクラスを二つに割ったんだ、ドイツ語の時間だけ。そうすると先生は二回やるんだ、同じ時間を。われわれは十何人で。ほかの半分のクラスは別の教室でやっている。そうすると一時間中に二へんくらいあたるんだ。あれはどういうつもりだったのかな。

○○　それは力がつきますね。

――　ぼくらが見込みがあるとみたのか、見込みがないからやったのかわからない。それで一ぺん高橋先生にそれを聞こうと思っていたけど、とうとう聞かずにしまった。

○○　しかし見込みがあるかないかということは別として、そういう教育法を一つやってみよう、その結果うまくいくか、うまくいかないか見ようと……。

――　そういうわけで立沢さんと高橋さんは非常によく知っている。その意味じゃ影響を受けた。ぼくは一、二度高橋先生のところにも行くし、立沢さんのところにも行った。そのときの話に立沢さんは、「きみ、本を読むにしてもたいしたことないよ。レクラムを一生の間に何冊読めるか」というのだ。たいへんな先生だと思ったね。ドイツ語は非常によくできるようだったが、社会主義の左翼運動は、気に入らなかったようだ。一高へ移られてからだが、昭和の初めの左翼運動に反感をもったようで、「腹が立つ」という文章を何かに書いていられた。ぼくはそれを読んだことがある。

○○　死んだのはずっと後でしょう。

――　ずっと後ですけれどわりあい早いですよ。

○○　立沢さんが死んだのは戦争にかかる……　太平洋戦争中ですよ。

○○　教わっているのですか。

○○　教わっていないけれど、知っているよ。人間的に非常に清廉潔白な感じのする。

――　清廉潔白というか、ぎょろっとした日のあの顔は忘れられない。高橋先生はぼくが東北大学でいっしょになって、ずいぶん世話になった先生だ。

○○　三谷(隆正)さんは。

―― 三谷さんは英語を教わったけれど、個人的に親しいわけではない。このあいだ、南原(繁)さんが三谷さんの追悼文かなにかを本にするので書かないかといわれたが、ことわった。

○○ 全集が出るそうですね。

―― 全集は出たのだろう。ぼくは前に全集のときに岩波からもなにか書けといわれたんだけど、なんにもないんで断わった。スコットの『ロブ・ローイ』という小説を教科書にして一年間教わったが、それを三谷さんが自分で読むだけだから試験のときはたいへんなことになった。とてもかなわなかったね。

○○ あてないのですか。

―― 全然あてない。秀才教育というのか知らないが、閉口したよ。三谷さんは大学を出てまもなく来たのじゃないかな。

○○ 影響を受けるということは。

―― なかったね、ぜんぜん。ぼくは一度か二度、後楽園を通っていっしょに帰ったことがあった。近くに下宿していたのでね。そのとき小説の話かなにかすこし聞いたが、別にたいしたことはなかった。

○○ 先生に直接人生問題を語り合うような、そういう仲の先生は……

―― ないね、先生の家にもあまり行かなかったし、高等学校の先生で、特に影響を受けた先生はいない。

○○ そういう関係だったのですか、そのころの高等学校は。

○○ 寮にいればだいぶ違うのじゃない。

――それに、ぼくはわりあいそういう点引込み思案の方だからね。クラスでも、高等学校時代はちょっと変わり者だったろうね。

○○ ちょっとよくわかりませんけれど、つまり哲学へのそういう関心、また文学への関心も、あまり一般の学生になかったというようなその時分の学生というのはいったいなにをしていたのですかね。

―― いや文学や哲学はそれぞれやっていたよ。それはけっしてぼくだけじゃない。ただ、ぼくのクラスではそういう友人がいなかったというのだ。特に社会主義に興味をもっているのは一般にもわりあい少なかったのじゃないかと思う。歌をやっているのはだいぶいたし、演説やるのもいるし、それから運動も……。

○○ サークルがあるわけでしょう。研究会など……。

―― あったでしょうね。そういうのにはぜんぜん入らなかった。

○○ 学科目の中に社会科学というようなものは……

―― ないね。三年のとき法学通論を習ったけれど、つまらん先生だったからね。

○○ それですか、穂積重遠の書物を読んだというのは……。

―― そうじゃない。ちょうど穂積重遠の『法理学大綱』という書物が、ぼくが二年か三年のころ出たね。つまらないんだ、あれ。あれは、やっぱり例の西南学派的な考え方の入ったもののように思ったが、つまらないとぼくは感じた。ことに法科やめるときだったから。マルクスをやらないでどうするかという……。(笑)

○○　その当時は西氏との間でもクロポトキンが重要な問題だったといってよいのですね。

――というよりも社会主義入門時代ですよ。とにかく何でも社会主義に関するものを読むというところだった。

○○　じゃ前に先生が座談会でたしかカウツキーの『資本論解説』を読んだ話をされていた、あれは高等学校時代のことですか。

――そうじゃない。あれは大学です。『新社会』へはぼくが高等学校のときからずうっと連載されていた。しかしそのときはとてもわからなかったんだ。マルクスの『資本論』については、もう聞いてはいたが、ときどきその解説をみてもわからないんだ。それで逆に『資本論』というのをぜひ読みたいという気になったといってよいだろう。

○○　それが、本になって出たのは？

――大正九年でしょう。

○○　それは一巻だけですね。

――そう、カウツキーのもとの原本がそうだったのだ。ぼくは雑誌に出てる間はつづけては読まなかった、というより読めなかった。ほんとうに読んだのは大学に入って単行本になってからだ。それはいまも持ってるけど、くり返し何べんも読んだ。

○○　これもあるいはぼくの記憶違いかもしれませんけど、福田徳三の『国民経済講話』あれは高等学校のときですか、そのころ読んだというお話だったように記憶していますが。

――だと思うね。

○○　それなどはやはり経済学をやろうというような一つのそんな気を起こした動機には……。

――いや経済学科に変わるというので読んだのではないかと思う。

○○　本自身はどんなできばえだったんですか。いい本か悪い本かということですけど。

――ぼくが最初に読んだのは『労働経済講話』というのだったが、評価というより、面白く読んだように思っている。あれは講演したのを出したんじゃないですか、わかりよかった。

○○　堺、山川両氏のものについて聞きたいのですが、あれは大学時代なんですね。

――いや『新社会』やその他でもう高等学校時代に読んでいる。もちろんそのときは山川さんをぼくの知っていた山川さんだということは知らなかったんだ。（笑）また初めは「無名氏」というペンネームで書いていて、それを読んで非常に感心したね。

○○　総合雑誌には無名氏で出していた。

――『中外』なんかにね。

○○　『中外』にも最初のころは山川っていう名で書いているでしょう。

――さあ、それは覚えていない。『中外』というのは内藤民治とかいう人が金主で、なにかの事業でもうけた金を出していたということだった。たいへんぜいたくな雑誌のように思った。のちに無名氏というのは山川均だ、しかもそれはぼくの郷里の山川さんだというのをきいたわけだ。

○○　それまで倉敷では山川均のことは話題にのらなかったんですか。

——その点ではぜんぜんない。山川さんといったら昔社会主義者で、あのうちは閉門したうちだというだけなんですよ。だから郷里ではそういう文筆活動なんかだれも知らないでしょう。山川さんが有名になって、偉い人だいうことがわかったのは、ずうっともう大正の終りでしょうね。大正の初めごろは、少なくともぼくは聞いたことはなかった。あるいは知っててもあまり話ししなかったのかも知れない。たとえばぼくのうちなんか山川さんの姉さんのうちとは非常に親しいんだけど、それでも全然話してない。だから無名氏が山川均氏で、山川均氏がぼくの近所の人だという、これには驚いた。それは西も知らなかった。

○○　やっぱりそういうときの感情というのは、われわれなんかそういう人が回りにいないわけですけれども、先生がたの時代のほうがそういうときの驚きというのはもっと非常に大きいでしょうね。

——大きいよ。

○○　社会自身がいまより流動的じゃないし。

——つまり社会主義者というのは一種特別の存在ですからね。

○○　それが自分の町から出て……。

——ええ、しかもすぐ近くですからね。そしてこんな偉い人が出てるんだということ、これはたいへんな人が近所にいたものだと思って、(笑)そして急に近くなったような気がしたわけだ。

○○　堺さんと山川さんというのは名前が並んでいますけど、影響のされかたとしてはどういうように……。

―― ぼくとしては、やっぱり山川さんのものをずいぶん読んでるからね。堺さんのものはあまりそうたいして読んでない。これはちょっとあとの話になるが、西は兵隊から出て後に養子に行ってね。播州の奥の山の中の村でその養家から小学校に先生としてかよっていたんだが、どうしてもそこに耐えられなくなって、ぼくが大学の二年生だったときに、脱走して東京に来たんです、養家に無断で。それでぼくの下宿の部屋にしばらくいっしょにいた。ぼくはわりあいぜいたくな部屋を借りていたのだ、次の間がある二階を。わりあい広くて八畳と三畳くらいだったか、とにかく二人いるのに十分だった。しかし彼はこのときは社会主義運動をほんとうにやるつもりできていたんだ。文学をやめて社会主義をやるという……。それにしてもなんとか自活してもらわなくちゃいかん。いつまでもぼくのところにいてもらっちゃ困る。それに学年試験も近くなるから試験勉強もしなくちゃならないからどこか行けよっていうと、そんなに試験が大切かねなんて……（笑）いうから、ああ、おまえらにはわかりゃしないといって、彼に出てもらった。彼のそういう気どった独善的面はぼくには気にいらなかった。ぼくも試験勉強をそんなに思っていたわけではない。結局、彼は秀英舎という築地の印刷所へ文選工にはいった。それで千駄が谷辺の煮豆屋の二階へ下宿してそこから築地に通っていた。彼は、しかしもっと直接に社会主義運動を知りたいというので、ひとつ社会主義者をたずねようじゃないかということになった。二人で勢いを得て、ひとりじゃちょっと行けないから……そのころはほんとうにそういう情況だったのだが、麹町の堺さんのうちへ西と二人で行ったんです。二度ばかり行ったかな。そうしたらいろんな人が来ていた。学生のようなのもいたが、特に記憶に残っているのは、朝鮮の人が来ていてね。そうしてそこでおもしろい問題が出たことだった。つまり朝鮮の独立運動と社会主義運動というのはどちらが優先するかいうのだが、ぼくはそれはたいへんな問題だと思いながらよくわからなかった。ある若い人がそれはもう社会主義が優先する、独立運動なんかみんなそのなかへ吸収されるというのにたいしてその朝鮮の人はいやそうじゃない、やっぱり独立運動のほうが重要だという。堺さんはそのとき、それは堺式だし、彼の偉いところかもしれないが、結論を下さなかったな。それはたいへんな問題だというだけだった。そのことだけはよく覚えている。堺さんのうちの二階でね。そのうちに山川さんの水曜会のあることを知ったんで、日比谷のいまの警察署のあるところらしいが、山カン横町といわれていたところ、日比谷交叉点からちょっと帝国劇場寄りの路地をはいったところ、そこに服部浜次という洋服屋がいてね、それが三階建てかの店を持っていたんです。その三階を山川さんに提供して水曜会をやっていた。水曜ごとに山川さんが来てなにか話をするんです。ぼくは二度ばかり行った。一ぺんは雨が降って山川さんが来なかった。堺さんが早速に、山川くんはカミのような人だからぬれると破けるんで来ないわけだと言って……。(笑) だが、あと一回はなんだったたか、サンディカリズムかなにかそれに近い話だったと思う。もう一つ大杉の会で北風会というのがあった。これは指ケ谷町に集っていた。何とかいう印刷所の近くです。

○○　共同印刷ですか。

――　何といったか、いま覚えない。そこの話はもうしたとおりだ。その後、西はひとりで堺さんのうちへ行っているうちに、どういうことをしているかと言うんで、印刷工場で働いてることをつげると、そりゃもったいないというわけで、西は山川さんの『社会主義研究』の編集に加わることになった。西にはそういう能力が実際あったわけだ。堺さんはちゃんとそれを見出したんだ。

○○　先生はそういう会に出はいりして一、二年ぐらいでストップしちゃいますね。それはやっぱりある程度なにかそういうふんい気にたいするそぐわないもの、そういうものが多少あったわけですか。

――　大体そうだったが、ぼくには社会主義運動などは到底できないという気がいつもしていたからね。

○○　それは後もそうだけれど、こういうところへくるのはぼくには合わないような気がしてね。

○○　たいがいそういう気持が働くと同時に、社会主義の理論やなんかにたいしても興味がなくなっちゃうのが普通だという気がするんですけど……。

――　そうはいかない。社会主義の理論といってもぼくには今もたいしてあるわけではない。むしろ経済学に対する興味、それはもちろん社会主義を基礎づけるものではあるが、社会主義を直接に主張するものとしてあるわけではない。その点はわりあい早くから感じていた。しかしそういう経済学の理論的研究の意味をそれ自身として認められるものと考えるようになるのはずっと後になって『資本論』に対する疑問を公に述べられるようになってからだ。それはまた社会主義の実践を主張する諸君の経済学があまりに他愛ないことが明確になってきたからだといってよい。

○○　社会主義者たらなければいけないというふうに思ったことは全然ないんですか。

――　ないというより、そう思ってもなれないと思っていた。今もそうだ。

○○　そういう場合、先生の知的興味を最後にささえたものはなんなんですか。マルクスのもっていたイデオロギーではないのですか……。

―― イデオロギーでじゃないとはいい切れないが、しかしもっと理論的なものだ。疑問はあってもやはりマルクスの理論はなんとしても圧倒的だ。その点は、いつも変りはなかった。もちろんソビエトで革命が成功したということは知らず識らず影響していたでしょう。ソビエトの革命自身で直接に影響されたという点は、ぼくには少ないが、成功したということはマルクスの社会主義の力を示すものとしては受け取っていたようだ。当時の東大でも政治科の連中でつくっていた新人会の中には直接に、運動に入っていたものもあったが、ぼくはああいうのは見ているだけでいっしょにやる気にはなれなかった。山川さんのところの社会主義者諸君とはまた違った意味で同調できないような気がしていた。

○○ 先生どうでしょうか、大杉は別ですけど、堺、山川によって代表された、先生の世代にはロシア革命の影響のあとでボルシェビズムからマルキシズムへはいっていく人がわりあいと多いような気がするんですけれども……。

―― しかし堺さんや山川さんたちはボルシェビズムより前からマルクス主義者でしょう。

○○ ええ、しかしその点で先生自身は、後のいわゆるスターリン主義にたいしても理論的に早速影響されるということが少なかったということになるのではないですか。

―― さあ、それはわからんなあ。それはともかくボルシェビズムというのがはいってきたのはぼくがまだ山川さんを訪ねていた頃だった。山川さんが大森のうちから茅ケ崎に保養に行ってそこで翻訳をやっていたんです。ブデインだったか、ウンターマンだったか、どっちか覚えていないが、それを『改造』へ部分的に載っけるというので、ちょっと手伝いにいっていたことがある。そのときに山川さんの話で今度えらいまっかなやつが帰ってきたというのを聞いた。それがあの近藤栄蔵氏だったのです。アメリカから帰ってきて、山川さんたちも始めてボルシェビズムというのを明確に知ったというわけだった。

○○　帰ってくると近藤栄蔵は堺、山川にすぐ連絡するんですね。

――その関係は知らないが、山川さんたちがボルシェビズムでマルクス主義の新しい面を明確に知らされたことは確実だと思う。それまで日本の運動には明確に政治的な、具体的な目標がなかったんではないか。またボルシェビズムというものが単にいわゆる過激派としてではなく戦略戦術規定を持つほんとうの組織運動として理解されることになったんじゃないかな。

○○　レーニン主義が入ってきたんですね。

――だろうと思う。戦略規定を持つということが日本の社会主義運動にはそれまでは明確にはなかったんじゃないかとぼくはあとから思ったことだが、山川さんは、ただ、実にまっかなやつが帰ってきたと言っていたのをいまも覚えている。その後、その近藤氏は伊井敬とかいうペンネームで書いていたが、ぼくには面白いと思ったものもあった。運動の内部ではいろいろと問題のあった人のようだが……。

○○　そうですね。彼のあの『コミンテルンの密使』というのはわりあいとおもしろい裏話ですね。

――たしかアメリカからかれは大正九年ころ帰ってきたんじゃないかな。

○○　片山潜にアメリカで会ってそれで私淑して、片山潜の影響でそうなったんでしょう。

―― その点、ぼくは確実には知らんが、日本でまずなにを敵として戦うかというのを考えるべきだということを伝えたのじゃないのかな。
○○ 日本のマルクス経済学の発達のなかでいわば出発点は堺と山川としてその位置というのはどういうもんなんでしょう。というのはその場合ボルシェビズムがはいってきてからなにかみんな戦略規定にいわば埋没しちゃって、それの前提になる理論的なものというのを忘れているようなところがかなりあるような気がするんですけれども。
―― さあ、マルクス経済学一般からいえばそれを広めたのはやっぱり河上さんじゃないのかな。大正九年、十年ごろの『社会問題研究』じゃないかなあ。山川さんなんかはブデインとかウンターマンぐらいでしょう。河上さんは、とにかく『資本論』を直接に解説しようとしたんだからね。ぼくは山川さんはとにかく、堺さんからは特に経済学を教わったという気はしない。ぼく自身としてはやはり河上さんだね。マルクス経済学の入門はさきに話したカウツキーの『資本論解説』と河上さんの『発達史論』だった。その内容はもうスッカリ忘れてしまったが……。
○○ まだ大学生のころですか。
―― そうです。それから『社会問題研究』。これは唯物史観を解説したりして、われわれにとってはとにかく唯物史観なるものの、またマルクス経済学なるものの手引きとして大変なものだった。
○○ 堺、山川というのは先生にとって社会主義イデオロギーの……。
―― イデオロギーというか、たとえば山川さんが大山郁夫とか、それから吉野作造とか、という当時の花形論客を実に痛快に批評していたので、ぼくは大山、吉野両氏を読まないで感心したね。それはぼくが高等学校から大学へ入ったころのことです。

○○　それはいわゆる民主主義イデオロギー、いろんな通俗的なイデオロギーのイデオロギー暴露をするわけですね。

――　そうそう。

○○　それではいったわけですか、新しいイデオロギーのなかへ。

――　そう、それはやっぱり社会主義イデオロギーを非常に教えたんじゃないかな。

○○　ちょっと社会主義イデオロギーを教えるといっても……。

――　カテゴリッシュに教えるんじゃないんだがね。

○○　じゃなくてむしろ当時流行のイデオロギーをクリティークするという形ではいるわけですね。

――　セマーティッシュに教えるのより、むしろ有力だった。河上さんと違って山川さんたちは流行の新思想の正体を暴露するということをやっていたように思う。それは社会主義者が直接に自己の主張を述べえなかったからかもしれない。そしてそれが社会主義を正面から説くのよりもぼくにとっては非常に力強い影響をあたえたように思う。それは直接の組織運動とはいえないかも知れない。ぼくにはしかし貴重なものだった。山川さんたちにとっては社会主義者としては本来の仕事ではなかったわけだ。

○○　万年筆の働きというわけですね、小さな万年筆の。

――　まあそうだ。そういう一種のブルジョア・イデオロギーの批評でしょう、民主主義やなんかの。

しかしとにかく理屈はちゃんと通ってるんだから、それはやはりおもしろかったね。なにを読んだかと言われても忘れてしまっているが……。

○○　無名氏というのはなにを言ってるんだい？　先生がなにか非常に感激したという……。

○○　それはだいたい大正六年ごろのもの……四年ぐらいからも出ていますね。大正のころのブルジョア・イデオロギー批判です。経済学とはあんまり関係ないけど、ただ日本歴史の唯物史観的観察とかいうものもありますね。

――　それは大杉でも多少は唯物史観の解説的なものを書いていたとは思うが、しかし山川さんの場合は相手が民主主義の代表者で、それを批評するという点で実に痛快だった。

○○　そうすると、先生も生身の人間で倉敷という町で育って、そこでいろんな生活感情、イデオロギーを持っているわけですね。そういうのがやはりそういう中でこういうものをみてある程度ゼルブスト・クリティークになるわけですか。

――　それはそうだ。その点はぼくにとって何よりも貴重なものだった。もともと自分に対するクリティークというのは強い方だったが、こういうのは初めて知ったように思う。それまでのクリティークはいわば個人的なものでそれだからまた運動もできなかったということになるかもしれん。それにはサンディカリズムを多少知り、大杉を読んだというようなことも影響しているかもしれん。山川さんでも一時はサンディカリスティックだったのだが、本来はマルキスティックだったのではないか。そしてそれから後にボルシェビズムにはいるというわけでしょう。ボルシェビズムにはいれば当然政党運動ということになる。おそらくそこに例の方向転換論へ行くきっかけがあるのじゃないかな。今までの冬の時代を抜け出すわけだ。しかしその当時はまだ西が『社会主義研究』の編集に入ると、もう西にも尾行がつくという時代だからね、西のような下っぱに。

○○　ああいう人のうち へ出はいりすれば、たいていマークされるというふうになっていたんで……。

——　それほどでもないけどね。西に尾行がついてきていた。散歩してもついてくるんだ。

○○　先生には全然つかなかったんですか。

——　ぼくにはついてないよ。

○○　そういうことについて先生はのんきだったですか。

——　そんなになんとも思わなかったね。むしろその当時、山川さんのうちにはいつもそういう連中が集っていたが、ぼくのように尾行のつかないような外来者は、何だかどうも教会へ聖書を信じないやつが行ったような気がしてね。

○○　いや、聖書については知りたいけどもおがむ気にもならない。

——　とにかく異端者に相違ないからだんだんと行きにくくなった。西が結婚式をやるというので山川さんのうちにいったが、山川さんがどてら着て出てきてみんなにうなぎ丼を食わしてくれてね。徳田球一氏なんかいたです。水曜会の連中だね。

○○　堺さんのお宅にはあまり行かなかったんですか。

——　行かない。あの二度きりだった。ただ堺さんについては、こういう思い出がある。それは堺さんのうちではなくて水曜会のときだったのだが、前にいったように水曜会は、有楽町の服部洋服店の三階でやっていた。ところがあるときスパイがきていてね。それにたいしていきなり大きい声で堺さんがしかりつけるんだ。ぼくは自分のことを叱ってるんじゃないかと思って……(笑)

○○ どうしてスパイだとわかったんですか。

―― いや知ってるんでしょう。堺さんなんかは……。

○○ それじゃスパイの役になんないじゃないですか。

―― どういうようすか、そのぐらいを報告すればいいんでしょう。

○○ いつものお付きが中にはいっちゃったというわけ……。

―― お付きかどうかそれは知らないが、どういう人たちが来てるかぐらいを調べるつもりだったんでしょう。それにしても堺さんの声の激しいのには感心したね。やはり百戦錬磨の社会主義者には偉い人がいる……と思った。

○○ 山川さんのうちでもなんかあったんじゃないですか。『図書』にお書きになってる。

―― ああ、あれは山川さんに直接にしかられたんだ。ぼくが川崎の争議かなんかあったときになにを言ったか、なんか生意気なことを言ったんだね。そうしたら――ぼくはやっぱり生意気だったんかもしれないよ――山川さんにそれは君が運動をやってみないからそんなことを言うんだって……。

○○ そんなことをやってなんになるんですか、なんて言ったんじゃないんですか。(笑)

―― いやそんなことは言わんよ。なにを言ったか覚えていないが、なんかやっぱりサンディカリスティックなことを言ったんじゃないかと思う。山川さんもあの当時はサンディカリズムを抜けていたし、自分で指導していたんだからね。あれが最初の指導じゃないか、川崎の争議だったと思う、大正九年かな……。

○○　結局、先生の場合は、そのころも社会主義運動にははいらないで社会主義を知りたいというわけですね。

――その頃は、社会主義というより『資本論』です。これを知りたいと思っていた。

○○　ああそうですか、もう『資本論』だっていうことははっきりしているんですかそのころは……。

――ええそうです。

○○　もう大学ですね。

――もちろん大学、つまり高等学校へ入学当時の法律志望をやめて経済科に変わることを決めたときにそう思った。どうしてもこれ……しかしそれを知ったうえでどうするということまでは考えなかったんだなあ。(笑)これはどうしても知らなくちゃいかんのだというふうには考えたね。

○○　大正九年のその話のときは山川さんは神戸にゆかれたわけですか。

――いやそうじゃない。山川さん東京で指導してた。

○○　先生の場合は、革命とまではいかなくても、なんか資本家的社会の矛盾を明らかにするものとして『資本論』を読もうというわけですか。

――ともかくそれは社会主義の基礎をなすものでたいへんな書物だということは知っていた。そのうちにロシア革命のことも聞くことになったからね。しかしぼくが『資本論』を読みたいと思いだしたのはロシア革命の前からだった。

○○　おそらく先生たちの世代では先生のそういう経歴はちょっと変わってるんじゃないですか。福本さんみたいなああいう天才はただの人でも非常にはいり方が遅い。どうもそういうところが変わってると思いますね。

——　あるいはそうかもしれん。ぼくの高等学校のクラスなんかにはそういうものは全然いなかった。それは前から言ってきたように西や松田のような友人がいたということとぼくのうちが本屋だったということ、そういうことによるのでしょう。

○○　これは先生の場合と違うけど、山川均なんか社会主義者になる前にブルジョア経済学をいっしょうけんめいに勉強しているでしょう。

○○　いや、そうでもないでしょう。

○○　例の不敬事件で監獄へはいってからブルジョア経済学をやったんじゃないですか。

○○　監獄にはいったということは不敬事件の問題ではあるけれども、社会主義者にはまだなってないんじゃない。

○○　ただ、だけど桃色の社会主義だったんじゃないんですか。要するに少し色のついた薄桃色くらいの社会主義のところだったんじゃないですか。

——　その点ぼくははっきり知らないが……。

○○　はっきりしないけど、そうじゃないと中へはいってからまずクラシックまで勉強しようと思うということはなかったのではないかと思うんだ。

――いやしかし、それは社会主義に通じているんじゃないかなあ。

○○　『資本論』読む前に読みたいという……。

○○　そうすると結局『資本論』を読むための準備としてブルジョア経済学を勉強しているというわけですね。

――それは山川さんそう言ってるんじゃないか。

○○　そう、監獄では『資本論』はまず読まないで、それ以前のやつだけを読んでおこうと。

――それはしかしぼくとちょっと似てるね。(笑)

○○　だからそれは山川さんもそういう意味じゃ当時の社会主義者の中じゃ少し異例の存在なんですね。

○○　監獄の中で反省するわけでしょう。自分は今までなんだが梁山泊気取りでやっていたが、これじゃいかんということで反省してそれで監獄の中で読もうと、そうじゃなかったかしら。

○○　そうですね。

○○　つまり当時は社会主義者はたくさんいたけれど、経済学をやろうなんていう社会主義者は非常に少なかったわけで……。

○○　もともと山川さんは変わっていたんじゃないかと思うんです。同志社でも教師をとっちめたりなんかするのを率先してやってるんです。いわゆる猛進型ではないですが、理論的に考えるとそれを早速発言し、実行してしまうんです。たとえば先生が試験のときにひとりずつ間を置かして並ばしたら、生徒を信用しないような試験は受けられないと言って出てきちゃったりなんかしている。しかしまた監獄へはいって経済学の知識がないことを反省するとさっそく勉強にかかるという。

○○　革命の旗上げを十年後にしようと言って別れたわけでしょう。だから革命という……。

——　そのことには終生最大の関心を持っていたわけでしょう。ぼくにはそういう点は欠けている、というより自分にできないことはしようと考えない。『資本論』を読んで理解するぐらいのことはできると思っていたんだ。もっとも『資本論』を読んで理解するだけでは、なんにもならない。(笑) が、その後を考えていなかったのだ。

○○　大学へ行かなかったらさらになんにもならなかったかもしれないですよ。

——　それはそうだし、その当時は『資本論』の理論に何か訂正を加える必要があるなんて考えもしなかった。

○○　サンディカリズムと『資本論』とどっちに興味を持ったんですか。

——　前にも言ったようにサンディカリズムに興味は持っていたが、その時はまだ『資本論』は知らない。ただ『新社会』なんかでその偉大さを教えられていただけだ。

○○　先生はクロポトキンのマルクス批判をどう思いますか。

——　その点明確でないが、クロポトキンでは、『コンクェスト・オブ・ブレッド』でも、『相互扶助論』でも、それにほれ込むようなものを感じなかったね。『相互扶助論』は、ぼくにだってよくわかったが、しかし何だかいわゆる生存競争論に対抗して相互扶助を強調しすぎているようでたいして感心しなかった。鶴が共同的に運動して助け合ってるとかね……。(笑)

○○　そういうことが書いてあるんですか。

――　ええ、つまり生物の相互扶助の実例をたくさんあげて説くんです。

○○　それが自然の理法だというわけですね。

――　そうなんだ。生存競争を主と見る考えに対してそのほうが主をなすことを説くわけだ。それから『コンクェスト・オブ・ブレッド』でも『ファクトリー』でも自然を基礎とする農業に非常に重点をおいた考え方で、そういう経済の方式自身はあまり重視されてなかったように記憶している。とにかくぼくはあんまりたいした感銘は受けなかったわけだ。これに対してサンディカリズムは労働者のエネルギーを説いている点が、ぼくにはおもしろくもあったし、わかりやすかった。

○○　たしか大杉なんかでもそういうクロポトキンの空想的な側面というのを批判していますね。しかし他方ではきっとそういうので感銘した人もあったのかもしれませんね。

○○　そうすると空想的社会主義の系譜になるわけですね。

――　空想的というよりもいろんなことを知っているんですね。そしてたとえば生産方法を改善して生産力を上げるとか、そういうことをしきりに考えるんですよ。だから全然そういうことなしじゃないんです。もっとも、クロポトキンについてはもうスッカリ忘れてしまっているので何もいえない。

○○　さっきの話にかえりますけど、実際運動やってるそういう山川さんやなんかの会合へ先生が出たときに先生のほうはよくわかりましたけど、そっちのほうの人たちは先生に対してはどういうふうなあれだったんですか。

――やっぱり異様なものが来たと思ってたんじゃないかなあ。

○○　それは拒否するようなそういうあれはないんですか。

――拒否しやしないけどね。西の友人だというので、あるいは山川さんの知りあいだというぐらいなところだろうね。

○○　大目に見た？

――だからあんまり話ししてないですよ、田所輝明氏とも、徳田球一氏とも。

○○　じゃ運動をいっしょにやろうというようなそういう話は全然なかった？

――そんな関係ではない。

○○　説得されなかったですか。

――ない、一ぺんも。

○○　もうあきらめられちゃった。

――初めから問題にならないと思っていたのだろう。ただぼくの方では西にしても社会主義者になってからだんだんともとの魅力がなくなってきたように思った。あれはどういうのか。いっしょに仕事をしなかったからかも知れないが、後には経済学ばかりでなく、哲学に関しても、ソビエトのつまらぬものに興味をもっているのをみて、西は中学時代の方がずっと深みをもっていたように思えた。
○○　という遊離意識がだんだんとはっきり出てくる。
――　西の方でもその点は感じていたようだ。もちろん実際運動やってる人に対して全体としては、ぼくはいまでもそうだが、むしろ大きすぎるほどの敬意を持っていたんです。それは自分がなにもしないで、ちょうど組合運動しないで俸給値上げの恩恵をえているようなものを感ずるね。
○○　ちょっとそれは違いますよ。運動もしないで革命を期待するというのは、ちょっとそれは……。
――　いや、そうではない。革命後に社会主義を理解していたんだというような考えをもちはしないかというのだ。その反対に特に組織運動もしないで、ただマルクスの所説を解説しているだけでマルクス主義者と考えている連中は最も嫌いだったね。その点では理論的には幼稚でも運動している人の方がずっと好感をもてるんだ。
○○　まだまだいまやってるそういうやり方でやれそうにないという、そういう感じではないんですか。
――　いや、そうは感じなかったね。理論的に完成しないでも、実際運動が成功しうるということはいつもおもっていた。だから大正末から昭和の初めごろには、ぼくらのわからない力で大変な変化が起こるかも知れないと、むしろそう思っていた。
○○　そういう意味じゃいまはどうですか。
――　いま、現在？　それはもう……

○○　現在はあんまり早くくるとは……

――ぼくのように全く運動の外にいるものは何ともいえないが、もっと切迫したものを前提とするのではないかと思うが……。

○○　ほとんどだれもそう思ってるんじゃないですか。

○○　だけど一般的に一九五五年ぐらいからここ十年あまりというのはちょっと社会主義が日本にはいってからの時代としては異様なほどそういう感じがなくなっちゃった社会なんじゃない。

○○　なんかそんな感じがするね、特に安保以後は……。

○○　安保以後というわけじゃない。いわゆる高度成長……。

――安保は何年ですか。

○○　六〇年です、昭和三十五年ですね。

○○　経済的にいえば非常に調子のいいときですからね、安保の時代というのは。

――戦後の情勢は高度成長とかいっても外国の戦争にも影響されているし、またいわゆる国家独占資本というのが信用インフレと結びついているので、なかなか複雑で、ぼくなんかにはわからないことが多い。それにぼくの仕事自身がそれと離れてしまってきたのでますます発言できなくなってしまった。それにまた客観的情勢にしてもそれだけでは問題にならないし、運動の発展は、われわれの予想しないような結果をもたらすので、そう簡単にかたづけない方がいい。運動の中にあって、その時の情勢に応じて判断されなければならない。そういう実践活動は演習でもなければ実験でもない。それこそ歴史をつくるのだ。ぼくは、ことに最近はそういうことをしきりに思っている。自分の仕事は経済学の理論的研究にあるということが、明確になってしまってそういうことは考えないことになったのだ。戦後は、一時もっと現状分析的研究をと思っていたが、それも今はだいぶはなれてしまっている。

○○　だいぶ話がもどるのですが、大正七年に東大に入って上京される、上京はそのときが初めてですか。

――　初めてです。入学試験を受けに七月に来た。

○○　そうすると非常に期待と不安とか希望とかそういうのにふくらんでるわけですね。

――　まあ、そういってよいかな。しかし東京大学についてはなにも知らなかった。先生の名前も全然知らなかった。東京へ来たかったので東大を選んだだけの話だ。だから東京大学へ入るということに特に期待をもったわけではなかった。その当時は東京大学の入学試験も法科、経済などでは落第するほうが恥ずかしいといった状態だった。

○○　旧制はそうですね。

――　神戸から始発の急行があったために神戸までは普通で行って、神戸から夜行に乗って、そして夜明けに静岡辺ね。

○○　そこで初めて富士山を見たわけでしょう。

――　そのときのことはあまり覚えてない。

○○　さしあたっては試験を受けるために旅館についたわけですか。

―― そのときぼくは中学の同級生が高商つまり一橋にはいっていて、それの下宿へぼくといまの武蔵野病院長の神崎と二人で泊めてもらって試験受けに行った。

○○ 初めは独法科にはいる形になったんですね。

―― ぼくは経済へ変わろうと思ったけど、まだその当時経済科へ直接には入れなかったんで独法へはいったんです。

○○ 変わったのはいつからですか。

―― はいってすぐ変わった。

○○ 実質的には経済学部ができるということはわかっていて、ただ一応形式的に独法科に、それから変わるという手続きをふんだわけですか。

―― そうです。

○○ 学年は何月から始まるんですか。

―― 九月。

○○ そうすると七月に試験があって、発表はその少しあとであったわけですね。

―― そうだったと思う。

○○ その年の夏は東京でおくったわけですね。

―― いや、すぐ帰った。ただ初めて東京へ来て外国語の本を売ってる店を見ることができたというので非常な感激だった。丸善と中西屋、中西屋というのは駿河台下を渡って左側の角にあった。のちに一時丸善になったこともあるが、いま何かほかの店になっているようだ。その中西屋という……。
○○　丸善と並ぶような大きな店？
――　少し小さかったが、ぼくは一日ずつ丸善と中西屋へ行って社会主義の本を捜した。
○○　病膏肓に入ったということですね。
○○　盛り場を見物するというような意欲はあんまり起こらなかったですか。
――　一応は廻ったと思うが、どうもあんまり覚えてない。(笑)　それでシンコービッチという妙なやつですけれど、「マルキシズム・バーサス」なんとかいう本を買った。まともな社会主義の本は全然ないんだ。もう一つなんとかいった本と二冊、丸善と中西屋で一冊ずつ買って。
○○　あとのは思いだせませんか、なんか……
――　シンコービッチを思いだすだけであと覚えてないんだなあ。たいした本じゃなかった。ただシンコービッチの本はマルクスの本からの引用が非常に多いんだ。それでちょっとおもしろかったけどね。
○○　アナーキズム系統の本は捜さなかったんですか。
――　そんなものぜんぜんなかったね。
○○　シンコービッチというのはわりあいと優秀な人なんじゃないんですか。
――　かもしれんな。ずいぶん引用がたくさんあった。
○○　ああそうですか。ロシアの経済史なんかではきちんとした研究がありますけど。
――　ああそうかもしれん。とにかくその二冊の本を持って帰ったが、ぼくの家は暑くてしようがないから海岸へ行って、読んだわけだ。
○○　九月に東京へいらしてからあと下宿は？
――　下宿は同じ千駄が谷にしたんです。ぼくが入学試験のとき世話になった友人のところにいった
わけだ。その友人の一橋での同級生と同じ下宿に移ってしばらくそこに住んでいた。その同宿の一橋の
学生は非常に英語がうまい、九州から来た男ですけどね。たしか正金に入って、後に神戸銀行にいった
んです。いつだったか一橋の英語会で彼が演説するというからぼくが大学で借りていたサンディカリズ
ムの本を貸してやった。それで演説したら福田徳三に非常にほめられたといって喜んでいた。
○○　そのときに禁止にはならなかったんですか。
――　英語会だもの、禁止にはならない。それにサンディカリズムなんかみんな知りやしないからね。
ただ福田さんはやっぱりそういう新奇なものを学生が読んでるというんで喜んだのだろうね。その彼は
英語がうまくてシェークスピアの芝居もやっていた。演説もやるし芝居もやる。その芝居ぼくも見に行
った。その男が二階へ住んでぼくが下に住んでいた。
○○　大学へはいってからも、アナルコ・サンディカリズムのほうは続けてお読みになっていたわけ
ですね。それで高校時代とその点でなにか進境はあったわけですか。
――　進境ということはないけど、高等学校時代は米田さんの論文を読んだきりだったが、東京大学
へ来てからサンディカリズムの本を二冊ほど図書館で借りることができた、どうやって借りたかちょっ
といま覚えないんだが……。

○○　そのときアナルコ・サンディカリズムを借りて読もうという気持ち、それともマルクスの立場と違うものとして知っておこうというような気持ちなんですか。

――いや、違うということもまだはっきり知らないんだ。むしろサンディカリズムとしての社会主義を知っていただけだ。大杉から知ったわけだからね。実際、大学に入ったらマルクスを勉強したいと思っていたのでそれがどんなものかはほとんど知らなかった。サンディカリズムに対してのマルキシズムの区別がつくようなそういう知り方じゃなかったわけだ。思想的にはアナルコ・サンディカリズムというのはぼくたちにもわかりいいし非常に魅力的だったから、大学の一年、二年ごろはまだそのほうのものも読んでいた。

○○　ぼく自身知らないんですが、魅力的だったってどういう点なんですか。

――つまり労働者の中のエネルギーが自然発生的に社会改造の新しいエネルギーと思想とを展開してくるという考え方です。これに対してぼくたちが知識的に少々知ったからといって社会のそういう変革なんかできるわけじゃないというふうに考えたわけだ。それはそういうエネルギーと思想に対し、われわれにわからないようなそういうものがあると思ってたんだ。これはいつごろだったか忘れたがぼくは左右田喜一郎のサンディカリズム論を興味をもって読んだ記憶がある。ぼくも新カント派を少し知っていたために相当尊敬して読んだんです。左右田さんの論文集『経済哲学の諸問題』は、後にはむしろ逆に新カント派を卒業するのに役立つことになったが、最初は偉い先生だと思ってた。そして後に左右田さんが一橋で講義したときに一度聞きにも行った。風采がいいし、なかなかスマートなシャレ者だった。同じ講義を聞いていたぼくの友人に左右田さんの話はわかったかときくと、みんなわからんという。ドイツ語のフォアレーズングというのはこういうのかと思ったのだが、書いてきた原稿を調子よく読みあげるのだ。その調子のよさで聞いていたようなものだった。

○○ 洋行帰りの紳士というような感じなんですか。

―― ええ、そうだった。しかし着物を着てるんです、草履はいて袴はいて。しかしその前にぼくは左右田さんが社会政策学会で短い演説だったけど演説をして、社会主義というのは文化を労働階級の文化に下げようとするからだめだって言うのを聞いて、もうこの男はだめだと思っていた。(笑) また実際左右田さんの文化哲学はぼくには全くチンプンカンだった。労働者の文化がそういうものとは考えられなかったわけだ。

○○ やっぱりそういう批判の素地はアナルコ・サンディカリズムで形成されていたわけですね。

―― だろうと思うな。よく覚えてはいないが、左右田さんのサンディカリズム論にはカント派の不可知論的なものがあったのではないかと思う。

○○ そのころサンディカリズムの書物などは危険思想として図書館でも帯出禁止になってることはなかったんですか。

―― いや別にそんなことはなかった。ぼくは輸入禁止になっていたレビンの書物も図書館でみたんです。

○○ もう前からはいっている本については閲覧できたという……。

――さあ、その事情は知らないが、レビンの書物を見て米田庄太郎が写しているということも大杉が言うとおりだと知ってひでえ先生だと思ったなあ。(笑)そう書いておけばいいのにね。明治時代からの大学の先生にはそういうのがいたのです。ぼくのサンディカリズムの勉強には、しかし大学時代に権田保之助という煽動者がいた。権田さんはぼくらのドイツ語経済書講読の先生だったのです。高等学校のドイツ語を主とするクラスから来たのは、ぼくの入った年にはぼくと向坂(逸郎)君と二人だけだったのですが、そのために一年のときから二人だけのクラスができて知り合ったのですが、二年になったときにそのドイツ語のクラスの先生が権田さんだったわけです。権田さんは教科書にコンラッドの『経済学説史』を使ったのでその方はおもしろくなかったが、しかし権田さん自身はなかなか変っていておもしろかった。あの人は神田っ子だった。九段の下のまないた橋の角に……

○○　生家があったのですか。

――うん、あそこの壁材料の店で生まれたんです。だけどちょっと異常に早熟の人でね。中学生のときから『平民新聞』を配ったりしているんです。社会主義思想をもっていた早稲田中学の学生で……。櫛田民蔵氏とは外国語学校でいっしょだったので、権田さんが櫛田さんに社会主義を教えたということだ。ぼくにはこれが江戸っ子かと思うような、ぼくの江戸っ子概念とはだいぶ違った点があってよくはわからなかったが、これはどうもぼくの方が間違っていたらしい。とにかく山の手じゃないんだね。下町の江戸っ子だね。

○○　だけど歯切れがいいとかそういう点は?

—— 歯切れはやっぱりいいんだろうな。趣味はあんまりよくないと思った。

○○ 東京というところはしょっちゅうなにか田舎者が入ってきて影響するからこれが江戸っ子といい切れないところがあるんじゃないですか。

—— どうかなあ。それはともかく、権田さんは自分の学生にたいしても好悪感が強かったね。ぼくは認められたほうだが、向坂君はそうではなかった、それが、どうもアナルコ・サンディカリズムをやってるということによっていたようだ。権田さん自身はそうじゃないんだが、オルソドックスの社会主義にたいしては、その頃は多少反感をもっていた。あまりに早く社会主義を知って、その頃はもう回顧的になって、モリスとか、そういうものに興味をもっていたようだった。だいたい権田さんというのは大学は美学を出たのです。

○○ じゃ、相当趣味人なんですね。

—— ええ、趣味の人かも知れないが、ぼくにはどうもよくわからぬ趣味だったようだ。大学時代から活動写真の研究に打ちこんでいた。大正初めの大学の卒業論文に「活動写真の原理と応用」というのを書いているんです。その論文が立派な本になっているのをぼくはもらっていまでも持っていますが、カットなんか面白いものになっている。

○○ そのころまだ活動写真なんかそうみんなから着目されてなかったわけでしょう。

—— 着目されてないし、芝居からみればずうっと低級なものでしょう。

○○ だけど事実大衆娯楽としてあったわけですね、明治の末から。

――明治から大正の始め、もちろんフランスのパテーとか何とかの写真が来ていたわけでしょう。
○○　まだしかしおそらく芸術としては幼稚な……。
――いわゆる芸術映画なんかではない。
○○　その当時そういうものに着目したわけですね。
――それが権田さんの考え方によるんだ。すべて文化は下層の大衆から出て上層へ上がってゆくものだから民衆こそ文化の創造者だというわけだ。それが権田さんの民衆娯楽論になっている。そしてまた一種の社会主義論にも通じるんです。民衆の中から出るそういうものを社会主義的に生かそうというのがあの人の主張でしょうね。ぼくは大学三年のころ「美術工芸論」とかいう特殊講義をするのを聞いたが、それも美術工芸を社会生活の中に生かしたいという主張だった。話しも非常にうまいが、調査も非常にうまい。調査に非常に熱心な人で、それはもうずうっと後のことになるが、あの新島に奥さんの里が……。
○○　新島って静岡県?
――いや、伊豆七島の新島です。ぼくが大学卒業した年だった、いっしょにいかないかと言われたけど、ぼくはフランス語をその夏休み勉強しようと思って暁星の講習へ通っていたので行かなかったが、権田さんはそのとき新島で網元のことを調べてきた。その報告を聞いたが実にりっぱだったなあ。それ大原研究所へはいってからのことだが……。
○○　それはやっぱり印刷物になって残ってる……。

―― なってないです。

○○ 先生はその原稿お読みになったんですか。

―― いや権田さんが報告するのを聞いただけだ。実にそういう能力のある人だった。

○○ 社会主義としてはたとえばマルキシズムだとか、アナルコ・サンディカリズムだとか、それからもっと精神主義的な社会主義だとか、そういう未分化の状態の社会主義を持っている人なんですか。

―― さあ、どういってよいか、ぼくの知った頃はモリスですからね。美術工芸論なんです。

○○ だけどそういうのってのは社会主義イデオロギーがあって、そういうことが出てくるわけでしょう。

―― そうだけど、それは生活を美術工芸化するとかいうようなことも、やっぱり社会主義にならないとできないという意味だ、そういう主張ですよ。

○○ 一種のいまはやりの民芸だとかああいうのはやっぱりこういうところからきているわけですか、もとは。

―― というのとは少し違うのではないか。反骨精神というのか、反俗精神というのかもしれん、そういうものでは共通かな……。

○○ 反ブルジョア文化みたいな。

―― 一種のね、そういうようなところへ出てくるんじゃないですか。民芸というのより、現代的な実生活に生かすのがほんとうだという主張です。権田さんのクラスにはぼくと向坂君と、ほかに特別に講義を聞きに来てた社会学、政治学の人が二、三人いて、それで社会学の人とぼくと向坂君と四、五人だったと思う、権田さんの誘導によって無名会というのを作ってね。権田さんはそういうことをするのが好きなんです。無名会というのも権田さんがつけて、大学研究室の他の先生がみんな帰ってしまったあとで集まっていたのです。助手、助教授の合同の研究室でみんないなくなってガランとした夜の室のまんなかに権田さんが坐って次々にみんなに報告させるんだ、今度はおまえの番だとか言って。

○○ それはどういう報告をするんですか。

―― それぞれ自分に興味のあるテーマで研究したものを、一月に一回ぐらいだったからその間に準備してやったわけだ。ぼくはそれでサンディカリズムの報告をしてそれでどうも権田さんに大いに認められることになったようだ。

○○ 学校の講義は？

―― 講義はドイツ語経済学の教科書です。

○○ つまり語学の先生ですね。

―― いや、語学の先生というのではない。今もやっている外書講読です。まだ助手だったのでそういうことをやっていたわけです。その当時、助手に権田さん、櫛田さん、細川(嘉六)さんという偉い助手が三人いたんです。

○○ そういう人をだれが呼んだんですか。

―― それは高野岩三郎ということです。

○○　ああそうか、そうですね。じゃ東大にしちゃいわば……。
――異色の、みんな経済の卒業生じゃないんです。
○○　おもしろいですね。
――当時としてはおそらく型破りだったのでしょう。
○○　学問の継承なんていうことからいうと型破りかもしれないけれど、しかしちょっとおもしろいですね。
――櫛田さんなんか前に同志社の法学部長していた、という噂だった。
○○　そうすると年はもうずいぶん……。
――助手としてはそうでしょう。
○○　先生より十ぐらい上ですか。
――いや十より上でしょうね。
○○　そうですか、じゃあだいたい三十なかばぐらい。
――ええそうでしょうね。四十近いんじゃないかな。
○○　世間的には有名だったわけですね。
――いやまだそう有名じゃない。
○○　おそらくそのころたいしてネタのない新聞なんかだと、同志社大学の法学部長をやめてこっちの助手になるなんていうことになると新聞種には……。

―― 新聞種になったかどうか知らんけど、あれは滝本誠一とかいう人とけんかしてそれをやめさせるために自分が学部長になってやめさして、そして自分もやめたんだといわれていた。そうして東京へ来て、前に関係のあった東京大学の経済研究室に入ったということだった。細川さんの方は政治学の小野塚(喜平次)さんの弟子でこれもやっぱり職がなくてでしょうね。

○○ じゃあ政治のほうを出ていて経済のほうに……。

―― そうだが、経済科というのができたのが明治末から大正の初めですし、それまではみな政治科を出て経済をやっていたのです。だから当時の古参の先生はみな政治科を出た人です。これはむしろ正しいのではないですか。上野(道輔)さん、大内(兵衞)さん、森戸(辰男)さんのときから経済科出です。それはともかく権田さんというのはそういう意味でちょっとおもしろい変り種だった。しかしまた性格は強かった。好ききらいも強い。仕事をするしないというんで非常な違いがある。学生のときはそういうことは感じなかったけど。

○○ 後、浅草で感じたわけですか。

―― ああ浅草で……。それはまたあとで……。

○○ 大学にはいったころにまたもどりますけれども、当時大正七、八年といいますとちょうどシベリアに日本が出兵したり、また米騒動が起ったりしていた時期だと思うんですけど、そういう社会問題みたいなものについてなにか……。

―― ぼくはわりあいそういうことにのんきなんだ。わりあい感じない。シベリア出兵は知ってたけれどたいしたことに思っていなかった。ただ尼港事件というのはあれは九年か十年でしょう、あれは新聞で非常に騒いだからえらいことになったもんだなあと思ってただけで、それがどういう意味をもっているかはよくわからなかった。

○○ 米騒動は相当……。

―― 米騒動はぼくも岡山で見てるんです。ちょうどぼくが入学試験を受けた年です、大正七年のね。

○○ 米騒動は何月ぐらいですか。

―― ぼくの知っているのは夏です。

○○ 東京でなんか騒動が起こるんじゃないですか。

―― でしょうね。それはぼく知らなかったけど、ぼくが郷里に帰ってる間ですね。

○○ 倉敷なんかという町でも……。

―― ええ、ありました。

○○ やっぱりあったですか。

―― ええ、ぼくの兄なんか召集されて、兵隊に行ってたからその鎮圧に出動したといっていた。岡山の米の相場師とかで大きな家をもっていたのが、表から裏まで突き抜けてみえるぐらいやられてた。火事になったりしたところもあったようだ。

○○ そういう大衆のエネルギーみたいなものとは……。

―― ぼくにはそういうのはよくわからなかった。

○○　ともかくそういう事件が起って、それと自分のばく然とした社会主義的なイデオロギーとなんらか結びつくのが当然だという気がしないんですか。
――そういうことはなかった。そういうことはわからないので実にのんきだったんだなあ。
○○　わりあいと回転が大回りなんですね。(笑)
――ぜんぜん感じなかった。
○○　だからちょっとぼくには不思議な感じがするんだけどね。だれにでも不思議に思われるんじゃないかという……。
○○　そうかなあ、ぼくわかるような気がするけど。
○○　明治のころの異端的な社会主義者とはかなりそういう点は違うんじゃないかという気がしますね。
○○　それはそうなんだろうね。そういうことはよくわかる。
○○　そのあとになるともっと違ってくるんじゃないかしら。先生のときは一つのイデオロギーからはいっているわけでしょう。われわれになるとむしろもうそれまでになにか理論的なものを読んではいったりなんかするようになってきて、だんだん……。
○○　いや、だけどたとえば安保のときになんか感ずるとか、ベトナム戦争になれば感ずるとか、そういうことはあるわけですよ。
○○　感ずるといえば感じないことはないんでしょう。

——それと社会主義を結びつけるということが……。

○○　社会主義とまではいかなくても、やはりなんか……。

——いやそれがぼくになかなかできなかった。米騒動はしかし一般にもよくはわからなかったのではないか。とにかくぼくには社会主義の問題としては考えられなかった。

○○　実際また直接に社会主義的なものとはいえないでしょうし、アナルコ・サンディカリズムなどではそういう具体的な問題はどうだったのでしょう。それがマルキシズムにとってかわられたとしてもまだ具体的問題にどういう形でくり広げられるかは問題でしょう。

——すぐそういう問題を結びつけることなどはまだまだぼくにはできなかった。もっともぼくは自分で大学の講義をしていることが具体的な問題にどう関係するかは決して明確ではない。むしろそういう理論的研究なり講義なりをただちに実践運動の一翼だと思うのは実におかしい。そういう気持ちはもとから強い。それはやっぱりサンディカリズム時代の思想的な影響によるかも知れない。大学の先生なんかの具体的問題にたいする社会主義的意見などは何としてもおかしい。たとえば西などが社会主義者としてやってるんだってどうもぼくにはまだ本物というようには思えなかった。そういう思想的運動が労働者をつかんでその大衆のエネルギーというものをほんとうに自分のものにするということはなかなかたいへんなことだという気がいつもしていた。それからまたそういう運動を指導する人というのは相当の人でなければならぬ、自分などは問題にならないといつも考えていた。その点は今にいたるまで変っていない。そこでリーダーになってやれる人にたいしては今も相当の敬意はいつももっている。しかしまたそういう人が運動のある時期にはたいへんに元気にやっていたのが、いつのまにか変ってしまっているというのも見てきてるから、そう手ばなしで尊敬ばかりしていられないということにもなっている。もちろんそういういろいろの人びとが部分的には交替しながら大ぜい集まって運動も展開される。運動はそういう人なしではやれない。ぼくもその点はわかっていながら自分が運動に参加してないのでそうなるんだ。運動にたいするこの態度は今日にいたるまで始終非難されるが、それはやっぱりサンディカリズムの影響はあるにしても根本はぼくの性格によるものと思う。これはおそらく中学校から大学までのぼくの生活によるものといってよいだろう。そしてそれがかえって運動を離れて『資本論』をいつまでもやっていられることになるんだが、もちろん大学の教師になるという、考えもしないことになったからだろう。

○○　しかし先生の場合、最初に社会主義的なものに対する興味と同時に、それと並んでドストィェフスキーだのそういうものをずうっと読んでいって、社会主義的な問題で処理できないようなもっと実体的なものをずうっと考えておられたようなことがあって……。

——　そういう点もあるかも知れない。

○○　そうすると、ますますそういう生活全体がそういう形になるということができにくいという面も一つ……。

——　さあ、どう言っていいかなあ、その点ちょっとぼく自身よくわからんけどね。一方で敬意を表しながら他方でそれだけにとどまれない。そうでないと理論的研究は続けられないんではないか。

○○　そういう敬意とその反面というのは、簡単に言いますとイデオロギー的なものと理論的なものにわける、そういうものにつながってるんじゃないですか。

○○　つながるかもしれんけど、ぼくなんかの知ってるマルクス的な考え方というのは、わりに労働者階級とインテリとを峻別しないで、全然いっしょにするっていうんじゃないけど、ある程度つなげてとらえるような面というのがあると思うんです。そういうのを峻別する考えというのはぼくは宇野先生で知ったような気がするんですが……。そういうのがアナルコのほうからきているのかどうか。

――　さあ、それは戦後になってからだんだんと明確になったことで、戦前はそうではない。サンディカリズムも何かそういう態度のいいわけになっているのではないかとさえいつも思っていた。

○○　しかしマルキシズムでもそういう考えはできないということはないでしょう。

○○　ないということだけじゃなく、ぼく自身がそういうものに接しなかったということを言ってるわけです。

○○　ないということはないけど簡単に中にはいっちゃうでしょう。

○○　そうそう、インテリがインテリでありながら労働者階級に協力すると……。

○○　協力する形を、ほんとうは協力かどうかわからないんだけど、はいっちゃうんだね。

○○　そういう形で連続的に考えるわけだね。それをチェックした形がやっぱり先生の場合、そうした考え方が……。

――　そう、たしかにぼくはもとから運動に対して非常にきびしい考え方をしてきている。しかしその点は今もいうように戦後になってはじめて明確にいえるようになったのです。

○○　そういうものと、高校時代から社会主義にずうっと興味を持ちながら、同時に新カント派にも興味を持ってお読みになったというのはどういうことがきっかけだったわけですか。

――　新カント派は高等学校からですが、大学時代はさきに話した左右田さんの『経済哲学』です。

○○　左右田さんを通じてですね。それはどういうところから。

――　どういうのか、明確ではないが、何でも人のやっているものはやる、という好奇心でしょうね。

○○　多少そういうものと、社会主義的なあれと……

――　は関係ないです。

○○　関係なしに興味を持っていて……。

――　とにかく何でも読もうというわけです。新カント派といってもたいして勉強はしていないんです。この前リッケルトのことを話ししたけど、あの程度です。カントでは『プロレゴメナ』を愛読したが、それはいつごろだったか覚えない。『純粋理性批判』のほうはずっと後のことです。

○○　だけど一応はお読みになってますか。

――　ぼくにとっては『純粋理性批判』は他の哲学書よりわかりいいんだ。

○○　それはわかりいいとこもあるけど、なんかさっぱりわからないようなところもあるような気がするんですけど。

――　まあ一応といっても、それはしろうとのことで、きみのような専門家からそういわれると弱るんだ。（笑）それはともかく、カントというのは多かれ少なかれぼくの考え方には影響していると思うんです。わかりいい。ヘーゲルを読んだ場合と非常に違う。

○○ それは違いますね。

―― カントだったらぼくにも読んでわからんということはないような気がするんだけれど、ヘーゲルとなると、これはもうわからんと言ってちっとも恥ずかしくないと思う。ヘーゲルを読んだのはさらになおズット後のことです。

○○ そうするとそういう新カント主義なんていうものは左右田さんの例の一言で結局パッと消えちゃったわけですか。（笑）

―― まあそう思われてもいいが、そうもいい切れない。

○○ いまとなってみれば先生においてヘーゲルのほうがずっと強く残ってるわけでしょう。

―― どうだか、そこはわからん。ヘーゲルというのはぼくにどれだけ影響しているかわからない。

○○ でもカントのほうが痕跡がないような感じがする。

○○ いや自然と社会とを分けて自然科学ではディング・アン・ジッヒがそのままでは認識できないというようなところは……。

―― その点はどういってよいか。カントには社会科学がなかったからだろう。左右田さんなんかもその点に無理があったのではないか。いわゆる文化科学になってしまう。それはともかくぼくも高等学校のとき、なんとかして哲学というものをもう少し勉強しようと思ったこともあったんだ。高等学校のとき社会主義はもちろんぼくにとってももっとも興味のある問題だったけれど、哲学者というのがどんなことをやってるのかそれを知らないでは何もいえないと思っていた。しかし哲学というのはよほど頭がよくなくちゃやれない、とても自分なんかにやれる学問じゃないと思ってたわけだ。そのうちに社会主義のほうの興味から経済学科へかわることになってしまった。後に東北大学へ行ってから河野(与一)君と知りあいになってその話をしたら、河野君は結局哲学科を出たんだが、大学へ入るときにぼくと同じような考えから法科に入ったというんだ、あの秀才が。ところが彼にとって法科はつまらなくてついにやめて二年目に哲学科へかわった。哲学科へはいってみたら哲学科の学生っていうのはみんなお坊さんばかりだったというんだ。(笑) ぼくもそれを聞いてなるほどそういうことになるんかなあと思ったわけだ。河野君に法科がつまらなかったというのは彼の偽らざる実感でしょう。ぼくはしかしその点ちょっと考えが違う。河野君は新カント派にも本職として通じていたのだが、ぼくから見ると新カント派の主張は法律学に最も適しているもので、通じるものがあるのではないかと思う。

○○ だってリッケルトなんか法律なんて考えないでしょう。文化科学というのでしょう。

―― いや考え方が。

○○ ああそうですか。考え方が、いやそうかもしれません。

―― ぼくはそう思うんだ。法律学というのはぼくにはそうつまらなくない。社会科学としては別だが、議論するうえからいえば非常に明確にやれる。いわゆるラインテンデ・イデーで統一的に論ずればよい。試験勉強でも法律はいちばんやさしかった。経済のほうはわけのわからんことを覚えなくちゃならんでしょう。商業政策とか工業政策とか交通政策とか、さらにまた、保険学とか、実につまらんことを覚えなくちゃならない。このほうがずっとつまらない。民法なんかやっているほうがずうっとわかりよくて、議論するんだってすぐできるしね。

○○　対象がはっきりしているからでしょうかね。

――　いや論理を通してやれるからだ。

○○　ただ先生の時代に、つまり先生ぐらいの学生でカントなんか読んでる人はめったにいないでしょう。

――　そんなことない。むしろ専門的に読んでいたのもいたのではないか。

○○　高等学校生活でだいたいみんな読むような本がありますね。そういうものはその中にはいっているわけですか。

――　さあそれは知らない。ぼくは高等学校のときだれがどういう本を読んでいるのかということは知らなかった。

○○　寮生活をしていなかったということが一つですね。

――　それもあるかもしれない。

○○　それが大きいですよね。

――　ぼくは寮生活していないから高等学校のときは、前にも話ししたように、図書館で昼いつもひとりで本を読んでたからね。

○○　そういう読書の上で指導の影響を受けたというような方は……。
――ぜんぜんない。
○○　先生がご自分で。
――うん、自分で選んでやっていた。あったとすれば西だけだ。社会主義の書物については西からだいぶ教わっている。
○○　しかしサンディカリズムではもう違うわけでしょう。
――うん。サンディカリズムはもう西とは違うね。初めは大杉をいっしょに読んだりしたけど、ぼくのほうが大杉にはむしろ傾倒したほうだからね。
○○　河上肇の『社会問題研究』は？
――あれはいつごろだったたか、大学に入って後のことだと思うが、最初からずうっと読んだ。
○○　相当影響を受けてるんですね。
――ええ、影響受けてる。
○○　大学の二年のときですね。
――そう、経済学入門の時代です。
○○　大学一年の終わりから二年の初め？
――そうですね。それに高畠氏の訳したカウツキーの解説、あれは二年のときだったと思う。これはいっしょうけんめいに読んだね、ほんとうに。なんべんも読んだ。どうしても『資本論』をわかろうと思って。
○○　どうですか、読んでわかりは……。
――　『新社会』で断片的に読んだときとは違ってだいたいのことはわかったように思った。あの本はいまからみるとおかしいが、価値形態なんかを価値相と訳したりして、たいへん苦心して訳されているが、それがかえってむつかしくしている。
○○　形態だからというのでしょう。
――　なかなかいいと思うんだが、わかりにくいよ。
○○　いいんですよね。
○○　なんとなく仏教語かなんかのようじゃないか……。
――　その点、今のぼくの理解からすると、すこし違う。訳語もまだ未熟だったけど、しかしえらい訳本ですね。それまでにぼくは英語本などでそういう社会主義の文献をすこしは読んだりしているんだけれど、『資本論』についてとにかくまとまったものは初めて読んだわけだ。ずいぶん熱心に読んだなあ。
○○　それは向坂さんなんかといっしょだったんでしょうか。
――　いや向坂君といっしょに読んだわけじゃない。
○○　じゃほんとうにこれも独学のわけですね。
――　ええそうです。

○○　そのころ向坂さんはどういうことをやっていたんですか。

――　よくは知らない。大学では、最初からぼくと二人だけのクラスがあったのだが、いつもしゃべるのはぼくの方で、彼はあまり自分のことは話さない方だった。初めて会ったときに、ぼくは向坂君が、それまでペスタロッチに興味を持っていたように聞いたと記憶しているんだけど、向坂君の自伝的な『流れに抗して』にはそんなことは書いてないので、あるいはぼくの記憶違いかもしれない。

○○　『流れに抗して』では、むしろ社会主義を勉強するつもりで東大の経済学科へはいったんだという……だから受験をしにきた帰りですか、行きですかに京都へ降りて、河上さんに会ってるんですね、研究室に行って。

――　あれはいつのことか知らぬが、ぼくもあの本で初めて知った。

○○　向坂さんと先生とは二人のクラスでしょう。それは……。

――　その年から高等学校の独法からも入学を許されて、入ったのが二人だったのだが、松岡均平という人がその年のドイツ語の外書講読をすることになっていた。ところが松岡均平というのは実にのんきな先生で、教室へ来ないんだ、休講の掲示もしない。それでぼくと向坂君と二人だけで教室にいて待っている間に話することになったんだ。いちばん初めはわからんから二人とも時間中待ってたけど来ないから帰ったのだが、その次の週に行ったらまた来ないんだ。しかたがないから教授室へ二人で行ってそのことをつげると、上野道輔という先生がいてこれはたいへんだというので方々を捜してくれたんだ。松岡均平という人は、後にぼくはドイツの石炭カルテルを書いた論文を読んで非常に利用した先生だが、そのときはもちろんそんなことは知らなかった。しかし上野さんが松岡さんを捜してきてくれたのはよいが、その松岡氏のいうことがふるっている。ぼくは忙しくて、とてもきみらとやってはいられない、（笑）きみたちは森戸君の教室へ出てくれっていうんだ。ドイツ語を第二外国語とする英法から来た連中が教わっているドイツ語経済書のクラスで、それをいっしょに聞けというので、とうとうそっちへはいることになった。

○○　初歩からやるわけですか。

——　初歩というわけではない。語学ではないから同じなわけだ。ゲッシェン文庫本のなんとかいう歴史学派らしい経済学の書物を使ってた。

○○　それは一年のとき？

——　そう、一年のとき。二年のときが権田保之助氏で、それもぼくと向坂君との二人のクラス。第二外国語の英語は矢作栄蔵さんが一年のときの先生で、これはぼくと向坂君とそれからもうひとり仏法から来た男と、その三人だ。ところがぼくと向坂君とが勉強家だったんで教科書のミルの原論を毎週読んでは訳していって、矢作さんは腰かけて教壇からそれを聞いているだけ。（笑）もうひとりの仏法から来たのはぜんぜんやらない。

○○　先生はなんとも言わないんですか。

——　先生はなにも言わない。たいていは居眠りしている。（笑）

○○　一年通してそうだったですか。

――そう、一年通して。
○○　向坂さんのもそう書いてあったんですけど……。
――まあだいたいあの通りだ。
○○　いい時代ですね。
――そのうちに時間が来たと思うころ、それじゃやめましょう、（笑）といって本を閉じる。しかしいつ頃だったか、ごちそうしてやるというて日本橋の橋際に新しく出来た村井銀行の下のレストランにつれていってくれた。その頃は村井銀行だったが、いまはたしか野村になっているところだ。旧魚河岸の向かいのあそこの地下室のレストラン、ぼくらにとってはたいへんなごちそうなわけだ。それで先生にごちそうされるのは悪いからというんでお礼をしようと思って上野の精養軒へ先生を呼んだんです。もうひとりの仏法から来たのはそういうことをじょうずにやる男だから、彼が精養軒へ交渉して。
○○　役者がそろってたわけだね、もう。（笑）
――ところが帰りに払おうと思ったらもう払ってあった。矢作さんがもうちゃんと払ってくれた。これはどうも弱っちゃったね。（笑）
○○　そこだけは先生も矢作というかたに影響を受けてるんで……。（笑）
――弱っちゃって、あんまりこれは悪いから何とかしようということになった。その頃向坂君の弟が美術学校へ行っていて、よく信州へいって緑色の山をたくさん描いていて、白木屋だったか展覧会もやっていたので、あれを一枚もらおうということになり、ぼくとその仏法からきた男とが額ぶちを買ってきてそれをはめて矢作先生に贈ったんだ。向坂君はまあ弟から絵を略奪して、(笑)そうしたらまたうちへ来いいうわけで……(笑)

○○　だけどそういう過程で向坂さんと人生観、社会主義等について……。

——　別に人生観など話したわけではないが始終話していた。しかしなにを話したかはもちろん覚えていない。

○○　そうですか。ペスタロッチなどについて……。

——　いや、ペスタロッチについては何も聞かなかった。ぼくが主としてしゃべってた。向坂君はいつも聞き役だったからね。

○○　じゃあ、なにを考えてるかということはあんまりはっきりしないわけですね。

——　あんまりよく知らないなあ。

○○　彼も先生といちばんしゃべって、いちばん影響受けて、同じ大学から出発しながらだんだん違ってきた、しかし社会主義はこういうものであってはいけないということをいちばん学んだといっている。三十代からあとはもうだんだんそれが激しくなったということを……。

——　その点、彼はぼくに直接には何もいっていない。大学のとき彼のうちが大学の裏にあって、ぼくは小石川の下宿先から大学へ弁当持って通っていたが、食べるところがないから向坂君のうちへ行ってお茶を出してもらって昼食をとっていた。そのあとまた相当しゃべって帰るということが多かった。学校でも毎日のようにほとんどぼくがしゃべってた。

○○　だいたいはどういう話だったのですか。

――たいていは当時の雑誌の論文やいろんな読んだものの批評をしょっちゅうしてた。ぼくら二人は大学時代はずうっと三年間通してそういう関係だった。大学を卒業してからは彼は助手で残るし、ぼくは大原へ行って一年間は別々になったが、そのうちにぼくらは相前後してベルリンに行き、またいっしょになった。そこでもしょっちゅうぼくのところへ遊びにきてたし、ぼくも彼の宿へ行った。ベルリンでも割合近くへ下宿してたのだ。だけどもうそのころは彼は『資本論』も『剰余価値学説史』も読んでいたらしく、ぼくよりずうっと先に進んでいたようだ。彼はやっぱり自分がどこをどういうふうに読んでるということをぼくには話ししない。ぼくは読むとすぐしゃべるほうだ。しゃべっているうちに自分の理解をたしかめているわけだ。ぼくは、中学時代の友人からは、ずいぶん教わったけど、向坂君からは教わるという関係じゃなかった。ただいろんな論文読んだりしたのに対してぼくがしゃべって彼が同感したり反対するいうことはしょっちゅうやっていたわけだ。

○○　カウツキーの『資本論解説』は二年のときにお読みになってそのときも向坂さんにずうっと話されたわけ？

――と思うけどね。向坂君も読んでたでしょう。それもよくおぼえていない。

○○　いまから考えてみると向坂さんは、先生のアナルコ時代を飛び越して、いっきょにマルクス主義を勉強してたと、そういうふうには言えないんですか。

――まあそうでしょう。彼は前に話した権田さんの無名会でリープクネヒトの『アンティ・ミリタリズム』あれの紹介をしたことがあって、それにたいしてぼくがそのときにどうもおそらく彼の気にいらんような批評をしたと思うんだ。どういう批評したかよくおぼえていないが、彼はそのときひどくきげんを悪くしたようだった。それに権田さんがぼくの批評に多少同調したためでもあったが、ぼくのほうが社会主義に関してはその当時はまだ先輩顔していたかもしれんな。
○○　向坂さんの自伝だと『経済学批判』の原本を十円で売っているのをほしくてほしくて、ちょうど彼のうちは貧乏だったでしょう。
——そうらしい。それをぼくはぜんぜん知らなかった。あの自伝を読んで初めて知って、びっくりしたくらいだ。
○○　彼はあんまりそんなこと言わないわけですか、そのころってだいたいそういうもんなんですか。
——彼は士族の出だったのではないかと思うが、そのせいかも知れない。
○○　そうですかね、うちへ行ってお弁当食べたりして。
——全然知らなかった。
○○　こぼすとかなんとかっていうことじゃなしに、なんとなくそういうようなことはあんまり言わない……
——人です。
○○　一般的にそのころの気質はそうなんですか。
——というより、人によるのではないか。今もいったように彼は自己を語らないほうだった。

○○　でもあれじゃ自己を語ってると思うけどね。自己の一面だけ語ってるような感じもする。

――いや非常に語ってるね。驚いたよ、あれ読んで。

○○　向坂さんと先生との間というのは人格的にもほんとうに信頼できるような親友だというような関係……。

○○　そういう感じちょっと伺えないですけど。

○○　ちょっとくい違うような感じですね。

――かもしれんなあ。ぼくもよくわからない。ぼくは非常に親しいと思ってるけれど、やはりあの自伝読んでみてそういうことを知らないという点からいえば、ぼくはそんなに親しくなかったんだなあと思っている。

○○　なんか接触は非常に重なってるような気がするけど、そのわりに内面的でないという気がする。

――そうかといって、やっぱり会えばなつかしいなあ、いまでも。

○○　だけどあの自伝だってやっぱり先生がいちばん親しかったという形で書いている。だからそういう交友関係の持ち方が違うということなんで……。

――まあそうだろう。つまり学問の話ばかりしててうちの事情やそういうことは全然してないんだね、どっちも。私生活のことは、だからどっちもぜんぜん知らないでしょう。そういうつまりどういうんかな、ほんとうに机を並べた生徒どうしかもしれないな。

○○　やっぱり東大の学生でしょうね。

——そうかもしれん、高等学校の寮の同室の友人とは違って……。
○○　そういう感じはあるね。
○○　東大では友だちはできんという。
——教室でもぼくと向坂君とはいつも並んで坐って、河合栄次郎氏の講義などで、よくつまらんことを言ってるなあとか、なんとか言って、ぼくがたいていしゃべってるんだ。(笑)
○○　学問のことや理論的なこと以外の一種の感情生活を共にするということが……。
——ないんだ。それはほとんどない。
○○　雑誌やなんかいろんな内容が載っていますけど、社会主義ばかりの論文じゃないし、文学やなんかいっぱいありますね。
——文学談もあまりやらなかったね。彼は俳句なんかを知ってるらしかったけど、ぼくはその当時あんまり俳句に興味がなかった。(笑) それにしても向坂君はぼくにとっては大学時代のほとんど唯一の友人だったわけだ。もちろん、他に一橋やなんかに友人はいたけれど、しかし東大ではほとんど唯一の友人。高等学校からいっしょに来たのはみんな法律やっていて話にならないし、それから経済やってる連中だってこれは高等学校は英法を出た連中ばかりで、ほんとうに経済学をやるつもりのものはひとりもいないんだからお話にならなかった。ぼくは割合学校は全部忠実に出たからノートを貸してやったりはしたが、ぼくの方はノートを人から借りたことなんかない。同じクラスに土屋(喬雄)君もいたが、その当時はあまり話はしなかった。ぼくらが階段教室のいちばん上へ坐ってるとすれば、土屋君はいちばん前の方にすわって講義を聞いているほうだから。(笑) 向坂君はあとで土屋君と研究室でいっしょになったのだ。

○○ 宇野先生と土屋さんですね、あのなかで親友としてあげているのは。

—— 大学時代と助手時代はそうですよ。

○○ そういう向坂先生と宇野先生の間はわれわれがみてるのとちょっと違うのかもしれないですね。あるいはもう偏見を持って見るからか……。

○○ ある意味じゃお互いの弟子ができてからそういう間ができてきちゃったということもあるかもしれない。

○○ だからそれ以前の形というのは、ぼくはもっと内面的に結びついた形だろうと想像していたんです。

—— それは親しいことは実に親しいんだけれど、どう言っていいか。もっともぼくの学生との関係で別に変ったということはない。ぼくの学生で向坂君のところへいっているのもあるし、逆の場合もある。別にそれは影響ないよ。

○○ やっぱり親しくなった時期がかなり大人になってからで……。

—— そう、そういうことだろう。

○○ 中学、高校と違うからね。

○○ つまり金を持ってる持たないは別としていざとなったらたよりになるというような、そういう許し合う友だちというのがあるわけでしょう、そういうものじゃないわけですね。

○○ その当時は大学にはいっちゃうと無理なんじゃないかな、それはぼくの感じですけど。高等学校の間に寮生活などをやればまた違うが……。

―― ぼくは高等学校でそういうことやってないからね。ちょっと異例かもしれない。だからそういう友人は非常に少ないんだね。高等学校の友人というのも思想的の友人というのは全然いないし、西みたいに高等学校でじゃないのがぼくの思想的友人でね。

○○ 少し誇張した表現ですけど、一種のアナルコ・サンディカリズムという非常にラジカルな思想に興味を持ちながら、わりあいと学校はきちんと出ているというような形で、一種の二重生活みたいなのがあって、そういうところから学校での友だちというのがかえってできにくくなるものがあって、西というかたとはそういう形で結びついているからますますそうなるんじゃないですか。

○○ 西さんのほうが内面的な友人になってるんですね。

―― まあそう。それでもそういう私生活の友人じゃないなあ。

○○ 下宿にころがり込んできていっしょに生活するという……。

―― そういうことはあったが、そしてそういう意味じゃ非常に親しいけどね。彼は割合きどり屋だから、ぼくはああいう西のきどる点はあまり好きじゃなかった。どういったらよいのか、社会主義者になるというようなこともぼくにはああいうふうにはできなかった。

○○ ああ、そういうふうに思うわけですか。

―― 自分でなると言ってね。彼は才能があるからきどってもいいんだが、ぼくにはそれはできない。中学校のときからそうだった。
○○ そういう感覚の持ち主というのは多かったんですか。むしろ逆な意味できどってる、自分で社会主義者だなんていうことはおおよそ言えない。
―― それは違うだろう。きどるのではない。自分には自信がなくていえない、というだけだ。
○○ 昔はあんまりなかったような感覚のように思いますね。
―― そうでもないだろう。
○○ やっぱりどんな時代でも個性的に自己顕示癖のものすごく強い人間もいるし。
―― まあいろいろいるからな。
○○ いやそう言えばそうだけど、やっぱり一種の町人文化みたいのがつながってるんじゃないかな。
○○ ああそうか、羽織の裏をとかいうような……。
―― 多少それは倉敷もんとしてあるでしょうね。それで割合内心はおごってるからね。
○○ それは山川さんなんかに徹底して出てるような。
―― そう、ぼくも山川さんにそういう点を感じるね。へりくだってるようでちっともへりくだってないような、それはいまでもぼくにもありますよ。自分でもそう思う。
○○ きどってるというのもむしろそういうほうのことの感じがきどってるということばにふさわしいような感じがするんですけど。つまり人の前にしゃーしゃー出て演説するなんていうのはきどってる

というよりもおっちょこちょいだっていう……。（笑）

―― そういうのをきどってるといっているのではない。やはり自分の才能に対する自信を表に出してやるのをいっているんだ。

○○ ほんとうにきどってるわけですね。

―― それはともかく向坂君とのつきあいは、なんといってよいか、ぼくにとっては重要だったと思う。その重要さがどういうものか、ぼくは向坂君からいろいろ教わったという感じがほとんどないんだ。ただぼくの聞き手になってもらったという点、これがどうも大切なことだったように思う。

○○ 向坂さんのほうにしてみたらどうなんでしょうね、先生から教わっておれば……。

―― 教わったかどうか知らんけど、とにかく彼は自分ではちゃんといろいろ自分なりに考えている。だけど自分の考えてることをぼくに話しするということはあんまりしない。

○○ そこは非常に教わったというように書いていらっしゃいますね。

○○ そういう考え方の違いというのを先生はその当時意識されましたか。

―― あんまりしなかったなあ。

○○ 理論と実践の問題なんか議論しなかったですか。

―― しないね。

○○ ただ先生は東大を出られるころにも『資本論』をこれから一生懸命読んでみようという非常に堅い気持ちがあって、向坂さんの場合にもある意味じゃそういうのがあったけど、向坂さんの場合は自伝によるとマルクス・エンゲルスのものをかたっぱしから読んでやろうという形なんですね、決意が。

――実際、そうだったかもしれんな。

○○　そういうふうに書いていますね。かたっぱしから読もうというふうに。かなり似ていてそういうところもあとあとになるとかなり方向の違う点がお互いにあって、どっちがいいか悪いかは別として、結果も確かに違ってきているという。

――それは向坂君のほうがその点ほんとうに忠実に読んで忠実にいろいろ理解しようとしていたでしょう。ぼくは自分なりに読めばいいという気持ちは初めから強かった。『資本論』読んだあとでもそういう気持ちは常にのかないね。わからないのに『資本論』にはこう書いてあるといってみてもしようがないという。

○○　そこはちょっとあとのお話になるけど、おもしろいことという気がするんですけど、自分なりにと言いながら、しかし自分はうまくどうも理解できていないんじゃないかという気持ちはいつも先生の場合『資本論』に対しても残っていて、自分なりにというと非常に独学で妙なことになる場合もあるわけですね、そこのところがすれすれな紙一重みたいなところでかなり違うところがあって。

――それはもちろん『資本論』にはほんとうにたいへんな敬意をもっている。それにやはり面白いんだ。そうでなきゃ、こんなに長くやっていられない。いまでももう一ぺん初めから通して読もうと思ってるんだから。

○○　いや、たいへんな敬意ということになると河上さんみたいに一字一句そのまま違わないような形になっちゃったりする場合が多いんじゃないですか、ふつう。
——そんな気持ちになれないね。
○○ ちょっと話が戻りますけど、社会政策学会について知った時期というのはいつごろなんですか。
——初めは社会政策学会は偉いんだと思っていた。
○○ その初めというのはいつごろ？
——初めというのは大学にはいったころです。社会政策学会のほんとうの会議は知らないが、講演会はたいてい聞いている。三回も四回も聞いている。しかしそれはたいていあんまり感心しなかった。
○○ その講演会というのはどういう人の講演……。
——福田さんも出たし、高田保馬氏の講演も聞いた。米田庄太郎氏の講演も聞いた。それから大内(兵衛)さんの講演を聞いたこともある。大内さんの講演はぼくらにはまだよくわからない問題だったが、しかし非常におもしろかった。
○○ なんの問題で？
——日本銀行論です。日本銀行の株を宮内省が半分以上持っているという、——ちょっと確かじゃないけど——問題。大正八年ごろか、ぼくが大学の二年ごろと思うが。大内さんが大蔵省から大学に帰られる前後じゃないかな、帰られてからかもしれないが、その会は中央大学であったんです。まだ中央大学が神田の駿河台下のほうにあった頃のことです。日本銀行の株を宮内省が半分以上持っているというのはよろしくないという議論なんだ。一種の民主主義の主張でしょう。こういうのは公開的なものでなくちゃいかんという議論だった。内容はよく理解したかどうか知らないけどぼくは非常にえらいことを言うんだなあと思って感心して、その当時病気して学校を休んで寝ていた向坂君のところにいって、彼の病床でその話をしてやったのをおぼえている。日本銀行をそういうふうに論ずることができるというようなことはぜんぜん考えてもいなかったので驚嘆したわけだ。日本銀行なるものがどういうもんであるかということもよくは知らなかったのだが、とにかくおもしろかった。福田徳三氏が進んで出て大内さんと握手していたのをおぼえている。あとはいつもみんなつまらない話ばかりで記憶にない。

○○ つまりそれは内容的に言えば修正資本主義的イデオロギーみたいな。

―― でしょうね。それは前に話した左右田さんの講演みたいに社会主義が文化を低くするなんかいうようなそういうことになるからね。

○○ じゃあ福田徳三なんかに対して一回も敬意を表したことはなかったわけですか、厳密な意味で。

―― いや、初め読んだとき、これは経済学の入門にはずいぶん役立った。

○○ 『労働経済講話』ですね。それだけということですね。

―― いやその後も福田さんのものはずいぶん読んでいますよ、論文集を。

○○ ただ間をかなりおいているわけですね。

―― ええそうです。

○○ それでやっぱり相当感心したということもあるんですね。

―― そう、それはそういえるかも知れない。あの人はいろんな外国の学説や研究を紹介していますから、そういう点でわれわれの大学の講義よりはおもしろかったからね。
○○ 文章もうまいですからね。
―― 大学の講義は実につまらん講義ばかり聞かされた。
○○ 講義と比較してということになるわけですね。
―― ええ、そう。
○○ 福田氏は外国の諸学説の紹介という意味で先生が……。
―― まあぼくはそういう意味で興味をもっていました。
○○ 福田さん自身のイデオロギーはもうどうでもよかったわけですね。
―― ええ、それは問題にならなかった。黎明会というのがあってね、ちょうど大正七年から八年ごろです。福田さんや吉野作造氏や左右田さんもそれにはいっていた。三宅雪嶺やそういう人びとが民主主義の黎明を説いていたのです。神田やなんかで講演会やって、それをぼくは聞いたことがある。
○○ そして?
―― それはあんまり感心しなかった、つまらないことを言ってるなと思った。
○○ つまり先生はすでに社会主義的になっていて、それでむこうが修正資本主義的ないし民主主義的なんで、そういう立場からつまらなかったんですか。
―― まあそうでしょうな。内容自身がたいしたことはないんだから。三宅雪嶺なんかいうのはちょっと突拍子もないことをいって、たとえば「常陸山がどんなに背が高くても富士山よりは低い」なんか

言って。(笑)
○○　聴衆どっとくるわけですか。
――それでワアッとみんな笑っているわけだ。つまらんことを……(笑)
○○　それではまったくつまらない。
――そんな黎明の講演を聞いてもたいしたことはないやね。それよりは社会主義の講演聞くほうがおもしろいからね。しかし社会主義の講演というのは非常に少なかった。
○○　どんなのお聞きになりました?
――なにを聞いたか忘れてしまったが、何かいって禁止され、演壇でばたばたしていたのを見たのを覚えている。
○○　アナルコ・サンディカリズムとはっきり区別された意味でのマルクスという方向を自覚されたのはいつごろなんですか。
――サンディカリズムというのは自然と消えちゃったわけで、ぼくはサンディカリズムがいかんと思ってやめたわけじゃない。むしろマルキシズムを知ろうと思っただけだ。
○○　ただしアナルコ・サンディカリズムとディメンジョンの違う面がありますね。排他的なものと言えないところが多少あって。
――ぼくにとっては、いずれも実践問題ではない。サンディカリズムが直接に思想的に興味があったのにたいしてマルキシズムはむしろ問題を理論的に解明してくれるものと思っていた。経済学の理論ですが、そういう意味で両者はぼくにとって違った感じで受けいれられたようだ。だから移るのになにもそこに違和感はなかったと思うんだ。社会主義的思想を受けたというのはサンディカリズムで、マルキシズムから受けたわけじゃないんです。つまり理論づけはマルキシズムから後になって学んだわけです。だから大学時代にカウツキーの解説を読んだにしても、それがすぐ社会主義の思想と結びつくわけじゃなかった。まだほんとうに幼稚な入門時代だったわけで、むしろその間の関連をつけてくれたのは河上さんの『社会問題研究』ではなかったかと思う。

○○　学生のときにだいたい夏休みなんかはどういうふうにして……。

――　夏休みは郷里に帰ったが、ぼくのうちは暑くて狭かったから海岸へ行って、大学時代はことに友だちといっしょに海岸行ったりして。

○○　だいたいそこでそういう本を読んでいるわけですか。

――　ああ、つまらん小説読んだりしていた。こんなに小説持って行って、いろんな雑多の。

○○　文学愛好癖はずうっとそのまま続いているわけですね。

――　そう、絶えないでね。

○○　文学研究五十年のほうがいいんじゃないですか。(笑)

――　いや、いまはもう絶えているからね。

○○　大学時代に櫛田民蔵氏との接触はなかったのですか。

――　櫛田さんはそのころ知らないんです。櫛田さんはぼくの次の有沢(広巳)君らのクラスの外書講読を受け持っていたはずだ。ただ大学にそのころ大内さんがはいってきたりして、森戸、糸井(靖之)、それから櫛田、権田、細川、そういう人で研究室はみんな左翼だった。一種の、新思想の集団をなしていた。そのなかから森戸事件がおこった。ぼくはしかし森戸事件のときも大衆のひとりで別に何もしてない。向坂君は同窓の高等学校の連中にあげられて委員になったようだった。森戸事件のもとになったのは森戸さんの論文だが、あれはぼくらの二年の冬休み前に出た。ぼくはそれを持って郷里へ帰って読んだんだが、一月に来たらもうたいへんな騒ぎになっていた。

○○　なにか四高の連中でつくっていた会で……。

——そう四高の連中が中心になって、憲法の上杉(慎吉)さんのお弟子さんが集ってつくった興国同志会とかというのがあって、それが森戸さんの論文を批判する演説会を八角講堂で開いたんです。八角講堂という大きな講堂があって変な講堂ですけど、あんまり音響が響きすぎるんでまんなか辺が聞こえない。それでりっぱな丸天井があるというのに幕を張ってその天井を見えなくしていた大きな変な教室ですよ。

○○　場所はどこにあったんですか。

——いちょう並木を入って、いまは安田講堂にぶつかる。その手前の左側にあった。いまの法学部の教室に続くところにあった。それの二階が八角になって一つの教室に、下が二つの教室になっていた。

○○　いま生協の書籍部があるところでしょうかね。

——そうかもしれんなあ。その二階で興国同志会というのが、批判演説会をやった。もう已に貴族院かなにかで問題になってたということだったが、その演説会は、一月だったか、二月だったか、とにかく大勢の学生が出ていた。ところがその演説会が終ると、そこに出ていた経済の、たしか大山千代雄とかいう、ぼくより一年上の、後に朝日新聞にはいった学生が立ってこれを興国同志会批判の演説会にしようと動議を出した。そうしたらみんなワァー賛成というわけだ。興国同志会の連中は壇上に腰かけたままつぎつぎ学生が出て演説しだした。その演説会へは初めからその主催者と反対の連中が大勢出ていたわけだ。

○○　左翼的な演説を？

――　左翼というよりも、いわゆる思想の自由を求める演説を。とうとうしまいには先生までやったんだ。たしかあれ渡辺鉄蔵とか、森荘三郎とか、全く予想もしない経済学部の先生が出て演説をやったんです。大学の中でこういう批評をするとはけしからんと言って、それを興国同志会の連中はそのままで聞いていたんだ。（笑）だいたい、学生では新人会の連中がやったようだった。ぼくはよく知らない人びとだった、新人会は政治科の学生が中心だったからね。そのうちにとうとう興国同志会のひとりが立ち上って涙を流しながら自決しますと言ったりして、たいへんなことになっちゃって、それでとうとう森戸先生擁護会が出来ることになったんです。向坂君もその委員になったわけだ。

○○　安井という人もいたということです。

――　安井(冨士三)君も委員になっていたのは、ぼくは知らなかった。彼は安井曽太郎の弟なのだが、それも戦後まで知らなかった。ぼくらのドイツ語のクラスに出ていたので学生時代はよく知っていたが、後に住友に行って、早く出世して重役になっていたために戦犯としてパージになって、失職して東京へ来ていたんで戦後、ひさしぶりに会うことになったが、その委員のことは知らなかった。とにかく、経済のほうの連中と政治科の連中が委員になって反対運動をやることになったのです。

○○　そういうときの先生の考えといいますか、気持ちというか。

――ぼくはぜんぜん何もしてないんだ。

○○　それはどういうこと……。

――そういう委員なんかになるきっかけもなかった。

○○　関心がないのですか。

――関心がないことはない。ぼくは森戸さんが休職になったときに一句……

○○　川柳ですか。

――いや季はないが俳句のつもりだった。それも新傾向の……といってもあやしいものだが、「休職の日の大学の大いなる建物」というんだ。(笑) だから関心がないことはないけれど、ぼくはそういうことはできんのだ、そういう委員なんかというのは。

○○　いろいろな集まりなんかありますね。委員じゃないけれどそういうものにお出になりましたか。

――おおぜい集まるときは出たよ、その他おおぜいのときは必ず出るけれどね。

○○　激しないわけですね、感情的に。

――先頭に立てないんだ。

○○ さっきの照れ屋の気どり屋……

○○ 後年、滝川事件とかありますね、そういうときも一貫して。

―― あの時はもう大分明確になって多少理屈つけて、思想の自由と学問研究の問題を区別していた。だから学生が来て寄付しろといっても、しないといって追い返すことができたんです。滝川さんのあの本は読んでないので知らないが、話は聞きました。あの当時から法科の諸先生の研究はぼくには社会科学とは思えなかった。むしろ非常に実践的な主張をなすもので、それは当然に政治的問題になる、これを学問の自由で争うのは少々筋違いだと思っていたんです。だからぼくには直接に同感できないことだった……。

○○ ただ、やっぱり運動しないという点では気質的には同じものを……。

―― 同じだといわれれば仕方がないが、ぼくは後に話に出ると思うが、自分の問題でも、教授会が教授に申請しているのを文部省が通さなくても、別に争ったり、運動したりすることはしなかった。

○○ それはやるとなれば、ひっくくられて怖いとか、というようなこととは違うわけですね。

―― そんなことはぜんぜんない。

○○ 一種の、ヒロイズムに対するものすごい強い反発がある。

―― そういう反発というのでもない。もっと根本の問題があった。学問の自由と実践的なイデオロギーの自由との混同はよくないと思っていたのです。本ものはもっと違うんだという、そういう感じがあるのかも知れない。

○○　ということは、本当のものにたいする非常に強い憧憬というようなものがあったのではないですか……。

○○　それがないと、やはり『資本論』も続けてやれないんじゃないか。ああいうものでは社会主義にならないんだという。

――しかしああいうものも無意味なものというのではないが、何か学問に対する特に社会科学に対する考えの違いがあったのです。もちろんああいう運動を否定するのではない。学問の自由としてでなくやるべきだというような感じがいつもあった。社会主義運動ももちろん学問の自由ではたたかえない。

○○　社会主義以前の問題の中にも社会主義に通ずるものがあって、そういうものとしては認められるのでしょう。

○○　結局、うかがうとわかるような気もするけど、本当にはわからないようなところがある。

――ぼくにもその当時はまだ明確にはわかっていなかったといった方がよいかも知れない。ただ、社会主義的な変革の問題を明確に知りたいというのだ。そしてそれで一生を終ることになったのだ。

○○　そういうところはおそらく、さっきの向坂さんの話にもどりますけれど、向坂先生にしても交友関係を通して一種の違和感みたいのはおもちになったのじゃないでしょうか。

――あったでしょうね。ぼくのほうはあまり感じないけれどね。向坂君がどう思っていたかということを知らないからね。ぼくはたいして人の考えはあまり考慮しなかった点があるかもしれない。お坊っちゃんだったのでしょうね。

○○　森戸事件は……

――　森戸事件のときなんか、向坂君が委員なんかをやっていたというのは、向坂君自身の意向によるものではなかったように思っていた。ぼくは実に妙に感じたくらいだ。向坂君もそうなったのでやっていただけだと思っていた。

○○　そういうところは戦後の社会主義協会の向坂さんにもそういうところがあるのじゃないですか。

――　それはよく知らないが、社会主義協会はそうではないだろう。少なくともだんだんとそうでなくなってきたようだ。

○○　いまの学生委員でも意図的にやったように書いてありますけれど。

――　事実そうだったかなあ……。どうもぼくにはその点よくわからない。

○○　戦後、一方では大学の教師になっているでしょう。なっていてまたああいう運動にもはいるというのは、なにかやっぱり……。

――　戦後はちょっと違うんじゃないかな。もっとも戦前でもだいぶぼくとは違ってきていた。ただ彼は戦前戦後を通じて共産党に反対です。その点で非常に実践的です。ぼくはしかし戦前の共産党にはそうじゃない。

○○　先生は講座派と共産党とを分けておられるけれど、向坂さんの場合には分けないで……。

――　そうかも知れない。ぼくは一方は運動する党、他方はその宣伝機関の違いがあるのに、それを科学的に扮装している点はよくないと思っていた。運動している共産党にもいろいろな甘えはあるかもしれないけれど、ぼくはそれに反感やなんかはもたなかった。向坂君の場合はそうじゃないね。共産党の人にたいしては初めから警戒していた。ぼくはそういう感じはもたなかった。実際運動に参加していなかったためだろうが、戦後になるとだんだんとその点は変ってきた。ぼく自身『資本論』にたいする疑問を公にするようになったからだろう。

○○　森戸事件はその後どうなったのです。

――　学内の運動はほとんどなんの発展をも見せなかったようだ。問題は貴族院から裁判に移り、大学も変ってきたようだった。先生も、偉そうに演説した人がみんな逆になったらしい。

○○　いまと違うのですね。

――　ぼくら見ていて、これは初めからそうなるような気がしていた。もっともぼくはあの論文が危険なものだとはちっとも思っていなかった。

○○　ちょっと妙な言い方ですが、森戸さんより自分のほうが知っているというふうな。

――　そんなことはない。ただほかの学生と違って、ぼくはクロポトキンを森戸さんの論文が出なくても知っていたということはある。しかしぼくが読まないようなものを森戸さんは読んでいた。それにはやはり驚きもし、感心もしたね。

○○　それを驚くということは、よほど自信があるからですね。

――　いや、そうではなくて、そういう文献をどうして手に入れたものか、ということだ。それは当時はなかなか見られなかったからね。

第三章　大原研究所

○○　まず東大を卒業する前後のことから伺いましょう……。

○○　大原に移るときの経緯、どうして助手にならなかったのですか……。それから『資本論』研究の決意について……。

——決意といってもただ『資本論』を読みたいと思って大学に入りながら読まないで卒業して就職するのはちょっと問題だった。ぼくにはこれ以上おやじにどうこうということはできないと思っていた。しかしまだ『資本論』を読んでいないんだからね。弱ったなと思っていた。ところが前に話した矢作さんがぼくと向坂君とを別々に呼んで——といってもそのときは向坂君もよばれたというのは知らなかったのだが——住友に行かないかと勧められ、それを二人とも断わった。まだ勉強したいことがあるからと、なかばは自分にもいいきかしたわけだ。どうも弱ったなとは思っていたけれど、すぐ就職したのではせっかく大学に入った意味もなくなることになる。

○○　先生、そういうとき、いずれはサラリーマンになると思っていたのですか。

―― ならざるをえないかなと思っていた。だけどもならないですめばなんとかならないかと思っていた。もちろんならなきゃどうもしようがないことになりつつあった。

―― ○○大学の教師というのは頭に浮かばなかったのですか。

―― ぜんぜんそういう希望はなかった。大学へ助手で残るという希望さえもっていなかった。卒業のまえ権田さんが「どうするか」といったので「勉強はしたいんだ」ということをいったので助手に残ったらどうだろうといわれてぼくはびっくりした。ぼくは助手に残れるような、そういう成績でもないし、もともと秀才じゃないから、そんなものにはとてもなれんと思っていたわけだ。ところが権田さんがそのことを糸井さんに話してくれたんです。糸井さんというのはその当時商品学の助教授だったのだが、フランス語がよくできてサンディカリズムにも詳しかったので、それで権田さんがぼくを糸井さんに紹介してくれ、教授会にも出してくれることになった。ぼくはそのために糸井さんにいっぺん会った。ぼくは就職のほうは矢作さんに断わっているし、またぼくのおやじが親類に日銀の重役を知っているのがいるというので、その方はどうかといってきてもいたが、それも成績からいって行けそうにないのでどうしたものかと思っていたので、助手の話は思いもしない幸運ということになった。ぼくは糸井さんにいろいろとぼくの希望など話したら、とにかく推せんしてやるから助手を志願しろということになった。ところが、その後向坂君にその話していたら、向坂君はどこから聞いてきたのか、助手は二人しかとらない、土屋君と向坂君とぼくと三人希望者がいると、だれか一人が止めなければならない、大原でもとるといっているから向坂君は自分が大原に行ってもいいという、いや、それだったらぼくが大原に行くということになって、権田氏に話したのです。そうしたらちょうど森戸事件のあとで、そのためかどうか権田さんも櫛田さんもみな大原に行くといっているときだったので、権田さんが自分と一緒に大原に来ないかということになった。結局、向坂君と土屋君が助手に残った。

○○　遠慮さえしなければ、当然助手になれたのですか。

――それはなったかどうかわからない。ぼくはあまり成績がいい方ではない。ほかの両君の成績がどうだったかは知らないが……。

○○　権田さんとか櫛田さん、細川さんたちが大原に行かれて……。

――三人のほかに森戸さん、大内さんの二人も休職で、これは後に大原に行くことになる。

○○　助手の席というのはだいぶ空いたのじゃないですか。

――ああ、そういえばそうかもしれないね。(笑)二人しかとらんという話だったが……。そのことではぼくは山崎(覚次郎)さんにも会いに行ったことがある。糸井さんが山崎先生にも会いに行けというわけで、というのがぼくは貨幣金融の先生だった山崎さんの演習学生だったので、助手を希望するからには山崎先生の諒解をえておけというわけだ。そのとき山崎先生、しきりにぼくの思想調査をしていた。ぼくの方では面白いことだなと思って、どういう雑誌を読むかということから、いろいろの雑誌をあげたりして答えたのをおぼえている。

○○　向坂さんは矢作という人が外遊中に九州にやられたというのですね。あれもそういうことなのですね。

——そうだろうね。その事情はよく知らない。
○○　矢作さんが怒ったという。
——あれは向坂君が矢作さんの助手になっていたからでしょう。矢作さん自身思想的には問題にならないんだ。
○○　その、学者になる自信がなかったらそれでいずれはサラリーマンにならなければならないと考える場合、普通だったら学者になる自信がなければ高等学校の教師だとか、それから雑誌記者だとか、そういうような、多少文化的なことを……。
——ぜんぜん考えなかった。もっともぼくは語学もあまり上手じゃないから。
○○　語学が一つの条件になるのですね。
——そうでしょう、高等学校の先生になるとなれば語学の教師だよ。それもぜんぜん考えなかった。
○○　大学の教師では、やはり語学の力が……。
——語学ができるというのがやはり重要でしょう。
○○　気に入った雑誌記者とか。
——雑誌記者……。ぼくは後に、それは啄木の影響だろうと思うが、新聞記者になろうとちょっと思ったこともあるが、しかしその当時はなんにも考えなかった。後に外国にいるあいだに大原の職を失ったときも、大学の先生になんかになれるとは思わなかった。帰ったら新聞に入ってやろうというわけで、当時ベルリンにいた井口孝親といって九大の社会学の先生に相談した。井口さんは大阪朝日か、東京朝日か、とにかく朝日新聞にいたことがあるので新聞記者をよく知っているのです。彼は病気して新聞記者をやめ、九州大学に行くことになって社会学をやっていたのです。ぼくはベルリンで親しくしていたのですが、彼はぼくに新聞記者には向かんというのだった。新聞記者というのは君の考えるようなものじゃない、それはやめて九州大学に来ないか、ぼくが奔走するというのだった。しかしぼくは大学の先生なんかとてもなれんといって、これは断った。

○○　面白いですね。われわれすまないみたいね。(笑)

――　井口さんというのは、ぼくよりだいぶ先輩で、森戸さんぐらいか、森戸さんよりちょっと下かもしれないけれど、だいぶ先輩なのです。だから来いといった以上はどうにかなるあてがあったのでしょうね。しかしぼくにはとてもその自信はなかったからね。ところがヨーロッパから船で帰る間に、これはどうしても職につかなければならないというので考えが変ってきた。そこで東北大学に行けといわれると、喜んで行っちゃったわけだ。何ということはない。(笑)

○○　大原に入ったときですけれど、月給はそのころどのくらいくれたのですか。

――　大原は多かったんだ。九十円。

○○　それは多いや。

○○　いまのどのくらいするものですか。

――　さあ、どのくらいになるか、その当時百二十円とかいうのもあった。たしかぼくの一年上のクラスの者で、好景気で大変な月給だといわれていた。大原は九十円くれるというのです。これはたいしたものだと思って……。

○○　そのころ助手はどのくらいだったのでしょうか。

――五、六十円ぐらいじゃないだろうか、しかし大原ではその月給をそのままもらったわけではない。大原へはぼくのほかに新明正道君が志望していた。ところが大原では東京の方で九十円の助手一人というわけで、――関西では水谷長三郎君が入ることになっていたらしい――ぼくと新明君と二人とってもいいけれど四十五円にするというんだ。(笑) ところが新明君は細君があったので四十五円じゃとてもいかんというので、彼はやめたのです。

○○　四十五円じゃ生活しにくいのですか。

――そうだろう。ぼくはなんともなかったからね。しかしぼくは四十五円でもいいといったので、後藤貞治という、もう一人助手をとった。(笑) まったくむちゃな話だが、別に困らないので、後藤君と二人で入ったのです。それで新明君は関西学院かなんかに行って社会学の先生になったというわけです。

○○　ぼくが記憶しているのは、昭和十年ぐらいの一流会社の初任給が六十五円だった。

○○　十年よりもうちょっとあとで、戦前の大学卒がだいたい七十五円が平均だという。

○○　それは昭和の十四、五年ぐらいですよ。それが大正の十年に九十円とは、べらぼうな高給ですな。

○○　大原に入るときは、大原に行ってからの仕事の内容とかそういうことは別に聞かないで……。

―― ぜんぜん聞かなかった。
○○ なんとなく『資本論』が読めると思って行ったわけですか。面白いですね。
○○ その前年ですね、大原ができたのは。
―― いや、もっと前からできている。七年ぐらいからできているでしょう。ぼくが入ったのは十年です。
○○ ところで大原でのオブリゲーションというのはどういうことですか。
―― なにもないけれど、大原の東京の事務所がその当時駿河台の紅梅町の同人社という本屋の二階にあったのです。そこへとにかく来なさいというのです。それまでは東京支所というのはなかったのです。つまりぼくや後藤君のように、つねに勤めに出る人は、いままでいなかった。権田さんもぼくと一緒に入ったんだし、細川さんも入ったけれど、権田さんや細川さんや北沢(新次郎)さんというのはときどきくるだけで、またそれでいいような地位にあったわけです。しかし権田さんはその後毎日来たようです。それはともかく、ぼくと後藤君の二人が入って毎日来ることになったので、というだけではないのだろうが、高野所長の宅の近くに一軒家を借りて、そこへ東京支所を作ったのです。それでそこへぼくは泊ることになった。
○○ 後藤という人は。
―― 後藤君は月島にいたのです。
○○ 後藤という人はどういう人ですか。

――後藤君は同文書院の農芸化学を出た男ですが、平貞蔵君と非常に仲がよくて、その関係だろうが、当時月島で高野所長が労働者調査をしていた、それを手伝っていたのです。高野老人は――まだ老人ではなかったが、どうも後の関係で先生とか、所長といったのではおかしいし、また当時もわれわれの間ではそういっていたので、老人というが――前に職工調査をしたことがあるので労働問題がさかんな当時、内務省から労働者調査を委嘱されていたのです。それに政治科の新人会の連中がいろいろ関係していて、それで平貞蔵君もそれに加わっていたのでしょう。後藤君もそこへしょっちゅう出入して調査を手伝っていたらしい。そういう調査の手伝いには非常に適した綿密な男ですから、ぼくがやめた後にも大原でずっとそういう調査の資料を集める仕事をしていた。

○○　社会主義者ですか。

――思想的にはなんにもないけれど、そういう運動にたいする一種のファンだったようだ。

○○　先生と親しく交友するという人じゃなかった。

――じゃないけれど、ぼくは一緒に住んだりしていろんな世話になった方だ。

○○　ライスカレー作ったり……。

――そう、そう、きみたちにも話したことがあると思うが、料理を作ってくれたり、洗濯してくれたりする男ですよ。ぼくのシャツの洗濯までしてくれるんだから弱っちゃったよ。一緒に住んでいてね。その代わり彼がストライキをしたときは困ったね。もっとも彼から一つ教わった料理があった。玉ねぎを丸のまま煮て、ソースをかけて食うという、これでどうにかしのいだ。(笑) 手伝いにきていた女の人が飯はたいてくれるが、何もしないんでね。
○○　後藤という人はその後どうなったですか。
——　その後ずうっと彼は大原にいたのだが、戦争中「もう」という乾燥牛肉を発明した。水牛の肉には脂肪分が足らんというので、それに脂肪分を加えて乾燥したのです。それで乾燥牛肉を作って、「もう」という名前をつけた（笑）面白い男です。ぼくにも食わしてくれたことがある。まあたべられるというところだった。その乾燥牛肉は台湾の水牛を使ってという考えで始めたのだが、それをもっと拡張しようというのでフィリッピンに行っていて、そこが敗戦になってだめになったということだ。
○○　そういう点、技術的にも優秀な……。
——　出身が農芸化学だし、中国にいたことがあるので、そんなことを思いついたのだろう。なんでもフィリッピンで戦争に負けて逃げ帰るとき、彼は負傷したのです。負傷してみんなに迷惑をかけるというので、一人行方不明になった。みんなに迷惑かけてはすまないというので、どこかにいなくなっちゃった。ちょっとそういう男ですよ。ぼくは大原で浅草調査など一緒にやってよく知っているが、ちょっと変わっていたな。
○○　みんなに迷惑かけるというのは、ちょっと先生に似たところがあるのじゃないですか。
——　それはどうだか知らないが、その後藤君と月給を分けて四十五円で大原へ入った。（笑）
○○　四十五円ならなんとかやっていける。
——　もちろん。

○○　その大原での調査活動というのは……

○○　それは入ってからすぐですか。

――入ってからすぐです。権田さんが民衆娯楽の調査をするというので、その手伝いです。権田さんは、研究というのはそういうごみためのようなところからフォルシェン（探索）するものだという主張をもっていて、お前らみたいに本を読んで研究するというのはウソだという。ぼくはそれにはどうしても従えなかったけれど、しかし一面の真理はあると思っていた。研究というのはもともとはそういうものとわかっても、しかしそれを民衆娯楽の研究として浅草調査をやる……。これはどうしてもぼくにはよく意味がわからなかった。浅草に毎日行かなきゃいけない。四月に大原に入って四月からすぐ始まったのです。後藤君が浅草の調査区域の地図を書いたのですが、その地域の一軒一軒の家を職業別に区別して色分けにして何枚も地図を作った。ちょっと面白い地図です、浅草という娯楽地だから一種特別な職業地図になるんだ。その点で分類した地図も作った。そしてそのうえで浅草へ行く人を調べるというんです。毎日行って。仲見世の途中に立って、カウンターを持って勘定する。カウンターというのをぼくは初めて知った。

○○　あのころ、もうあったのですか。

――あった。それで何時から何時まで。毎日一定の時間を決めて……男、女の別、二人づれ等々をかぞえる。

○○　アンケートは出さないのですか。

―― そこではやらなかった。それから浅草の飲食店や劇場に行って、またカウンターをもって、一定の時間に男が何人、女が何人、二人づれが何人……。

○○ どういう分類ですか。

―― 男、女と二人づれ、子どもづれという程度です。そういうのを区別して勘定するのです。それで、たとえば「らんや」とか「宇治の里」というような飲食店、それから電気館とか大正館とかいくつか選んで、それは権田さんよく知っているから、そういうのを選んで……。

○○ 娘義太夫というのはそのころは……

―― もうなかった。今でいう映画館です。パテー館とか何とか。それから宮戸座という芝居小屋。

○○ 玉乗りなんていうのは……

―― あったが、玉乗りは調査対象には入ってなかったようだ。

○○ それを権田さんは集計してどうするのですか。

―― それはわからない。とにかく調べる、ごみためだから。合間には瓢箪池の周りを回って方法論を説くわけだ。(笑) そしてまたこれだけでは確実にはわからない。おまえ警察へ行って飲食店の届出カードを調べてこい、というわけで、ぼくは日本堤署にカードを写しに行った。ところがそういうときにぼくはカードの写し方がへたくそなんだね。そのうえそのカードというのが目茶苦茶なのです。実状と合っていないんだ。届けをしたときのカードでその後の変化が明確でない。だから実際とあわない。それでも本当はちゃんと写さなければならないのだが、それをぼくはのんきに名前なんかどうでもいいと思って、職種と人数だけ写してきてみんなだめだということになった。(笑) みんな初めから全部きれいに写しておいて、あとから選択するというわけだ。

○○　怒られるわけですか。

――　権田さん機嫌が悪いんだ。

○○　あまり激しくは怒らないのですか。

――　あの人は内向的なんだ。面と向かって怒るほうじゃない。あれが江戸っ子の一つのタイプかな。けんかをする江戸っ子もあるけれど、内向的な江戸っ子もあるのじゃないかな。逆なのです。ご機嫌が悪くなる。かなわなかったな、あのときは本当に。毎日のように夜までやって本郷の下宿に帰ってみると、食事の時間は過ぎてしまっている。しようがないからおでんを食ってようやく……。(笑) これは大変なところに来たと思ったね。『資本論』どころじゃないよ。(笑) それでも教わることはずいぶん教わった。たとえば、そのとき小学生のアンケートをやることになってぼくは東京市の深川とか本所とか、今までよく知らないところや、あるいはまた山手の各区の代表的な小学校に行って、五年生、六年生からアンケートをとったのだが、質問を抽象的に聞いたらいかん、必ず具体的に聞けということをきつく注意された。たとえば「前の日曜日にどこに行きましたか。」というようにきく。ただ浅草へ行ったことがあるかというのではいかんというわけだ。その上で浅草に行った人は「浅草でなにを見ましたか。」「だれと行きましたか。」「なにを食べましたか。」そういう聞き方をしろというわけです。当然のことだが、大切なことを教わったように思った。

○○　それも民衆娯楽のアンケートになるわけですね。
――そうです。つまり浅草が東京市でどういう役目をもっているかという調査をやるために、小学校を利用したのです。
○○　下町だけじゃなくて、東京全体。
――旧市内です。方々の代表的と考えられる地区を幾つかとってやったわけです。
○○　何枚ぐらいやったのですか。
――何枚やったかな。忘れてしまった。
○○　一人で一校ぐらい受持つのですか。
――とにかくぼくよりほかにいないんだから。（笑）みな回った、アンケートの用紙をガリ版で刷って。
○○　一つの学校、何組ぐらいにやったのですか。
――何組といって、五年、六年全部。
○○　学校がいやがったりすることはなかったですか。
――そうでもない。
○○　協力してくれるのですか。
――そのとき権田さんは名刺を作れといって「大原研究所嘱託経済学士」と書けという、これには弱った。そういうところは権田さんの趣味も入っているんだ。こんな名刺を作るのかと全くなさけない気がした。
○○　趣味というより、少々権威をつける、それで協力するということがあるんじゃないですか。
――　それはあるし、もちろんそれを権田さん知っているんだが、それだけではなかった。その点がぼくにはやりきれなかった。実際、映画館に行くんでも、みんなそれを持っていった。しかしその後電気館の弁士の高岡黒眼なんていうのとなかよくなった。「高岡さんに」というと、すっとフリーパスで。（笑）それで西雅雄に映画をただで見せてやったこともあった。また高岡さんと話していたら、高岡さんはぼくが小学校のときに田舎で見たネロのキリスト教の迫害の映画、それを全国に持って回った弁士だというのです。驚いたね。
○○　牛乳風呂に入ったりするんじゃないですか。
――　それはおぼえてないが、大きい車に刃物がついていて、それで腹のところを切る、そんなの覚えている。
○○　ぼくが見たのと同じだろうと思うけど。
――　そういうのを明治末でしょう、高岡さんが持って回ったという。そんな話から随分親しくなって何べんも弁士部屋からその説明を聞いた。
○○　うまかったのですか、それ。
――　うまいです。
○○　浅草の飲食店街と小学校と、あと調査はどういうところ……。

—— それから売笑婦。

○○ 吉原ですね。

—— 吉原じゃない。入谷のほうに行く広い道がある。ちょうど浅草六区の裏にできたのです。あそこに塔があったのです、十二階。あの十二階の塔の下が、前は私娼窟だったのですが、大正十年のときはそれはとめられて、それでその裏に大きい道があって、その向こう側に三百軒ばかり小さな娼家ができていた。売笑婦を二人ぐらい置いている、一人か二人。小さい土間に窓をつけて、その横に上り口があった。ぼくは上がらなかったけれど後藤君は上がっていろいろ売笑婦のインタビューをやった。

○○ 先生はインタビューは……。

—— しなかった。その地域に入口が二つか三つあった。表の入口は大きい道路に面していてそこから入るんだが、出口は裏の方にどこかふっと抜ける口がある。そういうふうにできている。

○○ そこでも調べたのですか。

—— その二つの入口のあるところにカウンターをもって毎夜行ったわけだ。

○○ いつごろからやるのですか。

—— いつだったか忘れたが、夕方すこし暗くなってから何時間かやっていた。その結果というのが、曜日に関係ないということになったので、権田さん喜んじゃってね。

○○ 真理ですね。(笑)

—— こういうのが真理というのでは、真理もつまらん(笑)と思ったね。ところがまだ面白いことがあるんだ。ぼくらがカチカチやっていると、もうろう車夫が来るんだ。それはお客を乗っけて新しくできた玉の井にゆく。まだできかかりで、「旦那、いかがですか、知り合いにいいのがいますよ」といってぼくらにいうんだね。(笑)
○○　もうろうというのは、あいまいという意味ですか。
——　そうだろう。もうろう車夫が空の車ひいて、それでお客とったら玉の井へ……。
○○　向こうからいくらかもらうわけですね。
——　もちろんもらうのだろう。
○○　曜日に関係ないというと、だいぶ長いあいだ。
——　それは何日かやったですよ。
○○　だけど天気には関係あるでしょう。
——　そう悪い天気の日はなかったように思う。そういう材料をみんな集めて、権田さんが「浅草の民衆娯楽の研究」という書物にするということになっていて、序論を書いただけで……。(笑)
○○　手下はあまり一生懸命集計したりしなかったのですか。
——　すくなくともぼくはしなかった。権田さん一人で材料もっていったのだが、なんにもならなかった。浅草調査のあと、ぼくはウェッブの『産業民主制論』の翻訳をやらされた。久留間(鮫造)さんがごく一部分をやって外国に行ったので、ぼくと越智道順君とであとをやったのです。経済学的な部分は大部分ぼくです。

○○　ウェッブの翻訳のあれに書いてありますか。
――　あります。しかし後で全部を高野老人が見て直したのです。それと並んで『労働年鑑』の材料集め。
○○　『労働年鑑』は最初から出ていたのですか。
――　ぼくが入る前から出ていたのです。大正七、八年からだと思う。ぼくらが入ったころから単なる新聞記事の切抜きでなくなったわけです。ぼくはそれがために農林省とか鉄道省とか、いろんなところに材料をもらいに行ったのです。大阪に編集者がいて、書く連中はぼくより一年前に入った山村（喬）君や河西（太一郎）君や林（要）君らだったと思うが、そういう連中から指定してくる材料をもらいに官庁等へ出かけたわけだ。そしてまたそのあとはその校正をやったのです。ぼくらの校正は原稿の数字なんか直したのでそれは大変だといわれたが、ほめられたのか、どうか……。
○○　そういう仕事はいかがですか。
――　それは別にどうということはなかったが、暇はなかった。それから久留間さんの『消費組合発達史論』あれもぼくが校正した。それからあれの附録にウェッブとポッターの著書の目録があるが、あれも不完全なものだが、ぼくが付けた。
○○　そうすると、全くの下手間ということですね。
――　そうだ櫛田さん、久留間さん、森戸さん、大内さんは外国に行っているし、あとは大阪に、いまいった若い連中がおって年鑑等をやっていた。それから東京にいるのは権田さんや北沢さん。権田さんはそういう浅草調査をやっているし、北沢さんというのはときどき来ていたが何をやっていたのか知らない。その当時は早稲田にいたのです。ときどき来て会合へ出ていたのを見ただけです。

○○ 大原で統計の本を訳したのは前ですね。

―― あれはずっと後です。戦争中です。ぼくがいたころは、『労働年鑑』と、『衛生年鑑』といった労働科学研究所の年鑑と、『社会事業年鑑』の三つが出ていた。後に、いつ頃だったか外国に留学中の大内さんの原稿がきて、これをどうするかということになって「大原社会問題研究所パンフレット」という名称で出すことにした。表紙を後藤君が考えて、表紙のスミに幾らかの代価を入れて新機軸だと喜んでいたりした。それにしてもこれではまた大原に入った目的と全くかけ離れたことになってしまったわけだ。

○○ 結局、大原を出て、外国に行かれるわけですね。

―― ぼくは大正十年の春大原に入って、十一年の秋に外国に行った。

○○ ご結婚なさったのは。

―― 十一年の夏です。

○○ 留学するというのは、大原の仕事が期待に反していたからという……

―― わけだ。ぼくは大正十年の暮の冬休み、郷里に帰って考えたのだが、どうも大原にいても『資本論』はとても勉強できそうにない。そのころドイツは大戦後のインフレでマルクが安いから一つドイツに行ってやろうと決心した。そこでその帰りに小田原に、高野老人がいたから、降りて、ドイツに行きたいんで大原研究所をやめようと思うといったのです。というのは、おやじがその当時、大正九年の恐慌でまいってはいたけれど、まだ成金の余地を残していたし、また不況でまいっただけにかえって少しは金を出させることができるということになったからだ。おやじにその話をしたら、おやじは行ってもいいようなことをいったけれど、多少不安をもっていたので、なかば反対していたんだ。そこで高野老人に相談して賛成をえたいと思ったのだが、まだ早い、行かん方がいいという。それでどうしたものかと思いながら東京へ帰ったわけだ。そのうちに三月ごろ結婚の話が出たのです。これはちょっと弁明しておくけれど、ぼくは自分の先生の娘をもらったから非常に秀才で先生が認めて娘をやったように思われるのだが、そしてそれをときどき利用したこともあるけれど……。（笑）後に東北大学に行ったときなんか利用したことになっていると思う。もちろんぼくは何もいわないが、向うで優等生だと思ってとっているようだったのだ。しかし実際はそうじゃない。だいたい、そんなことで結婚したのではない。ぼくの家内はその冬休みに倉敷に行っていたのです。それはぼくの家内の従姉が倉敷紡績の社員のところに嫁いでいて、それがお産をするというので、その手伝いに行っていた。それを山川さんの姉さんの主人、前に話した薬屋をやっている林さんが見て、考えたことなのです。ところがそれを聞いて大原（孫三郎）さんがそれは非常にいい、自分が仲人をしてやろうというわけで、急にそういうことになった。

○○　大原という人が仲人だったのですか。

――　そうです。正式の表面の仲人。本当は山川さんの義兄の林さんが考えたことなのです。

○○　山川さんとの因縁というのは深いわけですね。

――　深いわけだね。前に話したように、林さんはぼくのおやじと非常に親しかったものだから、ぼくが小さいときからぼくをよく知っていたのです。だから大原研究所に入ったというのでも、ぼくのおやじは意外に思ったけれど、林さんから見れば、山川さんの兄さんとして、これはちょっと面白いと思ったんではないかと思う。とにかくそれまでもぼくに対しても非常によくしてくれていたのです。

○○ そのアイデアの前に、先生と奥さんとの間の付き合いというのは。

―― そんなことはノー・コメントだ。よく知ってはいたが……。

○○ 倉敷に来たのもそれでいらしたのじゃないですか。

―― そうじゃない。それは動坂に大原の支所ができて、そこにぼくが泊っていた頃、高野の家でめしを食っていたからよく知っていたのだ。

○○ 先生、それでノー・コメントとおっしゃるけれど、それでノー・コメントといわなければならないことがあったのですか。

―― 別にないよ。

○○ 先生は秘密主義ですね。

―― それは、そういうことを話せばいろいろなことがあるからね。ぼくが小説家でもあれば書いたりもするがね。(笑)

○○ 林さんがアイデアを出されて、先生にいわれて、先生はすぐ承諾されたわけですか。

―― そうです。

○○ 大原孫三郎氏とも個人的な接触があったのですか。

―― そうです。それはぼくが、いつごろから会うことになったかそこは覚えないけど、大原に入ってからはもちろん会っている。だから知っていたのですよ。大原に入る前からぼくは会ったことはあると思うけれど、そこはよく覚えない。もちろん大原に入ってそういうことになったりしたから、なお、そうだが、倉敷に行くと大原氏を訪ねざるをえなくなった。いま話した林さんと大原さんは必ず訪ねることになったから、非常に親しく知るようになった。

○○ 高野さんという方も、先生がそれほど秀才じゃないとすると、まわりに秀才がいっぱいいるわけでしょうから、そういうところに嫁にやるというのがだいたい親の人情になると思うのですけれど、そういう点はどうだったのですか。

―― そういうことはあまりないようだったが、むしろ自分と同じようなことをやる人間には適さないと思っていたのじゃないかな。ぼくの家内というのは、わりあいそういうことに無関心だからね。

○○ 同じではないというのは……。

―― つまり社会問題の研究をしたり、社会科学を論じたりするような、そういう学問やったりする人間じゃなしに、普通のサラリーマンへやるのがいいと思っていたらしい。そんなことをぼくにももらしていた。

○○ 多少はぎくしゃくしたわけ。

―― どうだか、そこはわからないけれど、ただ、おかしいのは、その冬にぼくが外国に行くといったら、お前まだ早いといっていて、結婚するといったら、行け行けというんだ。(笑) まったく勝手なもんだと思ったが、そんなことはどうでもよかった。やっぱり娘のほうが可愛いのだし、それに、ちょうどぼくの家内のおばあさんがまだミュンヘンで元気でいたからそれに会わせたかったのだね。ぼくの家内は五つになるときまでドイツにいたのです。日露戦争があったりして。

○○　男親と離れていたのですか。

――そう。そういう関係でおばあさんが育てているから、ぜひ、ドイツに行かせたいというのもおばあさんのほうの希望にもよるわけだ。

○○　奥さんのほうも記憶に残っているのですか。

――ぜんぜんない。

○○　数えの五歳ですね。それじゃ三つか四つ。

――ドイツ語もぜんぜん忘れているんだけれどね。だけどそのおばあさん非常に会いたがってた。

○○　会ったらひとしおだったでしょうね。

――それはもう、ちょっと面白いぐらいだった。

○○　自分で育てた孫というのはそういうのでしょうね。

――それは大変なものだ。言葉は通じないだろう。本当にどういっていいかね。喜劇といったらおかしいけれど、あの当時は、九月の始めに立って行って、十月の終りにようやくベルリンに着いたのです。もう雪がすこし降っているころでした。ところが早速にミュンヘンからベルリンまで、おばあさんわざわざ出てきたのです。インフレ時代の貧しい生活をしているのに、大変だったと思う。会っても話もできないんだから、にこにこ笑っている。じつに何ともいえない情景だった。ぼくが多少ドイツ語を話すというだけで……。

○○　奥さん、ぜんぜんおできにならないのですか。

――ぜんぜん。つまりぼくの家内というのは日本へおっかさんと一緒に来て、まもなくもういっぺん両親がドイツに行っちゃったのです。だから留守中、ぼくの家内は従姉なんかと一緒に東京のおばあさんの下で育った。だからまったくの東京っ子というわけだ。しかしまたミュンヘンのおばあさんというのは実にいいおばあさんで、その後、ぼくらは向こうでずいぶん厄介になった。が、その時は、家内もおばあさんも両方とも笑っているばかりで、ただ嬉しくてしようがないという様子だった。それからどのくらいたってからかな、ミュンヘンに行って、お産になりそうになったから、ぼくは家内をミュンヘンにあずけてそしてベルリンに帰ったのだが、流産しちゃったんです。長い汽車旅行したりしたものだからね。ただそのあいだに、家内はとにかくおばあさんと話ができるようになった。だからおばあさん、後にぼくら二人が日本へ帰るということになると、大変だった、帰るなというんだ。これには弱ったね。そういう関係ですよ。

○○　ご結婚のときは、ライバルなんかなかったのですか。

――そんな話はいいでしょう。（笑）

○○　それで所帯はどこでもたれたのですか。

――初めは外国に行くまで、七月に結婚して七月いっぱいぐらいを下落合で家を初めてもったけれど、それからまもなく郷里に帰った。

○○　しかしそのころ、お母さんが外国人だというのは、結婚するというとき、かなりこだわりがあったのじゃないですか。

——ぼくはぜんぜんそういうことは考えなかった。ぼくの家内のほうが、かえっていつもその点はいろんなふうに思っていたらしいね。ぼくはいまだになんとも思わない。よくそういわれることがあるが、何ともないね。

○○　戦争中なんてご苦労なさったこともあるのでしょうね。

——戦争中もそうたいしてない。家内には多少そういうこともあったようだが、ぼく自身も多少特別扱いだからね。戦後は、むしろ逆に外国人だというので得したこともある。牛肉の配給があったりしてね。

○○　プラス、マイナスすると、やはりご苦労なさったほうが多い……。

——まあ、そうでしょうね。家内はいまだにそういうものをもっているね。

○○　当人にとっては、子どものころいじめられるのじゃないかな。

——そうなんだ。

○○　子どものころというのは、わりにそれが露骨にでるからね。

——そういうことはあったようだね。ぼくはともかく、ぼくのうちなんかじゃ多少感じたのかもしれない。

○○ 倉敷の郷里の方では別に表立ってそういうことはいわなかったのですか。

―― いわなかった。

○○ それは、かなり理解があるというか……。

○○ 外国行きで、大原の方はやめたわけですね。

―― いや、大原は、ぼくが外国に行っている間にやめなくちゃならないようになったのだ。

○○ そうすると、行くのは大原から行ったのですか。

―― そうじゃない。おやじが、結婚したら家を建てる金を一万円ぐらいやるといったのです。その金で行ったのです。いまから考えると惜しいことした、あれで家を建てていたほうがずっと得だと思うが、しかしあの機会を失しては大変だった。

○○ いらっしたほうがよかったですね。そうじゃなかったらまた浅草あたりでチャキチャキと。(笑)

○○ 大原には籍があったわけで……。

―― そうだったが、もう大原からは月給はもらってない。向こうに行ってから、大原の本を買う手伝いをして、多少手あてをもらった。そこは高野老人のおかげで、得したかもしれない。それにしてもたいした金じゃない。しかしぼくは一万円全部は使わなかった、行って帰るまでの船賃やいろんなもの入れても。

○○ 残ったのですか。

――一万円使わなかったと思う、もっとも非常に倹約していたから。船も二等で行くし、向こうに行ってもそう旅行しないし、本もそう買わない。それから食事はたいていい家内がなんとかしてくれるし、だから普通の留学生よりはずっと安くやったのです。

○○ ちょうど『資本論』のための旅行と新婚旅行を兼ねたような……。

――そういうことになったわけだ。

○○ 行かれるとき大原に籍があるわけですから、ドイツから帰ってきたら大原に前のように勤めようと……。

――そのつもりではいたけれど、なんともはっきりしていなかった。行って途中でそういうふうにいってきたものだから辞表を出したのです。

○○ 大原には、留学というのに順番はあったのですか。

――でしょうね。そこは知らない。まだそのころは大内さん、森戸さんが、どういう資格でか大原からドイツにいっていられた。櫛田さん、久留間さんは本を買うというので行っていたのです。それから高田慎吾という人が、ちょうど行っていて、これは社会事業を研究していた人ですが、この人とはぼくはドイツでも一緒だったしロンドンでも一緒だった。

○○ つぎに留学中のことに移りましょう。

第四章　はじめて『資本論』を読む

――ドイツへ行くようになったのは、大原では『資本論』が読めなかったからですが、出発は大正十一年の九月のはじめです。ところがぼくが発つ前に櫛田さんは外国から帰ってきていて、大阪の大原研究所で偶然お目にかかれることになった。ぼくは神戸から船に乗ることになっていた。船は鹿島丸だったが、あまり金があるわけではないから、二等にした。当時大部分のヨーロッパへ行く留学生は一等だった。二等というのは船のあとのほうのあまりいいところじゃないし、客室も少なかった。とにかくドイツに行ければいいというわけだ。その船に乗る前の日に大阪の研究所にお別れに行ったんです。そうしたらその日が研究所の理事会だった。それで大原孫三郎その他の理事がみんな集まって午前中に会議をやっていたのです。その午後ぼくの送別会を大阪の連中がしてくれたんですが、ちょうど理事会だったために櫛田さんも来ているし、それから河上(肇)さんも来てた。ぼくははじめてそのとき河上さんに会うことになった。

○○　河上さんは理事だったんですか。

――かもしれんな。

○○　じゃ当時の理事を先生は正確には知らないわけですか。

――もちろん知らない。とにかく、米田庄太郎氏や、そのほか京都大学の先生達が来ていたようだ。そこで米田さんをはじめて見たわけだ。河上さんはぼくの送別会にも出てくれたんです。ところが、その送別会で河上さんは外国に行く必要はないという説を主張するんです。河上さんはぼくが外国に行く動機を知らないで、ただ普通の留学生として外国を知ってくるつもりで外国へ行くんだと思ったんだね。しかしその必要がないという理由が非常におもしろいんだ。河上さん、ちょうど第一次世界戦争が始まるときにドイツにいたんだが、戦争が始まったんで驚いて逃げてロンドンに行った。いろんな人が大陸から、戦争が始まったというんで集まっていた。ところがちょうどそのときに日本はイギリス側についていっしょに参戦することになったりしたもんだから、おそらくそういう理由もあったかと思うが、柴田環、もうそのときには三浦環といったかもしれないけれど、ぼくはこの人を東京で一ぺん聞いたことあるんだけれどね、その三浦環がロンドンの「アルバート・ホール」で独唱会をするというのです。そこで河上さんもなつかしく思って、その「アルバート・ホール」に出かけていったところが、もういい席の切符はみんな売り切れて、三階の切符だけ残っていたというんだ。仕方がないのでその三階の切符を買って三階に上っていったら、そこも満員で舞台なんかぜんぜん見えない。その内に舞台の底のほうから「さくら、さくら」という日本の歌が聞こえてきた。非常になつかしかったが、歌手はぜんぜん見えない。ところがあくる日新聞を見ると、その夜の「アルバート・ホール」にはキングもクイーンも来ていたというような記事が出ている。日本人がヨーロッパへ行くのはこの三階の人垣の裏へ行くようなもんだ、かすかに歌が聞こえてくるぐらいなもんで、あとで新聞で読むほうが非常に正確だ、というのだ。結局外国に行く必要はないというわけだ。そこでこの河上式の主張に対して、櫛田さんが「そんなことはない、やっぱり外国に行ってみる必要がある」と反駁するんだ。櫛田さんはどういう理由でそれを主張したかぼくは覚えてないけど、二人で盛んにそれを議論していた。ぼくはしかしニヤニヤ笑って……。ぼくの目的は外国を見るというんじゃないから、そんなことは問題でなかったが、そういうちょっとおもしろいことがあった。

○○ その席上で先生はその動機をいわれなかったんですか。

—— なんにもいわない。

○○ だまってニヤニヤ笑っていた……(笑)

○○ 先生はおいくつだったんですか。二十四、五ぐらい……

—— ええ、五か六ですね。あくる日、船で発ったときにも櫛田さんは神戸に送ってくれて、ちょっと恐縮したけどね。

ところが船でまた予期しないおもしろい人に会うことになった。前にもちょっと話に出たが、黒崎幸吉という聖書の研究をやっている人です。送って来た家内の父が東大で教えたことがあるというので紹介されたのです。この人は内村鑑三の弟子でね、矢内原(忠雄)さんの兄弟子です。ちょうど黒崎さんもそれまで住友に勤めていたのだが、ヘブライ語による聖書の研究をするためにドイツへ留学するところだった。この人も二等船客だったので、それからヨーロッパまで四十日間〝聖書の友〟ということになった。(笑) 毎日のようにいろいろと話を聞いた。ぼくは結局、クリスチャンにはならなかったけど、しかし黒崎さんのおかげで、たとえば上海に着くと住友銀行の招待会で黒崎さんが「きみらもいっしょに来たまえ」というんで、ぼくらもついていってごちそうになり、シンガポールに行くと、すぐにシンガポールの教会から黒崎さんが招待されてお説教をする、それをぼくらも聞くということになった。そしてそのあと、シンガポールの信者のところにごちそうに呼ばれた。ゴム園の中のシンガポール式のユカの高い住宅の歯医者さんだったが、この人がまたぼくに外国留学不要論を説くのだ。ぼくを黒崎さんが紹介して「この人は社会問題の研究にヨーロッパに行くんです」といったので、「そういう必要はない。ここから日本へお帰りなさい」神さまを信ずるのにヨーロッパになんか行く必要はない、(笑)というわけだ。えらい人に会ったもんだが、黒崎さんが「いや、やはり研究する必要はあるから」といってくれて、ごちそうにだけなることになった。

○○ 先生そのときにべつに反駁しないでだまっておられたわけですね。やっぱりそういうことといわれると若いですから、多少困るような気が……

―― いや、そういうふうには思わなかった。船でもまた同じようなことがあった。ぼくは船の上で例のブハーリンの『アー・ベー・チェー』を読んでいた。ちょうどドイツ訳が出て東京で買っていたからね。ところがそのために、同じ二等に乗っていた白系ロシア人がやはりそんなものを読むものではないといってくれた。黒崎さんはその男とよく英語で話していたが、ぼくは英語で話なんかできないから、片言のドイツ語で話していたのだが、その男は日本に亡命してきて、日本でピアノをドイツ人から習っていたのを、さらに進んでピアノの勉強にドイツへ行こうというのだった。ぼくらといっしょに二等船客だったのです。船の中で演奏会してみんなから金を出してもらったりしていたが、その男もぼくの『アー・ベー・チェー』を見て「これは最悪の本だ」と教えてくれたわけだ。もちろんそんなものは相手にしたってしようがないから、そのときも笑って過ごした。ただ、黒崎さんからはぼくはしじゅう黒崎さんの考えをいろいろと聞いたが、自分はどうしてもそういう信仰には同感できなかった。しかし黒崎さんとは今一つ妙な縁があった。もう前に話したように、中学の親友だった松田が黒崎さんの弟子だったのだ。そのことは船の中で知ったので神戸に黒崎さんを送ってきていたのに会えなかったのだ。松田はまもなく死んだらしい。

○○　結局、そのとき会ってりゃ……

――まだなんとか多少は交渉があったかもしれないが、そういう機会もえられなかった。それからこれはズットあとで知ったことだが、東北大学の高橋里美先生とも黒崎さんは非常に親しいんで、後にまた仙台で会うということにもなった。この旅行中ずいぶん世話になったが、いろいろ議論もしたし、お説教も聞いたが、ぼくは改心するわけにいかなかった。

○○　はいるように勧められたんですか。

――いや、勧められない。

○○　信者になるかならないかということじゃなしに、つまり聖書の文化史的なものに対して、深い関心をそそがれるということはなかったんですか。
――ぼくは、よくわからなかったからかもしれないけれど、ぜんぜんなかった。
○○　黒崎さんのほうは社会主義に対してどういう……
――それはほとんど知らないからね。
○○　先生のほうでそういうことをいうということもべつになかったんですか。
――べつにまだ何もいえなかった。ただ、一般的な議論は随分した、ぼくも若かったからね。
○○　そのころはキリスト教社会主義なんていうのも……
――いや、そんなのはもうなかった。もちろん一部にはあったろうが、ぼくはキリスト教の人の社会主義なんかには興味はなかった。

ただ、黒崎さんは、おそらく聖書の関係もあってか、お星さまが好きでね、夜になると望遠鏡持ってよく星を見て、そしてぼくにいろいろ星の説明するんだけど、ぼくにはわからない、(笑) チンプンカンでね。その当時の日本船の二等というのは船のいちばんしりっぽなんで揺れるとあまりいいところじゃないけど、しかしいちばんしりっぽのベンチに腰かけて、お星さま見ながらインド洋渡るのはなかなかおもしろかった。
○○　結局、何日かかりましたか？
――四十五日。
○○　長いですね。

—— そのうえ対馬海峡に出るとすぐ揺れるし、台湾海峡が揺れるし、インド洋は幸いにあまり揺れなかったんだけど、ポートサイドを過ぎて地中海で、あくる日マルセイユへ着くというときに、コルシカ島とサルジニアの間を通るんだが、このときも非常に揺れるんだ。もう夕方近く薄暗くなった中を「これがナポレオンの島かな」と思いながら見ていたが、余り気持ちはよくなかった。ところがその夜は非常にごちそうなんだ、お別れパーティ。しかしとうとうぼくはそれには出られなかった。(笑)

○○ あまり強いほうではなかった……

—— 船には非常に弱い。

○○ 七転八倒するような苦しみありましたか。

—— いや、そんなことはない。ただ、気持ち悪いんです。そうでないと船旅は非常にいい。それに時々の上陸がおもしろかった。上海でも蘇州に行った。黒崎さんの住友銀行の関係で住友の人が案内して蘇州へ行って、そして〝虎丘〟というところに塔があるでしょう、あの塔を見物したり、寒山寺なんか見物して、そして上海へ帰る。船で行くとそういうおもしろさはあるね。シンガポールはたいしておもしろくなかったが、ペナンではヘビ寺という妙なところにもいった。ほんとうのヘビがたくさんいる。お寺のいたるところにいるんです。

○○ 奥さん気持ち悪がったでしょう。

—— いや、そんなでもない。死んでいるのかと思うと、みんな動くんだ。それから驚いたのはシンガポールもペナンもどんなところにいってもみんな中国人を見るんだ。あれは中国の植民地ですね。街はもちろん、ゴム園みたいなところへ行ってもみな中国人です。あるいはアンナン人かもしれんが、だいたい中国系じゃないかと思った。それと、今一つおもしろかったのはペナンからコロンボへ行く間にインドの移民労働者が乗ったのを見たんです。われわれの二等の下が三等なのだが、その三等にはデッキがないんです。一人、三等船客に日本の人でおもしろい、歌を歌う男がいて、ときどき夜になると、二等のデッキへ出て歌を歌うんだ。なかなか愉快な青年だった。その青年、三等でヨーロッパへ行っているんだ。

○○　なにをしに行く人なんですか。

――なにをしに行くっていったかなあ……。

○○　やはり先生と同年輩の……

――少し若いですね。話がそれたが、一等と二等の間の低くなったデッキの上にマライへ行っていた移民が乗ったわけだ。

○○　三等よりもっと安いんですか。

――そうらしい。それはどうも食事も付かないらしい。デッキの上で自分で作って食事する。それを例の手でつまんで食べるのをやっている。女もかなりいたが、出かせぎに行っての帰り。そういうのが乗っていた。

もう一人おもしろい同船者がいた。岡田桑三といってね。戦後久しぶりに会ったが、その当時はまだ十八歳の少年だった。山田耕筰の甥とかいっていた。それが中学校出たばかりで一人でドイツへいっているのです。
○○　じゃ、岡山でしょう。
――　岡田君は横浜です。ただ、おじいさんがイギリス人とかいっていた。事実、岡田君も戦後会ってみると非常にりっぱな風采の紳士になっていた。そのときもかわいい美少年だった。それがなにをしに行くかというと、舞台芸術を研究にドイツへ行くという。驚いたね。今は「東京シネマ」という映画会社の社長になっている。前はなんとかいう俳優だったんだ。それと船の上でわりあいに仲よくしていた、ドイツへ行くまで。
○○　役者になると名前が違うんでしょう、岡田という。
――　岡田じゃなかった。よく知らない。時々「東京シネマ」の試写会の切符を送ってきていたが……。
○○　いまP・R映画作っているんじゃないですか。
――　そう、ぼくも一度見にいった。その時、彼に会ったのだ。ビール会社のビールの製造とか、あるいは薬のP・Rだったか、ガンの映画で腸の内部を写すとか。
○○　かなりいい映画を作っているそうですね。興業的にはどうか知りませんけど。
――　だからしょっちゅうメダルをもらっていた、ああいうコンクールで。
○○　じゃ「岩波映画」みたいな……
――　うん、「岩波映画」と対抗したような、そういう会社をやっているわけだ。もとは彼は舞台装置の研究をやるためにドイツへ行ったんだけど。

○○　やっぱり当時ドイツは舞台芸術盛んだったんですか、千田是也なんかも……。

――そうだろう。アレキサンダー・モイッシーなんていう役者がいて小劇場が盛んだった。ちょっと吉右衛門みたいな人気のある役者だった。ぼくもドイツへ行くとすぐ、森戸(辰男)さんに連れられて、彼が「生ける屍」をやっているのを見にいった。そういうのを見にいって岡田君は舞台の写生したりしていたんだ。

○○　向こうで多少会ったんですか。

――もちろん会ったが、その内に疎遠になった。後にはピストルを練習したりしていたよ。(笑)

○○　まだ二十歳前だものね。

○○　それは数えでですか。

――ええ。それでも岡田君えらいですよ。ぼくら夫婦と、それから徳島のお医者さんと岡田君とその四人だったかな、パリへ一緒に行ったんだが、フランス語がみんなできない連中ばかり。それで、とにかくモンマルトルという盛り場にあった「スワ」という旅館にいった。その「スワ」という旅館の主人というのは海軍の軍人さんで、明治のいつ頃かパリへ行ったまま居ついてしまって、それで旅館を経営していたんだ。

○○　じゃ「スワ」というのは日本語の「諏訪」ですね。

――そうだろう。とにかく、そこへいって泊まれば便利だということを船で聞いていて、ぼくら四人でそこへ行って泊まった。そうすると、パリの案内図とスケジュールを書いてくれて、何時にどこへ行って、どこで飯を食って、みんな書いてある。それを持っていってパリ見物したんです。（笑）そうでないときの晩飯や昼飯も、モンマルトルの近くのレストランへちゃんと紙を持って行く。（笑）しかしそれの引率者が岡田君だから（笑）ぼくらそのあとへついて行って、ノートルダムとか、リュクサンブール公園とか、エトワールの凱旋門だとか、そういうところを見物して歩いた。

○○　青年だから行動力があるわけですね。

――　あくる日はベルサイユ宮殿見物して、二、三日いたかな、パリに。だからパリは実に〝夢のごとく〟。（笑）ただ、非常においしいブドウを買ってきたのを忘れない。これは岡田君に指導されないで行った。お金さえ持っていきゃとにかく買えるんだから……。

○○　マスカットとどっちがおいしかったですか。

――　そのとき非常にうまいと思ったのだが、マスカットですよ。パリはだからいまごろテレビなんかで見ると、ああこういうところだったな（笑）という程度だ。ルーブルの美術館も見物したよ、岡田君の案内で。ヴィーナスも見たし、それから例の石けんの広告になっている、おっかさんが子供を抱いている絵も見たですよ。ハハア、これはこういうところにあるんだなと思った。まったくおもしろいパリ見物ですよ。ただしかし、石だたみの道、非常に印象深い。ぼくは高橋幸八郎君がパリから手紙よこしたとき、「石だたみの道をきみが夜遅く帰ってくるくつ音が聞こえるような」って葉書に書いたら、非常に文学的だと（笑）彼に喜ばれたことがあるんだけれど、モンマルトルや、あのへんの坂道の石だたみの道というのは非常に印象深いんだ。

○○　石だたみというのは一口坂を降りたところに少し残ってますが、ああいうもんですか。

――どうだったか、もっと大きい石だったように思う。東京のは少し小さい。もっと大きかったような気がするね。これは気がするだけですよ。〝夢のごとき〟パリ見物だからね。マルセイユからパリへの汽車旅行もたいてい忘れたが、ただ一つ食堂へ行ったときのことを覚えている。そこでブドウ酒が出たんです。そのときぼくがブドウ酒をコップを置いたままつごうとしたら、給仕にコップを持ってこうするんだと教えられたね。汽車が動いているんだから（笑）コップを置いたままつぐとこぼすというんだ。パリの北の停車場から乗ってドイツへ行ったんだが、そのときにぼくは汽車弁当買ったんだ、フランスの汽車弁当を。そうしたらちゃんとこういうビンがついている、ブドウ酒の。汽車弁当にブドウ酒がついているのはじめてだった。

○○　いや、ぼくは外国の汽車弁というのを知らないんですが、どういうもんなんですか。

――あまりないんだ。

○○　どんなものがはいっているんです？

――どんなものがはいっていたか覚えてないな、ブドウ酒がついていたことだけは……（笑）そして紙箱だったと思うが……。

○○　それと別にブドウ酒がついている……

○○　どのくらいのもんですか。

―― いくらかぜんぜん覚えてない。ぼくはその後一ぺんも汽車弁当をヨーロッパでは――といってもドイツ旅行とそれからドイツからイギリスへ行っただけだけど――買わないから、フランス特有なのかどうか、日本もあれをまねしたんじゃないかな。

○○ フランスで汽車弁当というのはおもしろいですね。それとも逆かな。

―― しかしドイツはそのころ非常に荒れていたからね。それでなかったのかも知れない。ベルリンへ行く汽車でも九州の大学の先生になったお医者さんだけどね、ドイツ語ができるので得意になって、ドイツ人と一緒にドイツの荒廃を嘆いていたんだ。ところがしばらくたったら〝財布〟がない、やられた(笑)というわけだ。

○○ それを聞いてもニヤニヤしていたんじゃないですか。(笑)

―― そんなことはないよ。むやみにドイツ人に同情して話なんかしないこと、というのを教えられたね。

○○ その人が犯人だったんですか。

―― だろうと思うんだが、わからない。あくる朝、夜が明けると殺風景なドイツの……十月末だからね、パリでも木の葉は落ちていて、まったく落ち葉(笑)のパリを見てきたんだけど、しかしドイツへ入ってケルンからさきはところどころ雪があった。そして戦争後でさびれているときでしょう。えらいところへ来たなと思った。

○○ やっぱり、ぜんぜん日本なんかと景観が違いますか。

——違うな。

○○　十月下旬ですね。

——九月はじめに神戸を立って、十月のなかごろ過ぎだった。ベルリンでは森戸（辰男）さん夫婦が子供さんといて、迎えに来てくれ、森戸さんが世話してくれた宿へ行ったし、片ことながらドイツ語はできるのでパリのようなことはなかった。もっともそのころは間借が非常にむずかしくてね、ドイツ人が困っているのに外国人に貸すのはいかんというわけで、今の西ベルリンのウイルメルスドルフなんかという区では、外国人に貸す部屋があるなら、ドイツ人をまず先に下宿させろという、それの上で貸すならというようなことになっていたので早速に室借りに苦労することになった。ウイルメルスドルフという区はわりあい新しい区で、きれいな家が多かった。後に移ったシェーネベルヒの方は少し古い地区だった。とにかくはじめから二軒ぐらい変わらざるをえなかった。最初は晩飯食いにいくといってもレストランもわからないし、弱ったですよ。森戸さんがいろいろ世話してくださったけど、そんなことは自分でやらなきゃならないのでね、とにかくやったよ。この間も話したように、ベルリンへ着いたら、すぐミュンヘンのおばあさんがやってきた。ぼくの家内はドイツ語をぜんぜん忘れちまっているんで、ただニコニコ笑っているだけだったが、（笑）森戸さんが知らしたんで、さっそくベルリンにやってきたわけだ。ウイルメルスドルフの三度目ぐらいにウーランド・ストラーセのナッッシュというユダヤ人の後家さんのうちの室を借りたが、そこの家を持っていたんだ、大きなビルの家主ですよ。自分は二階の一劃に住んでいる。しかしそのおばあさんなかなかの倹約家で、電気なんかももったいないというん

でロウソクを使っている。(笑)

○○　じゃ、そのうちへ先生ご夫婦だけでなくて……

――いや、自分の住居は四つぐらい部屋があって、その二つをぼくらに貸してくれたのだ。持ち家はアパートで中央が階段でその両側が住宅になっているわけだ。だから家を持っているというのはたいへんなもんですよ。いちばん下が商店でね。もっとも街によってはそうじゃなくて、ただ門衛がいる住宅のもある。とにかくぼくの借りた家は、表は商店になっている四角のブロックをなし、中庭があってまた裏にも住宅があった。表の商店の間に階段があって、両側に部屋がある。

○○　ラセン状の階段なんですか。

――いやそうじゃない。ちゃんとした立派な階段があって、それが五階になっていた。だから一つ持ってりゃ二十軒住んでいるという大きなもんですよ。二十軒の家主が二階へ住んでて、室を貸すんだ。

○○　下がずっと商店街になっているんですか。

――ぼくのいたうちは小さい商店が下にあった。そしておばあさんは台所ともう一つの部屋を使って、それでぼくらに客間と寝室にバスの付いたところを貸してくれてね、わりあいよかった。そのおばあさん仲々大したものだったが、ぼくの家内を非常にかわいがってね、たとえば日曜日なんかそのおばあさん編み物持って、主人のお墓のあるフリードホーフへ行くんですが、そのときぼくの家内を連れていったりしていた。そのうち家内もだんだんドイツ語を少しずつ話せるし、ぼくの家内はミュンヘン生まれだから日本人を置いてもいいって……(笑)ね。だけどまた変なのがいてね、あれはインチキだというて訴えた人がいた。それでとうとういられなくなって移ることになった。やっぱり家主がユダヤ人だから役所でも移った方がいいというんだ。ぼくらにはけっして悪くなかったけどね。娘がいて、娘の子供なんかよく遊びに来ていた。ぼくはその子供にクリスマスにローデルンをやる〝そり〟を買ってやった。ぼくらには為替の関係で安いんだが、ドイツ人には非常に高いんで、とても買えないんだ。小さい〝そり〟で、それに乗って坂をおりるんです。だからとてもいい日本人だ……(笑)ということになった。

○○ ベルリンでそんな雪遊びなんかできるんですか。

―― できます。そう深い雪じゃないけど、雪はしょっちゅう降っていたから、ことに公園や郊外へ行くと盛んにやっていた。

○○ 三度三度の飯は……

―― 朝と夜とはたいてい簡単に家でやって、昼はレストランで。

○○ やっぱり〝お勝手〟みたいの付いているんですか。

―― 家内はいつもその家の〝お勝手〟をいっしょに使わしてもらっていた。それに簡単な、いわゆるカルテス・エッセンですましていたから大したことはなかった。昼飯だけはたいていレストランへ行った。レストランで音楽研究家の兼常清佐氏なんかと屢〻いっしょになった。

○○ あの人はだいぶ歳でしょう、六十ぐらいになっている……

―― そんなにはならん、その当時は若かったですよ。

○○　よく、留学した人は米のごはんを食べたいということ、みんないいますね。
――そりゃ食べたい。そのころベルリンには日本人が多かったので、日本めし屋ができましたね、二軒ほど。支那料理は、これはかなり本式です。これ、ロンドンへ行ってもそうだった。日本のめし屋は本式なのはなかった。みんないいかげんのものばかり。
○○　というのは具体的にどういうことですか。
――ごはんにスキヤキ、そういうもんですよ。
○○　やっぱりときどきいらしたんですか。
――行ったです。ロシア料理もわりあい安くてあったからよく行った。
○○　じゃ食糧事情はかなりよかったんですね。
――いや、よくない。あの大戦の戦後だからね。二二年までは為替がだんだん悪くなり、二三年春から激しくなった。ルール地方のフランス軍による占領があってからです。ルールの占領に対する、いわゆる消極的抵抗という、公認のストライキでインフレが非常に激しくなったのです。だからぼくらは行った当座だけは、なかなかの金持ちだった。行ってすぐに洋服がなくて、その当時の十円ぐらいで出来合いの洋服を買った。日本ではそんな金ではとても買えなかった。ぼくはそれ一着でドイツをほとんど過ごしたんだが、後に会計学の中西(寅雄)君が来て、その洋服を見て「ハイカラになったな」といったのをおぼえている。(笑)
○○　ナツッシュというところから……

――フォン・ストッシュ。
○○　それはいつ移ったんですか。
――いつごろだったかな。三、四月ごろじゃないかと思う。家内をミュンヘンにやっている間に移ったのだから。ストッシュというのはユンケルの出です。ユダヤ人からユンケルというわけだ。その前に慶応のなんとかいう先生がいたということだった。そのストッシュの同じ階の前のうちにも日本人が室を借りていたのだが、その人が丁度そのときガスでひどい目にあったのです。この家は、シェーネベルヒでも古い建物の並んでいる街にあって、まだ電燈がついてなかった。それでその人はガスをつけたまま床についているうちに、台所で元栓を閉められ、それを朝開けられたものだから死にそうになったというのです。ぼくはその話を聞いたものだから、移ると間もなくその家に電燈をつけたのです。工事は、あの厚いコンクリートの床に線を通すので大変だったが、代金はインフレのおかげでぼくには大したことはなかった。とにかくそれでその建物の各階に電燈がつくことになったのです。戦後とはいえ、ベルリンでぼくがいって初めて電燈がつくという家があったのだから驚いた。文明の利器も入ってくる時期で妙なことになるものだと思った。その街は、アポステル・パウルス・ストラーセ、詩人ウーランドの街から使徒の町へ移ったわけだ。しかし宿の主人は軍人さんの未亡人でした。娘の婿がやはり軍人で昔日本へ行ったことがあるというので、日本人は紙と竹とでできた家へ住んでいる未開国だと思っている。ところがこの未亡人、日本がどこにあるか知らないんだ。そのストッシュの末の娘が、まだそのうちにいたんですが、それが日本の大学の先生にほれこんで、結婚するというんで、そのおっかさん大変に心配していたが、結局、しなかったようだ。おっかさんがそのことでよく愚痴をこぼしていた。そのころは少しはドイツ語がわかったからそんな話も聞いたのだ。

○○　だいたいドイツでも継続的につき合った人というのは、やはり向坂さんですか。

――そうね、あと井口(孝親)さん、社会学の先生、この人は細君がドイツ人、これは結婚していた。そして女の子があってね。のちにひどい結核になってスイスへ療養に行ったけれど、日本へずっとのちに帰ってきたとき細君はこなかった。もうだめになって帰ってきて死んでしまった。あとはべつにだれともつき合わなかったな。森戸さんがはじめにはいたし、それから大内さんもストッシュのうちに訪ねてくだすった。

○○　大原から行ったのでは……?

――森戸さんと大内さん。

○○　羽仁五郎とか三木清というのは……。

――彼らはハイデルベルグにいたのでしょう。ぼくより少し前になるんじゃないかな。ぼくが行ったときには、九州大学の連中がだいぶいた。山之内(一郎)君もいたし、それから佐々(弘雄)君や石浜(知行)君もいた。しかしこういう連中とはぼくはつき合いはなかった。行ってまもなく十一月の七日に東ベルリンのどこかへ森戸さんに連れていかれて、ロシア革命記念の祭を見ることになった。はじめて「インターナショナル」を聞いたり、星のバッジをもらってつけたりした。

○○　鎌とハンマーの……。

――そう、赤い星の中に鎌とハンマーがついていた。
○○ まだしかしあれでしょう、革命的気運が去らない……。
――そう、インフレ不安の時でドイツにはときどきラデックが来たとかなんとかいっていた。
○○ あれ、現物は見なかったんですか。
――見なかった。革命記念の祭にいろんな人がやってきていたんでしょうが、ぼくは着いて早々にそんなところへ行ったんだから、何もわからなかったよ。森戸さんがいろいろと説明してくれたけど、よくはわからなかった。森戸さんはああいうことがやっぱり好きは好きなんだろう。いまでは想像できないかも知れないが、ちょうどソビエトから帰ったあとでした。
○○ ちょうどブランドやなんか支配したときですね。
――さあ、ぼくの記憶に残っているのは、ルート・フィッシャー、マスロフで、いわゆるリンクス・ラディカルの時代です。
○○ ちょうど空気のよくなかったときですね。
――あまりよくなかった。あののちのテールマン時代もよくはない。ぼくがいる間にテールマンというなかなか偉いのが出たというふうにいわれてはいたけど、ぼくらがいた間は彼の活動はよくわからなかった。あの時代はインフレが最高から終息への過程に入ったときで、ちょうど戦後の日本の状態に似ているところもある。インフレで俸給生活者までみんな左翼になる、だから根底はない。それもドイツではフランス軍の占領でルール地方のストライキ戦術、それが非常にナショナリスチックに行なわれ、妙なことになっていた。左翼が非常に大きくなって、チューリンゲンなんかじゃ、ザクセンもそうだったと思うが、共産党の政府ができたりした。コルシュのことも多少聞いていた。とにかく政情は非常に悪いときだった。ただぼくは毎日、共産党の『ローテ・ファーネ』と社会党の『フォアウエルツ』を読んでいた。もっとも『フォアウエルツ』のほうは読みにくいんだ。共産党の『ローテ・ファーネ』のほうがずっと読みいいんだ。文章も簡単明瞭だし、字からしてひげがはえてない。結局、『ローテ・ファーネ』が主になった。ぼくの宿のストッシュにはきっとおもしろくなかったことだろう。

○○　あのころの『ローテ・ファーネ』って、かなりおもしろいもんだったんじゃないですか、いろいろ議論があって……。

――　ぼくに興味のある議論というようなものはなかったけどね。

○○　戦術上の問題なんかでずいぶん議論を……

――　やっていたんだろうが、ぼくにはそれはよくわからなかった。たとえばルール問題のときストライキをやるとかなんとかいうような問題をやっていたのを、毎日読むことは読んでいた。ドイツへ行ってもドイツ語を話す方は大して進まなかったが、新聞を読むということは毎日やるのでこの方はずいぶん大きい影響を受けたようだ。いまのようにラジオやテレビもないから新聞ということになる。もっともぼくはミュンヘンに遊びに行ったときに、おばあさんとは特殊の関係でよく話したが、どうもうまくはやれなかった。ラジオといえばいつだったかミュンヘンにいってたとき、おばあさんの知人が組み立てたから聞いてごらんというのでフランスの放送を聞いたことがあった。

○○　フランスでは放送はあったわけですね。
――あったんだろう。なにかゴチャゴチャいっているという程度、しかしそれは二四年のことです。
○○　当時はそういう社会民主党や共産党の新聞読んで、どんな連中が光っていたですか。
――いや、知らないな。新聞だからね。
○○　『フォアウエルツ』と違って『ノイエ・ツァイト』は戦争が終るころからひげ文字じゃなくなったような記憶がありましたけれども。
――『ノイエ・ツァイト』はそうかもしれない。
○○　『ノイエ・ツァイト』の後継誌じゃなかったのですか、『フォアウエルツ』は。
――いや違う。『ノイエ・ツァイト』は週刊誌です。『フォアウエルツ』は日刊です。『フォアウエルツ』の記者にちょっとぼくは知ったのがいたんだが、それも大してつき合わなかった。マックス・ベアーとは西雅雄のことで会ったことがある。西がマックス・ベアーの『マルクスの生涯と学説』を訳したので、その翻訳権をもらってくれというんで、マックス・ベアーを――いまの東ベルリンの労働者街ですがね――訪ねたことがある。住居は相当のうちで、細君はみなかったが、子供はいて出てきた。翻訳権についてはすぐは返事しなかった。しかしぼくは翻訳権をえないうちに実はこういうふうにできているんだといって訳書を見せてことわりをいったら、それでも喜んで「自分の名前はどこにあるか」(笑)といっていた。その訳書の終りにマックス・ベアーの小伝を西が書いていたのをぼくは訳してやったが、ポーランドの生まれだということなど書いていたので、どうして自分のことをそんなに知っているかとびっくりしていた。それで娘を呼んで、「これがお父さんの名前だ」といって、マックス・ベアー喜んだね。

○○　ポーランド系のユダヤ人ですか、おもしろいですね、ベアーという名前、英語みたいで……。

――　そのときポーランド系のユダヤ人というのには貧しい人が多かったということを彼からきいた。しかし彼はすでにイギリスで長いこと新聞記者なんかやっていたので相当の暮しのようだった。ただ、マックス・ベアーが翻訳権をやるといってぼくのところを訪ねてきたとき、フラウ・フォン・ストッシュは、彼が帰ったらすぐ塩をまかんばかりの勢いで……。

○○　知っているわけですか、マックス・ベアーなんていうのを。

○○　顔でユダヤ人とわかったんでしょう。

――　えらいのが来たというんでね。実は自分の友人があれの本を訳して、翻訳権をもらったんだということを話したら、「それは当然くれるだろう、あれはみな悪い思想を宣伝するためにやっているんだから、ただでくれるはずだ」（笑）というんだ。フラウ・フォン・ストッシュなんかユンケル出の軍人の奥さんだからユダヤ人には大変だった。ちょっと日本人には想像がつかないくらいにみさかいがないんだ。もっともそういう人で日本がどこにあるかも知らないんだ。トルコのちょっと向うだ（笑）と思っているんだ。

○○　しかしそういう人はその当時は多かったんじゃないですか。

――　多かったようだ。つまり特殊の関係がないと日本なんかどこにあるか知らない。だいたいお伽嘶の国みたいなもんだからね。ただ戦後のインフレで日本人が為替の関係でたくさん来ていることで知っていたようだ。

○○　さっきのお話の〝紙と竹のうち〟なんていうのは、どこか東南アジアのほうのそんなものでも……

――それはドイツ人やオランダ人から見たら同じでしょう。

○○　そうかもしれませんね。

――中国は昔から知られている。ヒネーゼは美術品その他いろんなもので知れていたんでしょう。

○○　明治以後国威が発揚したはずだけど、それでもやっぱり……。

――いや、国威が発揚したのは地震ですよ。関東大震災があったので、俄然、有名になった。

○○　その前に、ロシアをやっつけたなんていうことは知りませんか。

――あまり知らないな。戦争したぐらいのことを知っている。

○○　しかしロシアという国は大きい、彼らにとって身近な国でしょう。

――われわれがバルカンや中東の戦争にもつ程度の感じじゃないかな。(笑)どうもその当時のドイツのそういう家庭の婦人というのは、案外無知だったようだ。ぼくらが行っていろんな本を買い込んでくるのをびっくりしている。マックス・ベアーばかりじゃなく本もいろんなのがくるんでね。それからぼくが毎日、朝から晩まで本を読んでいる、ドイツ語が片言しか話せん男がドイツ語の本を読んでいるんでね。もっともぼくはときどきほめられた、おまえのドイツ語は非常に正しいと。うちの前の靴

屋の主人は、まったく格なんかめちゃくちゃだというんだ。(笑)
○○　ドイツ人でもしゃべるときに格変化なんかでうまくしゃべれないもんでしょうかね。
――いや、それは多少地方の違いもあるんじゃないかしら……。
○○　マックス・ベアーの晩年というのは？
――わからんな。西はその後は『社会主義通史』を訳したりしているが、あれはベアーがあのころ書いてたんじゃないかと思う。ぼくはよく知らないんだ。
○○　あれ、ユダヤ人だから、そのまま葬られてしまったかもしれない。
――そうかもしれない。それにもう年からいってもいないでしょうね。
○○　ベアーの書いたものというのはぼくぜんぜん読んだことないんですけれども……。
――マルクスのものは簡単なもので今は問題にならない。ただイギリスの社会主義思想史はわりあいにいいんじゃないかな。ぼくもよく知らないけれど。二冊になっていてね。『通史』なんかというのはあまりいいわけがないですよ、西があれまで訳した事情はぼくも知らない。
○○　イギリスの『思想史』も原典の引用がかなりラフで、ちょっと……。
――そういうことは、しかし日本人ほど細かいのは外国にはないんじゃないか。
○○　あれは訳するのに、いまいわれた日本流に厳密にするのは大変な仕事です。どれだかわからない。
――あれは日本に訳が……

○○　あります。ありますけれども、そのまま訳してありますから、どれがどれになるかわからない。
○○　ところで今お話の『ローテ・ファーネ』と『フォアウエルツ』二つお読みになっていて、前の研究所の座談会のときの話だと、マルクス主義に近いのは共産党のほうだといわれていたんですが。
――それはそうですね。
○○　それは新聞を読んで？
――まあそうね。
○○　共産党の場合もほんとうのマルクス主義とは違うように感じたといわれていたようですが、そのマルクス主義の本質というのは……？
――もちろんはっきりは知らなかったんだが、感じだけの話。いまでこそ〝マルクス主義とはなにか〟というようなこともしゃべるが……。
○○　ただ先生、そのころだいぶカウツキーは落ち目になっていたけど、まだ活躍していた時期ですね、社会民主党で。
――活躍していたらしいが、ぼくらはもうレーニンを読んでいたからね。カウツキーはむしろ後になってまた読むことになった。レーニンに対する返答と、レーニンの批評は早くから英語で出ていたので日本でも読まれていた。
○○　『プロレタリア革命と背教者カウツキー』
――そうそう。あれはわりあいに早くから日本に英訳本がきていて読まれていた。それにぼくが大学卒業した大正十年頃はもうソビエトの文献がたくさん入っていたので、もうカウツキーはあまり読まれなかったのだ。独文の『コムニスティッセ・インテルナチオナーレ』とか「コムニティッシェ・ビブリオテーク」など。
○○ レンガ色の表紙のやつ。
―― レンガ色もあるし、そうでないのもあった。あまり感じのいい本じゃないけど。
○○ マルクスやエンゲルスの像が……
―― いや、あれじゃない。あれは「マルキスティッシェ……」の方で後に出た。「コムニスティッシェ・ビブリオテーク」というのはレーニンの『帝国主義論』やブハーリンたちの『アー・ベー・チェー』なんかの入っていた叢書で、大正十年前後に洪水のように入ってきて、それに為替の関係で非常に安かったのでぼくらも大いに買った。
○○ カウツキーの『農業問題』はドイツで読まれたのではないですか。
―― いやそれはずうっと後に向坂君の訳で初めて読んだので、原本は知らない。
○○ 共産党や社会党の集会に……
―― 何度か行ったことがあるし、それから選挙運動なんかのときには、小さな、いわゆるロカールや近くの区役所の前広場なんかで選挙演説やってるのを聞いたことはあった。
○○ いつもなにか少し間をおいたような感じで……。
―― ええ、ぼくはそういうものにどうということはないからね。聞いてただけだ。感激もそうたいしてしなかった。

○○　ただなんとなく見に行った……。

――なんとなくというわけでもないが、いま話した『ローテ・ファーネ』などと同じだ。『ローテ・ファーネ』や『フォアウエルツ』なんかからはべつに特に学ぶということはあまりなかった。むしろ普通の新聞を読むかわりに読んでいたようなもんだ。『フォシッシェ・ツァイティング』とか『ドイチェ・ナチオナール』という新聞読むかわりに読んでいたようなもんだ。

○○　『フォシッシェ・ツァイティング』は。

――ちょっと『読売新聞』みたいな有名な新聞です。

○○　ぼくは地方新聞かと思ったけど、そうじゃないんですか。

――そうではないはずだ。ぼくはそれは定期的に取ったことはないんでよくは知らない。

○○　さっきちょっとお話のあった『フォアウエルツ』の記者とお知り合いになったといういきさつ……

――あれはなんで知り合いになったかよく覚えない。ただぼくは行く前に『フライハイト』という独立社会党の雑誌にのった小論文を訳したことがあって、その筆者のルードナーにベルリンへ着くと間もなく会った。森戸さんの紹介だったと思うが。そのルードナー夫婦にいろいろ世話になることになった。ルードナー自身車の運転ができるというんで、ぼくら夫婦を乗せて郊外へ自動車で行ったこともあった。郊外へ出て行って、また帰ってくる。（笑）それがきみ、いわゆる〝ドライブ〟というやつだったわけだ。（笑）どこも行く目的なしにベルリンの郊外へ出て畠の中をザァーッと走ってある程度まで行ったらまた帰ってくる……。（笑）それで非常に愉快だったというんだ。なにがおもしろかったのかと思ったね。（笑）それはともかく『フォアウエルツ』の新聞社へもたしか彼が連れていってくれて、それで知り合いになったのかも知れない。後に関東大震災があったときはさっそくぼくのところへ来て地震とはどういうものかという。（笑）地震の経験が全然ないんだ。トラックが通るとゆれる、ああいうのか（笑）ときくんだ。べつに記事に役立ったわけではないだろう。ただ、『フォアウエルツ』の社へ行ったときに驚いたのは、あれはどういうふうな仕掛けになっているのか、いま日本にはあるのかどうか、エレベーターがエスカレーターみたいになっていて、箱がいつでもはいれるような速度で動いているのに乗せられたように覚えている。

○○　ゆっくりだけど、しょっちゅうつながって箱が動いているわけ。だから自分が来たちょうどいいところにポンと飛び乗って、それで上に上がるわけ。ぼくは映画でしか見たことないけど。

――　それはともかく、ルードナーの細君はカールの父親のウィルヘルム・リープクネヒトの友人の娘でね、リープクネヒトがルードナーの細君のお父さんへよこした葉書をぼくにくれたこともあった。

○○　いまお持ちじゃないですか。

――　持ってないだろうな。ぼくはそういうものに大して興味ないんだ。

○○　それで、下宿ではずっと『資本論』を読まれたわけですね……。

――　それこそ毎日少しずつ。

○○　それは最初からですか。『帝国主義論』をお読みになったのは？
——途中です。
○○　併読したわけですね。
——『資本論』はずっとベルリンにいる間ほとんど続けて読んだ。
○○　どのくらいの期間、読了するまでかかりましたか。
——一年半ばかりいたからね。それでもしまいのほう、ちょっと残して帰ってきた。
○○　そうすると通読ですね。
——それはもうはじめから終りまで続けた。
○○　先生の勉強方法を後進のためにうかがいたいんですけれども、ノートをとりながら……
——いや、『資本論』は、ぼくはノートとらなかった。書き込みはした。
○○　その『資本論』はお持ちなんですか。
——持ってない。
○○　持ってないということはどなたかに……
——はっきりとは覚えてないが、武市(健人)君にやったと思う。とにかく今は持ってない。
○○　『帝国主義論』は？
——その『帝国主義論』は斎藤(晴造)君にやった。『資本論』は最初の第一巻はカウツキー版で読んだ。それから二巻、三巻はもちろんエンゲルス版だ。三巻を少し残して帰ってきたと思うが、一巻も二巻も三巻も通読したことはしたが、それでわかったとはいえなかった。もちろん早くから解説書としてはカウツキーを読んでいたが、あれはまだ第一巻だけだった。そうわかったとはいえなかったが、何か違っていた。二巻、三巻もあまりよくわかったとは思わなかった。ただ、「利子論」やなんかのことはちょっとおもしろかったから、ぼくは東北大学へ行くと、社会科学研究会の諸君がなんか話してくれというんで、「利子論」の話をしてやったことがある。

○○　どういうところがおもしろかったですか。

——　例のフェティシズムの問題。

○○　価値形態論などはいかがですか。

——　全然その意味を理解しなかった。よくわからなかったわけだ。

○○　いまからみてよくわからなかった、そういわれるんですが、その当時……

——　興味があったともそう簡単にはいえない。価値形態論はやっぱり河上さんがあれだけやったんで、もう一ぺんやり直したわけだ。それは昭和のはじめですね。ぼくは日本に帰ってから何べんもいろんなところをやり直したからね。通読は一ぺんきりだ。『メアウエルト』(『剰余価値学説史』)は日本へ帰ってからだが、これは全部読んだとはいえない。はじめ一巻は確かに全部読んだ。二巻の上、——ぼくの持っていた本は二巻が二冊に分かれていた——それから三巻になっていて、二巻の地代のところは途中でほうり出したように思う。三巻はまた読んだね。その本もいつかなくしてしまった。おしいことをしたと思っている。

○○　たしか久留間先生ですかね、『メアウエルト』と『資本論』とどっちを先に読むべきかというようなことをいっておられたと思うんですが、べつにそんなことは考えなかったわけですか。

——とにかく『資本論』を読むということがぼくには第一の問題だった。

○○　やっぱり『メアウエルト』と『資本論』というのはかなり違ったもんだということはわかっていたわけですか。

——読んだ感じからいっても、明らかに違うからね。

○○　一年半おられて、まだなお残されたというと、ベルリンにおられたときはほとんどそれだけ……

○○　一日何時間ずつやられました？

——とにかく朝のうちはだいたい机についていたのだが、後にベルリン大学へ講義を聞きに行ったこともあったので、一週間に一回か二回はそれでつぶれたこともあった。クノーの経済史の講義、それからマイヤー先生の社会主義の歴史を聞きに行ったこともあるし、ゾンバルト、シューマッヘル、ワーゲマンなどの顔を見に行った。ゾンバルトは仲々明快な口調で講義し、学生にも人気があった。シューマッヘルもわかりよかったが、ワーゲマンは何をいっているのかサッパリわからなかった。マイヤー先生もよくわからなかった。いずれにしろ大学の講義などははじめから聞く気はなかった。ただ入っていないと税金が重いので入っただけだ。だから毎日通ったわけではない。

○○　一日に何ページとかどこまでというふうに、そういう読み方はされない……

――ぼくは順々に読んで、わからなきゃまたくり返して読んだりしているからね。
○○　通読する場合でもわからないところ何回も読むという形で、いきつ戻りつしながら……
――そう前のほうへはかえらないが、とにかくひととおり読まなくちゃいかん。ひととおり読むというのが、ぼくにとってはドイツへ行った目標だったからね。
○○　一巻でいちばんおもしろかったのはどこだったですか……その当時の印象では。
――なんとも覚えないな、いま。
○○　いちばんわかりやすかったのは?
――それも記憶ないね。
○○　『帝国主義論』と併読されたというのは、なにか……
――併読ということはないけど、『帝国主義論』のドイツ訳がいつ頃だったか出たからね。それで読みかけたら、これはなかなかおもしろいので、このほうは全部すぐ読んでしまった。もちろん『資本論』のようにわからん問題はなかったから。
○○　その当時に先生がわからないといわれるのはどういう点なんですか、やっぱり方法論……
――方法というほどのことではない。無我夢中で読んでいたので見当がつかなかったという意味だ。(笑)
○○　単になにいっているのかわからんだけだとこれはつまらなくなってね、人間ってそう長続きするものじゃない。だから、やっぱり相当興味を感じられたわけでしょう、なおかつわからないといわれるのは……。

――それはそうだが、歴史的事実なんかもはじめて知ることが多かったからね。

○○　そのときに向坂先生と毎日のように会っておられ、『資本論』で議論されたりしたんですか。

――したことはない。

○○　やっぱり彼があまり読んでなかったからですか。

――いや、彼は読んでいた、ぼくより先に。もう『メアウエルト』を読んでいたようだった。だけど彼は自分の読んでいるものをあまり話さない。そういう性質ですよ。ぼくは読むとすぐ話すのだが、どういうのか、性質が違うんだ。彼とぼくと話したのは、むしろ日本の経済学者の話だね、雑誌なんかの論文で。

○○　日本から、やはり雑誌を取りよせたわけですか。

――その点ハッキリ覚えていないが、そういう話はしょっちゅうしたね、『資本論』については……多少日本のそういうマルクス経済学の議論を論ずるということはやった。たとえば小泉(信三)氏がどういっているとか、というようなことを議論したことはある。

○○　お互いに、ここ読んでわからないけどどう思う、なんていうことは……

――やらなかったね。彼はどこをいつごろ読んだか、ぼくは知らない。ベルリンへは、ぼくが一月ばかり先に来ていたが、ぼくがウィルメルスドルフからシェーネベルヒに移ってからはわりあい近いシャルロッテンブルグに住んでいたのでしょっちゅう行き来した。彼は古本屋ばかり行ってどこへも行かないから、ぼくが寄席へ連れていったり、ボートをこぎにいったり、散歩に連れていったりした。東ベルリンにトレプトウという池がある。そこへも連れていったと思うが、彼は連れていかれたと思ってないかもしれないけど。(笑)

○○　向坂さんは主たる滞在中にやっておられた仕事というのはどういうことなんですか。

○○　マルクス、エンゲルスを全部読むという念願を立てたらしい。

○○　向こうへ行ってもっぱら宇野先生みたいに、やっぱりこもって本を読んだというやり方ですか。

――　読んでいたでしょう。そしてその暇にはストライザンドそのほかの古本屋を歩いていたようだ。

○○　買ってきては片っぱしから……

――　読むなんてできないよ。しかし実によく買っていた。だいたい大学の先生になる考えだったし、それから本が好きでもあった。ぼくは大学の先生になるつもりはぜんぜんないからね。それにぼくは本はよく読んだが、大切にするほうではない。ベルリンにいる間もそう珍らしい本を手に入れたということはない。ただヒルファディングだけは向坂君より先に手に入れたように思う。それもほんとうのものとのものじゃなく、それの戦時版らしく紙の悪い、厚いのだったが、それを古本屋から手に入れたんで、向坂君に見せたことを覚えている。

○○　それはお読みには……

――　まだ読まなかった。『金融資本論』は後に日本へ帰ってきてから新しい版で読んだ。

○○　『帝国主義論』読んで、あとで『金融資本論』読んで、印象はいかがでしたか。

――それは『帝国主義論』のほうがずっとわかりよくて……。
○○　理論的にも深いという感じがしますか。
――深いかどうかそんなことよりも、わかりいい。ヒルファディングのほうは実にゴチャゴチャ書いてある。
○○　ただ、なにか貨幣の必然性から説いて、なにかこっちも深遠な気がして……。
――だって、レーニンが、あれは間違っているということを教えてくれていたからね。
○○　そう具体的にいっているわけじゃない……
――そう、それだからぼくはその点をなんとかして明確にしたいと思ったわけだ。どこがどう間違ってるというのか。そのためにカウツキーその他を読むことになった。
○○　それから例のベーム・バウェルクとヒルファディングのやりとりがありますね。
――あれもそのときは読んでない。あれはずいぶん日本に影響してるらしいけど、ぼくはあまり感心しなかった。もっともずっとのちに読んだためだろう。それはともかくヒルファディングは非常に有名だった。ヒルファディングの『金融資本論』というのはえらい本だとは日本でも聞いていた。
○○　あれ日本ですでに相当有名になっていたんですか。
――翻訳は出てなかったが、えらい本だと……
○○　研究者の間ではそういうふうに……
――知られていたようだ。だけどだれが読んでいたか知らないね。だれもあまり読んでいなかったんじゃないかな。とにかく、名前はぼくも聞いていたよ。ぼくでさえヒルファディングの『金融資本論』はなんとかして手に入れたいと思っていたのだ。

○○　そうすると大原社研なんかでも相当いい本だというような話題……

――いや、そんなことはない。ぼくがいた大原社研は東京でそんなことに興味をもつのはぼく一人だったからね。(笑) しかしレーニンを読むといきなり間違ってると書いてある。その点で先に『帝国主義論』を読んだのはぼくの幸運だったかもしれない。『資本論』を読んでいる間に『帝国主義論』を読んで、そしてヒルファディングの貨幣論は間違いだということを、えらい人がいってるんだから、これはどうしてどういうふうに間違っているかということを考えるのは当然だろう。東北大学に行ってからそれをやったわけです。

○○　一応そういうふうにいろんな疑問のところがありながら、『資本論』読んでやはり正しいという……

――正しいよりなによりはじめて読むんだからね。ほとんどすべてのことをはじめて知り、はじめて教えられるようなもんでしょう。ぼくがいままでやった経済学、東京大学で山崎(覚次郎)先生に原論を聞き、政策論を河津(暹)さんから、経済学史を河合(栄次郎)さん、経済史が新渡戸(稲造)さんに教わったが、いずれもぼくにとってはこれが経済学だというものはなかった。そのほかの講義もちっともおもしろくなかった。だから東京大学にいるときには、『資本論』が読めるようになるためにと思っていたんだが、なんにも役に立たなかった。大学の三年間は河上肇と山川均に『資本論』の手ほどきを受けたようなもんだった。大学で教わったものはすべて経済学の一般概念としても役に立たない。価値論だろうが、貨幣論だろうが、なんにも役に立たない。山崎先生の貨幣論に多少興味があって演習にも加わったが、先生の貨幣価値論は、歴史的に前のものをずっと受け継いでいるという説なんだからなんにもならない。(笑) だから『資本論』を読んだときにはじめて経済学の概念を知ったようなものだ。ぼくはリカードやアダム・スミスを多少大学生のとき読んでいた。スミスはともかく、リカードは『原理』を通して読んだ。

〇〇 やはりおもしろかったわけですか。

―― いや、おもしろくないけど、とにかく読まなくちゃいかんと思って……。しかしぜんぜんわかってないんだ。マルクスを読んではじめてリカードもわかったように思う。のちに東北大学に行ってからもぼくは必ず外国書講読にスミスとリカードをやることを提案して、自分でも実行したが、それもマルクスを通してわかったからだ。それでぼくも重要な章を何べんか読むことになった……。(笑)

〇〇 大内先生の『経済学五十年』によると、いまおっしゃったような山崎先生なんかなかなか大した人のような感じですけれど……

―― いや、えらかったんだろうけど、ぼくには役に立たなかった。それに思想的にはほとんど問題にならなかった。もちろん思想的に教わりたいというのではないが、ドイツの社会政策学派の範囲を出ないんだからマルクス経済学なんかぜんぜん入ってなかった。アダム・スミスもフリードリッヒ・リストも並べて出るような講義でしょう。リストとスミスの違いなんかぜんぜんわかってないんだ。だからちっともおもしろくなかった。経済政策でも農業、商業、工業、交通と並べられ、植民政策というように講義されてもその間の関係は少しも解明されない。そういうわけでぼくは『資本論』ではじめて経済学を教わったといってよい。

——ドイツでお読みになった本でなにか特に興味のあったものはほかにはないでしょうか。

○○ レーニンの『帝国主義論』から教わった『バンク』のランズブルグと、それからこれは何で知ったか、プレンゲというミュンスターの教授のいわゆる「比較経済学」の叢書の一、二冊を覚えている。ランズブルグはアルゲンタリウスというペンネームで貨幣論や信用論を書いていた。またブルジョア自由主義の新聞も一時出していた。ぼくも『バンク』は続けてとった。プレンゲの方は唯物史観を横にしたような比較を主張していてちょっとおもしろかった。

——比較経済史じゃなくて比較経済学……

○○ そう、縦でなくて横に……

——各国資本主義論というような……

○○ それを比較するというのだ。比較経済学といって、つまり経済機構の比較ですね。

——それは歴史学派とのつながりはどうなんですか。

○○ さあ、それは知らないが、歴史学派と同様におくれた国に、しかし、イギリスに追いつこうという時代と違って、イギリスと並んで違った経済を比較しようというわけだ。

——やはりそれをお読みになってかなり……

―― おもしろかった。

○○ 各国の特殊性をついているわけですか。

―― 詳しくは覚えてないけど、プレンゲの弟子のなんとかというのがパンフレットを書いていて、おもしろかったので半分ぐらい訳したことがある。

○○ それは活字にはなってないんですか。

―― 活字にはなってない。おもしろかったからノートに訳してみただけだ。これからもぼくは多少影響を受けてるかもしれない。プレンゲの主著には金融政策を論じた大きな書物があるんだが、その本に「マルクスとヘーゲル」というモットーがついていた。そしてまた『マルクスとヘーゲル』という本もあった。これは大しておもしろいとは思わなかった。彼はまた古い文献をいろいろ新しく翻刻したりして、叢書として出していた。その中にぼくが学生のときに山崎先生の演習で「通貨学派と銀行学派」をやっていたので興味があったし『資本論』でも問題になる両学派についてなかなか詳しいワーグナーの研究も入っていた。プレンゲ自身が書いたクレディ・モビリエの設立者のペレール論も入っていた。ペレールというのはサン・シモニストで、マルクスも『資本論』の利子論であげているが、空想的な金融的に組織された資本主義を主張する男でそれを実際にやって失敗した経歴をもっている。プレンゲというのはどういう人だったのか、ぼくがよく行ったストライザンドに頼んでプレンゲの本をいろいろ探してもらっていたときにストライザンドがプレンゲに問い合わせてくれたことがあった。ストライザンドというのは、そういうことに熱心なんだ。櫛田さん以来、日本の留学生はずいぶん厄介になった古本屋だが、その問い合わせによこしたプレンゲの返事の葉書が実にふるっているんだ。ストライザンドが驚いて〝これを見ろ〟とぼくにいう。見るとなんと自分の葉書に自分の著書の目録が印刷してある。(笑)この大学の先生のP・Rの行き届いたこと、日本にはまだないだろうな。(笑)ぼくもそれには驚いてまったく彼の著書までいやになった。ストライザンドという本屋は、櫛田さんが大原の本を買うのに手伝わしているうちに社会科学の本に興味をもってきたということだった。なんでもリヤザノフがロシアから金魂を持って買いにきていて、(笑)櫛田さんと同じ本をせり合うことになったのだそうだ。櫛田さんもそれがリヤザノフだということを聞いて知り合いになったということだ。リヤザノフというのはカウツキー版の『資本論』の第一巻のあとへ索引を作っている人で、櫛田さんそれを知っていたので、これは敬意を表したほうがいいと思ったわけだ。そうしたら向うも、ぜひソビエト・ロシアを見にこないかということになり、櫛田さんと森戸さんが秘密のうちに招待を受けてロシアに行ったんです。二一年ごろだったか、たいへんなときだったが、後に森戸さんの簡単な見聞記があったはずだ。黒田禮二氏がちょうどベルリンにいて、ときどき会ったが、彼もソビエトに行ったときのことを話していた。まだ革命後のソ連にいった人は非常に珍しいときだった。

○○　櫛田さんとかそういうかたたちがソ連にいったときは、もうレーニンはあまり活動していなかったわけですか。他の人々と会ったりするチャンスはなかったんでしょうか。

――　その点はよく知らない。ベルリンへぼくが着いてまもなくだったか、片山潜氏がベルリンへ来た。療養のためにイタリーかどこかへ行くというのでね。そこで社会主義に興味のある連中がみんな集まって、ティー・パーティーをやったが、片山さんの話は何のことかさっぱりわからず、まったくつまらなかった。握手した手の大きさだけは忘れない。話はグジャグジャいっているだけ。森戸さんがいろいろ説明をしていた。もう年寄りだったしね。

○○　いくつぐらいだったんでしょう。でも六十ぐらい……

——そうかもしれない。大きなからだして、ちょっと外人みたいになってた。あの人もアメリカからソビエトと長いからね。

○○　そういうことあったんですか、片山潜の話、はじめて……。

——ソビエトといえば、今は信州にいる棚橋(小虎)君もソ連にいった。麻生・棚橋といって有名な時代があったが、彼は国際労働会議へ行って、日本の労働者の状態を暴露するというので——これはいま話した黒田禮二のペンネームをもった岡上(守道)氏かだれかのさしがねじゃないかと思うが、——ジュネーブにいって労働会議で突如として日本の労働代表とか、政府代表とかは日本の労働者の実情を明らかにしてないということを訴えたというんです。そのあとベルリンへ来てましてね、しばらくぼくの宿の近所にいたんで、親しくなった。彼が日本へ帰るというとき——これはだれの計らいか知らんが——ロシアを通ることになった。そこで彼はぼくに、自分はベルリンの大学の入学の許可を受けているけど、それがまだちゃんとした許可になってない。そうすると出るときに税金の関係でめんどうくさい。それで大学に行って授業料を納めてくれんかという。そういう話の間にそこの下宿のおやじさんがヘルシングフォールスのことをいいだして、彼はぼくにも実はこういうわけだとロシア行きを話すことになった。ヘルシングフォールスというのはその当時ドイツからロシアにはいるはいり口だったらしい。あれはいまなんていうかな。

○○　いまのヘルシンキじゃないですか。

——　そう、ヘルシンキだ。しかしこれはだれにもいっちゃいかんということだった。その当時はまだロシアへ入るということは大変だったのだ。もっとも彼はむしろそれでコミンテルンと関係しなくなったのではないかと思う。彼についてはもう一つ忘れられないことがある。ぼくがあるとき、鯉のさしみを食うとうまいということを教えて、だれかにもらったお醬油をやったんだ。ところがそれがあたってね、弱ったな、死ぬかと思った。（笑）宿の人におかゆを炊かしてね、それにかつお節をかけて食べさしたら、それで彼、命が助かった。（笑）先年、松本に行ったときに彼のうちに訪ねてやったが、ちょうど議会中で東京に行っていて会えなかった。ぼくより三つ四つ上だが、今も元気らしい。もう代議士はやめたようだ。

○○　大原社研の方はベルリンにいられる間に辞職されたということでしたが……。

——　大原の辞職は櫛田さんが、みんな若い連中はえらいことばかりいって、ほんとうの研究しないとかというんで、皆やめることになったということで、櫛田旋風というわけだが、事情はよく知らなかった。

○○　だいたい若い連中はみんなやめたわけですか。

——　ぼくらの年輩はみんなやめたんだ。山村（喬）君、それから河西（太一郎）君、林（要）君、それからもうなくなったが丸岡重堯君、それから水谷(長三郎)君、そういうのは全部みんなやめたんです。ぼくはドイツにいる間におまえも辞表出しなさいというので、ベルリンから辞表を出した。これはどうもしょうがない。弱ったが、なんとかなるだろうというぐらいに思っていた。大学の先生になるというつもりはぜんぜんなかったし、〝なれ〟といわれても、ぼくにはとてもなれそうもないと思っていた。それに本も買ってないしね。

○○　そのころはそれが一つの条件だったんですか。

――いや、そういうわけではないが、大学の先生になるのに本ぐらい持ってなくちゃなれんと思っていたんだ。(笑) しかし東北へ行って大学の先生になってからもぼくは買わなかった。大学の先生用の本は大学で買ってもらって、それを利用するという、そういうことにした。その当時はそんなことは考えなかった。皆自分で持っているものと思っていたのだ。ぼくは買いかぶっていたわけだね。

○○　先生は大学で勉強して、それで大学の研究はほとんどすべてつまらない、いい先生が少なくて、くだらない先生が多かったということをちゃんと見ていたわけでしょう。

――というよりは、くだらない講義ばかりだったというわけだ。(笑) しかし大学の先生はみんな成績のいい優等生でしょう。自分にはそんな能力なんかないもの。学校で教わるものを覚えて答案を書くということがだいたいきらいだったからな。(笑) 中学校のときからただものを覚えるというのは、どうもぼくには不得手なんだ。

○○　やはりそういう基準で見ていたわけですね。

―― とにかく大学の先生は学校の成績がみんないいからね。そういうことはぼくにはできなかったから、その点で一種のコンプレックスをもっていたわけだ。

○○　大学の先生がいやだったというわけじゃないでしょう。

―― いやだということはないが、自分にはとうていできないことと思っていたのだ。

○○　お帰りになったのは二四年の夏でしたね。

―― ええ、二四年の夏、七月ベルリンをたって、ロンドンへいった。二三年の夏から二四年の夏までにインフレはおさまった。しかし二三年の夏はたいへんだった。例のストライキをやめる前後ですね。装甲車がベルリンの街を走っていたのを見たこともあった。新聞でも国内の事情はよくわからなかった。噂だけが大変だった。それにしてもドイツのインフレーションは大変だった。ぼくも一ぺんニセ札をつかまされたことがあった。公定相場はあったが、公定相場で替えたらとても高くて生活できないんで、みんなヤミ屋で替えるんだ。ヤミ屋はみな町を歩きながら交渉する。こっちがドルとかポンドを出して、向うでマルクを出すわけだ。そこでときどき警察の車がサアーッとやってきて、〃ヤミ屋狩り〃をやる。そのへんにいる人を両替えしてても、してなくても、みんなトラックに乗っけるんですよ。それで連れていくんだ。(笑)

○○　先生もやられたことは……。

―― あやうくのがれて、そのかわりにぼくはニセ札をつかまされたわけだ。(笑)それがほんとうのヤミだからね、こっそりやっているからわからない。

○○　一応マルクと印刷してあるわけでしょう？

――　そうそう、印刷してあるが、それを書きなおしているんだ。また、印刷局がしょっちゅうストライキをやっているもんだから、新しいのが印刷できない。ひどいのは前のを直して印刷したりしていたこともある。（笑）こんなこともあった。印刷局のストライキのためにマルク札がない、ドイチェ・バンクでもないんだ。ドイチェ・バンクというのは、日本銀行とは違って市中銀行ですが、対海外の銀行だから、日本とわりあい取引きがあるんで、ぼくの信用状もそこ宛だったから大ていはそこへ行っていたんだが、そのときはそこにマルク札がない。たった十円の金を替えるのにマルク札がない。十円以上は替えられなかった。替えたら損をしちゃうから。

○○　使う分だけですね。

――　しょっちゅう替えにいかなくちゃならん。そのときは十円替えるのが替えられないので小切手をくれた。帝国銀行宛の小切手。ぼくはその小切手を持って帝国銀行へ行って、ずいぶん長く待って、百マルク札を手提トランク一杯くらいもらったよ。下げられないんだ。しようがないからタクシー呼んで……（笑）

○○　タクシー払うと半分ぐらいになっちゃうんじゃないですか。

――　いや、そんなにはならない。まだわりあい安いときだったからね。それはともかく、二三年の夏というのは大変だった。ぼくの知っていた大原研究所の高田慎吾さんの奥さんなどはぼくのところへ来て、真剣な顔で「この夏は大変だ。革命が起こるかもしれない。ベルリンを去ったほうがいい」と、ぼくに忠告するんだ。ほんとうにそうだったのかもしれない。ベルリンの町の中で装甲車が示威運動したりしていた。ちょうどあのときにテールマンが……

○○ ブランドラーですよ、ブランドラーが一回蜂起の命令出して取り消して……

――いや、ハンブルグの警察署を襲ったんです。

○○ あれはブランドラーが書記長のときで、ハンブルグだけは蜂起の取り消しの命令がいかないうちに蜂起しちゃった……

――だから、テールマンがそこでやったんじゃないか。

○○ ハンブルグにテールマン行ってたかもしれません。

――そのとき警察署を占領したんですよ。それは二三年の夏でしょう。あとで聞いたんだが、そのときはぜんぜん知らなかった。やっぱりああいう騒動があるときはその中にいてもわからんもんだなと思った。外国にいる者のほうがわかる。河上さんのいわゆる三階席にいるようなもんですよ。ぼくはロシアから亡命してきた、お父さんが日本人でお母さんがロシア人の女の人を、ぼくの家内の友人だったので知っていたが、それがボルシェビキの十一月革命をポンポン撃ち合う音として聞いたという話に驚いたことがあったが、そういうものらしい。その人達はあとでペテルスブルグを逃げ出してきたというのだ。バクウの辺の石油関係の商売をしてて わりあいに金持ちで、まずイスタンブールへ行って、イスタンブールからベルリン、つまりベルリンは為替が安いんで移ってきていたが、そのうちにマルクが安定すると、次はリガへ行った。こういうインターナショナルもあるのかと驚いたね。その人日本語も話す、もちろんロシア語も話すが、ドイツ語もうまい。いつか偶然にストライザンドの店で一ぺんその人と会って、ぼくが日本語で話するもんだから、ストライザンドのおやじさんも、またちょうどそこへ来ていたエルツバッヘルという商法学者で無政府主義の研究家も驚いて、あとで「あれはどういうんだ、ドイツ語も非常にうまいが」ときいていた。その人はボルシェビキの反乱のときにペテルスブルグにいたのに銃声ぐらいを聞いただけであの大事件を知らなかったのだ。しかし結局、そこにいられなくて逃げたわけだ。それはまったくの逃亡生活で、イスタンブールからベルリン、ベルリンからリガと移っていった。ぼくはその家族がベルリンを立つときに送ってやったが、ちょっと映画の場面のようだった。ベルリンのツォー停車場からポーランド行きの汽車に乗るんだ。それはともかく、その土地にいてもわりあいにわからんのじゃないかな。二三年夏ものんきにしていたけど、ことによるといられなくなるようなことになったかもしれないんだ。その事情によってはね。だけど騒ぎは起きなかった。

○○ ロシア革命のいろんなのをみると、朝起きたら宮殿が焼かれたとか。

―― そういうこともあるんだろう。直接の当事者はそうではないだろうが……。

○○ 大原を辞職された、そのときにはその通達なんかもどういう形で……

―― ぼくの家内の父から手紙が来て、〃おまえもやめたほうがいい〃というて……。

○○ 櫛田さんはもう帰られた……

―― もちろん櫛田さんはぼくが日本を立つとき会ったんですから。ぼくらの辞職は櫛田さんの考えによるとさえいわれていたんです。久留間さんはまだ会っていなかった。

○○　久留間さんは帰国の途中……？

――いや、どうだったか、そこは知らない。

○○　そのころ久留間先生とのつき合い……

――いや、ぜんぜん知らなかった。前にも話したが、久留間さんのポッターの『消費組合発達史論』の校正をしたので知っていた。ポッターというのはウェッブの細君です。ビアトリックス・ポッター時代に書いた本です。

○○　高野先生から手紙をもらって、事情はそれにずっと書いて……

――結局、皆やめるからやめなさいというだけだった。

○○　そして今度は船に乗られたわけですか。

――ぼくはベルリンを立ってからロンドンに行った。ロンドンに七月いっぱいいた。パリはベルリンへの途中に〝夢のごとく〟に見ただけだからもう一ぺん見て帰ろうと思っていたし、またスイスにも行ってみたいと思っていたが、家内を連れていたので、出国のときの税金の問題がなかなかめんどうなことになって、結局、片づいたのだが、そしてそのとき信用状の金はまだ残っていたのだけどおやじにあまり迷惑をかけるのは悪いと思って、スイスやイタリーなどを見ないで帰ることにして、そのことを郷里に知らせると、うちからスイス、イタリーを見てこいという電報が来たりした。(笑)しかしべつに見なくていいだろうと考えているうちに家内が妊娠したもんだから旅行できなくなって、それで直接ロンドンへ行ったんです。ロンドンにひと月、七月いっぱい。これはわりあいよかったです。天気のいい季節で……。

○○　二四年ですね。

――それでロンドンから「日本郵船」の船に乗ったんです。だからフランスを通らないでね。

○○　じゃ福本さんは……

――マルセイユで乗ってきた。ロンドンにいる間、ぼくは見物には行ったけど、なにもたいして見るところもなし。

○○　じゃ、マルクスの墓なども見ないで……

――マルクスの墓は残念ながら見なかった。（笑）ただおしいことをしたと思ったのは『物価史』の著者のトウクの「通貨学派」を論じた本を古本屋の屋台で見ながら買わなかった。あとで買っておけばよかったと思った。ロンドンではつまらん本ばかり、パンフレットみたいなものばかり買った。それから労働組合の学校へ一ぺん行った。そうしたらえらい人として扱われて弱ったけど、こっちは英語の話できんしね。またオックスフォードぐらいは見てやろうとオックスフォードに行ったら、あそこにラスキン・カレッジというのがある。なんでも労働者教育を研究しているというので名を聞いていたので、どういうところかと訪ねてみた。ほかのカレッジと比較にならない貧弱なバラックの建物だったが、日本から訪ねて来たというんでみんなでぼくを取り囲んで、大変だった。ここでもまた英語が話せないのでね。

○○　なにか話されたんですか。

―― なにも話さない。ニヤニヤ笑って……。(笑) オックスフォードのカレッジのクリストチャーチ、ああいうのはちょっと見物した。
○○ オックスフォードはケンブリッジより格は上なんですか。
―― そんなことは知らない。
○○ 先生はなにかオックスフォードだけは見なきゃという……
―― 理由がべつにあったわけではない。とにかくラスキン・カレッジは別だが、非常に古風な大学です。ロンドンはしかし毎日天気がよくて、ハイドパークを散歩してね。どこも見物しないが、二階のバスに乗ってずっと下町まで行くと、ロンドン見物みたいなもんだ。
○○ ロンドンへ移ってから『資本論』読むことは?
―― もう読んでない。あそこでは『デーリー・ワーカー』という新聞を読んでいた。あれをパンジョンで取ってたら、それはノーティ・ペーパーだと注意してくれたおじいさんがいた。アワー・カントリーは南アフリカだというようなのがいて、老後をロンドンで暮しているんだ。つまり引退してきてロンドンの安いパンジョンで暮して、毎日三時にお茶を飲みにいって、ハイドパークを散歩して、また夕飯食って、朝は『モーニング・ポスト』か『タイムズ』を読んで、一日に新聞のほかの本はなんにも読まんようなじいさんがいるんですよ。それでぼくの新聞を見て、それはノーティ・ペーパーだ、(笑)よしなさいというんだ。
○○ ノーティなんてずいぶん悪い……。

――ところがそのパンジョンは先に話した大原研究所の高田慎吾さん夫妻がいたので、それを頼っていったんです。パンジョンというのは部屋を貸して、そして食堂が下にあって、いわば食堂のある下宿屋ですね。部屋がずっと何階かになっている一軒の家になっていた。いまはどうか知らんが、当時はベルリンの住宅とは違っていた。もっともベルリンではそういう下宿にいなかったのでわからないが、ロンドンの下宿はいかにもイギリス帝国の都らしくいろんな人がいた。それが朝の食事なんかみんないっしょの食堂で食事する。そして新聞を読む。高田さんは『モーニング・ポスト』を読んでいる、ぼくは『デーリー・ワーカー』を読む。ぼくのほうは簡単明瞭でなんでもちゃんと早く知っているんだ。議会で厚生大臣がなにをいったか、そういうことが簡単に出てる。『モーニング・ポスト』なんか読んでたら、とても詳しいから、そこまで読むのに昼までかかる。（笑）高田さん、なかなか読めない。『タイムズ』や『モーニング・ポスト』というのはね。

○○　それはあれですね、ドイツで『ローテ・ファーネ』を読んで、今度イギリスで『デーリー・ワーカー』……。（笑）

――そのほうがずっとよくわかる。それは共産党のメリットだと思ってた。（笑）

○○　だけど、社会的問題に関係ないのはぜんぜん書いてないいんじゃないですか。

――いや、そうでもないが、少ないね。日本の『赤旗』のような宣伝文章は少なかった。

○○　三面記事みたいのあるんですか。

――いや、あまりないんだ。かえって『タイムズ』やなんかにあるんじゃないか。よく知らないが……。離婚訴訟記事なんかがあったのではないか。
○○　いや、そうじゃなくて、町で話題になっているような、ライフル銃を持ったやつがどこどこに隠れているとかなんとか……。
――　だいたいドイツの『ローテ・ファーネ』や『フォアウエルツ』など文芸欄にしても大したことはないし、また社会記事も少ない。たいていは政治記事だった。新聞というのは政治の機関をなしていた。『タイムズ』や『モーニング・ポスト』なんかは日本の大新聞のようなものだったかもしれないが、ぼくらはそんなもの読んだってしようがないからね、それこそ『デーリー・ワーカー』がいちばんよかった。
○○　政治欄のダイジェストのような……
――　そうそう、非常に簡単に……ちょうど昔の『万朝報』みたいな。昔の『万朝報』というのはわりあいに簡単な記事だったね。いまの大新聞のように長々とあんなんでないんだ。つまり簡単な報道記事をたくさん載っけるというのが『万朝報』や『ローテ・ファーネ』の特長じゃないかな。
○○　福本和夫さんの話を少ししていただけませんか。
――　福本君の話って、そう大してべつにないですよ。ぼくらはロンドンから船に乗ってビスケー湾の沖を通ったが、相当荒れるんですよ。
○○　やっぱり荒れましたか。(笑)
――　そのかわりにジブラルタル海峡渡るときにクジラが泳いでいるのを見たりしてね。ぼくらの船の前に……。

○○　イルカじゃないんですか。

――イルカじゃない。ちゃんと塩を吹いている。イルカはしょっちゅう船といっしょに飛ぶようにして泳いでくるけどね。あそこではほんとうに捕鯨船も見た。地中海の出口のジブラルタルというのはちょっとえらいとこですね。

○○　両方見えますか。

――ええ、よく見える。すぐ前を通るんだから。ジブラルタルのほうの側を通ったのだが。マルセイユに着いて船に日本人がだいぶ乗ってきた中に、その福本君がいたのだ。オリンピックの選手も乗ってきた。あれ、アムステルダムかどこかであった帰りだ。

○○　福本さんとはどういうことでお近づきになったんですか。

――やはり偶然だな。あくる日ぐらいじゃないかな、どっちから話したか、覚えない。

○○　議論を……

――ええ、やったですよ。ぼくははじめは一日か二日ずいぶんやった。彼は議論なんかあまりしなかったようにいっているようだが……。

○○　彼自身がそういうふうに書いているので……

――そうらしいね。

○○　長い船旅の中でいえば一日か二日だろうと思って、それを……。

――ぼくの家内がしきりに心配してた、もうあまりそんな議論を大きい声でやるなといって。そんなに大きい声でやったとは思わないけどね。

○○　議論の焦点はなんですか。

――唯物史観と経済学の関係だな。ぼくはその点がどうもよくわからなかったからね。彼は唯物史観を絶対のようにいっていた。そういうように記憶している。ぼくはちょうどそのときにロンドンでボグダーノフの社会史があるでしょう、あれを英文ので読んでいたんだ。そしてそれがほんとうの唯物史観を応用した書き方かどうか、よくわからなかった。もともと唯物史観と経済学との関係についてぼんやりした疑問をもっていたので、そういう疑問をぼくはいったように覚えている。そして結局は「きみは学校の先生でもしたらいいだろう」ということでケンカ分れになった。彼は自分が学校の先生になるはずなのに、そういうことをいってた。彼は忘れちまっているのだろうが……。やはりぼくがボグダーノフを読んでいたので多少軽べつしてそういったらしい――そういう感じを受けたな。あるいはそういうものを読んでいたんで話しかけられたのかもしれない。

○○　福本さんというかたは、ぼくも一回しか会ったことありませんけれども、いまと同じような感じですか。

――まあそうね。あまり違わないね。戦後うちにときどき来たけど、やっぱり一人で大いにメートル上げて帰っていくよ。(笑)

○○　かなり荒けずりの感じの……。

——そうね。そしてたとえば書道のことなんかでも非常に確信をもっていうんだ。もちろんぼくには書のことはぜんぜんわからないが、彼は書道のいろいろの系統なんかについて、確信をもって批判したりする。経済学に関してそれをやったらぼくにも議論できるけどね。

○○　先生が書をあまり知らないから、というんじゃないですか。知らない人に向かってそういうことをいう……

——んじゃない。彼はわりあい簡単にいろんなこと確信をもっていう性向をもっている。たとえばいま日本ルネッサンスというのを研究しているというんだが、それについてもいろんなことを確信をもって語るんだ。もっともたとえばぼくのうちで印刷機械をはじめて据えつけた話をしたら、その印刷機械が足踏みの印刷機械なんで、足踏み印刷機械を知っている人にはじめて会ったというんだ。あの印刷機械はどこにでもあったと思うんだ、ちっともめずらしくないものだと思うが、彼はそういうことに非常に驚きをもつんだ。これはなかなかエライ彼の一面だと思う。そしてそれが確信となるんじゃないかな。しかしぼくにはどうもその確信の基礎に疑問をもたざるをえない。彼はしかし船の上でよく勉強していた、朝のうちは。朝早くデッキの上に出て、ぼくが本読んでいると、彼はノートを出して、日本へ帰ったら河上肇をやっつけるんだといって、きっとあの「変革」とかなんとかいうあれだろう。あれをノートにしていたんじゃないかと思う。いろんな議論から、ぼくはどうもコルシュじゃないかという感じをそのときからもっていた。これはぼくが福本君から聞いたことだが、彼はヒルファーディングのところにストウンデを取りにいったというんだ。ストウンデというのはドイツ語などを時間ぎめで習いにいくことなんだが、その当時は戦後のインフレで相当えらい人でもやっていたが、大学の教授や政治家がやっていたのは聞いたことがなかった。しかし昔、相当の本を書いたようなえらい人でも生活に困ってやっていた。福本君はそれをヒルファーディングのところへもっていって「自分は忙しくてだめだ」(笑)とことわられたというんだ。その前後に大蔵大臣をやる社会党の領袖のところへ行ったというのだから驚いた。ぼくはむしろそういう点で感心したね。

○○　だからかえって三十代そこそこでたちまち日共の指導者になって……日本人には珍しいんじゃないでしょうか。

――　ちょっと天才的といえば大げさだが、そういう変わったところがあるんだ。彼はときどき自分で自分の話に酔ったようになるね、話しているうちに。しかしおもしろい男といっしょになったもんですよ。

○○　行きは黒崎さん、帰りは福本さん、両方とも……

――　そしてまた、シンガポールからは妙な男が乗ってきて、福本君と甲板でコソコソ話している。ぼくはちょっと異様に感じたね。福本君はそのとき、日本へ着いたら持っているいろんな書物をみんな取り上げられるかもしれないと心配していたんだ。ぼくはそんなことぜんぜん心配しなかったけど、彼は非常にそういうことを気にしていた。そのせいか、そのシンガポールから乗って上海でおりた男もなにか政治関係の者のようにみえた。戦後、福本君に会ったときに、「あのとき妙な男が乗ってきたじゃないか」といったら、「そうなんだよ、あれはなんかアナーキストらしい妙な男だったので自分もいいいかげんにあしらった」とぼくにいっていたけどね。彼はそういう点になると、今でもなにか警戒するんだ。

○○　ちょっとそれ『革命運動』の中にも出てきますね。そういうこと書いてあります。

――ああそう。

○○　詳しくは覚えてないですけど、なんかそういう一種の国際的な風来坊みたいのが船に乗ってきたということを書いています。

――妙にぼくは感じたよ。あれは偶然かと、今でもそう思っている。

○○　帰ってきてからの話ちょっと聞かしていただきたい。福本イズムが非常にはやったころ……。

――それより先にぼくは東北大学へ行ってから間もなく福本君の論文を読んで感心した。これはたいしたもんだなと思った。

○○　方法の問題はあれで初めて気がついたのですか。

――いや、『資本論』自身で知っていることは知っていたけど、ああいうふうに意味をとってなかったからね。だから、たとえば『資本論』一巻、二巻と三巻の関係というようなことはそれまでぼくは明確には理解していなかったし、『資本論』でも不明瞭だったので、福本君が一巻と三巻とは論理段階が違うんだというのをきいて驚いたのだ。これは後までぼくにとっては大事なヒントとなったわけだ。内容はたいしてなかったように思う。ただ、そういう断定だけだったと思うが、したがって福本君の意味はよくわからなかったが、とにかく教えられたと思った。

○○　久留間先生がプラン問題を論じたのはいつごろですか。

―― 明確には覚えていないが、それは後のことでしょう。
○○ あれ、大原の雑誌でしょう。
○○ 昭和のはじめですよ。
―― そうかもしれないが、ぼくは福本君の論文ではじめて明確にされたと思っている。
○○ 福本さんのは……
○○ あれは大正十四年。
○○ 一九二五年に発表された。
―― だから帰ってじきですよ。
○○ 二四年の暮に投稿して、二五年の正月ごろの『マルクス主義』に出たはずです。
―― 櫛田さんも『経済学批判』の序説について書いたことがあるんじゃないかと思うが、ぼくはそれからは大して感銘を受けていなかったように思う。弁証法そのものについては前にいったか、どうか、ぼくは雑誌『無産階級』の論文で教えられていた。
○○ 福本さんのことなんですけれども、確かにコルシュなんか多少見ていると、唯物史観の把握などで、たとえば生活過程があって、その上に精神過程があるなんていうことを特に問題にしている点が似ていると思うんですけど、コルシュなんかと関係あったのではないでしょうか。
―― それは知らない。
○○ あれは福本さんが外面的にぺらぺらめくりながら気がついて、それをやったんじゃないかという感じですが。

——そうかね、そんなことは知らない。

○○　福本さん自身、実は自分は『資本論』をよく読んでなかったんだということを、この前おっしゃってましたけれども、ただ、非常にそういうところのひらめきがある人で、大づかみにつかんでやったんじゃないかという……

——そういうのだったかどうか知らんけれど、ぼくはとにかくはじめて、二巻と三巻とのロジックの段階が違うということを教えられた。ぼく自身まだ『資本論』を読んだばかりだったからね。それから間もなく『変革の過程』が出ることになって、これは大変な勢いで学生に……。

○○　当時のベストセラーですか。

——そうねえー、おそらく。左翼の学生はみんな読んだのではないか。そして研究会やるしね。それにぼくにも出てこいというんで出たことがある。あれが出たのは大正十四年か、昭和のはじめだったろうか。

○○　やはり二五年じゃないでしょうか。

——なんだかわりあい早かったと思う。それで一夏、ぼくは学生の合宿に通って、みんなにあれをいっしょに読んでやったことがある。社会科学研究会の連中五、六人が仙台の西公園の近くに合宿していた。研究会にはもちろんその他の連中も加わって……。

○○　そんなところあったんですか。

―― いや、あのころの仙台ではそういう連中は合宿して、そこに学生付きのばあやさん一人おいてやっていた。その合宿変わるごとにばあやさんも付いて変わっていた。つまり、ちょうど運動部の合宿みたいなもんですよ。ああいうのが社会科学研究会にもあった。法文学部と医学部の学生……。

○○ いまでもありますか。

―― さあ、もうないだろう。ぼくは部長をしていたわけではないが、ときどきピクニックなどやったりするとぼくもそれに加わった記憶がある。もちろん学生集会で話したりしてもいた。福本君の『変革の過程』を読んだときはぼくの考えをいろいろ述べながらやったわけだ。

○○ かなり批判的だったんですか。

―― まあそうね。それに福本君を知っているしね。だから学生が思うようなふうにはぼくには思えなかったのだ。

○○ ただ、ああいう一種の哲学的な問題の設定ということについてはどういうふうに先生お考えになっていたのですか。

―― その当時の記憶はあまりないが、ぼくには具体的に経済学の理論として説くべきだということはその当時から考えていたと思う。ちょうど福本君があゝいうものを書いた前後に山川さんのグループで大変な問題になり、西がぼくに手紙をよこして長年の山川さんの厚誼を自分は捨てなくちゃならんと嘆いてきたことがあった。

○○ それは福本イズムの意味なんですか。

―― ええそう。それは、やはり山川さんのようなのはどうもいかんと思う、結局そういう……情では忍びないけど別れざるをえないという手紙をぼくによこしたのを記憶している。だから大正十四、五年ごろでしょうね。共産党のできるころのことですね。つまり山川さんが共産党を作ることを反対したのを、福本君やみんなで作ろうというんで、だいたい福本君が導火線みたいになってやってんでしょう。

○○ いや、そうでもないんですけれども、その前の二二テーゼのあとで解党決議をして、それはコミンテルンがそういうことではいかんというので、上海あたりに呼びよせて、会議をやって、解党を一回やめさせて、もう一度結党するという決議があって、ちょうどそのあとぐらいに福本さんが帰ってきて、それで結党の理論的なあれになったのです。非常にタイミングがよかったのです。

―― そういうことはぼくは知らなかったが、西は理論として非常に福本説を重くみていたね。なんだか自分が学校に行かなかった、学問しなかったということを非常に残念がっていたりして、やはり行かない人は西なんかでもそう思うのかと驚いた。山川さんにもまたそういうものがやっぱりあったんじゃないかな。あのころは実践運動に大学を卒業したものがだいぶはいっているからね、そういうことがあったんじゃないかな。

○○ そのころの指導者の思い出なんかに出てますね。みんなインテリゲンチアにインフェリオリティーを感じて、コミンテルンがやっつけてくれたので、あれでほっとしたというような……。

―― ぼくはその点、前から気になっていたんだ。たとえば小泉信三氏が山川さんをやっつけていたのを読んで実にいやな気がして、あれから小泉氏が大きらいになった。非常に学問のあるというのをえらそうに鼻にかけて、それで山川氏をやっていたが、そんなものじゃないとぼくは思っていた。もちろん学問も大切だが、西なんかがそう思うのはどうしてもいい感じがしなかったね。それかといって西なんかにしても『資本論』を勉強してないということは、政党の主要な人物になるのには欠けるものがあるんじゃないかとはいつも思っていた。革新政党の指導者は『資本論』を知らなくちゃならんとは思うが、直接に読み、研究しなければならないというのではない。『資本論』の研究が科学的に行なわれて疑問の余地のないものになればそういう問題はむしろなくなるのではないか。当時はまだまだ『資本論』自身がなにか神秘的なもののように思われていたのだと思う。

〇〇　ちょっと話がもどりますが、先生、帰ってから仙台へいらっしゃるいきさつというものはどういう……

——船が神戸に着いたら大原研究所の人びとが迎えに来てくれて、そしてその中に森戸さんがいて、森戸さんが「きみは仙台にポストがあるから行かないか」というんだ。びっくりしたね。それは森戸さんの前の奥さんの姉さんが石原謙さんの奥さんなんで、石原さんが当時東北大学の哲学の先生していたために、それでそういうことになったらしい。すぐ仙台へ行きなさいというので、九月の二日か三日に神戸に着いたんだけど、当時、高野のうちが神戸だったのでそこに二、三日いて、それから仙台へ行って、石原さんのところに泊めてもらったんです。ぼくも若かったからまだぜんぜん知らない石原さんのところへいきなり行って泊めてもらったりしたのだが、大学でも教授会を開くから二、三日待っていろということになって、待っている間に教授会を開いてくれた。そして採用に決定した。それにはちょっとおもしろいいきさつがある。ぼくはあとで聞いたんだけど、そのときの法文学部長が佐藤丑次郎さん――佐藤功氏のおやじさんですが、その佐藤学部長――は、ぼくが高野岩三郎の娘を家内にしているんで、これは秀才だろうと思ったらしいんだ。それが第一だ。第二は、これは外国へ行ってきている、もう外国にやらんでもいい。(笑)学部の倹約になる。その二つでぼくはすぐ通ったらしい。もっとも経済の先生は和田佐一郎君一人だったのだ。あとはみな法科と文科の先生ばかり、だからなにも障害になるものがない。講座があるんだから。講座があって、まだ競争の候補者がいないんで、ぼくは待っている間に教授会で採用決定ということになり、十月なかごろ来なさいということになった。

○○　それからお国へ帰られたんですね。

――そう、いったん神戸へ帰って、神戸からぼくの郷里へ帰った。そしていろいろ移転の用意をして十月なかごろ仙台に行った。石原さんにみんな世話になった、家のことからなにからみんな。最近、石原さん病気になって床についているんだということを聞いて、つい一週間ほど前に見舞いに行ってきたが、ちょっと軽い脳溢血だったので、もう元気にしていられた。「もうずいぶん昔になったね」(笑)といって話していられた。

○○　そのときに経済学関係の講座というのはどういう……

――和田(佐一郎)君が経済原論。経済史、経済学史をいっしょにしてこれを堀(経夫)君。堀君はちょうど外国へ行っていて、和田君一人だった。ぼくは経済政策論をやることになった。それも講座数が少ないので商業、工業両政策をいっしょにやれということだった。助手に中村重夫君というのがいて、金融論をやることになっていた。あれは仙台の七十七銀行の常務のお婿さんで、そういう関係で助手のときからちゃんと決っていた。彼はしかし東大の時代、優等生だったらしい。ぼくが行く前には内地留学して、東大の研究室にいた。だからいたのは和田君だけということになる。法科のほうに服部(英太郎)君がいたが、彼は法科の政治学をやることになっていた。あれは小野塚(喜平次)さんが推薦した優等生だということだった。和田君も堀君もそうだが、みんな大学の優等生ばかり、ぼくみたいのは間違ってはいったことになる。もっとも、佐藤学部長は、服部君に自分のやっている政治学のあと継ぎをやらせるつもりだったが、採ってみると、服部君が大変な左翼ということがわかって非常に困っていた。大きなビラを作って、社会科学研究のプランを立てて社会科学研究会をやるという――、ぼくと和田君とを佐藤さんは学生の控室に連れていって「こういう状況です、見てください」というわけだ。社会科学の左翼的研究を学生にいろいろ指導する。それで佐藤さん弱っちゃってね、自分のあと継ぎにはとてもできない。そこでいろいろ考えて社会政策という講座を新しくつくるから、それに服部君をもらってくれないかという。あれは法科からなんか講座一つ譲ってくれたらしいんだけど、それをつけるから経済のほうに服部君をとってくれないかといって、ぼくと和田君とに相談するんだ。まだぼくはいって半年もたたないときのことなのだ。そりゃいい、もらおうじゃないか、というと、和田君心配して、「きみは経済政策より社会政策のほうがやりたいんじゃないか」というんだ。その当時は社会政策は進歩的学問だと思われていたんだ。しかしぼくは社会政策にしても経済政策にしてもどっちも知らんのだよ。(笑)「どっちでも同じですよ、せっかく社会政策をやる服部君がいるんだから、ぼくは経済政策で結構です」というんで、服部君は経済にくることになった。

○○　経済はそれだけしか講座がなかったんですか。

――いや、いまの原論と経済史、経済学史と、それからぼくの経済政策論と中村君の金融論、それにいまいった社会政策、それから財政学。その財政学をぼくと和田君とが相談して長谷田泰三君をとった。

○○　長谷田さんというのはやはり東大から来た人なんですか。

――東大を出て、東大の大学院にいて農学部の講師をやっていた。当時はキャナンを勉強していたようだった。大阪船場の資産家のあとつぎで、とにかく勉強は楽しみにやるというようなところがあった。教授会にぼくはそのことで出たかどうかよく覚えんが、しかし採用決定はぼくと和田君とでしたわけだ。堀君のいない間にぼくと長谷田君がはいっちゃったから堀君には不満だっただろうと思う。

○○　ほんとにそうだったんですか。

――そう思うんだ。そののちに統計学の講座を増設していいということになったときに堀君は自分一人で後輩の京都の人を推薦して、少々困ったことになったこともあった。しかしこういうことはどうしても免れないんだ。たとえばのちに経済史をとるときにも、何といったか、京都の、もう亡くなった人だが、西洋経済史をやっていた人を京都出の法科の連中がみんなで推薦して、困ったことになった。というのは経済関係では日本経済史をとるということが決まっていたもんだから、はじめは土屋(喬雄)君をとることにしていて、土屋君がこないというので結局、中村吉治君をとったのです。そのときでも京都の人は京都、たとえば栗生(武夫)君のような人でも、しきりに京都の人を推薦していたんです。だけどぼくがそれに従わないもんだから、栗生君のごきげんをそこなうことになった。

○○　東北の法学関係というのはわりあいに京都が多かったですね。

――　多かった。それは法文学部の創設を担当した佐藤丑次郎氏が京都の出身で、その最初の人選をやったわけだからだと思う。それで佐藤さんが法文学部長で来たんだ。文科のほうは阿部次郎さんや心理学の千葉胤成さん、この人も京都ですけど、文科は阿部さんのグループの人が多かったようだ。

○○　法文学部として法律学科、文学科……

――　はじめは九州大学はだいたい法文学部でも経済を主にし、美濃部(達吉)さんが創設にあたったときいている。これに対して東北は法文学部でも法科が主で、経済は文科と法科に従たるものだった。ところが学生が入ってくると、大正十二年に始まったのでしょうが、経済のほうを要求する者がだんだんと少しずつ出てきた。それで経済科を増さざるをえなくなった。そういうわけでぼくらもはいることになったらしい。

○○　それは学生としては法文学部学生というんですか、それとも法文学部経済学科学生という……

――　正式にはどういっていたか覚えないし、またいつごろ経済学部ができたかも知らないが……。

○○　じゃ先生のときは？

――　経済科といっていたようだ。とにかくぼくは経済科の教科課目なんかを作ったことをおぼえている。学課制度を決めるといっても和田君と二人で、結局ぼくが一人で(笑)作った。ぼくはそのとき経済学の学生を二つに分けて、就職組と研究組にして、前者には法科関係の課目を多く聞かせ、後者には、法律関係を概説のようなものを一つ二つにして、経済学以外では歴史、哲学の文科の課目をとらせることにし、この方は卒業論文を書かせ、その代わりに単位数は——今とは計算が違うが——六課目少なくてよいということにしたんだ。この案はもうなくなったようだが、その当時は佐藤学部長にも大いにほめられたんだ。今もしかしぼくは、考えを変えていない。それから後、新入生が入るとこの学課表によってガイダンスをやっていた。またその新入生座談会については、後で話すことになるだろう。

第五章　『資本論』研究の第一歩

○○　こんどは東北大学時代の、とくに『資本論』研究についてお話しいただきたいと思います。だいたい二つに分けて、初めのところでは「日本資本主義発達史講座」が出る、三二、三年以前。それ以前の先生のお仕事について、とくに伺いたいと思います。どんなお仕事があるかと申しますと、講義は別として、書かれた論文では「貨幣の必然性」それから「経済学全集」の『資本論体系』の「中」で、「資本の循環と回転」を書いていらっしゃる。また『中央公論』に「賃銀・利潤・地代」というものを、非常に短いものですけれど、いまと基本的にはあまり考えが変わっていないものをお書きになっています。それから『資本論の研究』にも収められているものでは「マルクス再生産表式の基本的考察」、そういう論題になっており、前のときは「マルクス再生産論の基本的考察」という題で出ている論文、それから後の三四年に「フリードリッヒ・リストの『経済学』」「ブレンターノとディール」、そういうようなものがだいたい三〇年代の前半の先生のお仕事じゃなかったかと思うのです。ほかにもなにか、あるいは読みもらしたものがあるかもしれませんが、だいたいそういうところじゃないかと思うのですけれど。まず、この前、仙台にいらした経緯については伺いましたから、最初に、とくに先生の体系構成の中で政策論の講義をもったということが運命的な――というのはちょっとオーバーかもしれませんけれど運命的な――ものがあるのではないかと思うので、政策論の講義などについてのお話から入ったらいかがかと思うのですが……。

――それは、つまり就職するためにはなんでもやらなくちゃいかんと思っていただけの話で、それまでに経済学のものとして読んだのはほかにもあるけれど、だいたい『資本論』と『帝国主義論』というのが主たる書物ですからね、東北大学に行って経済政策論を講義しろといわれたときはちょっとびっくりしたんだけれど、就職するためにはなんでも引受けざるをえないと思って引受けたわけです。ただ、あれは前にも話したが、そのときの部長の意向でほかの大学で商業政策、工業政策との二つの講義にしてやっているのを一つにするつもりでやってくれというのだった。もっともあとですぐわかったんだけれど、ぼくに東北大学にどうしても十月中ごろに来てくれという学部長の要望は、法文学部の講義よりも実は工学部の工業経済、高等工業の工業経済の講義、これを法文学部ができたのによそから頼んでくるということは権威にかかわると思ったんで、ぜひその講義に人がほしいというので求めていて、その縁で十月半ばにゆくことになったのだ。だからいちばん初めに行くとすぐ講義してくれといったのは、八木アンテナを作ったあの人が部長だった工学部で講義しなければならないことになった。一生懸命ノートを作って、それを読むのをやった。ドイツで聞いてきたフォアレーズングというのをちょっと真似たわけだ。つまり原稿を読みながら、本当にフォアレーゼンしたのです。それで原稿をたくさん書いて、経済学入門だけれどね、持っていったノートをフォアレーゼンしたのでは工学部の学生だからなんのことだか全然わからないらしい。なにを講義したか今はぼくも細かくはおぼえてないけれど。

○○　とにかくそれは経済政策論ですか。

――工業経済論。

○○　だいたいのところどういうのですか。

――つまりぼくのプランは、近代的な機械的大工業の発展を資本主義と関係して話して、なぜこういうことになるのか、つまり後の経済政策論と同じことになるわけだが、一回講義して、二回目も同じようにやった。フォアレーズングというのは相当量やることになるのです。ゆっくりやればよいが、ぼくにはそれができない。二回目も一生懸命やったが、その次は学生が二、三人になっちゃった。非常に助かって、みんなこの講義はあまり興味ないようだから雑談をしましょうといって……。(笑)

○○　何回目ぐらい……。

――三回目だったか、四回目だと思う。

○○　早いな。

――雑談してしまった。それでもう行ってもだめだろうと思ったら、案の定その次ぎにはみんなこない。実に助かったね。

○○　そういうときどうなのですか。

――だれもこないんだから講義しようがないですよ。

○○　一年間やるのではないのですか。

――　半年の講義だったが、やったことになった。もっともあれは選択科目だから学生もそれでよいわけだ。

○○　じゃ、高等工業の方の工業経済論は……

――　そう。高等工業のほうは、これは試験もあり、点数もつけなければならぬ。だからその明くる年の四月からは高等工業のほうはちゃんとノートを作って、つまり「近代資本主義と機械的大工業の発展」というような講義をした。もともと、工業経済論というのはなにも講義することないからね。それと並んで経済政策論も、その明くる年の四月からやったのです。大正十四年、つまり一九二五年から。

○○　前の年の十月からというのは……

――　工学部の選択科目をどうしてもやらなくちゃ悪いからというので……

○○　学期の切れ目かなにか。

――　そうじゃないのだろうが、その年のカリキュラムにあったのだろう。

○○　結局それは試験もなし。

――　今もいったように、選択科目だから試験もない、みんなこないんだもの。(笑)

○○　学部の経済政策論の方はどういうことを話されたか覚えていらっしゃいますか。

――　よくは覚えていないが、主として資本主義経済の発展ということを話した。それは法文学部で経済政策論をやるというので、ぼくの家内の父にどういうことをやっていいのかと話したら、それじゃゾンバルトの Der moderne Kapitalismus がいいだろうというので貸してくれていた。あれの昔の版はわりあいいいのです。いまのはなにか妙に気取りすぎた本になっているのですが、昔の初版はそうでない。わりあい素直に近代資本主義の発展が書いてある。それで面白くて、こんな厚いけれど、ぼくは仙台へ行くと直ぐこれを一生懸命読んでいたんだ。

○○　だいたいそれに準拠して経済政策論もやったわけですか……。

――　というわけにもいかなかったけれど……。

○○　あとどんなものを……。

――　どんなものといっても、全く準備がないので、まず図書館に行って、経済政策に関する書物はみつかり次第みんな借りてきて机に並べておいた。たとえばバン・デア・ボルヒトとか、何とかというような学者の「経済政策論」なんていう本がドイツにはいろいろあるんです。いずれも面白くない、つまらない本だ。そのほか商業政策や関税論に関する書物――そういうのを借りてきた。それから日本では経済政策論という名前で講義して本にしていたのは、その当時は渡辺鉄蔵さんのが一つあった。

○○　どこで講義していたのですか。

――　どこかの大学だと思うのですが、東大かもしれない。それもぼくは読んだ。そのほか商業政策、工業政策を説いたもの、そういうものを図書館からできる限り借りてきた。ぼくは全然持っていなかったのでね。

○○　だいたい考えとしては重商主義、帝国主義というふうになって。

――　そこまで明確ではなかった。それはむしろゾンバルトなんかから影響されて資本主義発展史をやっている内に出てきたのかも知れないが、主としては『帝国主義論』によるといってよい。いつ頃からああいう体系をなしてきたかは明確でない。最初はむしろ経済史的勉強を主としたわけだ。

○○　そこはちょっと面白いと思うのですけれど、教科書風の経済学、とくにドイツのものなんかそうだと思うのですけれど、政策の概念規定から始まって、それでどういう政策をしたらいいかということで終りますね、だいたい。そういう講義はぜんぜんなさっていないのですか。

――　しなかった。

○○　どうしてそういう講義をしなかったのですか。

――　面白くないんだもの、そういう本を読んでも。

○○　そのことだけじゃなくて、経済政策は科学的に主張できるものじゃないという考えは……。

――　そういう考えはすぐは出てこなかった。だから、むしろ経済史をずいぶんやった。たとえば商業史のようなものね。中世ドイツ商業史や、それからギルドの歴史や、そういうものはずいぶん読んだように思う。

○○　ウェーバーは。

――　ウェーバーはすぐは読まなかった。またウェーバーの方法論はすぐには問題にしなかったし、またできもしなかった。ただ、第一次世界戦争中のウェーバーの演説がある。いまは明確には覚えていないけれど、それはギルドのことが書いてあってそれで戦時統制論をやっていた。これは読んで、どうもおかしいと思った。経済史のものではむしろドイツのものを主に読んだ。ウェーバーの一般経済史の講義はぼくがドイツを立つ前に出たので、持っていたが、読まなかった。経済政策論の講義では、初めは経済史的なものを主にしてギルドとか、そういうものの話をしたりしていた。

○○　しかしそれでは普通の経済政策の講義に合うようなものにならないでしょう、どうしてそうならなかったのでしょうか。

――　ぼくはもう『帝国主義論』も読んでいるし、『資本論』も読んでいる、といっても、そのときはまだ読んだというだけで自分のものにしているわけじゃない。ただ、ぼくが東大で聞いた政策論というのはすべてつまらなかったんだ。経済学を習おうと思って入って聞いた講義、特に政策論がすべてつまらない。事実については述べても、何故そうなるかは説かれない。だからそういうものは、初めからぼくはやりたくないと思っていた。なにか、やっぱり自分で考えてやらなくちゃやれないだろうと思っていた。だから自分で政策の歴史を勉強するつもりで経済史をやったわけだ。それが結局ああいう講義になったわけだ。はじめからこうやらなきゃならんというので、なったのではない。

○○　『資本論』とつないだ形でやろうというような。

――　『資本論』とつなぐということじゃなしに、講義をする場合にもなるべく『資本論』を勉強するのに講義を利用しようという考えだった。だから『資本論』をできるだけ利用するということになった。

○○　それはそのとき最初から。

――　その点は最初からそうです。だから『資本論』の中の商業資本その他ああいうものに関する歴史的なものというのはなんべんも繰返して読むことになった。その点ではどっちが主か、ちょっとわからない。それは経済政策論をやるためにやったのか、むしろ『資本論』をやるためにやったのか、やっているうちにわからなくなることが始終あった。実際また当時は『資本論』を、まだ一回やそこら読んでなにもわかっていないんだから繰返し読むというよりほかにやりようがなかった。勿論、繰返しやるといったってドイツでやったように最初から繰返しやるというわけにはいかんから、講義の中でできるだけ利用するというようにした。それにその当時の論壇で始終論戦があったので、これも必ず自分の『資本論』の勉強に利用した。そのたびに、『資本論』の問題の箇所を繰返し読むわけです。いろんな雑誌に、地代論が問題になるとか、価値論が論争されれば、そこでもう一ぺん自分も『資本論』を読み直す。それはしじゅう、論文が出るたびにやったのです。それでぼくは『資本論』を幾度も読むことになった。だからぼくはよくいうけれど、『資本論』を最初から通して読んだのは一回きりで、あとはみんな断片的に繰返して、その代わり同じところを何べんも読む――それでぼくはこの年までに何回か読んでいることになる。本来の意味の『資本論』の研究家ではないといってもよい。

○○　先生が前に心筋梗塞で倒れられたときに、ぼくは月給を運んでいたときがありますね。あのときに十二月二十五日にお伺いしたら先生一人しかいらっしゃらなくて、それで上がらないかというので上がった。そうしたら、こたつで先生相変わらず『資本論』に赤線をひっぱって読んでいらしてびっくりしたのですけれど。やっぱり読んでそのたびに新しいものがありますか。

――　それはそうだ。ぼくはもともと物覚えが悪いからかもしれないけれど、新しく読むと、また違ったものを学ぶことになる。そこでなるべく翻訳も新しく出たのを使うのです、ぜいたくだけれど。つまり線のひいていないのを読むわけだ。

○○　ちょうど市場価値かなんか読んでいらしたのですが。

——　たいてい新しい翻訳を買って、それにまた新しく線をひいて読む。だからいろいろの翻訳をもっているわけだ。

○○　今度の岡崎訳はいいと思います。岩波はちょっとねばりがないでしょう、どうですか。

——　そんなことはどうでもよいんだ。線がひいてあると、どうしてもそれに気をとられるので、新しく読むつもりでいつもそうしているんだ。もちろん訳でわからねばドイツ版を見る。ドイツ語版もいろいろな版にいろいろな線がひいてある。つまり線のひいていないところを読むことにしているわけだ。それはともかく経済政策論の講義を初めて聞いた連中は驚いただろうと思う。玉城(肇)君なんか第一回の学生です。

○○　それについてちょっとお聞きしたいのですけれど、経済政策論の講義を、歴史的なものをグルントにおいた形でやっていかれて、それといまいわれた、ときどきの『中央公論』なんかに出てくる論戦なんかを講義に利用されるという。

——　ああ、それは講義じゃない、勉強にだ。

○○　講義のほうは歴史的な形でシステムを与えるような……。

——　はじめはシステムも何もあったわけではない。『資本論』で、なにかそれに関係のあることがあれば、思い出してそこをもう一ぺん読み直すという、そういう方法をとったわけです。たいしたことじゃない。

○○　一般の大学では商業政策とか工業政策という形で経済政策論がなかったのですね。なかった場合に経済政策論をやるので、なにか新しいものをやるというような野心は……。

――野心というものはもっていなかったが、前にもいったように、ぼくが大学で聞いたような面白くないものはやりたくないとは思っていた。これも前にいったが、社会政策論の講義を服部君にやって貰うということになったとき、和田君は経済政策論よりその方をやりたいのではないかとぼくにいったことがあるが、これは当時の大学の経済政策の講義がつまらなかったからかも知れない。もっとも社会政策論といえばなにか進歩的な思想による学問のように思われていたのだね。和田君もそう思っていたらしいところもあった。しかしぼくはそうは思っていなかった。というのは、社会政策に関してはこういう思い出があるんだ。大学の三年のときに前にもいったが、河合(栄治郎)さんから経済学史をきいていて、ぼくはときどき河合さんと学校の帰りなんかの道で一緒になって、お茶の水まで歩きながら話したことが何度かあった。それで自分のところへ遊びにこいというので、彼のうちに一ぺん遊びにいったことがある、大森のうちへ。それはぼくが社会主義に興味をもっているといっていたし、彼もそれを知っていたから、それで遊びにこいといったらしい。そのときに、これを君、訳してみたらどうかといったのがシュモラーの社会政策学会の発会の辞なのだ。

○○　短いものですか。

——短い簡単なものなのでぼくは訳したことがあるんだが、これがぼくに社会政策に対するぼくの考え方を決定的にしたといっていい。いまもそうですがね、これはまったく社会政策が社会主義に対抗するものだということを明確にしている。しかも社会主義の思想を破るような理論を展開してはいない。だからぼくとしてはそれを進歩的思想による主張だなどと考える考え方はぜんぜんなかった。それまでは社会政策をあまり知らなかったけれど、あのシュモラーの発会の辞を訳したときに社会政策なるものを知ったわけだ。だから和田君にも即座に、いや、ぼくは社会政策なんかやらんでもいいといったわけだ。

○○　もし社会政策がそういう、いわゆる進歩的な学問だったとしても、先生はそういう場合でも、なにか、「いいよ」というふうにおっしゃるのじゃないですか。

○○　内心はやりたかったとしても……。

○○　そういうところを遠慮するんじゃないですか。

——そんなことはない。その点は、おそらく原論をやれといっても同じだったかもしれない。ぼくとしてはやるとすればいずれにしても大変だからね。何の準備もなかったのだ。実際まだまだ経済学の基本概念ができていなかった。のちに、一ぺん社会政策を、服部君が外国に旅行している間に講義したことがあるが、賃銀論から講義した。

○○　そのときのノートはございますか。

——ノート、あったはずだけれど、今はもっていないね。

○○　賃銀論のあとは……。

——そのあとは労働者に対する政策を社会政策として社会事業と明確に区別したように思う。ビスマルクをむしろ後者の方にして、次に社会政策をやったなんとかという大臣がいるそれと対照して説いたように記憶している。

○○　ビスマルクの次ですか。あれは……

——九〇年代に入ってからの政策を社会政策としたのです。普通ビスマルクの政策を社会政策のようにいうけれど、あれは社会政策じゃない。イデオロギーとしてはむしろ自由主義的な方で、ただ単に社会事業をやろうとした人だというふうに講義したのを覚えている。つまり労働者災害とか疾病とか養老保険のような社会事業をやったものとした。社会政策というのはやはり失業問題を中心とする資本主義の基本的問題に対する政策ということをそのとき講義した。今もそう思っている。例えばイギリスの工場法は社会政策ではない。ただ日本では工場法と社会政策とが一緒に問題になって出てくるものだから、その区別がつかなくなったのではないかと思うわけだ。もっともこれはぼくの即製の勉強法によるものだから、固執するわけではないが、イギリスの工場法は、ドイツの社会政策のように社会主義に対抗するものではないと思っている。資本主義の方にまだイデオロギー的な強味があったのではないか。とにかく大正末年にぼくは社会政策をやらんかといわれたときに、それをやる気にはならなかったのはそういうわけだ。経済政策も同じだと考えていた。つまり社会政策も経済政策も経済学的にやればよいので、対象自身が進歩的というのでやるというような気はしなかった。

○○　先生のほうからこういう講義をと、希望されたとか、あるいは学校からどういうのを希望するかということは、その当時のあれとしてはないのですか。
――もちろんなかった。
○○　法政大学としては、一般的な雰囲気として、いまですと若いものが上に上がっていくとき、どの講義をもちたいかと本人の希望を聞いて決めます。
――ぼくの場合はそんなことはなかった。だいたい講座のほうが先にできていて。助手になるときもだいたいそれに対応してきめることになる。
○○　法政の場合は講座そのものの編成が明確にされてないから、ある程度それができるのじゃないのかな。
――いいのか、どうか、問題だね。
○○　人間が足りないというところから……。
――講座制度自身にも問題はあるが、長い間の経験から出来ているので、馬鹿にはならない。とにかく第一講座、第二講座といって、第一講座は原論、第二講座は経済史というふうにだいたい決まっているでしょう。そっちで決めて、採用される人にあとからどれをやらせるかということになる。もちろんやる人の性格も希望もあるから無理にやるわけにはゆかない。また時には融通もした。ぼくの場合は職につくことが第一だった。それでまず学部では十月から半年ほど、四月まで貨幣論の英語のプリントを作って外国書の講読をしながら講義の準備をしたわけだ。
○○　講義が間に合わなくてですか。

――というよりは講義は明くる年からでいいということだった。
○○ 十月から工学部の工業経済を二、三回やって、やめて、あとは外国書の講読を四月まで。
○○ それはだれの貨幣論ですか。
――ちょっと覚えてないんだけれど、アメリカの、長谷部君か誰れかが訳した原論の本がありやしないか。
○○ タウシッグですか。
――タウシッグだったかもしれない。その外国書というのがちょっと手に入らなくて、ぼくが持っていたのを写真印刷させて使った。
○○ そのころ写真印刷あったのですか。
――あったのです。仙台のなんとか印刷というのは、わりあいにいろんな技術をもっていて写真印刷してくれた。わりに金はかかったけれど、しかしみんなに配ってやったように思う。タウシッグはのちに関税史の本を読んだけれど、しかしそれまではあまり知らなかったから、なにをやっていいかわからなくて、貨幣論の講義を聞いていないという学生の希望があったので、それじゃ貨幣論をやろうというのでやったわけだ。
○○ やはりそういうものをやる場合は、かなり批判的に……。
――それは……。
○○ たまたま先生が本をもっておられたから。

―― もっていたし、英語の外国書講読を兼ねて貨幣論をやってくれっていうので、そんなことになったのだ。
○○ それはプリントにしたのですから、聞いている学生はずいぶんいたのですか。
―― いや、人数は少なかった。もともと経済科というのは、初めのうちはことにそうだが、学生は非常に少なかった。
○○ 先生の内側に立ち入ったことを聞くようですけれど、わりあい先生、よくわかりませんけれど、いろんなことにあきらめがよくて、あまり多くのものを望まないようにみえるのですが、そういうのはどういうところから。
―― あきらめがいいのかね。あきらめがいいより、ぼくは自分でたいした才能もないのに大学の先生になったというような意識がいつもあったからね。
○○ ほかの同僚をみていたらそうならないでしょう。
―― 同僚はみんな優等生なんだ、学生のときからね。(笑)
○○ もう一つこういうことはないですか。経済学といってもたいしたことではないんだ、というような。
―― そんなことはないよ、『資本論』がわかるまでというのは大変だったからね、いまの人と違って。
○○ そういう意味で申し上げているのじゃないのですけれど、なにか、自分がやる経済学というのは、たとえば……

――講義自身がか？　ぼくは自分の講義が大した講義じゃないということは自覚していたけれど、ぼくのきいた大学の先生の講義も大したことないとはいつも思っていたからね。ぼくは幾度もいったように物覚えは悪いし、『資本論』にしても一ぺんや二へん読んでも何が書いてあるかは覚えられなかった。解説はある程度出ていたけれど、でも知れたものです。とにかく自分のものとしていえるようになるまでは未知の世界といってよい。これに対する好奇心というか、それは強かったね。

○○　憧憬というようなもの。

――憧憬に近いかもしれないけれど、これを知るということは大変なことだという……

○○　その尺度からすればいま自分のやっている講義、それからほかの先生のやっている講義も大したことはない。

――それはいつもそう思っていた。大したことでもないのを偉そうにやっているのはおかしいとも思っていた。ただぼくにはいろんな本をあげてこれにはこう書いてあるなんていう講義はつまらないし、やりたくもなかった。自分にそれができないからかも知れない。

○○　いつも『資本論』が前にあってものをいうから、自分のやっていることが面白くなくって……。

――大したことないとは思っていた。また他の諸君のように論文なんかも書けないしね。

○○　なにか、そこをうまくやれないという……。

――やっぱり『資本論』があったからだろうね。

○○　結局、『資本論』に対する情熱というのは、異常なほど強かったのですね。

○○　だけどもまた人生問題的なものに対しても一種の大したことないんだというところがあったわけでしょう。

――いや、それほどじゃない。

○○　つまり『資本論』に対するそういう考え方に対して社会主義そのものに対しては何か冷静なものがある。それというのが根本には『資本論』に対する情熱によるんだというようにとれる。どうしてそれほど異常に強いのかということが……

○○　そこが本当にわからない。科学とイデオロギーの区別なんていうのは、先生、気質的に初めから知っていたように思える。どうしてそういうふうになるのか。つまり社会主義に対する情熱から『資本論』へというのならわかるんだけれど。

○○　学問としての『資本論』に対する情熱がそこまで異常になったという……

○○　社会主義に対する情熱と切りはなして……。

○○　『資本論と社会主義』のあとがきに書いている表現で、異常な興味をもったという、まさにイデオロギーなしで――なしというのはいいすぎですけれど――実践に亘るような感じじゃないのですね。

――なしというのじゃない。むしろ実践に対しては前にもいったように、こういう感じをいつももっていた。自分は社会主義というのをだいたい正しいと思うけれど、自分にはその運動の実践はやれないという点でコンプレックスをもっていた。だけどもその代わりこっちはやるという。

○○　実践運動に対するコンプレックスの裏返しのような形での自分の限度でしょうという……。

――そういってよいでしょう。その点ではいつもある程度誇りももっていた、自分にやれることはやるんだという。

○○　コンプレックスといわれますけれど実践運動にしても『資本論』をちゃんと読まないではやれないのじゃないかというあれがあったのではないですか。

――それほどには考えなかった。

○○　戦前の実践運動というのはもっと衿を正させるようなところがあるのでしょう。

――あの弾圧下の反抗運動ですからね。どんな迫害を受けてもみんなやるという。これにはやはり敬意をもつですよ。それは個人的に、この人はどうか、あの人はどうか、といえばいいかげんなものもたくさんいただろうが、またその動機のあやしいのもあったろうが、全体としてはそうは思わない。とにかく個人的な利害関係を犠牲にした献身的な運動でしょう。これに対しては、やはり敬意をいつももっていた。

○○　その気持ちは実によくわかる。

○○　いいかげんな人にもそういうものをもっていたのですか。

――ひきずられてやっているにしてもやっていることに違いはない。いいかげんなのもずいぶんあった。ぼくの周囲にもいたし友人から聞いてもいた、政治家としては当然そういう中でやらなければならないが、自分にはそれができんということがわかっていたのだ。性格的にそうなのだが、それには前にいった『労働運動の哲学』などが原因になっていたかもしれない。ぼくにはサンディカリズムが強く入っていて自分のそういう性格のいいわけになっていたのかも知れない。自分なんかのやるべきものじゃないという考え方だ。マルクスやレーニンはともかくとして、ぼくの周囲のいろんな人でやっているのはみなインテリでしょう。そしてその連中の中にはいいかげんでやめていくのも随分いたからね。その点ではこっちのほうが続いているという、そういう気持ちはあったね。学生なんかには殊にそういうように一時は進んでやっていても逆転するのも沢山いた。

○○　それはそうでしょうね。

○○　そういう意味でいろんなことの読みが……。

――　読みというほどじゃない、結果においてそうなってきた。もともとなにか自分についての限界を知ってはいたということだ。

○○　そこ、なんとなく少し腹立たしいような。

――　よくそういわれたんです。後に裁判にかかったとき検事なんかにも実にずるいやつだといわれた。議論すると議論にならんでしょう。それでいろんなことを知っているくせになんにもしない、ずるいやつだと。

○○　学生もそうでしょうね。

――　学生にもそういう風に思うのが多かったかも知れないが、それはおかしい。そんなことを考える位なら自分もやらなければよいと、ぼくは考えていた。その当時、実践運動している連中でもぼくのうちによく来たし、それから研究会にも来てくれといって、何べんも行った。たとえばあのころは学生運動がみんな組合を作る運動だった、主として農民組合を。争議をやっちゃ組合を作る。ところがその組合なるものがいかなるものかということを、明日は農民や労働者に話をしなければならない。その準備をするんだといって徹夜して組合論をやったこともある。前に話した学生の合宿で……。

○○　ねらわれなかったですか。

――　あとから聞いたら、あれは非常によくわかっていたといっていた、刑事が。このうちはおかしいと思ってみると、やっぱり学生がしょっちゅう来ている。そういう合宿があって、それを派出所にいて発見して特高に変わった巡査に警察で会ったんだ。自分の管内に合宿があったために自分は特高にくるようになったといっていた。ぼくはそこで徹夜して議論したこともあったのだが、おかしいと思ってちゃんとマークしていたというのだ。それはしかしずっとのちにきいたことです、十年ぐらいたってからです。

○○　先生のいままでの生活をみていて、なにか、自分から挫折を来したということはほとんどございませんね。先生は自分の限界というものを考えてやっていて、後に監獄にぶち込まれたことはあっても、自分でなにか、非常にひどい失敗をしたということはないような気がするのですが。

――　表面的にはそうかもしれないね、中学校の入学試験に落第したくらいで。あれもあの翌年にもう一ぺん受けるつもりで、また受けた友人もたいていはいったのだが、偶然別の中学に入って、またと得られない友人にあうことになっちゃって……。

○○　そういうことでずっとあれしてくると、いわば、なにか生活はハイクラスだとは別に思いませんけれど、わりあいと「シュトルム・ウント・ドラング」がないわけですね。
○○　ロマンチックじゃないんだな。
――ロマンチックじゃないが、楽天的なのだろう。失敗も大てい何とか役に立っている。
○○　先生の奥さんとのあれは別として、そういう激情がないですね。
――あれもロマンチックとはいえないですよ、ロマンスは小説で十分だから。(笑)
○○　研究者としてはそれがいちばん大事なことだという気がするのですが、ただ、やはり多少さびしからずやというあれは……。
○○　ありますか、先生。
○○　「シュトルム・ウント・ドラング」のことというのは、つまり渦中に入ることというのは、やはりあまり好きじゃないんですね、先生は。
――あまりそういうことは好きじゃないし、ちょっとはずかしい。例えば高等学校でも中学校でも応援団といっしょに歌をうたっても、あとは嫌な感じだった。
○○　弁論会なども不真面目にみているわけでしょう。羽仁五郎みたいだったら渦中に入って立ち上がって「やあ、やあ」と。
――羽仁君にはまたいいところがあるんだと思うが、ぼくのはちょっと倉敷もんということをいいことにしているのかもしれない。何もしないいんだから失敗もしない……。
○○　町人精神。

――　ちょっとシニカルな。

○○　本当にシニカルじゃないのですね。本当にシニカルだったら研究できないと思うのです。

――　前にもいったが、倉敷もんのせいかもしれない。山川さんにもぼくはそれを同感するね。それでぼくは、あの人も政治運動のリーダーにはなれないというふうに思っていた。この間山川さんの全集の二回目の配本を受取ったときに奥さんが終りに書いている言葉には、ぼくはどうも感心しなかった。

○○　どういうことを書いているのですか。

――　福本イズムの旋風のときに、山川さん朝顔作りに熱中していたというんだ。福本イズムより朝顔作りが重要だというふうに書いてある。失意だったんじゃないかな。失意だけれど山川さんの「負けず」だと思う。山川さんにはどうすることもできなかったのではないかとむしろ同情するが、それをみて、奥さんちょっと、あまり……。

○○　亭主の好きな赤烏帽子になっちゃう。

○○　そこまで倉敷的シニカルなあれがわからなかった。

――　わからないのか、あるいはその反語か、よくわからぬが。この前舟橋（尚道）君が結婚したときに、奥さんと大内さんを訪ねたら、山川菊栄さんは主人が偉かったから偉くなったという話を大内さんがしたといっておったから、ぼくはそれは違うと思うといったんだ。山川菊栄さんは青山菊栄時代から偉かった。むしろ山川さんと一緒になってから山川さんにほれ込んでしまったのではないだろうか。あれを読んで特にそう思ったね。ぼく間違っているかも知れないが。

○○　福本さんがぼくにいっていました。戦後、山川さんのところを訪ねたときに、山川夫人は彼にろくすっぽ挨拶もしないで、にらんでいた。亭主の敵《かたき》というあれがあるのでしょう。

――山川さんの方はちゃんとあいそしているのにというのだ。ぼくもそれをきいている。

○○　福本さんも亭主の敵と思ったのだろうというふうにはいっていなかったが、敵という感情があるのじゃないかしらというふうに……。

――そのあとがまだある。山川菊栄さんが藤沢で地下道の階段を上がっていて、足がよたよたして気の毒だから、福本君、手を貸してあげようかと思ったけれど、なんだかわざとらしくて貸すことできなかったというのだ。彼にもいいとこあるよ。

○○　ラフでもないのですね。

――自分でそういっていた、ぼくのうちに来たとき。青山菊栄時代にはそう読んでいないので何ともいえないが、有名だったからね。それに山川さんの奥さん水戸士族の出らしく一徹さがあったのではないかと思うが、やっぱり山川さんが非常に偉かったので感心してしまったんじゃないかな。

○○　女の人はたいがいそうなる人が多いですね。先生の場合は……。

――ぼくの場合はそうでない。ぼくと家内は非常に性格が違うんだ。ぼくと反対に非常に実践的だからね。しじゅうけんかばかりしていて、なにかいえば反対をいうのはお父さんだといって……。

○○　家庭の中でも奥さんのほうが人気あったんじゃないですか。

――どうだかね。それはともかくぼくは、やっぱり山川さんは実際運動のできない人だと思う。自分でも知っていたんじゃないかと思うけれど。それを病気でできないということにしたようにさえ思える。ぼくの観察は間違っているかもしれないけれど、山川さんも自分はこういう病身だからできないと思っていたんだろうけれど、ぼくは気質的にできないような気がする。

○○　病身であるために精神的には救われたんだということになるわけですか。

――かえって、そうじゃないかと思う。

○○　あのころにも、山川さんは実践運動には入れないという評がありました。革命のさなかでも彼はやらないと。

○○　朝顔作っているか。

○○　本かなんかを開いて読んでいるんじゃないかと、だれが書いたか知りませんけど。

――それはあるかもしれない。それは山川さんだから自分でも知っていたと思うけれど、やはり周囲にあれだけのいろんなファンがいるからね。そして中心になって雑誌も出し、堺さんも自分の後輩にもかかわらず山川さんを非常に尊重していたしね。周囲の若い連中からも、労働組合なんかからも、そうだったのではないかと思う。山川さんをしじゅう訪ねていたようだ。もっともぼくは大正十一年から会わなかったけれど、恐らくそれがずっと続いていたと思うんだ。だから山川さんとしては自分ではできないと思いながらも、ときには錯覚を起こすことになったんじゃないかな。ぼくは、いつか、大正九年かなんかに叱られたというのも、やはりそういう気がしていたので……。

○○　ある程度自分で知っていても、そういうものをかくしていかざるをえないということは、政治家としては当然……

――あるでしょうね。だから戦後の運動なんかというのは、なにか気の毒な気がして、山川さんが統一戦線を主張して、日比谷に出てきたりするのは、どうも気の毒な気がしたな。ぼく、その点どうも自分のわくで考えすぎているかもしれない。もちろんあれほどの才能は自分にはないと思うけれど、なにか共通な気質を感ずる。だから読んでいて面白いけれども、なにかそういう点で足らないところを感ずるね。大杉や堺さんのほうがもっとポジチブだからね。

○○　パンチがきいている。

――そういう性格は倉敷もんかもしれないな、これは少し思いすぎかもしれないけど。しかし倉敷という町はだいたいそういう面が強いんです、おもてには立たない。

○○　先生がイデオロギー論をああいう形で展開してから、わりあいとそういう人はこれからふえてくるかもしれないですね、あまり緊張感なしに。

――そう。やっていいと思うんだ、やる人はね。むやみにきばらんほうがいいと、そう思うんだけれどね。この間福本君がぼくのところに訪ねてきたとき清水幾太郎君の「政治隠退論」を二人で笑ったんだ。隠退しても、やってもいいが、こんな声明なんかいらないよといってね。しかし彼、福本君はやるほうですよ、ぼくと正反対ですから。

○○　ある座談会の席で、これからはどうなりますでしょうかということを聞いたら、ちゃんと威儀を正して、要するに福本イズムの革命が次第に近づきつつあるということを、いっているんです。やっぱり偉いなと思った、彼は本物だという。

——本物かどうかは別として、そういうことのできる人です。学問的にやるというのじゃないけれど、ぼくはそういう点で、彼を珍重するんだけれど、ぼくとちょうど正反対なんだ。

○○　先生と話しているのとまた違って、ぜんぜん違ったものを感ずる。やっぱり一世代を風靡したというのはこれだというようにね。

——福本君はそうですよ。その点、ぼくは福本君に初めから感じていたが、しかしだからといって彼の書いたものに傾倒するわけにはいかなかった。それは東北に行くと間もなく、福本君の大旋風が起きて、ぼくはとうとう社会科学研究会に呼ばれて、あの「変革のなんとかの過程」というのを……。

○○　『社会の構成並びに変革の過程』

——前にも話したように、あれを夏休みに毎日行って講読したこともある。

○○　かなり批判的に……。どういう点がいちばんいけなかったですか。

——はっきりしないけれど、なにか観念論的な気がしてね。だから科学的の正しさというのになにか欠けているような気がしたね。言葉のいろんな意味なんかでも面白いことは面白いけれど、論証に欠けているものがあるというので、いろいろ細かい点をいつも批評しながら読んだ。全体としてはなかなか面白かった。

○○　いま、反代々木の左翼の一部でもって岩田理論というのがしょうけつをきわめているのですけれど、その比じゃないわけですね。

―― それどころではない。それは大変なものでした。

○○ 全ジャーナリズムだからね。

○○ 左翼全体が。

―― そしてそれはむしろ真剣な問題でした。学生の問題じゃないんだ。山川さん、堺さんが長年、何十年となく二十年以上もやってきた運動を一挙にして福本君に根こそぎ取られるんだから、それは大変ですよ。だから山川さんとしても、堺さんとしても、全く心外だったでしょう。

○○ ただ、読んでみると悪罵がありますけれど、認めているのですがね。ことに山川さんの業績を福本さんも認めていて、要するに社会主義的な転換をしなければならないのに、それが不十分だという形で……いっているのですね。だからかなり悪罵はしているけれど、内容的にはむしろ肯定しているのですね。

―― 具体的には、やっぱり天皇制批判でしょう、だと思うな。それは堺さんや山川さんには公然とはできなかったのじゃないかな。

○○ 組織論はどうですか。

―― 組織は、それに結びつくわけだろう、例の「全無産階級的政治意識」だな。ああいう考え方はそれまでなかったからね。ただ社会主義というぼんやりした考え方でしょう。あれはちょっとえらいものを明確にすることになったのではないか。

○○ 正しい面もありますね。

――ぼくは正しいと思った。

○○　ありうべき無産階級的意識ですね。インテリが把握してそれを入れていくというのが全無産階級的政治意識でそれはいまでも正しい。

――正しいものをもっていると思うんだが、危険なのは観念的になる点ですね。

○○　自分が最高の認識者であるという。

――もっと科学的なものを背後にもっていなければいけないのではないかと思ったのだが、実際運動になるとそういう点よりもイデオロギッシュにああなるのだろう。それは政党としては当然なのかも知れない。

○○　ただ、その場合、面白い問題を提供していませんか。要するに存在と認識の関係で労働者階級がなかなか認識できなくて、むしろ階級的には不明確な出身のインテリがトータルな認識を比較的しやすいという問題は、存在の制約性の問題でちょっと面白い問題があるのじゃないかという。

――そういう点、明確には記憶していないけれど、福本君の場合、経験主義に対する反対というのが非常に強かったでしょう。それは正しかったと思う。

○○　インテリにしても単にブルジョア階級から出ているというように経験的にというだけじゃなしに、進んで認識の制約性の問題として、労働者階級が資本家的生産過程における労働の中で疎外された生活をして、トータルな認識ができなくなってきていて、むしろ、インテリが――社会的には「階級」をなさないインテリ層が――そういう認識を獲得できるという問題があるように思うのです。福本さん、ちょっとそこのとば口までかかっているような気がするのです。

――そういってよいかもしれない。彼のいわゆる全無産階級的政治意識というのはそういう問題をもっていたといってよい。もちろん全無産階級的政治意識を確保したからといってその下にいつも生活しているというのではない。それは運動の中でなければ力にはならない。

○○ それと関連して単なるインテリとしないで革命的インテリゲンチャ、そこがちょっと面白い問題だという……。

――あれからのちじゃないかな、職業的革命家なんていう考え方が入ってきたのは、あれはレーニンに教わったのではないか、だれがああいうものを入れたのかちょっと覚えていないけれど。

○○ 先生の「科学とイデオロギーの関係」なんかにも、それだけじゃないとは思いますけれど、いまいったような問題、科学的な認識がどういう形でできるのかという問題で。そういう形での……

――さあ、それ、ぼく、別にそれから受けた感じはないけれどね。

○○ いや、先生が受けたというのじゃなしに、先生が科学とイデオロギーとは別の問題で、マルクスについては社会主義的なイデオロギーというものが動力になっていることは否みがたい事実だけれど、われわれにとっては、要するにそういうものがなくとも理解できるというふうにおっしゃっていますね。そういう問題を論ずる場合に、インテリゲンチャという一種の中間階級だと思いますけれど、そういうものがある程度自分の存在の階級的な、あるいは階層的な基礎から離れて、ある程度認識しうるという問題、それから先生のそういった考えをもっと伸ばして、そういう方向で考えるということはどうでしょうかということです。

——しかし、その点はやはり社会主義的なイデオロギーと科学とによる批判というのがないと、インテリもそうはならないのじゃないか。

○○　革命的インテリゲンチャというのはそこに問題があると思うのですけれど。

——ただ、科学的規定が与えられると、インテリはどうしてもそれに従わなければならないということはいえる。

○○　従わなければならないというのはどこから出てくるのですか。

——それはロジックでしょう。

○○　ロジックに従うということをインテリゲンチャがもちうるというのは……。

——それは人間生活の知恵として、大きくいえば人類の歴史的過程の内に形成され、継承されてきたもので、それ自身は階級的な問題じゃない。もっともそういったからといって、すぐすべてがわかるわけではない。

○○　しかし、俗物はとくにそうだと思うけれど、階級的なもので制約されて、いくらロジックでいったって、いつもゲミュート(心情)に埋没させちゃってだめになるというのが多いですね。

——だからそういう当面の生活から来るイデオロギー、具体的にはプチ・ブルジョア・イデオロギーがロジックで排除されなければインテリにはなれない。

○○　逆にそういう関係からロジックそのものが社会主義的なイデオロギーになるということがある

のじゃないですか。恐らくわれわれなんかの場合には、そういうことが多いのじゃないですか。逆に、むしろマルキシズムの文書を読んで、これは科学的なものだということがわかるとイデオロギッシュになる。

――それはそれでよいので、ただその場合に社会主義イデオロギーが主になると科学的でなくなることになる。もちろんそれ自身がロジカルな展開に役立つことを否定するわけではない。

○○　ロジカルなものを承認できるというのが……。

――一般的にいって数学のロジックを承認できるというのはどうだろう。

○○　ちょっと違うのじゃないでしょうか、社会関係についてのロジックと。

――それは社会関係ではイデオロギーの制約がいつまでも残るというだけのことですよ。経済学の発達史はその点をよく示しているのではないか。社会関係の変化自身がそういう制約からの解放を基礎づけることになる。それが科学性を与えるといってよいでしょう。よくは知らないが、自然科学の場合でも旧社会的イデオロギーが排除されて発展しているのではないか。

○○　しかしブルジョア階級の中にひたってそういうもので生活している人というのは……。

――科学的に組織だった知識になると、そういう場合にもブルジョア的イデオロギーを反省することになる。そこから社会主義イデオロギーを是認することにもなるのではないか。

○○　そういう場合はむしろ社会主義イデオロギーをもちえないということもあるのではないですか。いいかえればある程度社会的な存在からの拘束を免れているインテリゲンチャという形になってくるのじゃないですか。

—— それは少しいいすぎじゃないかな。ブルジョア的イデオロギーに対しての社会主義イデオロギーというのは、ぼくにもそこの点決してはっきりしていないけれど、もっと広い社会的基礎によるのじゃないかと思う。だからブルジョア的イデオロギーをもっている人でも社会主義イデオロギーによって切り開かれた科学的正しさをもった理論に接すると、ああ、これは自分のほうが負けだという気がする。事実、経済学的な、たとえば貨幣とか資本とかいうような規定となるとこれはロジカルに正しいということで押せるのじゃないか。

○○ ただ、しかし研究者はそうかもしれません。ただ、実際大企業の重役やなんかがそういうものを読んで正しいと思うでしょうか。

—— それは思うですよ。それはちゃんと読めば誰にもわかる。

○○ ただ、いいかげんにしたらどうかな。(笑)

—— それは、むしろ変な学者先生よりかえって大会社の重役なんかという人の方がいい。そういう点、話をすれば、それはそうだといいますよ。たとえば価値形態論で例のリンネル二十ヤールは一着の上着に値するというのはこういう意味ですといったら、当然承認する。

○○ 先生、イデオロギッシュなものが論理的な思考を鈍磨させるでしょう。

—— だって、科学的規定はすでにイデオロギーから解放されているもの。

○○ だけどもブルジョア・イデオロギーが論理的な思考自身を鈍磨させる。

――それはおかしい。君のいわゆる鈍磨させているものを排除してこそリンネル二十ヤールは一着の上着に値するという経験的に誰でも知っていることが科学的に解明されるわけで、そうなれば誰でも承認せざるをえないですよ。そしてそれから一般的等価物としての貨幣が金何オンスでということを明らかにすれば、それはもうイデオロギーから解放され、貨幣の物神性も明らかになる。それが通じないのは、むしろ『資本論』の所説に間違いがあるわけはないと思いこんでいるマルクス主義経済学者の方だ。マルクスの偉大さはその形態規定を発見し、解明しようとした点にあるので、その説くところに間違いがないということにあるわけではない。その点は、ぼくも長年講義をしてきて何人にも貨幣の必然性を解明できるという自信がある。

○○　承認するかもしれないけれど、学問を発展させるあれにはならないですね、そういう人たちというのは……。

――それは学問的研究を続けなければ誰だって学問を発展させることはできないですよ。

○○　そうすると一回、自分の出身階級から遊離して……。

――科学的成果は、出身階級を遊離して理解するとか、どうとかいうものではないですよ。

○○　というのは、インテリにならないとだめなんじゃないですか。一回、自分の出身階層から遊離してトータルに社会全体を反省するという……。

――トータルというのに問題はあるが、そんな階級的問題じゃないんだ、ロジカルな問題は。それだから科学はいわゆる上部構造に入ってないんだ。

○○　しかしそういうロジカルなものを自分でつき進めていこうという……。
——　それはいまもいうように学問的研究をつづけるかどうかにかかる。部分的にわかってもトータルに理論体系をつかむということにはならない。ぼくらがそういう体系をロジカルに展開すれば誰にでも理解できることになる。これは同じ時代に生活している通常の人間である以上はみんなできることなのだ。
○○　わかりました。ただ、そうすると、さらに問題を進めていって、トレーガー(支持者)の問題ですけれど、福本さんとの関係で問題がそこに移ってきているわけですが、社会科学的認識は自分の出身階層から離れて社会全体をトータルに把握しようという形にならないとできないのじゃないですか。
——　それは科学とイデオロギーとを区別しないからそうなるんで、観念論になるんじゃないかというのはその点で、本来、科学的認識というのはそんな出身階級との関係で出来ないというようなものではない。君のいうトレーガーというのは科学にはいえない。だれでも認めざるをえないし、認めうる。問題は生活からくるイデオロギーから如何にして解放されるかにある。もちろん科学的認識で直ちに戦略や戦術をたてることはできない。現状分析はやれるにしても、戦略や戦術は、社会主義イデオロギーによる運動の内にはじめてたてられる。だから経済学の原理というんだったら、ぼくのあの原論、あまり評判よくないけれど、(笑)誰にでもわかるはずだ。間違いはまた誰にでも批判されてよいんだ。
○○　先生、いいすぎかもしれないけれど、ご自分から類推しているところがあるので、もっと人間というのはわかりにくいもので、いろんな……。

――あれを読めば――といってもそううまく書かれているわけではないから、その点は問題だが、また未解決の点も少なくないが――会社の重役にでもマルクス経済学はわかるんだ。理論的に正しければだれでも承認せざるをえないものです。実践から来るイデオロギーとは違うんだ。

○○　論理としてはそうですけれど、わからない。

――それはぼくの説き方がわるいからだろう。

○○　それなら共産党の連中はもっとわかっていいという気がする。

――それはいまさっきもいったように自分のイデオロギーがあるのでかえって理解しえないか、あるいはしようとしないのだ。それに原理論の範囲を認めないで、あれで何でもわかると思うからだろう。いわゆるトータルな認識も範囲があるわけだ。

○○　イデオロギーというのは……。

――マルクスのいうことに間違いはないというので押していくからだよ、虚心坦懐に読まんのだから。無理しているんだ。そしてすべてが解決されると考えるところにイデオロギーの性格がある。それは経済学の原理のトータルと意味がちがうんだ。

○○　イデオロギーがそういう認識を妨げるというのは……。

――その場合、イデオロギーが妨げるというのはブルジョア・イデオロギーでなくて、社会主義イデオロギーであってもそれを妨げる……。

○○　本当の社会主義イデオロギーじゃないと思うんだけれど、いろんなものが混在した……。

―― 本当のというのはどうかと思うが、イデオロギーだとみんな妨げになるんだよ。君のいう本当の社会主義イデオロギーだってそうだ。トータルというとき、その範囲が限定されないところにイデオロギーの非科学的な虚偽性があるのだが、しかしそうでないとイデオロギーは実践には役立たないんだ。

○○ どういう形のイデオロギーでも……

―― 妨げるが、旧来のイデオロギーの排除には新しいイデオロギーをもってしなくてはならない。科学的展開を新しくやった学者はいずれもそれをやっている。経済学はその点で徹底してやることになる。科学的に規定されたものを与えられれば、直接にイデオロギーそのもののそういう点が批判される。ただ、初めてそれをやろうとしたら、これは誰にでもできるというものではない。たとえばマルクスなしに貨幣論やれといったら、それはできないですよ。だけどもマルクスが貨幣論を与えてくれたら、これは資本家でもわかるんじゃないか。

○○ たとえば法政大学でいろんな人がいて、よく議論をして、そうすると、こっちのいい方がいろいろうまくいえないということがあるのでしょうけれど、絶対承認しないですね。「そうかな」といって。

―― 「そうかな」といわせればそれでよい。すでに自分で邪魔になるものを感じているのですよ。

○○ それはイデオロギーからくるのですね。

―― そうです。だから、むしろそのロジックを追っていない人にはわからないのですよ。追っていけばわかる。ただそのロジックを追って展開してゆけばよい。これはイデオロギーを破ってロジックのほうがずっと通っていくのです。もちろんこちらの方に間違いがないとはいえない。ところがたいていいはこうなんだ。ぼくのいうことを左翼の人なんかがいやがるのは、自分にもう公定のマルクス主義経済学の理論があって、それを講義したり、書いたりしているので、今さら改めるわけにはゆかない。いわば邪魔になるのでよく読まんのですよ。全くどうかと思うよ。

○○　その場合にあるイデオロギーというのをいちがいに社会主義イデオロギーというふうに規定してしまっていいものでしょうか。

――それは社会主義イデオロギーといってもいろいろあるからね。

○○　ぼくは違うように思う。

○○　そこをちょっと。

○○　具体的にいいまして、『資本論』の中で論理の展開を邪魔しているようなイデオロギーがところどころある。それが社会主義イデオロギーじゃなくてプチブル的イデオロギーである場合がある。

――それは単にプチブルじゃないのではないですか。社会主義イデオロギーの中のプチブル的イデオロギーである場合がある。

○○　それは単にプチブルじゃないのですか。

――社会主義イデオロギーの中のプチブル的性格とでもいうべきものが残っている。社会主義イデオロギー自身がしばしばプチブル的なものを残しているからでしょう。つまり反資本主義的なるものとして、それはマルクスにさえ残っているのではないだろうか。それだからといってそれは社会主義でないとはいえないですよ。

○○　空想的社会主義はみんなそうですね。

○○　空想主義的社会主義がみんなそうだとはいえない。

――プチブル的なものがたいていはいわゆる人道的なものと結びついて残るのではないですか。それは非常に深くわれわれの生活に入っている。そしてそれは当然といってよい。インテリはみんなそれをもっている。むしろ私有財産制度を肯定したイデオロギーをもって生活しているんで当然でしょう。

○○　資本主義イデオロギーもそれに包まれているといってよい。実際また社会主義という場合にも私有関係が全部排除されるかというとそうじゃないでしょう。社会主義といっても科学的社会主義としてのマルクス主義でその廃棄の運動の目標となる対象がはじめて明確になったわけで、それが具体的にどうなるかはそう簡単にはいえない。資本主義社会に代わる社会主義社会となると種々なるイデオロギー的な主張が出る。それは社会主義イデオロギーといってよいのではないか。

――先生は非常に広く考えているわけですね。

○○　そう、広く考えていいと思う。

――広くというより、そういういろんなものを混在したようなイデオロギーとして……。

○○　つまり資本主義の変革によって社会主義の実現をしようとするという意味でみんな入ってくるのですからね。

――社会主義イデオロギーというのは、なにか一つのものを考えておるようで……。

○○　社会主義社会の実現はそのイメージとしてのイデオロギーでできるというものではないでしょ

う。

○○　どうもそこのところ、社会主義イデオロギーが邪魔になるという場合に、その社会主義イデオロギーというのは……。

――それは科学的研究自身にということです。

○○　たとえば具体的な例を出すと、講座派の人たちは日共の三二テーゼでもってみんなやりますね。あれ社会主義イデオロギーに邪魔されているのですか。

――その点、変革の対象としての資本主義に対する科学的規定を社会主義イデオロギーでやれるという誤りが、入ってくるんじゃないのか。

○○　ぼくはどうもそこがよくわからなくて。むしろ社会主義イデオロギー以前の奴隷根性からきているのじゃないかと思う。

――わが国のような場合には特にその点厄介なのだが、反資本主義としての社会主義思想には、したがってその運動にはどこでもいろいろのものが入ってくるのは当然でしょう。

○○　それを区別しないで社会主義イデオロギーの中に入れて考える。

――社会主義イデオロギーといったら一体何をいうのか。運動となると殊に種々なるイデオロギー的主張をもつ人々を入れてゆかなくてはならない。それはブルジョア・イデオロギーというんだってそう簡単に統一されてはいないでしょう。ただ、ブルジョア・イデオロギーという場合には現実の生活過程の内に商品経済的に規定された法律的イデオロギーが一つの体系としてできているといってよいでしょう。それでもその中にいろんなものが入るのじゃないですか。
○○　それは入るでしょうけれど……。
――だから、それはむしろ生きたものでしょう。単に頭で考えたものじゃない。時と場合で種々な要素が支配的になる。考えたものにするとはっきりする代わりになんにもならんことになっちゃう。
○○　そういうふうにいうと、たとえばプチブル・イデオロギーなんていいますときにも種々なる思想が入っているわけですね。
――われわれにしても日常生活では大体プチブル・イデオロギーをもって生活しているが、思想的には種々なるものが入っているのではないですか。社会主義者にしてもそうでしょう。ただ、運動を推進する場合はもちろんのこと、科学的研究でもそれに支配されてはできないことになる。イデオロギーというのは単に頭の中で考えたものじゃないのです。むしろ社会的存在物なのです。
○○　そうすると、階級的イデオロギーといいますね。階級と結びつける形で考えると……。
――階級ということが問題になるのは現在の体制に反対する運動としてイデオロギーが問題になるときに明らかになるのです。だから多くの人々は自分のイデオロギーを自覚しないでいることになる。自然科学者の場合も一般的にいってそうなのだ。科学的規定がどうして客観的になるかを知らないのだ。マルクス経済学はその点を明らかにする道をひらいたといってよい。それはともかく社会主義イデオロギーは運動の中で確立されるといってよいのではないか。だから労働者でも組織運動に入らないと、社会主義イデオロギーを確保することはできない。日常生活ではそうはゆかない。運動の中では自分のプチブル・イデオロギーも社会主義イデオロギーに支配されている。その点どういったらいいのかぼくにもよくわからないけれど、社会的な存在として、その行動の基準としてのイデオロギーといったらいいかもしれない。それは単なる思想ではない。

○○　大づかみなところで共通点はあるけれど、いろんなものが入って。

――もちろんその中に運動を指導するものが出てくる。

○○　だから運動ができるという。

――そう、そう。だから指導者が変革の対象を科学的に把握すると運動を支配するイデオロギーも強力になる。指導者がはっきりしないと社会主義イデオロギーも非常にぼんやりしたものになるのじゃないか。ブルジョア・イデオロギーというのはぼくの理解では法律体系として日常生活の中に形成されてくるわけで、それも最初は指導者が大きな役割を演じたわけだろうが、資本主義の発展とともに簡単にゆかなくなる。プチブル・イデオロギーの中からも社会主義思想に影響されるものが出ることになる。ブルジョア・イデオロギーは本来は非階級的な、商品経済的なプチブル・イデオロギーの形をとっているのだが、それが動揺してくるわけだ。社会主義運動はむしろそこに発生するのではないか。しかしそれだけに留まりえなくなる。マルクス主義によって科学的になるというのはその関係を示しているといってよい。よくいわれるように社会主義自身が科学になるのではない。

○○　どうもそこのところがはっきりしないと……。

――社会主義の主張はどこまでもイデオロギーだが、またそれだから実践運動に直接に役立つのだが、それがそのまま科学的規定を展開するのではない。
○○　イデオロギーの問題、先生の場合もそういう問題がうまく書かれていない。
——　書かれていないのは当然だよ。ぼくのやっていることではないんだから……。
○○　書かれていないから、社会主義イデオロギーという場合に、ぼくは非常に実体的に考えちゃって、先生に反問されると困っちゃうのですけれど、なにか講座派まで社会主義イデオロギーでやっていたのかしらという、逆に疑問が出てくる。
——　むしろ余りに社会主義イデオロギーに支配されたために科学的でなくなったのではないか。運動のためにやるというのでは科学的規定を誤まるのは当然ですよ。それは科学的社会主義としてのマルクス主義に反することにもなるのじゃないか。
○○　そうするとイデオロギーというのは、簡単にいえばどういうことになるのですか。
——　日常生活であろうが、政治活動であろうが、その実践の基準となる思想の体系化したものといってよいのじゃないか。もともと社会的に形成される観念的なもので、イデオロギー的に展開された規定はそのままでは科学的にはならない。実際またそれでは観念論哲学を批判しうるものにもならない。
○○　そうすると社会心理に近い形になるわけですね、先生の場合。
○○　ブハーリンなんか社会心理とイデオロギーとを分けて……。
——　社会心理というよりはもっと一定の社会的行動の組織的原理をなすものでしょう。
○○　社会心理を体系化したのがイデオロギーだと。

――社会心理にちがいないが、そんな漠然たる超歴史的なものではなく、一定の歴史的に支配的な社会生活ないし運動の基準とせられる観念形態ではないか。

○○　恐らくその場合、思想とイデオロギーとの区別が必要なのではないですか。

――一般に思想というのはもっと広くも使われるでしょう。個人的な思想とか。科学的な思想ということもいえるが、科学と思想と対照的にいえば思想はイデオロギーということになる。これはぼくの感じだけの話だが……。

○○　科学的思想というのは。

――科学的な、客観的なものを求めるという場合の考え方でしょう。

○○　科学主義なんていうやつ。

――科学主義ということもいえるんだろうが、それは少し意味が違ってくる。ぼくはもちろん科学主義じゃないけれど、しかし科学を尊重するという点では科学主義といわれても仕方がないと思うくらいだ。

○○　科学主義というのは、それで生活の全部を決定しようという何だか味のないものになってくる。宮城音弥氏みたいな、ああいう形になる。

――宮城君は科学主義だね。

○○　どういうの。

――たとえば家なんかも科学的に……。

○○　家なんていうのは科学的にきまっているじゃないですか。
――むしろ長い生活経験から伝来した家を自分で科学的に作り直すんだ。
○○　一部屋しかないのよ。
――われわれの家も最近は段々と非科学的なところがなくなってきて、例えば平素は使わないでいる室なんか殆どないが、彼の家はそれを徹底して一部屋にしているということだ。
○○　それで、なにか未知なるものについて悩みなんかあるとぼくのところにいらっしゃいというんだ。電気をかけてやればすぐそんなものは直るんだという。そういう科学主義だ。
――実に自信が強いんだ。もっとも社会科学のことになると、どうも自信が余りないようだが……。
○○　清水幾太郎氏とか、ああいう人々は同じ型じゃないですか。
――清水君はもっと思想的で科学主義というより思想主義ですね。
○○　自信の強いところがある。
――どうですかね。やっぱり西洋を非常に崇拝しているね。だからぼくには明治以来の伝統のような気がする外国の書物を沢山読む知識人というのではないかと思えるが……。
○○　大内兵衞さんなんかもそうらしい気がするんですが……。
――そういう要素はあるけれど、それほどじゃない。清水君の場合は西洋からの新思想の輸入にいつも忙しいんだ。
○○　ミークが来たときに諸先生が丁重そのもので、ぼくなんか質問するでしょう。そうすると、なんか腹立たしいような感じになるらしかったです。

――ミークはミークで、どこに行っても質問を受けると「宇野理論か」と。宇野理論を覚えて帰ったんだが、内容は一つも知らない。

○○　ミーク自身はぜんぜん悪気がないので、フランクな人だったですよ。

――東北大学でも、いつもぼくに反対している原田(三郎)君が質問しても、「それ、宇野理論か」というので、原田君弱っちゃったということだ。ミークは西洋は西洋でも、あれはオーストラリアでしょう。

○○　ニュージーランドです。

――それはともかく英語でやられると、つまらぬことでも英語がわかったということで感心してしまうんじゃないかな。明治以来の伝統的知識人は……。

○○　彼自身は非常に感じのいい人だった。非常にゆとりのある。こっちがずいぶんゆとりのない質問を、とくにぼくなんかするんですが、少しもそれに激昂しないでゆとりをもって、回答にはならなかったけれど、答えようとする。答弁にゆとりがある。

――あのときはちょっと面白いことがあったよ。ぼくは会ってもぼくの話が通じたかどうかわからないけれど、ぜんぜん誤解して帰った。だからのちに『経済評論』に書いたのを見てもぜんぜん誤解しているんだ。マルクスがいま『資本論』を書いてもあの『資本論』と同じものを書いたろうとぼくがいっているというのだ。そんなことはぼくはいっていないんだ。

○○　半分は正しいのですね。

――半分は正しいといっても、問題はそこにはない。原理を書いたらという意味だが……。

○○　原理というものは彼にはわからなかったのですね。「ピュア・セオリー」と訳した。

○○　それでわかるでしょう。

○○　「ピュア」としちゃうと近経的なあれが入っちゃう。

○○　本当は「プリンシプル」といわなければいけない。リカードといわなきゃいけない。

○○　そうしたらポリティカル・エコノミーになっちゃう。エコノミックスというとまた近経になっちゃうし、理解させるのにむずかしいですよ。

――ミークについては今もいったようにちょっと面白いエピソードがあるんだ。玉野井(芳郎)君が、東大の連中の会か何かでミークに会ったときにぼくの話が出たらしく、一度会ってみないかということになって、玉野井君からぼくにいってきたんだ。しかしぼくは英語で話なんか出来ないから通訳つきなら会ってもよいと答えたので、玉野井君はその通訳を誰にたのむかを木村(健康)君に相談したら、木村君は自分でやってやろうということになったというので、ぼくも喜んで会うことを約束したんだ。ところがミークを日本に招待した先生たちから、ぼくに会わせるような時間は日程にないというので断わられた。あとできくと音楽喫茶なんかには連れていく時間があったということだった。後に九州大学でも高橋(正雄)君がミークと会うというから、その話をしたら、それをミークにいったとみえてミークからも何故ぼくに会えなかったのかわけがわからぬといっていたということだった。ぼく自身も会えないことを残念とまでは思わないが、ミークを招待した大学の先生たちのやったことは、その人たちの一面を示していてなかなか面白いと思っている。それはともかくこういう先生たちにもぼくらのいうことはよくわからないらしい。ぼくらがいうのが間違っているのかもしれないけれど、どうも間違っているようには思えないんだ。どうして話が通じないのかといつも思っている。

○○　ぼくはミークと東京じゅう方々いっしょに回って話したのですが、どうも違うんだな。プラグマチックでイギリス的な、たとえば価値形態論で質問するでしょう。そうすると、価値形態論もたしかに大事だが、自分は勉強していない。それにしても現代的な問題が大事じゃないか、日本のマルクス経済学者にもそれをやってほしいということをいうわけです。価値形態論というのは、結局一種の物物交換論ぐらいにしか理解できていない。

――しかし、それは外国ではみんなそうじゃないのか。価値形態論を理解しているマルクス経済学者はいないのじゃないだろうか。

○○　レーニンなんかどうだったのでしょう。

――レーニンにも明確な理解はないのではないかな。

○○　「カール・マルクス」なんかみると、やっぱりそういう感じがしますね。

○○　書いていないところをみるとね。

○○　ちょっと書いているでしょう、初めに。

○○　書いているけれどもただ……。

○○　重要性を強調していないということ。

——だから、レーニンなんかにも、ある程度、単なる等価交換だけじゃないという予感があっただけで、明確にはされなかったのではないのか。なにかどっちつかずに書いているところがある。ミークやスウィージーになると、それも全然ない。

○○　イギリス経験論の伝統みたいなものが受けつけないのじゃないかな。

○○　つまり抽象されたものが出てくるということがわからないのです。出てきたそのものが具体的なイメージと結びつかないと、どうしても等価交換論になりますね。だからカウツキーまでそうですね。

○○　カウツキー、ちゃんとやっているのでしょうか。

○○　ちゃんとかどうかわからないけれど、しかし他の連中に較べれば、それはいちばんよく理解しているでしょう。

——ぼくはヒルファディングの「貨幣の必然性」を価値形態論で批評した論文を書いたあとで直ぐ東京に来たのだが、そうしたら櫛田さんがぼくを本郷の宿に訪ねてきて、いま君の論文を読んでいるところだといって、ふところに持っていたのです。これはなかなか面白いといって、お前だれに教わって書いたか、だれか先輩があるかというから、ぼくはだれにも教わったということはない。ただ「価値形態論」は、この論文のあとがきにも書いたように、河上先生の「価値形態論」で、なんだか非常に重要なものだということは感じていたが、ヒルファディングの貨幣論をやってみて初めてその重要さがわかったということをいった。そのとき櫛田さん、カウツキーもわかっていないのじゃないだろうかというんだ。ぼくはあの論文はカウツキーにずいぶんよっているのでカウツキーもどうもあやしいと思いながら、そういえなかった。櫛田さんがそういったから、ぼくもそう思うといった。思うけれどカウツキーにはその証拠をつかむわけにいかないのでなんともいえない。なにかそういう感じはするといって話したことがある。

○○ 櫛田さん、これちゃんとわかっていたのでしょうか。

―― 櫛田さんは、ぼくのひがめかもしれないけれど、ぼくの論文を読んでから以後、価値形態論を重要視するようになったのじゃないか……ぼく、だれにもいままでいったことはないんだけれど、そう思うんだ。

○○ それを「ひがめ」という言葉はおかしいですよ。倉敷的なところがある。

―― ぼくは、その後の論文には「価値形態論」を経たような考え方が出ているような気がするんだ。

○○ たとえばどういう論文でしょう。

―― ちょっと覚えてないけれど、探せばあげられると思う。

○○ 櫛田さんの「貨幣論」はあるのですか。

○○ ありますよ。

○○ どういうものを書いているのでしょう。

○○ 四つぐらい論文ありますよ。

――ぼくの論文の出たあとで書いている価値論だったと思うが、ぼくは、「ははあ、櫛田さんも相当価値形態論に気をつけたな」という感じがしたのですね。密かにそう思っていたんだ。

○○　先生、それでもって櫛田さんのことぜんぜん先生のほうから名前なんかあげないでおられたでしょう。別にそれで、そういうふうになったからといって、なにかしゃくにさわるような、そういう感じはないのですか。

――そんなことは全然ないよ。ないけれど、「ははあ、櫛田さんもいままであまり気がつかなかったのだな」と、ちょっとこっちでは内心得意になっていたんだ。

○○　そのとき思われたことをだれにもいわないで、いままでじっとためておられるという。

○○　ためているというのじゃない。忘れているわけだろう。

――そういう感じは忘れはしないよ。だけども確実にそうだとはいえないし、いっても何の役にもたたないではないか。櫛田さんともその点、話す機会はなかった。その後は地代問題ばかり論じていた。

○○　そろそろ主題の「貨幣の必然性」に入ることにしましょう。なにかあと先になっちゃいましたけれど。

――「貨幣の必然性」はもうこれで終りにしよう。いま読むとちょっと面白くないんだ。

○○　ぼくは非常に面白く読んだのですよ。つまり商品から生産物への道と、商品から貨幣への道と違うんだというふうにいって、それでヒルファディングを批判されている、ということは……

○○　生産物への道ですか。そうかしら。商品経済社会の本質への道と形態の道じゃないかしら。

○○　ここに書いてあることは……

○○　本質と形態となんじゃないかな。とぼくは思いますけれど、そうじゃないですか。『資本論の研究』六十三ページ「これによってわれわれは商品から貨幣への道にあるのではなく、反対に商品から社会的生産物への道にある。」

○○　そのことです。

○○　社会的生産物というのは、ぼくも引用しているし、先生もあれしているけれど、商品生産の本質という形になるので、だから単に生産物じゃないでしょう。要するに形態論へ行かなくても、たとえば商品経済社会では価値形態をとるというのは価値形態といわなくてもいえるわけですね。無政府的な性質だから価値をとるんだということぐらいはいえるので、ヒルファディングのはそういう理解でしょう。だから「ノートゥウェンディッヒカイト」が「貨幣の必然性」から「貨幣の必要性」ということになって。

―― その点、君たち二人のいう点は、少なくともぼくには別に問題じゃなかったんだ。つまり商品形態というのを商品生産物というように理解するところからくる誤り、しかもそれを社会的生産物といっちゃう。

○○　それが商品経済の本質だという形で。

―― それは価値の実体の根拠をなすものではあるが、商品経済の本質はその実体を価値とする形態にあるということになる。ヒルファディングはその点をつかんでいないので、後にあの貨幣論から組織された資本主義論が出たりすることになる。

○○　話をあとに戻すことになるけれども、ぼくが商品から貨幣への道と、商品から生産物への道といったら、そうは書いていなくて社会的生産物と書いてあるのだからそれが商品経済の本質だというのはどうかな。

――生産物というのをそう理解したのでしょう。それが価値実体の根拠をなすというので本質といったわけだろう。

○○　単に生産物にヒルファディングは戻るというのじゃないでしょう。単に戻るというのじゃなしに、要するに一定の商品経済社会でもって価値となるということは理解していて、価値形態を、ただ無政府的な生産だから価値となってあらわれ、そこでもって貨幣が必要になるという程度で、それは間違いじゃないけれど、しかし非常に常識的理解になっちゃっていると思うんだ。

――つまり社会的生産物というのが商品価値を基礎にした社会的生産物となっている。生産物自身が価値をもっているんだ。労働の対象化したものとして価値をなすというように理解しちゃうわけですね。だから価値形態なしに商品から貨幣を経なくても社会的な、つまり価値をもった生産物になっちゃう。そういう考え方ね。

○○　私もそういう意味でいったのです。単に生産物だったら、たとえば効用だとかなんとかに戻る形になるでしょう。ところがそこまでは戻っていないというところがヒルファディングにもあるのじゃないか。たしかにフラッハだけれど、そこまでは戻っていないところがあるのじゃないか。だからそこのところ、先生もかなりつっこんでいながら、しかしまだ足りなかったんじゃないかといっているんです。遠慮しながらいっておられるところがある。

―― その点は、当時まだ十分にわかっていないからね。いまからいえば、価値実体の論証ということが本当にはできていないでマルクスの所説にしたがっていたのです。まだそこまでいっていなかった。

○○ ただ、それでぼくは非常に面白かったのは、つまり価値形態論に原因があるんだといって、そして結局、価値形態論の中から価値実体を排除しようとする方向で考えておられるのですね。

―― そういうことになると思うんだけれど徹底していないんだ。

○○ ヒルファディングの場合は、それを価値実体論とくっつけて考えているから、本当の価値形態論になっていない。そういう点です。

―― それはたしかにそうなんだ。ヒルファディングは初めから実体論があるのです。だから形態はいらないんだ。

○○ だからそういうことは形態論そのものを、先生は漠然とですけれど、実体論を排除する方向へ進めていたんじゃないかという、そういう点非常に面白いと思うんです。

―― その点はなかなか排除できなかった。大問題だからね。

○○ ロジックでは排除していますね。要するに実体が何であるかということを説かないで貨幣の必然性を説いている。

―― 説けるわけなんだからそういえるかも知れない。これはちょっとむずかしい問題だけれど面白い問題でね。実体を説かずに貨幣の必然性を説かなければならないという、こういう問題にぶつかったということは、ぼくにとっちゃその後の『資本論』研究に非常に影響することになるんだ。
○○　だから、つまりほかにもいろいろ書いておられるかもしれませんが、これが学問的な論文として最初のものでしょう。そのときにすでにその問題が出てきたということは面白いですね。
――そうね。これは河上さんの「価値形態論」を一生懸命やって、これによるといってよいが、実際はそれに直接は教えられていないのです。
○○　そこをちょっと、文章的によくわからないので。同じ『資本論の研究』の六十三ページなのですけれど、ちょっと読み上げますと、「しかるに、かかる自由人の社会は、マルクスにあってはロビンソンの島と同様に、むしろ商品生産の基礎上において労働生産物をつつむところの商品世界のすべての神秘、すべての魔法妖術を消滅せる世界である。河上博士の言葉を借りれば、〈以上、少なからざる頁を費やして商品の物神崇拝性は商品生産という特殊な仕方に適応する社会的意識形態にすぎないということを諄々として説明したけれど、それでもわからなければ仕方がないから一度商品生産社会を抜け出て外の社会を窺ってみようではないか。そうしたならばあらゆる生産物が金何円、金何十円というような価値表現を受けているのは、まことに商品生産社会に固有な現象なのであり、もし社会的生産の仕方が変われば、それに応じて社会的労働の規定の形態もまた変ってくるものだということが、いやでも応でもはっきりするであろう。〉――こういうのがマルクスのかかる社会を引合いに出した〈趣意〉だというのである。云い換えれば、此れによって吾々は、商品から貨幣への道にあるのではなく、反対に商品から社会的生産物への道にあるということが明らかになる。」こうおっしゃっているのですけれど、これどういう意味で河上さんのを引用したのですか。ネガチブな形で引用したのですか。

—— そのつぎのパラグラフで「かかる規定が、それ自体として誤れるものであるというのではない。しかし云々」といってマルクスの規定をややぼく流に解釈しようとしている。

○○ 要するに形態論そのものじゃなしに、むしろ形態論のむずかしい理解を逆にやっちゃって、ロビンソン物語の、いわゆるマルクスのいっている本質的な諸規定、それに引き戻しちゃっていることになる。

—— 実際はマルクスの場合も解釈としては河上さんやヒルファディングのが正しいのかも知れないのを今から見るとぼくは強引に形態論にひきつけているようだ。

○○ 本質的規定というのはマルクスも用いているところがありますね、ロビンソンのところで価値の本質的な規定があるという……

○○ しかしあながち、さっきぼくのいったのも間違いとはいえないと思う。実際に河上さんのいまの引用、そのとおりではあるわけでしょう。ほかの社会では価値規定を受けないで、価値規定を受けるのは無政府的な生産の社会でと……。

○○ それはぼくは百も承知しているよ。

○○ だからそうなると、単に生産物に下ろうとするというのでなくて、ちょっと形態論抜きにした形で商品生産の本質を説くという形になっているのじゃないか、といいたかったのです。

○○　それを生産物という言葉でぼくは表現したわけだ。

——その点マルクスの説明自身に不明確なものがあると思うが、そしてぼくも明確ではないが、他の社会形態では単なる生産物にしてよいということにはならない。生産物といっても多かれ少なかれ社会的なものを含んでいるし、そうでない単なる生産物として個人的なものもあるだろうが、——ロビンソンの場合は別としても——一般的には商品形態が入りうることになる。経済学的には社会的なものが商品形態を与えられるということから形態論が重要になる。それをマルクスのように直ちに労働価値説を展開するというところに問題がある。本当をいうところでそういう証明しちゃいかんということをいわなきゃいけないといいうべきだったたか、まだその当時はその点、ぼくにも明確ではなかった。

○○　ただ、こういう形じゃいかんということがいえないところがあって。

——それは今だからいえることで、この論文ではヒルファディングの誤りもコースが逆に実体論に向っているのじゃないかということをいいたかったわけだ。

○○　ただ、それは間違いとはいえないでしょう、こういう規定自身というのは。

——もちろん間違いじゃないけれど、ロジックのやり方は、ロビンソンをそこにもってきたりするのは、前に労働価値説があるからもってくることになる。ヒルファディングの誤りもそこから出てくる。だから、いわば君がいうように、労働価値説の論証自身を改めなければいかんのだということになるはずだ。

○○　だからそういう方向がみえていながら、そのことがはっきりしていないから一種の煮えきらなさになって残っているわけだが、それがまたちょっと面白かったのではないですか。
○○　あとがきに「真のマルクス的なもの……」という言葉の意味がよくわからないのです。
――それはなにを書いたかな。
○○　追記で、「最近、わが国のマルクス経済学研究も一段の発展をとげ、最早マルクスにおいて単に古典的なるものの発展を求むるのでなく、真にマルクス的なるものを明らかにすることが行なわれている。これはマルクスの経済学に留らず、その全範囲にわたる研究の結果であると思うが、経済学の範囲では、長い間の価値論の論争が生み出したものであろう。マルクスの価値形態論、貨幣論の研究がそれである。この一文も全くかかる発展の影響に刺激されて、筆をとってみた一試論である。したがって此れによってヒルファディングの『金融資本論』の価値を云々せんとするものでは決してない。只価値形態論の重要性を考えてみたかったのに外ならない。誤解を恐れて一言しておく次第である。」といっていられる。これは「初めは処女のごとく」という感じですね。
○○　だから「マルクスにおいて単に古典的なものの発展を求むるのでなく、真にマルクス的なるものを明らかにする」というところに漠然と出ているんだ。
○○　しかも「行なわれている」と書いてあるわけでしょう。ところが実は行なわれていないわけでしょう。行なわれていましたか、先生。
――そういわれると、ぼくも困るが、しかし河上さんの「価値形態論」の研究というのはそういう方向だといいたかったのだ。

○○　しかしそれは逆に書いてあるわけですね。

——とにかくそれまでに価値形態論はやられていないんだから……。

○○　ああいう膨大な体系の中で、どこが目のつけどころかというところを指示したこと自身が……。

——重要なことだというわけだ。これは福本君によるものと思っていた。

○○　福本さんはちゃんといっていますね。価値形態論が重要で、ブルジョア経済学の限界ではこれはできないんだが、これが弁証法を示していると。

——これが弁証法を明らかにしているというのは福本君から初めて聞いたように思うが、福本君自身はそれをやらないで、河上さんがやったんだ。福本君の主張はむしろマルクスの経済学に留らず、そこでぼくのいっている「その全範囲にわたる研究」と関係づけた点にその役割があったのではないか。その実際の効果の一つが河上さんの価値形態論というわけだ。

○○　福本さんがあれを書いてもぜんぜん内容がないから直接には役立たなかったのではないですか。

——内容はほとんどないので、『資本論』についての発言と同じなんだ。それが『資本論』研究者の多くの人に無視された理由だろう。もっともぼくの場合は先きにいったようにレーニンが間違いだといっているのに理由をあげていない、それを知りたいというのが動機だ。ヒルファディングを読んでみると、たしかにおかしい貨幣論になっている……。それにちょうどドイツのローテ・インテルナチョナルといわれていたルクセンブルグなんかが始めたその雑誌に当時も多少まだその貨幣論々議が続いていた。その前にもうカウツキーや、それからロシアの誰だったか批評していたんだが……。

○○　だれですか。

——よく覚えていないが、やっていることはやっていたが、大したものではなかった。やっぱりカウツキーのがいちばん内容のあるものだった。実質的には正しいと思った。それは笠(信太郎)君がもう訳していた。

○○　ぼくもこの「価値形態論」を学部のとき読んで、「ああ」と思った。ぼくは一橋のとき友だちに、これは大したものだといわれて読んで、むしろ表式論をその男はいっていましたけれど。先生、これをお書きになっているときに、自分でいままでとぜんぜん違った新しいことをいったというふうには考えられなかったのですか。

——実質的にはカウツキーによっているのであまりそうは思わなかったね。しかし相当自信はあった。ただこの論文については面白いことがあるんだ。それまでぼくには論文がないから教授にするのがなかなかむずかしいといわれていたのだ。初めは外国留学がすんでいるので教授にすぐなるはずだったけれど、高橋先生がまだ助教授だったので先生が助教授なのに生徒が教授になっちゃおかしいだろうというんで教授にならなかった。それで助教授だったのです。ところが妙ないきさつで助教授が延びて、そのうちに文部省の方で次第にむずかしくなった。その妙ないきさつについて話してみよう。この間、法政のぼくらの教授会で教授をさしあたり辞退した人がいて問題になったことがある。ぼくはそのときそのことをいって、やっぱりなれるときになっておいたほうがいいということをいった。なにも遠慮することはない。教授になったからといって急に変るわけではないが、しかし辞退したりすると、その人の思いもしない結果をもたらすことにもなるといって、ぼくの経験を話したのだ。今はもうそういうこともないだろうし、官立と私立とでは事情もちがうが、昭和の初めだったと思う。ぼくと同年の助教授が外国留学から帰る際に、その当時は前にもいったように当然とせられていた教授昇進を辞退したのだ。文科の先生方の内には感心だといってほめていた人もあったが、しかしぼくの方はそのおかげでまた延びることになった。もう高橋先生との関係も問題でなかったので何もぼく自身には遠慮する必要はなかったのだが、ぼくには何の説明もなくそういうことになってしまった。そのうちに例の思想問題がやかましくなって、その辞退した友人はそのうちに教授になったのに、ぼくの方はなれなくなってしまった。経済関係の教授からは直接ではないが、ぼくには論文もないのでということを聞いたこともあった。もっともそれにたいして書いたわけではないが、ヒルファディング批判の論文は、ちょっとそれにたいするものとなったのだが、はたしてそんなことをいっていた人にはわかったか、どうか、わからなかったのではないかと思う。

○○　櫛田さんとか、ほんの少数の人だけだったのですね。

――　ところがヒルファディングの「貨幣論」とか「価値論」とかいうのはわりあいに受けているんです。日本ではあれでマルクス経済学に入門した人が非常に多いんじゃないかな。

○○　ドイツ語もやさしいし、非常にわかりやすくて。

――　わかりいいような気がするわけだ。だからおかしいことになっている。もちろんマルクスにも責任はあるが、あれでマルクス説を論ずるのでは困る。ぼくの場合はしかしあれでますますいけなくなってしまった。ああいう論文があるのではということになった。わかりもしないでね。
○○ いつか奥さんがこぼしておられました。先生、助教授だけれど論文がないから教授になれない。なにか書きなさいというんだけれどなかなか書かなかったといっておられた。
—— それは、ぼくはやっぱり自信がなかったのです。ぼくなんかに論文書けるわけないと思っていた。みんなは偉いものだなと思っていた。もっとも、その偉いというのは少し皮肉な意味もあるが、しかしほんとに偉いものだという感じもあった。事実、ぼくにはなにも書けそうにないように思っていたんだ。
○○ 内面的な基準をもっていたのですね、マルクスが基準になっていて。
—— マルクスが基準になっているといったらおかしいけれど、東京の連中を相手にしていたんじゃだめだ。世界を相手にしようとはいつもいっていた。これは東北大学で、後までもいつもいっていた。別にコンプレックスからではない。論文を書くのに東京の大学や京都の大学の連中を相手にしていてもしようがないでしょうと、ちょっと威張っていたわけね。
○○ あの論文にはかなり準備期間を必要としたのですか。
—— ちょっと覚えないけれどね。
○○ いまはかなり早くものをお書きになっておられるようですけれど、あのころはかなり苦心なさったでしょうか。
—— 長かったのだろうか、ね、覚えないけれど。ぼくはしかし、もとからそう長くかからんほうですがね。

○○　わりあい頭の中でまとまって。

——まとまってというより、書きながら考える。そうしないとなかなか長くは考えられない。

○○　原稿でいう草稿のようなものは……

——書かない。

○○　これ一回で書いたのですか。

——一回です。いいわけじゃないけれど、ぼくの文章のまずいのはそれなのですよ。書きながら考えて直したりするものだから主格が動詞と合わなかったりするが、仕方がない。書く前に考えていたのと違ってきたりする、そういうところはあるのです。だからあとから直したらよくなるんだけど、あとから直すのはできない。もっともそれまでに話してはいる、研究室やなんかでね。

○○　先生はそのころからかなり……

——話しすぎですよ。

○○　こういうことを話すような相手いるのですか。

——いますよ。助手や、学生にも、それから問題によっては長谷田君なんかとよく話した。長谷田君はマルクス経済学を大してやっていたわけではないがとにかく東北時代のぼくの聞き手です。話することはある程度考えることです。だけども書き出すと、話しているときには考えなかったものを考えることになる。それで書かないといつまでも具体的にならんわけです。もちろんきちんと考えて書けばわかりいい文章も書けるわけだが、そんなには考えられないんだ。
○○　見方によっては先生の文章は読んでいて、考えて書かれるから、いわばコクがありますね。考えさせる。
――　ぼくとしては一緒に考えようというわけだ。
○○　実際できあがったものが書かれたのでは面白味がない。
――　それは講義の場合もそうですね。きょうはどうもうまくまとまらなかったけれど行って話しなければならない、それで一生懸命に講義すると、そのときのほうがぼくには講義しいいんだ。ところがあらかじめできてしまってもう本になったりしていると、内容も話す順序があってかえって、なんだか気抜けがしちゃって自分では話がおもしろくない。
○○　偉大な雄弁家というのは話をしていてなにかぜんぜん自分が考えていなかったことが出るということがあるらしいですね。先生なんかやっぱり話していらして、かなりそういうことが……。
――　そう偉大ではないよ……。
○○　話しながら自分のロジックがずっと新しく展開する……
――　それは非常にしばしばある。
○○　やはりマクラだけ考えていた方がいいですか。
――　ところが同じ話になっちゃうんだ。(笑)　戦前はほとんど講演したことなどなかったけれど、戦後になって講演するようになってからどうも弱っちゃっていつも同じことをしゃべっている。しかし考えていったらだめだからね。

○○　東大にいらして非常に優秀な方、鈴木（鴻一郎）さんとか大内（力）さんとか、ああいう方を弟子にもったということは、先生にとってもよかったのですね。

――　弟子というわけではないが、ぼくにとっては非常にありがたかった。そして毎日のようにみんなと話しているでしょう。社研ではまた特に研究会もいくつか毎週やっていたからね。だれかが簡単な報告をした。一つ一つは大したことはないと思うことがあっても、やはりぼくにとっては研究会は非常に役立った。それからあと最後の五年は大学院があった。これがまたぼくには非常にプラスですよ。

○○　ラッキーだったわけですね。

――　非常にラッキーだった。戦後、長谷田君がぼくのうちに泊りがけで、ぜひ東北に帰れといってきたのです。しかし断った。東大へいったのはその後のことです。

○○　東北に行っても先生は同じようにやられたでしょうが……。

○○　話をもとに戻して、いまお考えになってみて、「貨幣の必然性」でどういうところがいかんというふうに……。

――　やっぱりそれは、労働価値説の論証というのを、『資本論』のままで受け入れている点ですね。それは価値形態論と合わないものを含んでいる。

○○　そのころから？

――　そう、なにかその感じはあったけれど、それは明確にしえなかった。それがいえるまでには、それから五、六年たっているのです。昭和十年以後になってです。労働価値説もあれじゃいかんというのがいえるようになったのは。

○○　もう一つこういう問題はありませんか。いわば貨幣がミクロコスモスになっていますね。要するに流通形態がミクロコスモスじゃなくて貨幣で一応自己完結的なものになっているでしょう。貨幣からの転化、その点はどうなのでしょう。

――　そんなことは考えていないね。

○○　その点、あの論文の欠陥ではないでしょうか。

――　その意味は商品流通で社会が完結するという意味だろうか。

○○　社会的な基準を設定しなければいかんわけですね。

――　それが労働価値説の論証と関係するわけだろう。いわゆる価値論の論証ということになる。

○○　結局、価値論の論証がそのころうまくできていなくて……。

――　価値の実体の論証ができないから貨幣論になるわけだし、それはまた資本に発展しなければ価値の実体を明らかにしえないのだが、その点はまだはっきりしていなかったのだ。

○○　いわば、ある意味じゃ貨幣で……

――　商品経済全体が説けると思ったわけではないが、まだ明確にしていなかったのだ。

○○　それで間違いじゃないのですけれど……。

――　いや、やっぱりそれはいかん。

○○　しかしロジックとしてはちょっと合わない点が……。

――それは今もいう通りだが、貨幣から資本への転化という点はいまもなお問題になっている。ただ、貨幣から資本への転化と、資本の中の形式の転化ということとが、ちょっとぼくには少々違った性格の展開になっている。それは面白い問題だが、まだ明確でない。マルクスの場合には貨幣から資本への転化が結局は、近代的な産業資本への転化となっているが、ぼくにとっては資本形式の発展というのが続かなければならない。問題は貨幣から資本への転化はむしろ論理的だが、ぼくは資本形式の展開ということには歴史的なものが入ることになる点にあるのだと思う。

○○　それからもう一つ、なにかずいぶんひどいこと申し上げるようですけれど、先生が貨幣の必然性で問題を始めたということが、ずいぶん思いあがったいい方になるかもしれませんけれど、弱い点を残していないかという気がする。というのは、あのころは福本さん以後、アンファング（端緒）の問題が問題になっていますね。アンファングの問題でやっていて、先生はそれを貨幣の必然性という形でおやりになったのですね。それが、なにかどうもあとに問題を残している。よくはわからないのですけれど、今度の新しい原論でも端緒の設定というのは先生のおっしゃる通りだと思うのですけれど、しかしなにか、どうも納得的でないという感じがして、要するに流通論、生産論、分配論に対する流通論の、その端緒だという問題と、それから流通論の中で商品が端緒だという問題を先生、方法的に分けておられますね。分けておられるということを必ずしも自覚的にどうもやっておられないのじゃないかという感じがして、それはどうも、なにか貨幣の必然性という形で形態論をやったということと関係していないかどうかという。結果的には正しいのでしょうが、たとえば商品として設定するということ。なぜ商品で設定できるのかという問題ですね。たとえば先生、流通論についてはもともと、要するに商品経済の発生の間の関係だから形態論でやるといわれますね。そしてその流通形態論の端緒は商品ということになるのですね。ところが流通論の中での商品の設定になると、資本主義社会では資本が規定的だとせられ、資本というのは、しかし貨幣を説かなければいけない。商品を説かなければ貨幣は説けない、だから商品から設定するんだという形で、どうも流通論の……

――説明が二重になっているというわけね。

○○ 資本を説くためには貨幣を、貨幣を説くためには商品を、という形で設定しておられますね。それは実際に、恐らくいちばん正しい設定だというふうに思うのですけれど、ただアンファングの置き方で、資本主義を対象とする経済学で最初に問題になるのは流通論でその端緒は商品という流通形態だという風にして始めておられますね。アンファングですから論証は必要としないと思うのです。それ以後の諸規定で事後的に証明される形になるからでしょうが、しかしそこに方法的な説明が必要ですね。アンファングがどういう形で設定されるのか。アンファングの設定の仕方が方法的にちょっと、あるいはずいぶんいいすぎかもしれませんけれど、ちょっとなにかほかの、いわば資本主義以前の社会構成体の中での商品経済の発生を例証とするというのでは方法的に弱いのじゃないかという気がするのです。

――しかしそれはむしろ方法的に正しいのじゃないか、資本主義といっても他の社会と同じように一つの歴史的社会であり、その資本主義以前の社会で、共同体の間に出現した商品形態が、全社会を支配するということになるのだから、歴史的社会としては当然にその端緒が商品になるわけだ。つまり資本主義の場合の基本的な社会関係を規定する労働力商品化のいちばん根底のところに商品関係が入ってくるでしょう。それで君のいうアンファングも解決される。つまり商品で商品が生産されるわけだ。

○○　いや、先生のロジックはアンファングを流通論でおくというロジックは、やはり資本主義以前の流通形態から……。

○○　共同体と共同体との間に発生するものとして……。

――それによらないではできないよ。商品形態の発生というのをなんで説くか。

○○　福本さんがちょっと気がついておられて、アンファングの端緒の問題として出したああいうやり方。要するに端緒というのは論証できないものだ、だから措定する以外にないんだと、それの中で要するに事後的にわかるものなんだと、論理的な展開の中で、なぜ端緒においたかということが、それ以後のロジックが正しければ正しいものをもたざるをえないと、端緒については、いわばそういうことが考えられなければならないわけですね。その点わたくし自身どれくらい理解していっているかわからないのですけれど……。

――しかしそれは体系としては端緒が終末の産物だからそうなるのだが、商品経済の体系の場合はその点になかなかむずかしい問題があるんだ。その点はすでに商品が間にできるという点にあらわれている。それはそれだけでは体系的に論証できない問題でしょう。

○○　そうすると資本主義社会の中でのカテゴリーで、むしろアンファングは……。

――資本主義社会としても労働力の商品化は流通形態からはロジカルには出ない。外的な流通形態が生産過程をとらえると体系化しうるということになる。
○○　結果的には同じになると思うのです。ただ、立命館の岡崎栄松という人がそういうことで、ちょっとつっかかっているのですね。アンファングの問題では、資本主義社会の中でやりながら、一方ではこういう説明しているじゃないかと。
――その点がうまく説ければ面白いのだが、なかなかむずかしいとぼくは思う。
○○　あの批判は正しいと思わないのです。
――あの批判が正しく行なわれるためには、こういうことをいうべきだったのです、当時のぼくが商品自身に生産力と生産関係の矛盾の展開があるかのように考えていたのが誤りであると。それがバックにあって、商品が貨幣になり、貨幣が資本になる、それでそのまま流通形態が生産過程をとらえられるかという点を問題にすべきだったのではないか。
○○　むしろ岡崎という人はそれをよしとしてやっているのですね。
――そうだろうと思う。ところが今のぼくはそうじゃない。もっとも、今もいうようにこの問題は面白いが、むずかしいんだ。
○○　ただ、岡崎という人は同時に、先生は資本主義社会の商品だといいながら、要するに流通論で資本主義以前の商品をいっているじゃないかという形での批判が一つありましたね。
――それは形態的には共通なのだから当然でしょう。

○○　形態的に共通だということと、それからここでやる対象はなにかということとは違うと思うのです。

――それは資本主義社会になって初めて商品形態というのが純粋に形態として考えられるということになるからだ。つまり生産関係と完全に分離して考えることができる。いわゆる単純商品では直ちに商品生産として考えられる。そうでなければただ生産物が交換されるということになって理論化しえない。アリストテレスにもできなかった。それはどうしてかというと、そういう商品には商品形態が本質的にないからだと思う。間に出たとき商品になる。資本主義的商品では本質的に商品形態があるものだから生産関係を捨象すると形態だけが純粋に出てくる。こういう問題になるんだと思う。だから共通にあることもそれではじめて純粋の形で明らかになる。

○○　その点、先生のおっしゃることよく分るのですけれど、しかし、流通論でそもそも商品形態というのは流通形態だからというので、それ以外の社会での商品にも援用せざるをえないというのは……

――何も不思議はないではないか。

○○　どうしてもそこが、まだなにかちょっと疑問なのですけれど。

○○　岡崎さんは単純商品を資本主義商品から抽象して、両方の共通性を引き出す。それは否定されたでしょう。

――とにかくあれは当時のぼくの欠点をついたことに相違はないんだ。

○○　何か、それを引き戻す形でついちゃっているように思うのです。

—— 生産力と生産関係の矛盾とか、ロジカルの復元力とかという言葉で片付けようとしたのはよくなかったと、ぼくも思っている。もっと方法的に考えなければならぬ問題を何か復元するというふうにいってみたかったのです。

○○ みたかったというのは、先生がですか。

—— そうなのだ、商品形態が発展するということで。だけどもそれはやっぱり無理だった。それ自身では存在しえない形態にそんなことはいえない。今はそういうふうな考えだ。少しずるくなったんだね。

○○ ずるくなったということはよくわからない。

○○ ずるくなったんじゃなくて、価値論にもそういう考え方はありますね。ですからけっして変わったというのじゃない。

—— 方向はそういうところにあるんだという意味ではそうだ。

○○ アンファングの問題、そういう形以外にないと思いますか。

—— ないと思う。君はしきりにアンファングを問題にしているが、どうだろう。それは体系化には当然だが、資本主義的商品経済というものをあまりに体系的にだけ考えるのは観念論の危険があるのではないか。商品経済というのはやっぱり古代にも中世にもあるんで、それは共通のものをもちながらあるんだと考えなければいけない。資本主義を対象とする経済学で明確になってはじめてその以前の社会での商品経済の意味も明らかになるんだ。その点は、ことによると経済学の原理論ではじめて完結した弁証法論理が体系的に説けるという大変な問題を含んでいるのかもしれないんだ。君のアンファング論もその点から考えないと妙なことになるのではないか。それはともかくそのころは、本当をいうとそんなことは全く考えてはいなかった。ただ、ヒルファディングをなんべんも読んでいるうちに、これはどうもおかしい。内容的にはカウツキーに教えられたんだが、自分では価値形態に問題があるということを発見したときは、これはやれると思った。

○○　ずいぶん遠慮しておられた。

――助教授だからね。――それは冗談だが、ぼくにとってそれは『資本論』研究の第一歩をなすものだった。

○○　ただ、先生、その点『金融資本論』には内容的に影響していないでしょうか。『金融資本論』の中味にこの貨幣論の誤謬というのは……。

――それはあると思うが、明確には後の組織された資本主義としての統制論に影響していると思う。ヒルファディングは、のちに第一次大戦後の活動に一種の組織された資本主義を説いているのではないか。

○○　貨幣を通して組織できるということ。

――貨幣が便宜的なしかし必要な手段だということになると、そうなる。マルクスにもちょっとそういう考えがあるのではないかと思うが、例えば銀行に余剰の資金が集るというのでなしに、全部の資本が集って、それを銀行が全社会に分けうるかのようなことをいっているところがある。何かサン・シモニストのペレールの考えでも聞くようなところがある。ヒルファディングにもそれがあるのではないか。ことによるとマルクスの貨幣論自身の形態規定が徹底しなかったのが信用論を通してヒルファディングに受けつがれるということになったのかもしれない。

○○　銀行は一種の計画中央本部になる。

――　それが社会主義イデオロギーに結びつくんだね。そしてその源泉がなにかといったら、この形態論を無視した価値実体論にある。つまりロビンソン物語だ。

○○　戦後の『資本論』座談会ではしかしまだ遠慮しいしいいって……。

――　まだはっきりわかっていなかった点もあったのでね。今なら逆襲をうんと強くしてやるんだけれど。

○○　いえいえといわれてやっといったというような……。

――　あれはしかしいかんですよ。座談会の記録が二番煎じなんです。初めにぼくがいったときは議論が混乱しているんだ。だからもう二度目に同じことをいうのはおかしくていえなかった点もある。初めにいったときのみんなの騒がしさというのは面白いんだ。みんなびっくりしちゃったようだった。

○○　多勢に無勢、先生はしかしそういう場合もマイペースで議論するほうではないですか。

――　マイペースかどうか知らんけれど。そんなことといったってわからんというんだからね。全然わからなかったらしい。ある部分の人はいまでもわかっていない。いまは宇野理論なんていうのでさわがれるから、なお邪道だと思っているんじゃないかな。

○○　久留間先生が後に研究会形式で価値尺度論などをなさっているのをみてもまったくわかっていないなという感じを……

――暴露しているね。本当にぜんぜんわかっていない。むちゃくちゃですね、あれは。だからあれにぼくも出席していれば、(笑)もっと面白かったね。今度は前のようにはゆかなかったろう。あれから二十何年かの『資本論』研究があるからね。戦後十何年というのはぼくにとっても大変な進歩ですよ。『価値論』から出発して……

○○　でもいまから読むと非常によくわかります、『価値論』にしても。

○○　『経済原論』ではどうしてこういうことになったかという説明がないでしょう。だからむしろ『価値論』を読むほうがよくわかる。そういうことないでしょうか。原論の展開は論理的な説明ですからそういう説明しないのは当然ですけれど。ああ、なるほどなと思って……。

○○　あとから読むからわかるんだよな。

○○　それは犯人を知っていてあとからということになるんだろう。

○○　次の問題に移りましょう。

○○　それでは表式論のほうにまいりましょうか。表式論で先生が、単なるアナロジーじゃないのですけれど、要するにマルクスの「経済表」ということにして資本主義社会でも社会的な超歴史的な物質代謝の過程が行なわれているものとし、その一般的条件をとくに単純再生産表式によって解明されるものという点に力点をおいてお書きになっていられる。この点がミソであるとともに、また一種の限界をなしている面があるのではないかと思うのですが、どうでしょう。要するに形態プロパーな面がかなり省かれているように思うのです。それは単純再生産表式でやったということと関係していないかという問題。

○○　ぼくにはちょっとわからないけれど、形態プロパーの面ということになると、たとえば景気循環だって一種の資本主義社会が存立するためにあらゆる社会と共通なものを実現するために必要不可欠な、しかし資本主義社会としては形態的に出てくる問題であって、再生産表式論というのはそういうものじゃないかというんですか。

○○　貨幣の問題があるんじゃないか。

○○　貨幣の問題でも、つまり表式論における貨幣というのは、単なる流通手段的なものであって、貨幣としての貨幣という側面は消えるのが正しい表式論のとらえ方じゃないか。

○○　ただ、その場合、貨幣が媒体物としてありますね。そうすると貨幣の再生産ということが問題にならざるをえないのじゃないかという感じが。

○○　貨幣って貨幣材料のこと？

○○　貨幣材料。金の再生産ということの問題にならざるをえない。

○○　それは単純再生産を取り上げるかどうかには直接関係ないでしょう。

○○　しかし貨幣材料の再生産は資本主義プロパーの問題をやらないとすると再生産表式もたとえば社会的物質代謝の過程を充足するという実体的側面だけに力点がおかれて資本主義に特有な形態的な問題が見失われてくるわけでしょう。したがってまた貨幣材料の再生産とともに拡張再生産もわりあいに軽視されることになってくる。これに対して形態的な処理のほうに力点をおくと拡張再生産、それから貨幣材料の再生産というほうに非常に力点がくるのじゃないかという感じがするのですけれど、そういうことを考えるのは間違いですか。

――　どっちに力点をおくかといわれてもぼくの場合は表式の前に蓄積過程が説いてあるでしょう。蓄積の問題との関連を考えれば、形態的な面を問題にしないということはわかると思うのだが。むしろ今までその関連が考えられなかったのではないか。

○○　私も表式で形態的な面がどういうふうにして明らかにされるかは明確でないのです。

○○　つまり再生産論じゃなくて、再生産表式というものは原論でなんのためにやらなければならないかということだと思うんだけれど。

――この論文を書いたときにぼくのいちばんのねらいは、表式が商品資本の循環で展開されるということにあった。マルクスは明確にいっているのにその後の議論では問題にされてなかったように思った。直接には山田(盛太郎)君がその点を明確にしないで論じていたからだ。山田君は、たしかに戦後になって表式における地代なんとかといった論文を書いたときにはじめてその点を指摘していたように思う。前にはいっていなかったのではないか。しかしぼくが批評したのはルクセンブルグです。ルクセンブルグが貨幣資本の循環を、やはりいつもイメージにもっていてマルクスの表式を理解し、帝国主義の基礎にしたのです。ルクセンブルグの『資本蓄積論』の根本的な誤りはそこにあるとぼくは考えたわけだ。ただ、あの場合、山田君のように諸氏の論戦を詳しくはやってなかったので直接に山田君を批評しなかっただけだ。

なおこの表式論については、ちょっとしたエピソードがあるんだ。そのことはもう君達には幾度も話したことがあると思うが、ぼくにとってはかなり重要なことになっている。それは前に価値形態論でヒルファディングの「貨幣の必然性」を批評したのと同じような、あるいはそれに続く問題になっているんだ。昭和何年頃だったか、三、四年頃ではなかったかと思うが、改造社が非常に大規模の「経済学全集」を出すことになり、その中にマルクスの『資本論』についてもこれを全体にわたって解説する『資本論体系』なるものを三冊出すことになって、その第一冊は第一巻を櫛田さんと向坂君が引き受け、第二冊の第二巻をぼくにやれといってきた。第三巻は向坂君と山田君とが引き受け、山田君は地代論をやるということだった。誰れがそんなことを決めたのか知らないが、おそらく第二巻は引き受け手がなかったので仙台にいたぼくにお鉢がまわってきたのではないかと思うが、ぼくはその当時は『資本論』研究とあれば何でもやろう、助手や学生が読もうといえば、向こうが止めるまでやる、あらゆる機会を利用するということにしていたので、これは全く思いがけない好機会と思って直ぐ引き受けたのだ。ところがその内にその点について相談があるからこの次の上京の機会に是非会いたいという知らせが向坂君から来て、ぼくはそれからまもなくだったと思うが上京したので向坂君と銀座の資生堂の二階で会ってみると、そこに山田君が来ていて、その全集の『資本論体系』の第二冊について、山田君から是非第三篇を自分にやらしてくれという話があった。ぼくはその時初めて山田君に会ったのだが、非常に熱心にいうので、別にぼくは第二巻全体をやらなければならぬというわけでもないから、少々話が違うとは思ったが、第二巻の第一篇と第二篇とを引き受けることにした。そしてその原稿はだいたい昭和五、六年頃までに書いたのだが、これは大変だった。最初に『資本論』を読んだときにはそうたいしたことに思っていなかった、この第二巻の第一篇は、ぼくにとってはマルクスの資本概念をむしろ根本的に考えなおさせる機会を与えることになった。価値の運動体としての資本、いわゆる資本の変態を実にマルクス一流の粘り強い思考力をもって詳細に論じているんだ。これは価値形態と共に今までの如何なる経済学者も考え及ばない、資本に対するいわば全面的な形態規定を与えるものだった。それと同時に流通費用などを通して今まで考えてもいなかった価値実体論の一面を教えられることになった。第二篇の資本の回転についてもまた固定資本、流動資本について古典経済学、いな現在のあらゆる経済学者の曖昧なる規定を一掃する全く画期的な規定を与えうる根拠を示されたように思った。山田君がこの第一篇、第二篇をどう考えてのことか知らないが、特に第三篇の表式をやりたいといって、この二篇をぼくにまかしてくれたことは、全くぼくには思いもよらない好運だったように思っている。今もそう思っている。ぼくのマルクス経済学の理解が多くのマルクス主義経済学者諸君と違った面をもつことになった一つの大きな原因をなしているのではないかと思う。もちろんこの時の勉強でスッカリ理解したというわけではないが、少なくとも表式にたいしてルクセンブルグの理論の誤りを指摘するこの論文が書けたのはそのためではないかと思う。表式に対するぼくの基本的な考えもこの第二巻の最初の二篇の解説をやったことによるものと思っている。

○○　さっきの問題に返りますが、貨幣材料についてはどうもはっきりしないのです。

――　しかしこれ、商品資本の循環という点からやったらどうなるだろう。あれはなにを明らかにするということになるかしら。

○○　だから実体的側面では貨幣材料ではないでしょうか。

――　もちろんそうだ。その点、ぼくもはじめは混乱していたんだ。

○○　そういうことを強調しておられるのですね。

○○　強調しすぎておられませんか。

―― 生産手段としての金でよいわけだが、別に強調してもいないよ。
○○ 単純再生産表式では特に貨幣材料の再生産という問題は……
―― 主題としては論じていない。
○○ かなり実体的な問題になってしまって、表式での形態面の処理の仕方がちょっとうすくなっている。
―― それはこういう意味なんだ。あれは全書版の『原論』では価値法則の絶対的基礎というのを直接に「社会的総資本の再生産過程」の傍題にしているが、この絶対的基礎というのはけっして商品形態そのものにあるんじゃないという意味だ。法則の絶対的基礎というのはあらゆる社会に共通な原則にあるわけだから、その点を明らかにするのが表式だということをいっているんだ。
○○ そうすると、先生があとで貨幣材料の再生産といわれたのはどういう意味になるのでしょう。
―― 貨幣はやっぱり資本主義ではそういう商品生産物の一つによらざるをえないということなので、それでいっているだけだ。だから本来の問題じゃなくなるわけだ。
○○ でも、ちょっと経済学的な点が、のちには強くなってきている点はありませんか。貨幣を通しての物的な再生産過程だからやはり貨幣の再生産を入れざるを得ないという。
―― それは貨幣もその材料としてそうなるのだ。つまり絶対的基礎というのは、やはりあらゆる社会に共通のものだから。貨幣といっても商品生産物でないものが貨幣になるわけじゃないということはいわなければならない。その絶対的基礎を商品生産物自身の再生産関係として明らかにするというのは当然だろう。もっともこの論文を書いた当時はそんなことは問題でなかった。ぼくはそれを書いたときに再生産の基本的考察とか書いたけれど、再生産論というのはこうじゃないという考えはもうあった。つまり再生産論そのものではなく、再生産の流通表式ということだった。

○○　それはどうしてそういう考えが出たのですか。

――　『資本論』は再生産論そのものは第一巻でやって、この表式は二巻にある。何故そうなっているのか。その点はまだ明確にはできなかった。これを一般的に再生産論というのはいかんとは考えたが、のちになって蓄積論での人口法則の重要性が理解されてはじめて明確になってきたんだ。

○○　その当時から、普通は表式論というのと再生産論というのと同じに考えられていたし、論ぜられてもいたでしょう。

○○　実際、マルクスは「社会的総資本の再生産と流通」という題にしていますね。

――　「と流通」だ。だからぼくは「と流通」というのは必ずつけている。本来、経済学で再生産論というのは蓄積論だが、当時は一般に表式をもって再生産論としていたわけだ。

○○　ツガン・バラノフスキーからずっとそうでしょう。

――　ツガンの影響といってよいかもしれない。その点、よくは知らないけれど、ルクセンブルグは蓄積論として表式を論じている。そこに問題がある。日本じゃルクセンブルグに大いに影響されたのではないだろうか。

○○　ツガンじゃないのですか。再生産表式論史からいうとツガン、これでいけば大丈夫だということをいって、恐慌にならんじゃないかということをいって、それに対するアンチテーゼがあったんじゃないですか。

――ツガンの書物はどのくらい研究されていたか、ちょっとぼくにはわからぬし、ぼく自身翻訳で読んだのはズット後のことだ。それにしてもルクセンブルグにはその点は直接には関係ないでしょう。

○○　ルクセンブルグはそういうあれはなかったのですか。

――ないのじゃないかな。

○○　そうでしょうか。

――むしろ剰余価値の実現が一般にはできないということを問題にしていたのではないか。

○○　だからツガンに対して実現できないという。ツガンは実現できるというのですね。

――ルクセンブルグでは貨幣に実現できないという点だろう。

○○　もちろんツガンにしても恐らく商品資本の循環なんかあまり考えていなくて……。

――ツガンはむしろ、その表式でやれば資本の蓄積は可能であるという主張なのではないか。

○○　同時に恐慌はないということになり、それに対するアンチテーゼとして逆に出てくるのがローザじゃないのですか。

――ルクセンブルグは表式によって貨幣への実現ができないということを問題にしたのでしょう。

○○　で、恐慌になるというわけですね。

――いや恐慌というより……

○○ 植民地を必要とする。
―― 恐慌というよりもそのほうですよ。
○○ 帝国主義の説明になるわけですね。
―― その点ちょっとちがうのじゃないかな。
○○ 市場論、実現論、それから再生産論。
○○ そういう意味でいうと、やっぱりツガンに重なっているのじゃないですか。
○○ それはレーニンの「市場問題」も同様でしょう。
○○ それはそうかも知れない。しかしあれは恐慌論の問題じゃないですから、市場問題で。表式論と蓄積論がごっちゃになっちゃったというのはツガンから始まるのじゃないかと思うのです。
―― そうかも知れないが、日本では福田、河上論争についでなされた山田君の表式論から一般化してきているといってもよい。
○○ 恐らくそういうものを無反省に受け入れたのじゃないでしょうか。
―― そうかもしれない。ぼくの論文などは問題にならなかった。小さな問題のように思えたのだろうね。
○○ その論文を読んで、ぼくは最近再生産表式を、マルクス『資本論』で読んでみたのですけれど、つまり部分部分に、軽いけれど、つまり均衡が保たれなければ恐慌になるというような表現がずいぶんあるのですね、マルクスに。

――ずいぶんというほどではないけれど、ところどころにある。

○○　その当時先生はマルクスを理解しようという気持で一生懸命読んだわけですね。それをどういうふうに考えたかということがこれを読んで非常に面白かったところなのです。

――この論文を書いたときは恐慌を表式で説こうとは思っていない。

○○　はっきり表式で説けないということをいっているわけですね。

○○　マルクスは再生産の不均衡が大恐慌によってのみ調整されるというようなこともいっていますね。そういう文章に対してどういうふうに考えておられたのですか。

――さあ、なんと考えたか覚えないけれど、ぼくは表式じゃ恐慌の必然性は説けないという考え方はその当時から非常に強かったな。

○○　ここで、その点ははっきりいっていると思うのです。すると、そこのところでどういう……。

――そんなこと一々覚えていないよ。これより大分あとになるかと思うが、マルクスによって「恐慌の必然性」を書いたが、やはり解決はつかなかった。

○○　この論文は昭和七年ですが、「恐慌の必然性」は十年。

――そうでしょう、あれはぼくのおやじが死んだ年に書いたのだから。おやじが病気で呼ばれていって、そこで書いた。なにもすることがないから。そのときはまだ死ななかったので書き上げると仙台へ帰ってきた。あれはむしろ『メアウェルト』によって書いたんだが、あれじゃどうもうまくいかんという感じを免れなかった。いいものもあるけれど、結局、決め手がない。

○○　そうするとマルクスの恐慌の必然性の主張は根本的には正しいとしても、どこかに間違いがあるんで、これを正していかなければ本当のマルクスのいいところは出ないというような考え方はいつごろ芽生えたのでしょうか。

――さあ、それはなんともいえないな。というのは、ぼくもその頃昭和十年頃まではマルクスが間違うはずがないということをいつも自分に自戒としてもっていた。ぼくにわからんのは自分に理解力が足らないんだと思っていたんだ。

○○　先ほどいわれました違和感というのはだいぶ前から。

――あるのです、それは。

○○　終局的な回答を与えたのは戦後になるわけですね。

――そうではない。やっぱり昭和十年過ぎるとまず価値論の論証を変えたからね。

○○　それでふんぎりがついた。

――あれで考えが変わった。価値論がどうもあの論証じゃいかんというのが明確になると、大分変ってきた。

○○　ぼくは「資本主義の成立と農村分解の過程」、あれが原型じゃないかと思っていたんです。

――あれもあるんです。あれはいわば側面からです。つまり経済政策論の体系ができる過程のものですが、それでもまだマルクス批判としてではないのです。なにか、どこかに違うところがあるが、どうもマルクスを訂正するということは自分にはまだまだできないという気持ちがいつもあった。それは非常に長い。ぼくにとっては、恐らく十何年続いているでしょう。

○○　そういう一種の緊張関係が非常によかったのですね、先生にとっては。

――　ことに東北大学というところにいたことが、ぼくには実に運がよかったと思う。人からみると教授にもなれないで運の悪い男と思われただろうが、ぼく自身はそうは思わなかった。助教授という地位も利用した。東北大学という非常に環境のいいところに入って、学生自身も非常に少ないし、それで親しい学生はずいぶんできたし、それから社会科学研究会やいろんなもので親しく接触するし、それから周囲の経済学科の人々との関係でも、ぼくには多少の我が儘も許してくれるし、ことに法科、文科の人々にいたっては非常によくしてくれて、だからなんといっていいかな、とにかくぼくには『資本論』研究の天国といってよかったようだ。ときどき憤慨はするけれど、大したことはなかった。毎日、研究室に通っていて、昼食後はおしゃべりをする。教授問題ではこういうこともあった。知らん間に教官の名簿でぼくの席次が毎年下がっていくのにいつ頃からか気がついてどうもおかしいとは思ったが、大したことではないので黙っていた。ところがそれは教授問題と関係していたのだ。その当時は教授になると位が一躍上って官等も直ぐ高等官四等というのになるんです。それでぼくの場合は教授を申請したためにそれが停止されていたのです。助教授中は勲章ももらわない。もらったら教授になったとき四等もらえないから、位も勲章も停止してあった。武内義雄という人が学部長になって、それを発見した。そしてぼくの部屋にとんできて、どうも君に対してあいすまんことをしているという。なにかと思ったら、君の官等も位も上がってない。これは学部長がいかん。自分は初めて学部長になったんだけれど、前の学部長のときから停止したままにしてあるためにそんなことになっていたのだというわけだ。そういう非常にのんきな環境だった。先にもいったように教授になるには論文を書かなくちゃいかんというようなつまらんことはあった。しかしそんなこと笑っていてもすませることだった。かえって、書いたらわからんだろうなんていって研究室じゃ大きな声で議論してね。

○○　そんなことも多少、助教授にとどまったのに影響があったんじゃないですか。

――　いやそれは東北大学じゃぜんぜんなかった。みんな早くなれるようにとほんとに思っていたようだ。それにぼくがならないと次にいるのが困るからね。

○○　河野与一さんはどうしてなれなかったのですか。

――　あれはポストがなかったのです。講座がないのです。

○○　高橋里美という人が助教授だったからですか。

――　いや、それは関係ない。それに河野君が来た頃は高橋先生はもう教授だったし、ぼくのように高橋さんの生徒じゃない。かれはフランス文学の先生で来たのです。本来は哲学だけれどフランス文学には独立の講座がなかったので、助教授のままでいることになっていた。児島喜久雄さんも西洋美術史でそうですよ。ギリシア哲学をやっている久保勉さんもそうです。だからえらい助教授がたくさんいたんです。

○○　多少気持ちが楽ですね。

――　その点非常に楽でした。助教授は教授を助けてやるんだ、教授の知らないところを教えてやるのが助教授だといったりして、助教授会を開こうということになり、教授会の日に――多少いやみがあるが――児島さんみたいな偉い人をかついで、ぼくらみんなで塩釜の何とかという料理屋に行って助教授会を開いたこともある。助教授会、初めから一杯飲んで、なかなか愉快だった。そういう点もあって、わりあいに気楽だった。気楽でなかったのは学生問題。ぼくの周囲のがしょっちゅうあげられるんだから。それはかなわなかった。だから気楽であるけれど、内心はぼくもいつやられるかわからんという気がしていた。家内なんか、その当時ぼくからいつやられるかわからんといわれたときにはどうするつもりだろうかと思ったと、つい最近になってそういうことをいっていた。事実、そうなったかもしれなかった。三・一五のあとなんか、全く無茶だったからね。大森(義太郎)君や向坂君がやめさせられたでしょう。あのときはぼくも総長に呼ばれた。しかしそれはぼくを調べたのかどうかわからないが、むしろ新明(正道)君と鈴木(義男)君、あの二人が問題になっているらしくて、その二人のことについてぼくに聞いたのです。ぼくはもちろんそれは問題にならない。あの二人は社会主義者じゃないといった。これはその当時からのぼくの考えだったのだが、ただ社会主義思想をもっているだけでは、組織運動していない限り社会主義者じゃない、そういう考えでそういったんだ。小川という、化学の先生が総長だったが、どう解したか知らないが、そういったのです。ぼくのことはほかの人に聞いたということは聞かない。だからぼくは、あのとき問題になっていなかったと思っていた。問題になったのは東北では新明君と鈴木君だったんだろうとぼくは思っていた。もっともそんなことはほかの人にはだまっていた。ぼくが総長室に呼ばれたことは誰も知らないはずだ。しかしそれにしても、いつやられるかという不安はあった。ずっとのちに、この論文を書いたころじゃないかな、山田君がやめさせられたときだと思うが、あのときぼくも寄付を求められている。共産党の人だと思うが、ぼくのよく知った人の名前を使って、寄付をしろという。お前、高等工業に講義に行っているじゃないか。高等工業に講義に行っている給料を寄付しろと。本俸まで寄付しろとはいわない。そういう手紙をもらったのです。それでぼくは、これはおかしいと思ったんだ。ぼくの知った人の手紙にしては書き方がちがうし、字もちがう。偽名を使っているとすぐわかったから。それでぼくは断わった。のちにそのことで裁判所に呼ばれた。君にはこういうことがあったのじゃないかというから、ありましたといって、そして寄付は断わったといった。そう調書に出ているというわけだ。ただ共産党に対してはどういう考えをもっているか――予審判事が非常にいい人で、こういう質問は非常に迷惑だろうと思うけれど、君の考えを聞きたいというんだ。そのころはだいぶちゃんと覚悟が決まっていたからね。覚悟といって、若い時とちがった、つまりぼくは学問的にやるんで運動はやっていない。そういう点ははっきり区別しているつもりだということを話した。だから共産党に対していかなる考えをもつかと聞かれても答えようがないというふうにつっぱねたが、予審判事が非常にていねいな人だったので、東京からたのまれて聞いただけだといっていた。この時は、初めて裁判所から出頭しろといってきたのだから、ちょっと驚いたけれど、行ってみたらそういうことだったから非常に楽だった。もちろん、これは誰にもいわなかった。

○○　先生の場合どうですか。もし知人の偽名でくるのじゃなくて、本当に先生の信頼している共産党員からきたらどういうことになっていましたか。

――わからんが、カンパしていたら、そのときやめている。山田君も大塚(金之助)さんもみなそうだったのではないか。その当時は全く乱暴だったからどうしようもなかった。そしてやればすぐやられるということはわかっていた。いわゆる四・一六頃まではまだそんなでもなかったが、六、七年頃以後は激しかった。そのことはよく知っていたから、ぼくだったらそういう場合にも応じなかったと思う。東北大学にいたということは、ぼくにとってはその点では東京の諸君とは事情が違っていた。そしてまた『資本論』を勉強するために大学にいるんだということを自分でもはっきりしていたからね。

○○　先生にとってはそういう境遇をかなりラッキーなものに生かしていたのですね。

――かも知れん。たとえばぼくの次に教授になるのは服部英太郎君だけれど、彼は教授に非常になりたくてしようがないんだ。だからぼくは彼に先になってもらった。彼は外見はそうではなかったし、また講義なんかも非常にイデオロギー的にラディカルにやっていたが、真実はそうでないとぼくは思っていた。ぼくが教授にならんとなれないというのを気にしているようだったので、ぼくは先になってもらった。ぼくにはそのほうが気が楽だった。むしろそれを利用してわがままもしていたけれどね。たとえば講義を少なくするとかね。助教授だから少なくていいとかいって……。

○○　話は表式論からそれましたが、このぐらいでよろしいでしょうか。

○○　貨幣材料の問題はいいですか。

○○　貨幣を形態としては十分に考察してなかったということは論文として足りなかったということ……

―― そういうことは問題にしていなかったし、むしろ逆にルクセンブルグが貨幣への実現を問題にするのは、商品資本の循環ということを理解しなかったためだということを明らかにしたかったのだ。つまり価値法則の絶対的基礎の問題だった。商品資本というのは生産物だからね。だからかも知れない、のちに原論を書いたときに、貨幣材料というのはぼくにとって非常に難問になってああいう間違いを犯して、今度の全書版では直したけれど、しかしこの論文でそんなことを考えていたら書けなかったろう。その点では欠陥とはいえないのではないか。もっともまだまだそんなことは考えもしなかったわけで、それを誇りにするわけではない。

○○ 戦争前の原論の講義でもその点はふれていなかったわけですね。

―― もちろんそれはふれていないと思いますよ、あれはそんな詳しいものじゃない。

○○ 表式論は、そのくらいでよろしいでしょう。つぎは、そのころ『資本論』研究以外でもって、「フリードリッヒ・リストの『経済学』」それから「ブレンターノとディール」その二つをお書きになっているのですけれど、それについて少しおうかがいしてよろしいでしょうか。

―― 「ブレンターノとディール」はなにを書いたかぜんぜん覚えていないけれど。社会党の関税論はそのあとだったかな。

○○ だと思いますけれど。これは穀物関税の問題を書いたんじゃないですか。

―― それは社会党の関税論を目標にしていたのです。

○○ ぼく自身はその二つの論文とも読んでいないので他の人の書いたものから知っているだけなの

ですし、さらにぼく自身のいまの記憶違いかもしれませんけれど、要するに両方とも、政策というものはそれが出てきた根拠の段階によって考えなきゃいけないものであって、どっちが正しいとか、正しい政策はどうだとかいうようなものじゃないというような主旨だったようにぼくは記憶しているのです。つまり理論からは決められないというのでしょう。

―― それはそうです。けれど社会党の関税論はもう少し進んで、社会党が政策論を立てるというときはわれわれと違って、なにか政策をたてなくちゃならない。その目標にはなにをおくか、こういうのを書いたのです。

○○ ぼくのいったのは「ブレンターノとディール」のほうですね。

―― そう、それはそれでよいわけだ。しかし問題は社会党のように自分で政策を主張しなければならない。そのとき何を基準にするか、という大問題がある。

○○ 関税論のほうが、やはりあとですね。一九三六年ですから、「リスト」が三四年で、「ブレンターノとディール」が三四年です。関税論のことはまたあとでおうかがいすることにして、「フリードリッヒ・リストの『経済学』」。

―― 「リスト」、これはよく覚えている。

○○ いまとほとんど変わらない。

―― 考え方としてはね。「リスト」は、つまりあれは哲学が神学の家婢になるという言葉を聞いていたので、あれをもじって結論に使おうと思って書いたのだが、あとで河野君に聞いたら家婢になるまでにつめを取るとか、髪をなんとかして、そして奴隷にするというのだった。それを知っていたら「かくしてリストのつめがはがれた」とか、何とか、もっとウマく書くんだったなと残念に思って、あとで二人で笑ったことがあった。

○○　家婢というのはそういう意味があるのですか。本当に奴隷にするという……。

――そうらしいですよ。あれは、つまり経済学のつめをはいだり、髪を切って政策の奴隷にする後進国の経済学にするものだということを明らかにすればよいわけだった。価値論がなくなるために商品経済的規制の原理がなくなることをいっているのだ。リストに価値論がないのはそのことを示しているのだが、それをスミスなんかを批評しながらやるのだから全く話にならないんだ。商品経済規制の原理がなくなると同時に「経済学の国民的体系」なんかという、原理にならない原理が出てくる。それがナチス時代に復活する理由をなしている。国民の幸福だとか何とかという俗流的なものに当然なる。経済学としては本当に意味のないものに落ちたわけでしょうね。経済政策論を講義するとなるとどうしてもやらざるをえない。ぼくも経済政策論をやることになったからリストを読むということになったんだけれど、この機会にリストなんかぜひ卒業したいと思ってリストとかシュモラーとかという連中を順々に読んでいくつもりだったが、全くバカバカしくて続けてはやれなかった。

○○　先生、あの中では単にリストをやっつけるだけじゃなしに、リストの提起した問題というのは後進資本主義国の問題としてやらなければいかんのだというところまでいっておられると思います。それが主題じゃないですけれど、いっておられるという気がしました。

──それはそうだが、いちばん面白かったのは価値論がないということだった。だからリストとスミスなんていうのを並べるのはもってのほかだと思ったんだ。もっとも高島君や大河内君の本を読んでいないから批評はできんけれど。

○○　あとでしょう、あの連中のは。

○○　読んでも同じことでしょう、昭和十二年ごろ。

──それじゃぼくよりあとに書いたわけだ。どんなことを書いているのか知らないが、あのころから次第にリストが復活しているのです。その当時講義に仙台へ来ていた北海道大学の高岡(熊雄)さんなんか、いまにリストがはやるよとかいって、ぼくが書いているからリストを大いにもち上げていると思ったらしいんだが、そんなことをいっていられた。

○○　先生いかがでしょう。「フリードリッヒ・リストの『経済学』」、いま記憶しているぼくの理解だからあるいはそうじゃないかもしれませんけれど、ほとんど反駁する余地がないぐらいにきちんと書かれていると思いますけれど、しかしそういうものがぜんぜん痕跡を残さないですね。ほとんどそれに影響を受けてリストをやるということもないんではないですか。

──むしろあれは、今は立教にいる小林昇という人なんか、あの当時ぼくの論文を冷笑していたんだ。

○○　それは今までにもよく聞いたのですが、冷笑のところまで聞いていないんで、中味がよく……

──中味はないんだ。こういう論文があるけど不幸なとか、気の毒なとかいうだけだった。つまり統制経済に入った時代にこういうものを出したのは不幸だと、そういう意味の冷笑をしているとしか読めなかった。

○○　どうしてそうなのかというようなことは。

——自分があとに書いているのを読めばわかるというのでしょうが、ぼくは読まなかった。初めにそう書いてあるのを人から教えられて見たのだが、こういう批評はぼくにはその当時読むにたえなかったね。

○○　ぼくもぜんぜん知らないけれど、その人、恐らく統制経済は正しいもので、しかもちゃんと実現しているもので、それを統制経済にケチをつけるようなことというのは、ということでしょうかね。

——さあ、どうだか、ぼくもそうとったけれど、ちょうどぼくの事件のあとに人から教えられたので特にそう思ったのかも知れない。

○○　先生はその時はもう大学にはいられなかったのですか。

——いや、裁判があったからまだぼくは東北に席はあったのです、十六年まで。

○○　十六年まで東北にいらしたのですか、講義はしなかったのですか。

——休職ですよ。

○○　研究室だけ……。

——研究室にも行けなかった、大変ですよ。研究室どころじゃない。大学の中をぼくが通っても特高がやかましい。

○○　伝染病みたいなものですね。

―― 町で会ってもちょっと挨拶して話なんかしないという人もいた。もちろんそうでない人もたくさんいましたが、そういう人もいた。そういう人はむしろ気の毒だと思った。(笑) こっちもみじめはみじめだけれどね、休職して月給は半減していたが、学校へゆかないので『ロンバード・ストリート』を訳していた。なにもすることないからね。そのことはまたあとで話すことになるだろう。

○○ 先生のリスト論には大内力さんのリスト論があるので……

○○ ぼく読んでいないのですけれど。

○○ あれは多少先生の痕跡をとどめているのでしょうか。

―― それはそうです。あれはぼくのを読んで書かれたものです。

○○ 学問の発展というのは遅いものだという気がしますけれど……。

―― しかし大内君はあの問題を大内君らしく明快に解明していますよ。

○○ あれは農業問題より前だったですね。

―― その点はよく知らないが、ぼくもあの時代の論文を読みかえしてみるといろんなものを読んでいるなあと思う。東北大学では総合図書館が使いよかった。法文学部の研究室とつながってあったから、そこから本を借りてくればいくらでも借りられたからね。便利よかったですよ。自分の研究室に借りてきて、一年に一回ぐらい検索があったから、ぼくはたいてい一年に一回は全部返して、また借りてきていた。だから自分に必要なものを全部借りてきて、面白くない本は読まない。自家に持ち帰る必要がなかったので、いつでも求められれば返したわけだ。

○○　先生、これは全体としての問題になりますけれど、「賃銀・利潤・地代」というようなもの〔もの〕を読んでも感ずるのですけれど、だいたいもうこの時に今の原論的な構成というのが非常に端的に現われているのじゃないかと思う。簡単で非常に原理的な構成を示しておられている。だいたい三〇年代に入るか入らないころにすでにそういう意味じゃまとまっていたのではないですか。細かいところは別としてですけれど、だいたいのところは押えはできたんじゃないかという気がするのですが。

――　「賃銀・利潤・地代」はなつかしいけれどその後読んだことがないからどうだったかわからない。

○○　若かったのですね、こういう題でああいう短いものを書くというのは。

――　「賃銀・利潤・地代」というのは、全体の経済学のシステムはどういうものかというものだったと思う。

○○　原論的な構成の中で、だいたいおさまる形で。マルクスは地代論を始める前に緒論でやっているでしょう。ああいう方法的なことをもある程度書いておられる。「地代論」もだいたい原論的な構成になっているのです。

――　あれはみんなで「マルクス主義全解」を書こうというのじゃなかったかと思うが、いろんな問題が書かれていたのです。たしかそうだったですよ。

○○　図書館でみただけです。

――　マルクス主義半解じゃないかしらなんていって自嘲していたけれどね。あれはむしろ『社会思想』の連中の計画じゃなかったのかなあ……。
○○　経済原論の構成といえば、マルクスもあの「経済学批判」の「序説」の初めに「生産、消費、分配、交換」を説こうとしているのですが、その点でこの間、先生は消費を扱った経済学なんかないだろうという話を大学院でされたそうですが、あれはぼくとしては非常に面白いと思うのです。
――ところがアダム・スミスにはあるんだって君が話したと学生がいっていたが……
○○　スミスには渡仏前にはあるのです。それが渡仏後に消えていくのです。それが非常に面白いという感じがするのです。
――どこにあるのかね。
○○　『グラスゴー大学講義』、あっちのほうです。非常にその点が面白い、それが落ちたことを非常に消極的に評価する人と、それからそれを積極的に評価する人という分かれ方をして。ぼくはそれを先生に聞きたいので、消費が落ちているということは、非常に面白いのですけれど、それはどういうふうに考えられるんですか。
――どういうといって、それは経済学の対象となるそういう経済法則がないからだろう、原則はあっても。それでは経済学にならん。
○○　だけども先生、まったく同じ意味で生産についてもいえませんか。
――だって生産は資本がやれば経済学の対象となる法則を明確に展開するんだ。
○○　それはそうですが、生産そのものについてもその法則は、結局は経済の原則を実現するにすぎないのじゃないですか。だから一般的法則とはいえないのではないですか。

―― いや、生産の場合はその原則を法則として実現し、しかも原則としても極めて経済的に、むしろ純経済的に強制する。たとえば糸をよけいに作りすぎるとその資本は損をするわけでしょう。だから糸を作っていられない。他の産業に移らなければならない。つまり原則が法則的に展開されるわけだ。
○○ それはそうですけれど。
○○ 形態規定を受けた生産というのはあるけど、形態規定を受けた消費というのは説けないのですか。
○○ つまりそれが収入になるのじゃない。
―― 収入は経済学から出ていく形でしょう。
○○ 消費といえば消費過程になるわけで……。
○○ つまり労働者の個人的な消費。労働力の再生産。
―― だから原則はあるわけです、法則的には賃銀問題になる。
○○ そこで生産と消費をつなぐものが法則的にはっきりつかめられるというわけですね。
―― マルクスも消費のところはつまらぬことをいっているんです。労働力の再生産と関連して考えていない。ああいう一般的規定は無理なんじゃないか。
○○ 労働力の場合に、先生のいわれるように、W―G―W′になるので労働者にとっての商品売買になる。資本としてのW′―G―Wにはならない。労働力と生活資料との質料交換、あのW′とWとの間を結ぶ形がどうしても落ちるのじゃないかと思う。その点はどうでしょう。

——資本としてはW′—G—Wにつづいて生産過程に入る。これは面白い問題だが、消費論そのものではない。まあ消費論はいわゆる家政学にまかせてよいのではないか。その点はまたあとで機会があったら話しましょう。

第七章 『資本論』の難問

○○ それでは続いて、その後の研究の問題に入りたいと思います。その場合、どうしても考えておきたいのは、一九三二年、いわゆる「三二テーゼ」がコミンテルンから出されて、それを受けた日本共産党と、それからそれのシンパ層が「日本資本主義発達史講座」、野呂栄太郎の指導のもとだと聞いていますけれど、山田盛太郎、平野義太郎、大塚金之助、羽仁五郎を中心にして、これを作っていったという事実との関連になると思うのです。ちょうどこの論争が、いわゆる講座派、労農派論争として展開されるわけですが、この過程で先生は一つ、「資本主義の成立と農村分解の過程」という論文を、たしかそれは『中央公論』だったと思いますけれど、お書きになって……。

○○ それは何年ですか。三三年ごろ?

○○ もうちょっとあと。三五年だったと思いますけれど。両者とまったく違った見解というものを出して、いわば先生の三段階論が次第に明確に——必ずしも全面的に明確になっているとはいえませんけれど——かなり明確になってくる。そしてまたこの過程で、おそらく理論と実践ないし科学とイデオロギーとの関係というものについても、かなり、いわば思いをひそめてこられたのじゃないかと思うのです。こうした論文と前後して、一方では、前からの『資本論』研究の続行ということが、いわゆる『資本論』の難問集に取り組むという形で「資本主義社会における恐慌の必然性」それから「相対的剰余価値の概念」、さらに「貨幣資本と現実資本」というものとなって結実して、たしか講義では昭和十年代の初めですか、十一年ぐらいに「経済原論」をやられて、出版をする予定だったというふうにうかがっていますけれど、それが逮捕でだめになるのですが、だいたい「原論」になって一連の研究が結実するということで、特にそういう問題についておうかがいしていきたいのです。

もう一つは、「経済政策論」となって結実する一連の論文ですね。先に出たリストの研究。これは今度の『社会科学の根本問題』に収められております「フリードリッヒ・リストの経済学—経済学の国民的体系—」ですね、それから「ブレンターノとディール」、なお「社会党の関税論」という、結局ドイツを中心にして経済政策のもっているイデオロギー的な、ないしは後進資本主義国にとっての意味というものをずっと追われて、その結果、講義で前からなさっておられるわけですけれど、『経済政策論』の「上」という形で結実して、この「下」も、たしかそのノートを逮捕のときにとられてしまって「下」は書けなかったわけですけれど、だいたい「下」のほうも準備なさっていたというふうにうかがっていますけれど、こうした『経済政策論』への結実ということになったわけです。

こういう三つの問題、「資本主義の成立と農村分解の過程」これがいわゆる講座派の時代に対する対応のしかた。これに対してもう一つ内面的な問題で科学とイデオロギーないしイデオロギーと実践という形で方法的には出てくる、そうした問題をまずうかがい、それから「資本論研究」の問題点というのをうかがい、それからもう一つ政策論をうかがって、もし時間があれば逮捕に至る経緯に入りたいと思います。それでは、まず三〇年代の最初を彩る、いわゆる資本主義論争の開幕、これについて、当時の模様を先生からお話しいただきます。

——資本主義論争自身を、ぼくがここで解説するわけにはいかないのですが、ただぼくの受取り方をお話ししてみたい。ぼくとしてはあの当時から明治維新がブルジョワ革命でないというのはどうもおかしいということは思っていたのです。だからといって積極的にこれに反論するものは明確にはもっていなかった。ことによるとぼくはマルクスを正しく理解していないのかもしれんという心配——心配というか、考え——がいつもあった。それにあの連中の書いたものからもいろいろ教えられる点があった。再生産の表式なんかでも、山田君の「再生産の表式」を読んで、よく勉強していると感心はするんだけれど、前にいったように重要な点がぬけている、ぼくが理解するのと違う、ぼくにはどうもそうは考えられない。そういう考えがいつもああいう連中に対してあったのです。これはのちに『日本資本主義分析』や、平野義太郎君の『日本資本主義社会の機構』、ああいうものが出てからはいかんということが明らかになってきた。ぼくは野呂栄太郎というのはほとんど読んでいないので知らない。だからそういう意味じゃ日本資本主義論を本当に勉強したというのは、むしろ山田君や平野君の本が出てからのちのことです。つまり講座派の講座が出てから、あれでいろいろ勉強した、といっても自分自身で研究したわけではない。ただ山田君のものはよく読んだ。そしてそれに対するぼくの考えを述べてみたい、といっても前の表式と同じに、むしろ『資本論』に対する理解、あるいはその使い方に対する考え方の違いを述べてみたいという意味で「農村分解……」になったわけです。しかもこの場合にはマルクス自身がぼくの「農村分解」のようには考えていないかも知れない。後進国の問題をどうも明確にしていない。これは何とかしてマルクスを理解しようと考えていた当時のぼくには非常に大問題だったわけです。だからなかなかそれをはっきりそういえない。マルクスと違ってもいいじゃないかというふうにまだいっていないので、あれでも非常に忠実にマルクスによりながら、それでもなにか違うのじゃないかということがいいたかったわけです。ほとんどマルクスによりながら違うことを書いているのです。これはこの前話した「価値形態論」のときと同じだった。なにか労働価値説はこれではいかんのじゃないかという予感はあるのです。「価値形態論」をやりながら、マルクスの労働価値説の論証によっていてはいかんのじゃないかと思いながら、しかしマルクスを批評するということはとても自分にはできない、足らないのではないかという感じが非常に強かった。これはあとから考えると、どうも自分の関係していない実践運動に対するコンプレックスだったのではないかとも思うんだが、それだけでなしに、やはり『資本論』を本当に自分で自分のものにして、それから訂正すべき点は訂正する、そこまでなかなかいかなかったのだ。わからないところが非常に残っていたのだと思う。

○○　労農派に対する感じはどうですか。

――　労農派はだいたい正しいと思っていた。ただ、労農派は、いまいった農村分解のような問題を理論的に説明をしていないのです。ぼくは櫛田さんもしていなかったと思う。やはりどうして農村がああいう古い形を永く残しているものかという理論的説明をしていなかったと思う。それを後進国が発達した生産方法を輸入するところから来るという、全く簡単な事実をあげて理論的に解明しようというのがあの論文なんだ。

○○　そういう意味で労農派に対する不満も……

——あった。

○○　かなり積極的に、たとえば向坂さんなどは両極分解しているんだということを統計的にいおうとしているわけですね。ああいうものをみていて、これは間違えているというふうにお考えになったのですか。

——ぼくはそんなにいう必要はないのじゃないかとは思っていた。もちろんその現象は一般的には否定しえないが、後進国としては、それに加わる重要な要素があるので、古いものが残るのが当然だというように考えた。その点じゃちょっと講座派の主張を結果的に認めているわけです。ただその根拠を講座派は維新革命の中途半端で片付けたことに間違いがあったのではないかというわけだ。

○○　そうするとその場合、ぼくはあまりマルクスのものを読んでいないけれど、マルクスの晩年の「ベーラ・ザスーリッチへの手紙」などでも、事実上ロシアで残ることを認めていますね。ああいうもの——あれは二〇年代にたしかロシアで出たものですね、ザスーリッチへあてた手紙。ああいうものをお読みになって……。

——ぼくは、あの「ザスーリッチへの手紙」は、——あれ三通かあるね、書き直したのが——たしかに読んだけれど、それはいつごろ読んだか。どうもズット後に読んだように思う。
○○　日本では山村先生が訳していた。
――あれは改造社版全集に訳されたのでしょう。
○○　あの全集に訳されているのでしょうか。
○○　訳されている。
――ぼくはあれはわりあいによく読んだつもりだけれどね。
○○　ちょっと先生に似たような。
――しかしあれにもぼくの考えたような根拠は明らかにしてなかったのではないか。その点はっきりしないが……たしかにあれは繰返し読んだことは覚えている。
○○　とくに初めの一、二通が面白い手紙ですね。もう一つ「資本主義の成立と農村分解の過程」を読んでいて、もうこのころカウツキーの『農業問題』をお読みになって書いておられるのじゃないかしらという気がするのですが、その点は……。
――『農業問題』は、しかし向坂君の訳が出てから読んだので、いつ頃だったかな。
○○　あれはいつ頃なのでしょうか。一回、かなり古い版で出ていますね。
――ちょっとぼく覚えない。あの本は前にもいったが、向坂君の訳で初めて読んだ。
○○　あれ一回絶版になっている本だから手に入らなかったのですね。
――なかなか得られなくて、ドイツでもぼくの手には入らなかった。

○○　カウツキーはあの中で事実上、特殊性を認めている。事実上、裏口から認めているようなところがあるのですけれど、そういうものとは関係なしに……。

――よく覚えないが、あれとは関係ないね。

○○　山川さんの『無産者講話』という本がありますね。あれにも日本の農業問題を問題にして、一般に後進国の場合には必ずしも……。

――その点もぼくには明確ではない。

○○　先進国、後進国という言葉は大正時代からしきりに使われていた。

――ぼくが問題にしたのは、ただそれだけのことではない。何故に後進国に特殊性があらわれるかということだよ。

○○　山川さんにはだれの影響なのかというのはわからないのですけれど、漠然と大正の末からそういう考え方がある程度はあったのでしょうね。高橋亀吉氏なんかも先進国から秀れた生産手段を買ってくればすぐ追いつくというような問題も……。

――それは事実問題だからね。どうしてそれが農村を分解しないのかというのがぼくの問題にした点です。

○○　そこがいちばん重要な問題になるわけですね。しかしなんか、外国の書物なんかで、参考になったというようなものは。

――あまりないな。

○○　そうすると「農村分解の過程」のような論文で一つの立場を確立しますと、その当時行なわれている日本資本主義論争というのが、それぞれ自分の説いている問題点を逸している――それが明確になれば問題はある意味で非常にすかっと展望ができる――そういうような自覚はありましたか。

――　それはあった。そしてこれは仙台にいるおかげだと思った。それはいつも東京の連中はこういうことをいって争ってばかりいるからなというようなことをいってね。しかしそれと同時に、やはり自分は実践運動やっていないで研究室にいてこんなことを考えているからこんなことになるんじゃないかということはいつも思っていた。実践運動をやっていれば講座派のようになるかもしれない。そういう気持ちはいつもあったね。三・一五以後、ぼくの事件まで東北大学にいる間、先にもいったように実践家に対するコンプレックスというのは強かった。だから『唯物論研究』なんかの論争でも、これはいかんと思いながら、たとえば加藤正氏のほうが正しいと思いながらそれをいいきれるかどうかというところにいつも疑問を残していた。あの問題を本当に割り切るようになったのはやはり戦後ですね。ある意味じゃぼくは前から同じような考えをもっていたといっていいと思うけれど、けっして全面的に戦後の状態を戦前にももっていたということはいえない。部分的にはいろいろのそういう問題をもっていたが、講座派に対してはもちろんのこと、マルクス自身に対してさえもどうもこれはおかしいという点をもっていたけれど、しかしそれはとてもそういいきれるほどの確信がなかったんだ。

○○　そのおかしいというような考え方は、たとえば雑誌『労農』なんていうのはずっとお読みになっていながらそう考えておられたのですか。

——あの雑誌『労農』となると、読むというほどあまり読んでない。ぼくはやはり『資本論』に関する問題を提起した場合には熱心に読んでいるけれど、ああいう政治論はそうたいして熱心に読まなかった。

○○ 日本資本主義の分析のようなことなんかもそうですか。

—— そうではない。『資本論』と関連する限りは読んだですよ。ただ労農派の連中は、そういっていいかどうか、山田君ほど熱心にやっていないな。山田君のほうが、その点は熱心にやったですよ。むちゃくちゃだけれどね。たとえばインド以下的賃銀労働者、あんなのは経済学の「いろは」を知らない人でも書くことじゃないでしょう。ああいうむちゃをいったり、また統計資料の扱いなんかについても問題は沢山あったが、やはりずいぶん熱心に集めていたんじゃないかな。その点はぼくはあの栗原百寿君についても書いたけれど、実践的組織運動のイデオロギーが勉強の動力になるという一つのあらわれだと思うんだ。間違っていても非常に大きい動力になる。労農派にはそういうイデオロギーの推進力が足らなかったんじゃないかな。向坂君がやっても、向坂君はそんなに日本のそういう歴史的な記録をいろいろ集めてやっているわけじゃない。山田君はとにかくいろいろと歴史的な事実や統計を集めている。問題はあげればいろいろある。ぼくはあの本を演習に使ったので相当詳しく知っている。

○○ 向坂先生の批判はだいたい正しいのじゃないかという気はするのですが……

—— だからそれはそういえるんだけれど……。

○○ だけどポジティブにないのですね。

—— ポジティブに資料をもっていないからね。結果においてはなんともいえないことになる。たとえば土屋君なんかでも、山田君の本が出たとき最初はむしろ非常に感心していたんです。ぼくのところに来てそういうから、それはだめだよといってぼくが扇動したのをおぼえている。それがどうして土屋君、その後急に変ったかぼくにはわからない。仙台のぼくのうちでいつ頃だったか『分析』が出たあとすぐの頃だった。『分析』はいつごろ出たかしら。

○○ 九年だったように思いますけれど。

—— ぼくはしかし仙台の花壇のうちにいた頃だったからもう少し早いんじゃないかな。

○○ 九年に「講座」が完結したんじゃないですか。

—— ぼくが土屋君にその話をしたときの状況ははっきり記憶にある。

○○ その影響で変ったんじゃないですか、土屋さんは。(笑)

—— そんなことはないでしょう。それはむしろ向坂君や東京の友人の関係でしょう。

○○ そのほか、たとえば、労農派に属するか属さないかはっきりわからないけれど、だいたい属するとされている人で猪俣(津南雄)なんていう人のもの興味をもってお読みになりましたか。

—— 読んだが、ぼくは猪俣さんのはあまりに政治的にラジカルなんでね。戦術論でもなんでも、ちょっとぼくらにすぐは共感できなかった。講座派よりもっとラジカルだったような気がする。昭和の五、六年ごろか、戦略論を書いています、猪俣さん。非常にはげしいものを書いていた。

○○ 金融資本なんていう問題を初めて……

――ああ、あれはわかりやすく書いた本だったようだが、どうも非常に通俗的に書いてあるように思えて、ぼくには通しては読めなかった。むしろその後に「農村問題」を書いたのがありますね。あれはわりあい面白く読んだ。

○○　講座派のほうですけれど、山田盛太郎、平野義太郎、羽仁五郎、ああいう中で学んだというような人は……。

――別に学んだとは感じなかった。

○○　いつか聞いたことがあるのですが、なぜ先生が羽仁五郎を東北大学にとろうとしたのか。

――羽仁君のことは、その前ですよ。もっと前だな。『新興科学の旗の下に』という雑誌が出た頃その才に驚いたんだから。

○○　どういう論文。

――覚えない。

○○　この前、いいだ・ももさんが先生の論文も入れた論文集の中に、羽仁五郎の「東洋における資本主義の形成」を収めている。ちょっと着眼点が……。

――似ているとでもいうのだろうか。

○○　そうかもしれないという感じがするけれど、ぼくはそうは思わなかった。

――羽仁君をなぜ推薦したかといわれるとちょっと困るけれど。前にいった『新興科学の旗の下に』という、あれは昭和の初めごろに小林勇君が岩波を出て自分でやった鉄塔書院という本屋で出した雑誌です。あれは、『ウンテル・デン・バンナー・デス・マルキスムス』というマルクス主義の理論雑誌が出ていて、それにならって福本君も『マルクス主義の旗の下に』とかいう個人雑誌を出していたのですが、その『新興科学の旗の下に』という雑誌に羽仁君が書いていたんですが、それにまた多少個人的な関係もあるんです。ぼくが東北へ入るときから世話になった石原(謙)さんが外国にいる間に、羽仁君も留学して知っていたのです。羽仁君は当時東京大学の学生だったのですが途中で休学かなんかしてハイデルベルグに行っていたのです。それで石原さんよく知っていて、石原さんのところによく来ていたのです。そういう関係もあったのです。

○○ あと、「講座」の中でも日本資本主義の分析じゃなしに、いろんな社会運動の分析なんかがありますね。ああいうもので、なにか多少とも目をとめるようなものでもあって……。

―― ぼくは、彼のものあまり読んでいない。だから彼をとるということは、当時西洋史の教授だった中村(善太郎)さんに相談してきめたのですが、前にいったと思うが、検挙で駄目になった。

○○ 大塚金之助氏のものには「資本の蓄積と恐慌」というのがありますが、あれはどうですか。

―― ぼくにとってはあれもたいして意義がなかった。

○○ やはりああいうふうに、裏側に三二テーゼがあるということを先生ご存じだったのでしょう。ああいう三二テーゼを受けて一応本の冊数からいっても、こんな大きな講座ができたというのはちょっとやはり……

―― 日本の異常な状態でしょうね。それにまた『戦旗』やいろんなものがあるでしょう。つまり非常に広い未開拓の文化的領域にまで大変な勢いで入っていったので、ああいうことになったのではないですか。左翼運動は小説その他の芸術にまで深く入っていったのです。ブハーリンの小説だと称するものの訳まで出ている。ブハーリンが書いたのかどうかわからんけれど、妙な探偵小説みたいなものが分冊になって訳されて出ていた。仙台では大学の裏門の前にふなみ屋という本屋があって、そこのおやじ、実にいい男で、ぼくは仲が良かったのです。北海道から出てきて兄弟でやっていた。左翼の本を一生懸命扱っていて、左翼の出版物が出るとすぐ、さっと自転車でぼくらの連中の間をみんな配って歩く、注文もなにもしないのに。注文していたら遅れて買えない。多くは発禁になるんでそんなことになっていた。その店は左翼の学生も大いに利用していた。その若い方は字もうまいので、左翼のビラなんかみんなそれが書いていた。（笑）そういう左翼の本、ぼくは戦後金に困ったとき売ったけれど、その当時の左翼のパンフレットは大ていもっていた。大ていは翻訳ですが、大変なものですよ。もっともぼくはほとんど読まなかった。事実『資本論』の研究にほとんど役に立たないものばかりだった。

○○　そういう中で、かつての先生の青少年時代の話の中に、大杉栄の影響で自分と社会運動ないし労働運動との間に一つの隔絶したものがあるという感じをおもちになって、そういう意味で理論と実践を、やはり自分たちがやっても本物になりえないという、そういう感じを……。

―― それはあったかもしれないけれど、そのころはそういう問題じゃなくなっていた。むしろ『資本論』がなかなかぼくに全体としてつかめないというほうが主たる問題だった。一方に実践家に対するコンプレックスはあるけれど、他方には『資本論』を本当に自分でわかったといえるかというとそれはいえない。しかもこれは大変な本だ。こういう気持が非常に大きかった。実践運動をやらんからわからないのかという、そういう気持、自分にはなにかとくに足らんものがあってわからないのじゃないか、そういう気持もまだあるにはあったようだ。

○○　その頃『何をなすべきか』なんていうのはお読みになっていたのですか。

――読んでいたと思うが、ちょっと明確でない。

○○　そういう形でもう少し広いディメンジョンでの理論と実践との関係。要するにやるなら、書斎でシンパみたいになにかやっているというのじゃなくて、職業革命家としてやらなきゃいかん。

――それは気持としてはあったけれど、自分にはとてもできないと思っていた。

○○　そういうものとして実践をおいて、そして自分との間の関係を考えるという形になっていたのですね。

――そうですね。レーニンのものは日本ではわりあいに早く著作集が出たのです、白揚社から。かたい表紙で……。

○○　かたい表紙は山川さんのじゃないですか、色の暗いような。

――山川さんの編集じゃないと思う。

○○　山川・西編集だと思いますけれど……。

○○　十巻本ぐらい。

――そうそのくらいあった。あれは薄黒い表紙のもので西なんかの編集ではなかったと思う。あれでぼくはレーニンのものをだいぶ読んだ。ことに『唯物論と経験批判論』は、ぼくはいままでエンゲルスの『反デューリング論』を読んでいたけれどよくわからなかった。あれで初めてわかったように思った。これがのちに、あれはやはりそのぐらいのものだという考えになるようになった理由だけれどね。わからない時は『反デューリング論』はとてもたいへんなものだと思って、なにかこれがわからないのではマルクス主義はわからないと思っていたけれど、レーニンの『唯物論』を読んでからすっかりわかった、すっかりわかると同時に、なにかすこしものたらんものになってきた。

〇〇　ものたりないものというのは、やはりディアレクティークのことですか。

――　今から考えると、弁証法を自然を対象として説くというのはやはり無理だということになる。しかしあのレーニンの本はすっかりわかるので楽しかったから、あの本は文字通り手を離さないで読んだ。あれはロシア語からだれか訳したのを佐野文夫が直したのですが。

〇〇　その前に山川さんのがありますね。

――　いや山川さんのはあとです。あれより前に著作集の一冊として出た。これは井上という人じゃなかったかと思うが、佐野文夫氏がみただけにうまい訳だと思った。これはいままでエンゲルスでわからないで非常に苦労していたのに対して、これだったらぼくにでもわかるという気がした。マルクス主義の哲学というもの、これならわかるという、そういう気がしたのです。しかし今もいったようにこれではと思ったのは、ぼくには昔、新カント派を少々やっていたことがあるからだと思う。マルクス主義哲学は新カント派その他を批判できるのでないと駄目なのではないか。

○○　理論と実践のことをもっとうかがいたいのですけれど、当時の三二テーゼで、結局講座派があいう間違いを犯した。間違いを犯しているということは、先生かなり知っていたわけですね。そうすると科学とイデオロギーとの関係についても……。

――全体として間違いを犯しているというほどはっきりしていたのではない。

○○　しかし「資本主義の成立と農村分解の過程」などは、やはり実際にはそうじゃないという形で。

――だけれどもそれにはまだちょっと距離があるからね。三二テーゼというのはインプレコルでみたのですけれど。これは実践的な戦略規定でぼくはむしろえらいものだと思った。日本の無産政党もえらいことになったと思った。根本はやはり天皇制ですね。その前に日本共産党ができたときに天皇制をだしているし、そしてテーゼがみなそれをやっているんだから、これはとてもたいへんな事だという考えがあった。

○○　そうすると、先生としては天皇制についてはお書きにはならないにしろ、どう考えるかという問題があったわけですね。それは当然「農村分解の過程」で展開した考え方にそって天皇制というものを理解すべきなんじゃないかというようにお考えになって。

――そういう関連になるとは思うが、そして後に検事もそういっていたが、ぼくとしては初めから社会主義政党というのは天皇制を否定するのは当然だと思っていただけです。それはぼくの理論から出たのじゃない。ぼくのぼくぜんたる社会主義に対する理解からそう考えていただけです。古い農村が残っているというのはなぜかというのはぼくらの問題だが、それを天皇制と結びつけるのは政党のことだと思っていた。その点を三二テーゼは教えてくれたが、農村問題が講座派ではむしろ逆にブルジョア革命が完遂されなかったからだというように説かれたのではないか。その点、のちに、いまさっきもいったように裁判のときに、検事はぼくをずるいといったけれど、ずるいといわれてもしかたがないですよ、ある点からいえばね。しかし自分としては非常にまじめにそう思っていたわけなんだ。だから実践家に対してはある程度、敬意を払い、コンプレックスをもち、『資本論』の理解がぼくにできないところも、やはりそれが足らないからだといつも反省していたわけだが、問題はやはり『資本論』にあったんだ。

○○　やはり科学とイデオロギーの関係について、戦後、先生がおっしゃっているような問題、まだそのころはそうはっきりとは……

——　していない。やはり戦後ですね、非常に明確になったのは。ぼくとしてはある程度そういうものがあって、それがだんだんと明確にいえるようになるので、初めから確実にというわけになかなかいかない。もっともその点は性格によるのだと思う。非常に簡単明瞭に社会主義者になれる人もあるし、ぼくのようにある点からいえばずるいといわれてもしかたがないように、ゆっくりと考えてゆくというのもあるのじゃないか、自分では気性はわりあい激しいと思うんだけれどね。

○○　ただ、それは理論的にはずいぶんゆっくりゆっくりなのですけれど、事実上の分離というのは先生の場合、非常に早くからはっきりしちゃっているわけですね。

○○　みんなにそういわれるのが、科学的問題も含みをなにか残しながらだんだんはっきりとしていく。初めからスパッとするんじゃなしに、事実上、いまから考えてみればロジカルにいえば「貨幣の必然性」にしたってなににしたって、いまのものとちゃんとつながる形になっているんだけれど、なにかそういうものとしては明示はしていないところがあって、科学とイデオロギーの問題なんかでも同じようなことになっているのではないですか。

―― それは『唯物論研究』の加藤論争の場合でも、ぼくは加藤正氏のほうが正しい、『唯物論研究』のほかの連中の方がみんな間違っていると考えていた。

○○ それは一つの、その頃の科学とイデオロギーについての先生の考えを証左するものですね。

―― それは戦前からのことで、戦後彼の論文集が出たらぼくはすぐ買ったが……。

○○ ああいう、自然でやろうというようなことについて。

―― ということは、戦前はまだはっきりはしなかった。それはいまいった『唯物論と経験批判論』や『反デューリング論』でもそうだけれど、自然弁証法というのはたしかにえらいことをいっているようだけれど、なにかおかしいところがある。どうもこれじゃやれんという、そういう気持は常にもっていたから、加藤正氏の『自然弁証法』の序文だったか、後書だったか、あれを読んでこれは相当えらい人だと思っていたんだが、やはりなにかそれですっきりと、自分はこれでよろしいといえといってもこれはちょっといえないというような気がしていた。

○○ 「資本主義の成立と農村分解の過程」についてはだいたいその程度でお話を終ることにして、次に『資本論』そのものの問題に入ってよろしいでしょうか。この時期の「資本論研究」の大きなものとしては「資本主義社会における恐慌の必然性」と「相対的剰余価値の概念」「貨幣資本と現実資本」、その結実としてのプリントであるといわれている「経済原論」ということになりますけれど、一つ一つうかがっていきたいと思います。最初に「資本主義社会における恐慌の必然性」なのですけれど。

―― これはどうも、今の諸君に読んでもらうようなものではない。混乱しているわけです。ぼくも今度久しぶりに読み返してみたわけですが、お話にならない。ただ、労働力商品化による資本の過剰というのはとっているが、これも『資本論』の説くところを繰りかえしているだけだといっていい。

○○ 結局、ぼくは読んだあとで、あるいは読み違いがあるかもしれないけれど、ここでは表式論なんかよりちょっと後退した見解があって、表式でもって発達した恐慌の可能性が説けているようにいっておられるようですが、その点どうですか。

―― 表式論はそういうことを主題にしていないから問題にならなかっただけだよ。恐慌を問題にしていないんだ。

○○ ですから表式論は、むしろその問題でないんだという形で説いておられて、この論文では表式でも恐慌の展開した可能性があるというような書き方が……。

―― それはたしかにそうだが、それも君が、今のぼくの恐慌論を知っているからいえるので、その当時はまだぼくもできる限りマルクスによってその理論を解こうとしていたわけですよ。

○○ その問題のところを読んでいただけませんか。

○○ 『資本論の研究』百五十八ページの最後から四行目。「かくて資本の再生産過程の考察にあたってはこの二つの可能性をさらに展開して、資本の機能として把握し、資本家的商品生産の一般的無政府性を通して恐慌の一層拡大されたる可能性として規定したのであった。しかしこの可能性が現実性にまで発展する恐慌の必然性は、第三巻に於て始めて展開せられねばならなかった。」

——いいわけをすれば、『資本論』はそうじゃないかということになる。

○○　『資本論』ではたしかにそういうふうに書いていますね。

——その当時のぼくはそれを肯定して解明しようとしているわけだね。

○○　むしろ実質的には、前の表式論の考察ではそうじゃない。経済表なんだという形で。

——それは、少し君が、ぼくの表式論を買いかぶっていることになる。表式についてもその後段々と明確になったのだが、あれも単純再生産でやって、そして表式論の主たるものは商品資本の循環だということをいっている。その点がいままではっきりしていないものだから、いろんなものに、つまり帝国主義論なんかにまで使われたんだということをいっているわけだ。もちろんその当時まだ恐慌論としては表式を使っちゃいかんということがはっきりしていなかったんだ。

○○　こういうことはないですか。表式の場合のほうが問題を限定していく形、恐慌の場合のほうはポジティブに展開していかなければならない、問題のむずかしさがかなり違う。

——そういうことはあるかもしれない。

○○　もう少しぼくにいわせていただきますと、つまり「貨幣の必然性」でも「再生産表式の考察」でも、これからのちに出てくる「相対的剰余価値の概念」の場合も、もちろん「農村分解の過程」でも、つまり完成されたものではないし、不十分な点はたくさんあるのですけれど、のちの宇野理論としてはっきりするものが実にはっきり出ている。それが「恐慌の必然性」ではぜんぜん出ていないと。
○○ ぜんぜんというのもちょっと。
○○ ぼくはぜんぜん出ていないような気がするのですが。
○○ ぜんぜんというのはいいすぎだと思う。やはりここでも資本の過剰というのを説いている点はどうだろう。
○○ 商品の過剰じゃないんだという。
○○ 資本の過剰という言葉はいいんだけれど、その説き方はいいのですか。
○○ 同じ百五十ページに賃銀の騰貴による過剰がちゃんと書いてあるよ。
―― 「過充」と「過剰」。マルクスも過充というのをやる。それをやろうとしたのがその次の論文「貨幣資本と現実資本」になる。これがぼくの恐慌論でも当時はまだよくわからんまま出てきている。それを君が問題にしているわけだ。
○○ 初歩的な質問になっちゃうけれど、過充と過剰はどういうふうに。
―― 過充というのはマルクスのいわゆる貨幣資本のほうのをいうのです。貨幣資本が余ってくるというやつ。過剰というほうは現実の資本が労働者に対して過剰になる。いいかえれば賃銀の騰貴で資本が自分自身に対して過剰になる。
○○ マルクスは事実上そういう形で使い分けはしているのでしょうか。
―― その点、明確でない。マルクスはその過充と過剰が、なにかやはり恐慌の二つの原因のように考えていたのではないか。はっきりしないけれどね。のちのぼくの恐慌論でも、貨幣資本の問題と恐慌の必然性とを結びつけるわけだけれど、少し違う。一応は「恐慌の必然性」の根拠を説いた上で現実的な発現を貨幣資本、つまり貸付資本の問題としている。あの昔の論文では『剰余価値学説史』と『資本論』の第三巻第十五章とでやったわけだ。

○○　解説というより、その中に探っていったという……。

――解説になっていないんだな。

○○　解説ではないと思いますけれど……。

○○　結局、この論文でうまく恐慌の必然性を論証できなかった基本というのは、労働力商品化を軸にしながらそれが通せなかったということになるのではないですか。

――そういってよいだろう。まだ労働力商品化というのが戦後ほど確実に主張できなかった。

○○　しかしまた、労働力商品化を確実につかまえるためには、それがどういう形で矛盾を展開するかということを確実にしないといけない。要するに資本主義の基本的な矛盾というのは、労働力の商品化によるものだということをいっても、それが恐慌の必然性と結びつかなければ空念仏になってしまうのですね。だから逆にいうと、恐慌の必然性が説けて初めて労働力の商品化の意義も明確になるということにもなるわけですね。

――それはそうだが、しかしぼくの労働力商品化の主張は「恐慌論」を書いたのちにもまだ不明確なものを残しているのです。もちろんこの当時はまだそれどころではない。

○○　そうすると、ここではだいたい第三巻十三章の一般的利潤率の傾向的低下を前提としながら、十五章が軸になっている。それを二つに分けて、のちの『原論』のような形で整理するためにはどういうところをおやりになればよかったわけですか。

——やはり第一巻の蓄積の問題を人口法則として明確にしなければならなかったわけだ。しかしその当時も労働力商品化というのはすでにぼくにとってはマルクスから教わった経済学の基本的な重要問題だった。「農村分解の過程」自身がそのことを示している。後進国の労働力商品化というのがどうやって行なわれるかというのが問題だったわけだ。その点でこの「恐慌の必然性」では、君がいうように、あるいは後退しているといえるかもしれない。つまり恐慌の原因をなにに求めるかということを本当は模索していて、わからないまま、しかしマルクスはこういっているけれどこれをどう処理したらいいかというそれに迷いに迷っていたわけだ。これを『改造』に載っけたというのはむちゃですけれどね。

○○　相当高級な理論誌だったのですね。

——そうじゃなくて、むしろ非常にジャーナリスティックな雑誌ですよ。

○○　ジャーナリズム自身がそうだったんじゃないですか。マルキシズムをプロパガンダするような。

——ぼくから載っけてくれといったんじゃない。『改造』からなにか書いてくれという。みんなそうですよ、『中央公論』も『改造』も。あれは大森君や向坂君の扇動じゃないかな。この当時、しかしみなこうなのです。大変な『資本論』に関する論文が『改造』や『中央公論』の巻頭論文に載っているのです。みなこれ巻頭論文ですよ。

○○　だいぶその後、後退しちゃったわけですね。

——　あれをだれが読んでいたのかな。あれを読む人はあまりなかったのではないかと思うのだが。

○○　それは総合雑誌の読者層というのが、いまとは大分違って……。

——　学生でしょう。久留間さんの「表式論」も『中央公論』でしょう。それに対する高田さんの反駁も『中央公論』です。小泉さんや向坂君や、ああいう『資本論』に関する論争もみな『中央公論』『改造』に出たのです。ぼくなんかもあれで大いに勉強した。それに便乗したような形でぼくの論文も載ったんだ。それに改造社では経済学全集なんか出していたからね。あれの広告でもあったんじゃないかな。

○○　それからこの論文の初めのところですが、再生産表式で「しかしこの再生産表式については、先年来およそ正しい見解は確定してきたのであって、今や吾々はこの有力なる、併し誤れる解釈に煩わされることなく」という場合の「正しい見解」というのは先生の見解のほかになにかあるのですか。

——　ないんだね。(笑)

○○　自分のことを。

○○　その点は福本イズムの影響を受けているのですね。(笑)

○○　ぼくもひょっとしたらそうじゃないかなと思った。

○○　自分でお書きになりながら、にやにや笑って。

——　書いたときはそうじゃない。書いたときは大まじめですよ。

○○　やはり若かったのですね。

―― 昨日読んでみて苦笑したね。

○○ しかしいまのあれからいえば、たしかに間違えていると思うけれど、このころだいたい過少消費説ないし表式論的な恐慌というのは……。

―― それはそうだが、ぼくのように十五章のしかも資本の過剰で説いたというのはその当時もほかにないと思っていた。

○○ 多少、外国の文献ではありますね、ヒルファディングの『金融資本論』の中の初めに。

―― ヒルファディングは主として表式だからね。

○○ あと、先生そのころお読みになっていなかったかもしれませんけれど、ドッブの「恐慌論」、これほど深みはないけれど、形はこういう形。それからオットー・プライザーという人の「恐慌論」がだいたいこれで、しかしこれもこういう深みはないのですけれど、形としてはだいたい同じです。

―― ドッブのは戦後邦訳になってから読んだが、例の如く方法的に明確なものじゃないと思った。もっともぼくのこの論文も同様だったが……。

○○ それはともかく先生が蓄積の二形態をはっきりさせたのはいつごろですか。

―― ずっとのちでしょうね、このときでも多少その点気づいてはいるんだけれど。

○○ 感じありますね、ふっきれてないようですが。

○○ いまいわれた労働力の商品化の問題ですけれど、この論文ではこういう面ですが、農村分解の問題をやられるときには労働力の商品化ということがかぎになっていますね。そうすると労働力商品化の問題は先生の中に入ってくる過程というのはそっちのほうから入ってきたのですか。

——農村分解からか、というのか。

○○ そういう具体的なものの分析を通じて理論の中に入ってきたのか、それとも……

——ちょっとはっきりしないけれど。

○○ いまのお話ですと、むしろそっちのほうが。

——さあ、どっちともいえない。それは「農村分解」としては主として後進国としての日本の問題ですね。しかしそれも、原始的蓄積をマルクスから教わったときに、労働力商品化というのが資本主義の基本だということは教わっているわけだからね。ただこれが「恐慌論」にはっきり出てくるというように資本主義のあらゆる面に出てくる基軸をなすという意味はまだ戦前には明確になっていない。恐慌論なるものの意味も、今度武蔵大学で話をしろというので「恐慌論の課題」としてやるつもりだが、それは労働力商品が一般価値論に対してもっている特殊の役割を有しているということを話すつもりだ。今までそれもはっきりしていなかったんだね。『恐慌論』を書いたときにもそこまではっきりしていない。最近になってようやくはっきりしてきて、それがまた「原論」の中へどうしても恐慌論がなくちゃならないということを明確にするわけだね。ぼくの場合はどうも理論的に明確になるのがおそいんだ。この歳になってもだんだんと明確になる。労働力商品の価値論ということになれば、どうしても恐慌論をもってこないとできない。ほかの商品なら価値論を一般的にやれるわけだけど、労働力商品じゃいえないという、それがそこまで説いていながら『恐慌論』のときにも明確には説けていないのです。自分ではっきりしていない。いろいろやっているうちに、ああ、こうだったんだとあとから前の規定を確実にすることになる。マルクスは労働力商品という特殊の商品の価値論も一般の価値論から説くが、どうもそれには無理がある。労働力商品の価値は恐慌による循環過程を媒介にしないと説けないんじゃないか。つまりマルクスのいわゆる歴史的規定を明らかにするのがそれだということが、最近になってようやくはっきりしてきたんだ。自分ながら鈍才だなと思う、一応説きながらあとから気がつくんだ。

○○ サルトルが悟性を、分析的悟性と弁証法的悟性にわけていますけれど、弁証法的かどうかわかりませんけれど、分析的悟性ではない。

―― さあ、それはともかくあとからようやく気がつくんだ。いまごろになってはっきりとそれに気がついて、価値論と並んで恐慌論は『資本論』の体系の中に当然なくちゃならないものだと、こういう主張ができることになる。

○○ ただ、その場合、価値論と並んでといわれる、あるいは一般的な価値論と労働力商品の価値の問題、こういわれるのですが、どうなのですか。

○○ 価値論というのは労働力の価値論だとおっしゃるわけですか。

―― いや、一般的価値論は商品の価値論です。それに対して労働力商品の価値論というのがなくちゃならない。

○○ 「対して」というのがひっかかるのです。

―― そうじゃない。だって生活資料の価値論なら一般的価値論でいいのです。

○○　それも労働力商品の価値が貫徹することによって……。

——そうじゃない。生活資料の価値論というのは生活資料を生産するのに要する労働時間によって決まるのです。しかし生活資料の一定量を労働力商品の価値規定に入れるというのは、これは景気循環過程がなくちゃ決まらないというのだ。

○○　ぼくの勘違いかもしれないけれど、その労働力商品の価値規定を土台に置かないと本当の意味での生活資料の価値規定というのが説けない……

——そんなことはない。生活資料の価値はそれを生産するのに要する労働時間できまる。

○○　ですけれど、たとえば生産手段と消費資料との間の価値での交換というものを必然性をもって貫ぬかれないことになる。そうすると価値概念というのは成立しないわけですから、関係の軸になるのは労働力……

——いや、そんなことはない。

○○　ぼくもどうもその点、労働力商品の価値規定によるというように思えるのですが……。

——そうじゃない。資本の生産過程ではまだ労働者がどれだけの生活資料を当然得るものかというのは決められない。しかし一定量の生活資料を得るとすればその生産に要する労働時間がその生活資料の商品としての価値を決定する。それと同時にほかの商品もその生産に何時間かを要するということでその価値を決定されなければならない。労働者がその生活資料をそれだけ得るということはそこじゃ前提してあるだけです。この生活資料をたとえば六時間で得るということは、これは当然そこの生産過程できまるわけだ。

○○　だけども価値というのは貨幣の価値尺度機能で購買されなくちゃ価値にならんわけですね。

――いや貨幣による購買は、それを実質的に決定するのでなくて社会的に確証するだけですよ。論証するときには労働力が一日の生活資料を六時間で生産するというようにして論証する。

○○　論証のときはそうですね。

――その六時間で得る一定量の生活資料がどれだけになるかということの論証はちっともまだできていないのです。それを恐慌論でやるわけです。

○○　恐慌論でとおっしゃるのは、つまり労働力の価値規定を土台に置く形で。

○○　労働力の価値規定自身が。

――そういってよいが、それは生活資料自身の価値規定じゃないんだ。生活資料の量あるいは質を決定する生活水準がどれだけかということ、これは循環過程でなくちゃ決まらないのです。その生活水準によって決定される生活資料を生産するに要する労働時間というのはなにも循環過程できまるのではない。生産過程できまるのです。

○○　それはわかります。

○○　それはそうですけれど。

――労働力は労働で作るんじゃない。生活資料でつくるのです。その意味で価値論というのは一般的にはものを生産するのに要する労働時間で決まるのです。労働力と商品形態とは特別の関係になるわけですね。直接労働力を労働で作るわけじゃない。生活資料を作らなければならない。その生活資料を作るというのは生産過程です。一定量の使用価値を生活資料として労働者が得なければならないというのは循環過程できまる。

○○　そうなのですが、なにか、ちょっと問題がずれた感じがするのですけれど。先生自身がいわれている、つまり労働力が商品化して初めてすべてのものも商品化するんだという説明なのですね。

――　労働力が商品化して、生産過程が資本によって行なわれてはじめて労働価値説の論証ができるのだが、それで直ちに労働力の価値規定はできない。労働力自身の価値の内容規定は循環を通して決まっていく。それよりほかない。生産過程で決まるわけではない。

○○　そうすると、消費資料の価値での売買というのはなにによって必然的になるのですか。

――　それはその生産に要する労働時間できまり、それに応じて与えられる賃銀によって得るわけだが、だからといってそれはどれだけ得ているかということとは関係ないでしょう。つまり六時間のものを得ていればほかのものはその六時間の生活資料を労働者に販売するときに六時間で売るとすれば、生産手段もやはりその生産に要する労働を基準にして価値規定を受けることになる。しかし六時間を要する量、質の生活資料か、七時間を要するものとなるかという決定は生産過程ではきまらない。

○○　そのことはわかります。

――　だから、その六時間を要するものか七時間のものかという決定が循環過程できまるという。

○○　そのこともわかるのですけれど、そういうふうに循環過程でできることによって、普通の商品の価値規定もそれで完全になるのじゃないですか。

—— それは労働力の商品化で価値の実体的規定が論証できるというだけのことで、そのときは労働力が自己の再生産にどれだけの使用価値を要するかということは論証されない。それは六時間であろうが七時間であろうが、その点はただ一日の労働時間の一部分であるということだけでよい。しかしその生活資料が質的に量的にどの程度になるかは労働者と資本家との関係を決定するのは資本の生産過程ではなく、資本の蓄積過程によるというわけだ。その生活資料の価値自身は循環過程を要しないで論証できる。六時間でも、七時間のものでもいいわけです。だから労働力が商品化して決まるということになれば、もう一ぺん前にさかのぼって規定するようにみえるんだけれど、そのときはその内容的な規定はないのです。これは生活資料の生産に要する労働時間で決まるというだけだ。

○○ という形で論証しておけばいいわけですね。

—— そうです。そこでは労働力商品の価値の特殊規定は説けない。またそれよりほかになにも必要でない。

○○ そうしておいて、そのことの根拠をあとで与えていく。

—— だから労働力商品化というのは資本が前提しながら自分自身でそれをまたやらなければならない。

○○ 先生が価値関係の必然的基礎というところで説いておられる問題も結局、蓄積論で論証される形に……。

―― 前者は価値論の一般的規定です。後者はそうじゃないですよ。具体的に労働力商品の価値規定の内容をなすわけです。労働力商品自身は資本が生産するのでもなく、労働が生産するのでもない。そういう特殊の商品の価値の実質はそこへいってはじめて明らかになるというのです。その点が従来明確でなかった。しかもそれで剰余価値率はきまる。ただ資本の生産過程では一定量の生活資料の生産に要する労働時間で剰余価値率を説いておいていいのです。そのときには六時間の生産物としてやっているわけです。これは七時間でもいいわけ。ちっともかまわない。

○○ ただ、先生のおっしゃることぼくは理解できると思うし、その限りでまったく賛成なのですけれど、そのことを全部入れて、その上でやはり「と並んで」という考え方はおかしい。

○○ 「並んで」じゃないな。

―― じゃ「軸になって」といってもいい。労働力商品化が軸になることは間違いない。しかし価値規定はそう簡単に同列にできない。

○○ それは労働力商品の価値規定の特殊性をいうわけですね。

○○ 並ぶという意味の中には、前資本主義的な……。

―― しかし「経済原論」の体系の中で、一方で価値論、これが一般的に商品価値論で、これは前資本主義商品にもあてはまる。労働力商品の価値論は特殊的に循環で決まる、この二つ。

○○ どうもそれが……

―― こっちは生活資料の使用価値量が入る。面白いじゃないか。それが入らないと価値規定が実質的にはできない。
○○　つまりこっちはより抽象的な価値論であり、こっちで軸が与えられる、と。それで初めて一本になると。
――それではまだおかしいんだ。労働力を生産するのに要する労働時間じゃないのですよ。こっちの問題は。どれだけの生活資料かの問題があって、その上でそれを生産するのに要する労働時間で価値がきまる。そこではじめて剰余価値率というのが本当は決まるわけです。だから二つですよ。こっちで生活水準が決まって……。その生活水準による生活資料の価値は一般的に価値論で明らかにされる。その二つの論証を同じにするわけにいかないのです。
○○　同じにすることはできないことを……
――だから軸といっても二つの軸ではない。こっちは労働力を再生産するのに要する労働時間じゃない。生活資料の量です。その一定量の生活資料の価値は一般の価値論の問題だというのだ。
○○　それならわかるのですけれど。
――それだけでいいのだが、一般の価値論では労働力の再生産にどれだけの生活資料を要するかはきまらない。マルクスはそれを歴史的要素としているんだ。
○○　こっちが基礎になっているのですね。それが悪いので、逆にこっちを基礎にしたら。
――そうはいかない。生産過程が一般的な基礎なのです。その中へ労働力の商品化というのが入ってくる。労働力はそれぞれの時期に一定の使用価値量を得なきゃ再生産されない。そうするとこれを基礎にしてといっても、それは生活資料を生産するのに要する労働時間で決まるわけです。生活資料がどれだけかということはそれを生産するのに要する労働時間じゃ決まらない。それは価値論の問題、こっちは使用価値量の入った価値規定ということになる。

○○　そうすることによって、こっちは価値論そのものじゃないけれど、価値規定のいちばん根本を押えることができるのですね。

——　労働価値説は資本の生産過程で論証できるという点ではそういってもいい。その意味で軸になるといってもいいのです。それと同時に『経済原論』の重要な基礎はその価値論と労働力商品論というわけです。つまり一般的には価値論をやればみんなわかっちまうかというと、そうじゃないんで、恐慌論がなくちゃ完成しない。だからまた恐慌論を価値論に解消してしまうわけにはゆかない。

○○　価値論を解消するというより価値論が恐慌論において最終的に完成されると……。

——　そういうわけではない。それはものを生産するに要する労働時間によって決まるというのが価値論です。それは労働力には直接にはないのです。

○○　生産論の最後で価値法則の絶対的な基礎という形でお説きになっていましたね。労働力の商品化によって価値どおりでの売買というのを想定するところは、あれは価値関係の必然的基礎という形になっていますね。そうすると、やはり蓄積論を通して価値法則は社会的に一般的な根拠づけが与えられると。

——　そうです。一般的にはそれでいいのです。ところがそれを説くのには資本の生産過程でなくてはならない。それには労働力は商品としていつも供給されるという前提がある。その前提をなす労働力商品の価値規定は恐慌論がないと実質的にはできないのです。
○○　ですから原論の体系の全体が、いわば価値法則の貫徹する方式をずっとやっていくわけですけれど、その中でやはりいちばん基礎というのは価値関係の必然的な基礎ですね。あそこでまず礎石を与えたというわけですね。
――それはもちろんそうです。だけどもそれだけではできないでいまの循環論というのが入る。
○○　「並んで」というところから議論が出ちゃったのです。
――最近のぼくの考えはそうです。
○○　新版宇野理論ですか。（笑）
○○　恐らく大内先生などの価値法則論と先生の価値法則論とちょっと微妙なニュアンスの相違があるというのもそういうところからくるのかもしれない。
――そうじゃないでしょう。そうじゃなくて、大内君もそこまでは考えていないんじゃないの。
○○　先生のあれでいえばそこまで考えていないからだということになるのかもしれませんけれど、資本主義以前についてはカテゴリッシュに価値法則をみとめない。
――それは今の問題とはちょっと違ったいいすぎだな。
○○　大内先生の場合そうでしょう。
○○　最近違うんじゃない。それは論証できるということと……。

―― 労働力商品の価値を一応抜きにしても、要するに価値論が説けるという議論がその問題と関係しているのじゃないか。要するに一般的価値論というのは商品形態に共通するという点ですね。事実、労働力はそれを基礎にして商品化している。

○○ それじゃ次の「相対的剰余価値の概念」に入りたいと思います。

○○ これは先ほどのと違いまして、後年の宇野理論が非常にはっきりでていて、そういうもので興味しんしんたるものがある。

―― それはマルクスでは実質的には解かれていないからね。マルクスは簡単に、ポテンチールテなんていってすましているところをぼくは自分の解釈を加えればいいのですからその当時もわりあいに楽に自分の考えで書けたわけだ。いまでも間違っていないと思うけれど、その当時ははっきりしない点がずいぶんあったのです、市場価値論が後に明確になるまではね。

○○ だいたいわれわれはわかっているわけですけれど、恐らくわからないとするだろう読者のために、だいたいこんなことなんだということをちょっとおっしゃっていただけたらと思うのです。

―― その当時はしかし市場価値論がまだできていないで、相対的剰余価値の概念だけをやろうというのだから、ちょっとむりはあるのです。趣旨は大したことじゃない。つまり新しい方法を採用したときに、その採用した事業がどうして特別利潤を受けるかという点をマルクスも労働がポテンチールテ、つまり強められてより多くの価値を形成するんだというふうにいっているだけでそれでは意味をなさない。これはぜひなんとかマルクス説の正しい点を明らかにしてみたい。これを自分で根拠づけたい。その根拠づけとなる基礎は、『資本論』第二巻で流通費用や表式と価値法則との関係があらゆる社会に共通に必要とするものとして明らかにしている価値実体をなすものはけっして商品経済特有なものじゃないとしているのによるのです。それが商品経済では価値形態をとって現われる。それが根本の考えです。それでこういう特別の剰余価値にしても価値としてあらわれるとするには、あらゆる社会に共通な基礎を有するものでなければならない。そういうわけで改良費ということになったのです。

○○　その点、大変面白いのですけれど、つまりあらゆる社会に共通なということを前提して、資本主義社会に特有なという社会的実体と形態というようなものをはっきり理論的に分けて考える考え方というものを、ぼくは宇野先生に接するまでは、マルクスのものなんかだいぶ読んでいたのですが、知らなかった点なのです。そして先生自身はどのへんからそういう考え方……

――　それは、いまいうように『資本論』第二巻のたとえば流通費の中の運送費とか保管費というのと、純粋の流通費としての売買費、その違いからきているのです。それを読んだときはよくはわからなかったけれど、資本の生産過程で労働過程を説いている、それはあらゆる社会に共通なものとして説く、これに基礎をおかなければ価値規定は出てこない。そうすると形態規定というのは実際に実体規定があってできるのですが、それも実体を本当につかんだときに論証ができると、こういう意味にとったわけです。のちのぼくの考え方はそれによっているわけです。

○○　相当早くから確定していたのですね、その点では。

――　この点ではね。

○○　表式論がそういうものですからね。

――　前にいったように第二巻をよく読む機会があったということでしょうね。そして運送費やああいうものを取り扱ったときからきているんじゃないかな。あれはなんでもないことだけれど、非常に重要なサジェスションになって、みんなはなにか価値論というと商品経済特有のものだというふうにばかり考えて、遂に労働価値説を商品経済だけでこういうことがいえるんだというふうな説き方のほうが強いのですが、そうじゃなしに、やはり資本主義社会も一つの社会だという考え方が明確になった。これが本当の社会主義論の基礎だとぼくは思うんだ。ただ資本主義社会というのは特別な社会で、これを根柢からつぶして社会主義にするというのでは資本主義の変革の意味がない。あらゆる社会に共通のものを商品形態で把握してる、そしてそれに代わるものができるというところに意味があるので、そういう点をぼくが教わったのは『資本論』の第二巻からだと思う。それから逆に第一巻へさかのぼって価値論が理解されるようになったように思う。問題は商品論の物神性から与えられているんです。

○○　その後も第二巻は表式ばかり問題になって、全体としてはあまりやられていない。

――　そういう傾向はたしかにある。それにしても「相対的剰余価値の概念」というのは、少し強引なところもあったかもしれないけれど、一生懸命で考えたわけです。

○○　ちょっとそれに関連して、それからは少々離れるかもしれませんけれど、ぼくはかねてからおうかがいしたかったことがあるのです。つまり社会主義社会のイメージ、つまりぼくらが現実にあるものとしてソ連やなんか考えるとそういうものが本当の社会主義であるかどうかよくわからない。イメージとして与えられた理論的なものというのは、理論的かどうかわかりませんけれど——ともかくマルクスの言葉として「ゴータ綱領批判」に、社会主義社会と共産主義社会を区別した、あれだけが頼りになるような、そういうものだと思うのです。つまり宇野先生はああいうものをどう理解されたのか。そしてこういうところに出てくる一つの社会主義社会のイメージをどうお考えになるのかということをおうかがいしたい。

—— 「ゴータ綱領批判」というのは何としても社会主義社会の具体的規定を与えるものではないのじゃないか。具体的には革命後の実際問題で、経済学からは出てこないのじゃないか。むりやりに出そうとすることはよくない。マルクスもその点わりあいに用心深くいっているのではないか。つまり非常に抽象的にしかいっていない。そういうことになるのじゃないか。

○○ それはそうなのですがね。

○○ 「ゴータ綱領批判」の中でもわりあいにセーブして、なにかあまりこういうことはいえないんだということを中でいっていませんでしたか。

○○ それはそうですよ。しかし共産主義社会と社会主義社会を区別して、そして普通社会主義といえば共産主義の一つの過渡的な状態を現わす。だから本来、完成されたものとしてはもちろん共産主義という言葉を使うというようないい方というのは……。

—— あれをしかし強調したのはコミンテルンじゃないかと思う。

○○ 先生のころでも普通、マルクスを勉強する人たちが社会主義社会のイメージというのを受けとるのはああいうものを頼りにするよりほかなかったわけですか。

――それはそうですね。ぼくらもそういうふうに考えてよいと思っていた。それよりほかには考えられないよ。

○○　そうすると、『資本論』の第二巻を中心にして勉強することでそれと区別されて社会主義社会のイメージというのは先生としては確定したといってよい……。

――そんなことはないよ。確定はしていない。ただ資本主義で法則的に強制されてやっていることを社会主義では自分で自主的にやるんだと、そう考えただけだよ。

○○　そのこと自身は相当大きな確定だと思うのです。そういうことというのは「ゴータ綱領批判」には書いていないのではないですか。

○○　ある程度は書いてある。たとえば剰余生産物の存在というのに対しても社会主義では、いわゆる完全な労働全収権になるようにはいってない。むしろそれを否定しているでしょう。

――いずれにしても積極的に社会主義の青写真を与えてはいないよ。もっともマルクスの場合はわりあいに社会主義社会の出現の必然性の証明が容易にできるという考え方が強い。だから社会主義社会は自分で作るんだという考えがわりあい弱いのじゃないか。つまり政権をとったら必然的に社会主義になるというふうにとれる。ぼくたちもその点この昭和の初め頃にはそう思っていたのだが、最近になってみるとそう簡単にはいい切れないように思うようになった。どうも今までは社会主義革命をブルジョア革命と同じように考えていてその相違を明確にしていなかったように思う。ぼくはそのことを最近は屢々書いてきている。ブルジョア革命は、すでに旧社会のうちに発展してきていた商品経済の資本主義としての発展に邪魔になるものを排除すればよかった。それと同じように社会主義も、その必然的な発展の障害となる資本主義的関係を排除すればよいように考えられていたが、どうもそうじゃないのじゃないか。

〇〇　その点でこの間非常に面白いと思ったのですけれど、レーニンをちょっと読み返してみていると、レーニンが、革命前ですけれど、先生とほとんど同じことをいっている。要するに二つの革命の違いを述べているんです。資本主義というのはすでに封建社会の中で自然発生的に出てきたものをその上部構造を排除する革命であって、社会主義革命というのはこれから新しいものを自主的に作らなければいけない。ここにいちばん基礎的な二つの革命の相違があるんだということを述べているのです。ただ、それにはなにかちょっと深みがないような気がしますけれど、結論的には先生と……。

――その点、ぼくは以前は明確でなかった。経済学の原理の体系化と共にそう考えるようになった。つまり資本主義社会でやっていることを、社会主義は自分でやらなければならない。これは非常に大変なことだ。その点を明確にするには『資本論』の理論を反駁の余地のない体系にしなければいかんと思うようになったわけだ。それをこの数年来いつも機会あるごとにいってもいるし、何とかそれに役立つことをしたいと思っているんだ。

〇〇　ただ、レーニンでは先生のように経済学の問題に深めていくという形でのそういうあれはちょっと浅いような気がしますけれど……。

—— それはいつごろのレーニン？
○○ 革命ちょっと前だと思います。
——『ゲーゲン・デン・ストローム』(『流れに抗して』) じゃないの。
○○ じゃないでしょう。
——『ゲーゲン・デン・ストローム』はぼく読んでいるんで、ことによるとレーニンなんかの考えの影響を受けているのかも知れない。どこから受けているかぼくにはわからんがね。
○○ 全集には『ゲーゲン・デン・ストローム』という形で全部収められておりませんから。
—— ああ、あれはジノビエフと共同の論文集だからね。『ゲーゲン・デン・ストローム』というのはぼくには非常に影響しているからね。ジノビエフの論文は大して面白いとは思わなかったが、レーニンのは、ものによっては繰返し読んだ。
○○ ただ、われわれ読んでも、それはそうだとそのまま通りすぎちゃうのですけれど、そこから先生のようには深く……。
—— ぼくらが読んだ時期と違うからね。あれはぼくは大正末ですからね、『ゲーゲン・デン・ストローム』を読んだのは。大変なものだと思って読んだ。いまから思えば当然なことだと思えるようなことが、非常にえらいものだと思ったようだ。話をもとにもどして「相対的剰余価値の概念」のことになるが、これはきっと社会主義社会でも問題になることで、もっと精密に考える必要があると思う。だが、いまはぼくとしてはむしろ市場価値論の中に吸収される、しかし特殊のものとして考えている。そうなるとわりあいイージーになってくる。それはよくないと思うのだが、今のところ仕方がない。
○○　要するに市場価値論の中に吸収されるべきものじゃないのですね。
――　市場価値論の特殊例というか、あるいは逆の場合をなすもので、むしろ地代論の方が同じ特殊例にしても正の方だと思う。
○○　ともに一物一価という意味じゃ市場価値規定を受けるわけだけれど、特殊的な意味をもつわけですね。
――　そうそう。しかしまだ本当に解決しているとはいえない。
○○　先生の論証の中で改良費だといわれるとそうかなという気がするのですが、そういうのが論証形式になっているかというのはなんとなく……
――　それは一種の推論でしかも経過的なものだからね。積極的な論証でないから、そういうふうにとられても仕方がない。ただ、こういうことはいえるんじゃないの、わりあい改良のやさしくできるものは早く特別剰余価値がなくなる。その反証からはいえるのじゃないかと思うんだ。特別剰余価値が早くなくなるものとそうでないものがあるのじゃないか、それが改良費と関係するのじゃないかという一種の反証をなしているわけだ。
○○　昨日も学生に聞かれたのですけれど第三巻十五章のいちばん終りの「補遺」のところですね。改良した場合の古鉄という、あの価値は先生どういうふうに考えられたのですか。改良した場合に、つまり固定資産を新しいものにやりかえますね。そうすると古い固定資産のまだ償却されていないものがくず鉄になるとマルクスは書いている。そうするとその残っているその価値部分というのは社会的にはどうなるのですか。
○○ もたない場合もありうるわけだろう。
○○ 売れる限りは再生産の中へ入る。
―― 売れるというのは……
○○ つまり償却されていないそれを新しいやつにやりかえた場合に、古いものの償却されていない部分、それの価値は、これはどうなのでしょう。改良費という中へ入ってくるのじゃないですか。
○○ そこまで考える必要あるのですか。
○○ 事実上そういう形で処理しちゃっていて。
○○ 改良費の中のマイナスになるわけじゃないの、その分だけ。
○○ そこまでいう必要があるのかしら。
―― そのくらいでいいんじゃないかな。そういったとき、やはりあまり細かくやると根本がわからなくなるといって……（笑） 事実、いろいろの場合があるが、それはまたそれぞれに……
○○ 改良費に入るだろうと。これは資本主義では資本家の個人的な負担を軽減するものとして、つまり特別剰余価値の逆の形で得られる改良費の節約でしょう。
―― 別に、必ずその資本家が改良するとは限らないから、理論的には余り問題にならないのではないか。

○○　それは特別剰余価値を得るという形で改良していく。

――というより、改良を多かれ少なかれ促進することになる。それこそ社会主義になれば積極的な問題になるかもしれない。

○○　社会主義になれば社会的に全体の負担においてやっていくだろうと。

――そうです。そのスクラップをどう使うかという問題が必ず出てくると思う。電子計算機に任せるのじゃないか。(笑)

○○　それはマルクスの場合はあそことひっかかってまた前のところに出ているつまり機械採用の資本主義的限界という点、殊に労働力の価値で制約される形の……。

――あれは、原理的には、問題にならないのです。

○○　あれ、ちょっと面白いよ。

――あれは国が違うということからきている。だから原論の問題じゃないのですよ。つまり賃銀の安い国と賃銀の高い国との比較をやっただけですよ。だからイギリスでは採用されるけれどドイツでは採用されない。そういう比較の問題としてやったのです。

○○　そういう具体的な問題だったら賃銀以外に、もっといろんな問題が入ってくるでしょう。

――マルクスは賃銀の問題でいっているが、これは利子も関係する。利子でもいいけれどあそこでは労働賃銀でやっているが、いずれにしても資本主義では機械の採用に特殊の制約があるということをいうわけです。しかし原論では労働力の価値は前提されているので直接には説けない。だからこの機械が採用されるかされないかというのは、それはもちろん資本家が儲けになるかどうか、特別の利潤をうるかどうかという問題になるだけです。ほかのものとの比較でしょう。古い機械と新しい機械。賃銀の問題じゃない。賃銀はどっちでも同じとしてやるほかはない。もちろん賃銀の違いによって機械が先進国では早く採用されるが、後進国ではなかなか採用されないという資本主義的制約を説いてよいのですが、どういうふうに説くべきかな。

○○　マルクスはその点、明確にしていないのですね。

——　マルクスはそれを混同している、というより、原論に対する考えがぼくと違うのです。資本主義の初期と後期とでは機械は後期の方が早く採用される、こういうことになる。そういう意味ならわかる。だけども一般的にいうのは……

○○　たとえば本来の社会ならば当然採用されてしかるべき。

——　そういう考えが多少ある。

○○　資本主義社会ならば。

——　ぼくもマルクスをそうとっていたのです。

○○　そうとっちゃいかんですか。

——　それは原論の問題じゃないというのです。

○○　しかしやはり実体と資本主義的な形態規定を受けたものとの食い違った問題。

——　それはある。しかしそれは原理の問題じゃないのじゃないか。特別剰余価値の問題は前の方法と次の方法との問題なのです。賃銀の問題じゃない。そういうことを考えるとちょっとずれてくるのじゃないかと思う。

○○　先生、形態を通して実体をつかんではじめて実体が明らかになるので実体それ自身は特定の形態を明確にする経済学によらなければ説けないんだというふうにおっしゃいますけれど、これはそういう問題と関係するのじゃないですか。だから裸のままの機械と労働との間の関係をまず考察して、それが資本家的な形でもって受容された場合、どういう違いがあるかということを通して裸の関係も理論的に押えられることになる。その間の食い違いということも押えられるということになるのじゃないかしら。

――それはしかし経済学の原理では解けないのではないか、ここの問題も君のいうような点を含む特殊の形態での問題になっているんだが、それではすまない。たとえば去年作った機械も、もうあれはいまは問題にならないといって捨てることができるかということになると、それは実際問題になる。社会主義経済でもそう簡単にはゆかない。もちろん非常に余裕があればそういうことになるかもしれない。だけどもたとえば五ヵ年計画ということになると他の産業とも関係する問題になると思う。それがどういうことになるかということと、資本主義社会で賃銀によって機械の採用が制約されるというのとは、すぐは比較にならないのではないか。この問題も資本家的制約の問題にして論じているのじゃないかと思う。だからぼくは、マルクスとしては当然のこととしていったことだと思うんだけれど、原理論としてはどうか。現状分析としてはなかなか面白い重要な問題があるといってよい。

○○　その点、社会主義社会ではどういう問題になるかというのです。

――ぼくも初めはマルクスをそのままとっていたのだが、どうも原理論としては筋が通らないのじゃないかと思うようになった。

○○　ぼくは先生の前の説によっていたのです。（笑）

○○　元が変わってこられると変わっちゃうんだ。

――その点は全くあいすまんことになるが、ぼくの場合はそういうことがたくさんあるんだ。だからどうもみんなにうらまれたりいろんなことになるが、科学的研究では避けられないことではないだろうか。

○○　それによるものにはよるものにも責任があるのですからね。それは関係ないですよ。

――だけどもちょっと悪いなと思う。それを説いた自分のほうが変わっているんだからね。

○○　ご自分が変わったということは明確に……。

――それはぼくいっているつもりだ。たいていの場合ぼくはいっているんだけれどね。

○○　『旧原論』ではぼくの理解したようなことははっきり書いてあるでしょう。つまり賃銀が高ければ……

――あるでしょう。あれは参考問題として註に入れるべきでしょう。

○○　それを愛用していたんだ。

○○　ぼくもそういう考え方抜きがたいな。

○○　にわかに賛成しないことにしましょう。

――それはもちろんつねににわかに賛成しないほうがいい。しかしこれは原理としてというにすぎない。ただいくら説いても、そして自分の方に無理があるとわかっても賛成しないのでは困る。学校の先生は講義で説いているとそれを改めるのはなかなかむつかしいが、それをやらないと進歩しない。マルクスは学校の先生ではなかったが、そういう点何か明確にしないものを残しているように思うことがある。あれは実践家だったせいかも知れない。いずれにしても科学的研究には改めた点を明確にしないようでは進歩はしないとぼくは思っている。ぼくはもともと自分が大したものでないと自覚しているからか、その点は楽だ。マルクスのようにえらくなるとそうもいかないのかも知れないが……。それに実践家は科学的規定をもイデオロギー的にトータルにわかったものとしなければ実践できないので科学的には逆効果となる。その点を実践家でないぼく達まで真似ることはないよ。ただ経済学ではその原理は対象となる資本主義を一般的理論としてではあるが、トータルに把握し、体系づけることができるので、実際はまだそういう体系を完成しえなくても、あるいは完成しえていないだけに厳密にしなければならない。それと同時にイデオロギー的にトータルとしてはならないわけだ。

○○　「相対的剰余価値の概念」についてまだ質問ありますか。

○○　特別剰余価値に実体的根拠があるというのは、改良費としてですね。それに対して虚偽の社会的価値の問題。あれは実体的根拠がないと区別されるわけで、虚偽の社会的価値が虚偽だという場合、実体との関連で労働が投下されていないといわれるのですけれど、その、先ほどのあれでいいますと、実体の把握というのは必ず特殊な形態を通して把握するんだというそういう見地からしますと、虚偽の社会価値の虚偽性というのはどういう……。

——つまり市場価値規定からくる虚偽ですね。市場価値規定というのは生産条件が違っても同じにするのです。そうすると生産条件の違うものとの間にはどうしても虚偽のものが入るわけです。

○○ 形態規定としては虚偽としては処理しないで、社会的価値として処理しているわけですね。それにもかかわらず一方だけ、つまり差額地代になる部分だけを虚偽だというふうにいうのは……。

—— それはその方は固定してくるからです。社会的価値としては条件のいいものが特別の利潤を得るわけでしょう。その場合、資本ならばそれが解消されることになる。他のものも同じ条件を採用しうる。つまり特別剰余価値としては一般的には解消されるわけでしょう。方法を直していく。ところが土地の場合はそれができないんで固定して虚偽になるわけですね。

○○ その違いはわかるのですけれど、虚偽という……。実体というもののつかみ方がよくわからないのですけれど。

—— 実体というのはそのものの生産に要した労働時間でしょう。それがないのに地代の場合は社会的価値として固定する。

○○ 実体的内容のないものをそういうものとしていえばいいのに、なぜわざわざ虚偽だというふうにいうのかということなんです。

○○ その点は、形態規定としては虚偽ということはいえないのじゃないか。社会的価値としてすべて処理しているということしかいえないのじゃないか。

――だけどもそれは形態的規定も過程的に社会的実体を把握することになるのに、地代の場合はそういう過程がない。

○○　ずれたままでいるわけですね。

――そう、一般的にはその相違を解消して実体的規定に帰着するものとするのです。それが資本でない生産条件の相違となるとそうはならない。市場価値論としては一般的にいえばずれているときにも直るものとして考えていいわけです。だけども一応はいわゆる一物一価の法則として、それで市場価値論は説けるわけですから、その中に虚偽になるものとそうでないものがあるという二つの形ができるんだと、こういっていいのじゃないか。

○○　一般的な形で市場価値論そのものは説けると思うのですけれど、その内容までを市場価値論で……。

――その相違がなくなれば一般の価値論になる。価値論はそういう市場価値論を含蓄するものとして説くわけです。事実、条件の違いは資本の場合にも必ずでてくる。発展も変化なしに行なわれるわけではない。市場価値論でもだいたい中位的条件のものが支配的になるものとしてよいが、それで片付けるわけにはゆかない。

○○　相違はたがいに相殺されるものとして、それと一応無関係に機構だけを明らかにするというふうに考えちゃいけないのですか。

――そうじゃないでしょう。やはりあれは違いができている点とそれが社会的に訂正されるものを含むものとして規定しておかなければいけないのじゃないですか。だいたい平均的なものに決まるという意味はその上でいえばよい。事実、条件の悪い資本はなるべく改善して平均に近づくことになるわけですね。

○○　平均に決まるというところまでいわなくてはいかんのですか。

――そういう意味を含めていえばいいでしょう。

○○　そうすると、むしろ例外的な規定になるのですね。

――もちろん価値論に含まれる例外と考えてよいが、市場価値論というのは商品経済の知恵というか、特に資本にとっては重要な一面でしょう。これはつまり価値形態というのがけっして価値としての労働を直接表現するものとして現わすものじゃないので当然に生ずることですが、それを逆に生産力の増進に利用したものといってよい。需要供給論もこの点を明らかにしないと意味がないわけだ。私のところじゃ時間が余計かかったからといって余計の代価を要求するわけにいかない。それはどういうことになるかといったら、体制的になるべく経済的になろうとしているわけでしょう。そういうのを強制しているわけで、それを市場価値論が明らかにする。結局、われわれが説くときには平均的なものとして価値論を説いていいんだけれど、その枠は市場価値論なのですね。しかしその特別利潤が固定すれば、これは虚偽になるわけです。だから君がいうのは、市場価値論自身をいうときに特別利潤を直ちに、虚偽といえと、こういうのではないか。

○○　虚偽のというのじゃなくて、まったく内容を問題にしないで市場価値論として……。

——それでは価格論になっちゃう。社会的にどこで決まるかというのが市場価値論なんだから。

○○　しかし流通論の場合は実体規定がないから、内容を問わずに一物一価というようなことしかいえないで、生産論をもってくるともっと内容が出てくるというふうにはいえないのですか。

——その場合も生産条件を説かないでいってしまうと、単に一物一価だという形にしかならない。

○○　そうじゃなくて、抽象的に地代論の問題も特別剰余価値の問題も一切含んだものとして市場価値論は説けないかというのです。

——それは流通論でいっても、意味ないのじゃないか。実体規定が入ってこそ市場価値論の意味があるんだ。

○○　ちょっとその問題に関連することと思うのですけれど、問題は虚偽性というものをどう理解するかということで、これが労働の投下されていない実体との関係でいわれたのですが、むしろ形態規定としては社会的価値として考えて、価値実体のない虚偽のものも含めて市場価値として処理しているわけですし、またそれは社会的に価値としてしか社会は認めえなくて、それに対して社会的価値の一部を特に虚偽だというのは……

——とくに虚偽という意味は差額地代に固定するということです。それは改めようがない。

○○　改めようがないというところが……。

——そうです。それでも価値規定は受けなければならない。だからそれは資本に対して土地所有者の性格を現わすわけ、資本の場合なら一定の期間はそういう状況があるとしても改められる傾向をもっている。それだからまた平均的なものとして市場価値を論じてもよいのです。しかし実は労働を投じていなくても得られるものとしては特別の利潤になる。反対に余計の労働を投じているものもあってそれは逆に利潤を削減されている。こういうことで平均化がいえる。資本は必ず平均の利潤をえなければやっていけないというものではないのです。できる限り多くの利潤を求めながらそういうことになる。平均の意味はそういうふうに解すべきでしょう。ところが土地についてはそれはいえない。そこに虚偽性の主張があるわけです。だから市場価値による特別利潤にすぐ虚偽といってしまうと少しいいすぎになるでしょう。

○○　そうじゃないのですけれど、つまり実体と形態がぴったり重なっているものとして生産論を一般的に処理しているわけですね。

——　それはそうせざるを得ないのです。

○○　ところが分配論に入ると、とくに虚偽の社会的価値の問題になると実体と形態とがぴったり合わない面が虚偽の社会的価値として出てきている。

——　だからそれは少しいいすぎになるといっているのです。君のいうようにぴったり合うようになる競争をしているのです。

○○　合うように処理しているというのは社会的価値として処理しているということですね。

——　そうです。

○○　同時にまた虚偽ということは。
――どうしても合わないものがあれば虚偽になる。その価値規定を受けながら虚偽になる。
○○　そうすると生産価格のところまでも全部虚偽にしてしまうのですか。
○○　そうじゃない。
――生産価格はもちろん単なる市場価格でも市場価値でもない。あれは異部門間の問題ですし、剰余価値の利潤としての分配によるのです。
○○　形態で処理するといっても、むしろ処理しきれない面が虚偽の社会的価値なのですね。形式的には処理しながら。
――そうじゃないのです。やはり価値規定に近づく競争は常にしているのです。資本のほうの条件だと。土地の条件だとそれはできない。それでも価値規定を受けている。それは虚偽の社会的価値だと、こういうのです。君の場合は形態的に処理できないものに引きずられることになる。
○○　市場価値の中でそういうあれに当たるような価値規定を受けるようなものがほかにあるわけですか。
○○　それはないでしょう。
○○　ただ、一時的には形式としては出るわけでしょう。
――一時的というよりはもっと根本的に生産条件の均等化という問題があるわけです。
○○　過渡的な問題も処理できるわけですね。

——まあそういってよいのだが、今さっきもいうように資本は必ず一定の利潤をえないとやっていけないというものではない。そこになるべく多くの利潤をえようという意味がある。市場価値規定の中には価値規定のずれがいつも含まれているけれど、客観的には常に中心というか、一定の基準へ帰着する傾向がある。それが社会的に必要な労働というわけで、価値の実体を市場価値規定で片付けることは、結局、価値の実体を明らかにしないことになる。利潤と地代との区別もなくなる。それは需要供給論と同じことになるといっていいのじゃないか。ぼくは市場価値論でも虚偽といっていいと思うんだけれど、資本にその運動のあることを明らかにする上からいって、区別して、特に地代化する特別利潤にそういうのが正しいと思う。

○○　市場価値論で上下にあるものも虚偽といっていいという。

——それは必要労働に出入があるからです。

○○　広くいえば虚偽的なものになる。

○○　だからこそ地代もそのメカニズムで処理していく。

——そう、その形式なしには、資本は土地を生産手段として使用しえない。ただ、それを固定する点に意味があるのです。その区別をするために特にそういっているのだと思うんだ。

○○　それではこの問題はこの位にして次に「貨幣資本と現実資本」の問題に入ってよろしいでしょうか。「貨幣資本と現実資本」というのは、たしか前文でも出ていますけれど、

「私は『資本主義社会における恐慌の必然性』を『資本論』の第三巻第三編『利潤率の傾向的低下の

法則』によって論証したのであるが、その際資本家的生産方法に特有なる恐慌現象の現実的条件をなす資本の過充については、これをそれ自身において考察することはしなかった。そこでは資本の過充は資本の生産過程に対して随伴する現象として、謂わば生産過程そのものがこれを惹き起し、これを利用して拡大せられることを明かにすればよかったからである。しかし資本家的生産方法の発展と共にこの過程に随伴する現象は又それ自身に発展し、寧ろ生産過程に対抗して独立の存在を主張し、やがては生産過程そのものを支配するに至る必然性を有するのであって、理論的にもまたこの現象の根拠となるものをそれ自体に考察することを要求せられる。私はこの見地から『資本論』第三巻第五篇『利子及び企業者利得への利潤の分割。利子附資本』を、特にその第三十乃至三十二章の『貨幣資本と現実的資本』を中心にして論究して見ようと思う」(『資本論の研究』一六一頁)

とおっしゃっているわけで、いわば「恐慌の必然性」をさらに理論的に補完するものとしてこの論文をお書きになったのじゃないかと思うのですけれど。

―― どうも困っちゃったな。なんとも弁解のしようがない。つまりその当時はよくわからなかったんだ。これ、いつごろから今のぼくの利子論がはっきりしたのかわからないんだ。といっても今もわかっているとはいえないかもしれない。

○○ でも、それは労働力商品化による矛盾ということで利子論も当然はっきりするわけでしょう。

―― それは違うよ。つまり労働力の商品化自身による矛盾では、つまり資本の過剰だけでは恐慌の発現にならんのです。それは感じているんだ。やはり貸付資本というのが問題になるということを感じているんだ。それをマルクスの資本の過充で説明しようとしたのだ。それがこの論文になるわけだ。
○○　一方ではまだ資金というような規定は出てきていませんし、まだ貨幣という形になっていますけれど、それが再生産過程から出ているという認識がだいたいはっきりしていて……。
――　出ているんだけれど、マルクスによっているからね。だからそれは再生産過程から出ているといっても、景気の循環とどう関係するか、また単なる過充の問題かどうかが明確でない。そしてそれによってむやみに発展するというような説き方で、好景気を促進して、あとで逆転するというのが説きたいのですね。強弁すればのちの恐慌論の萌芽はあるといえるわけだけれど、理論的には筋は通っていない。しかしぼくもこんど読んでみて、なにかこの当時は一生懸命に『資本論』のいう利子論によってその点を考えようとしているのを、なかなか面白いところもあるなという気がしたわけだ。そこで論文では、どうも『資本論』の中の個々の問題をその中のところどころへ解消してしまったことになっているのじゃないかという気がする。
○○　理論的に筋が通ってきたと同時に……
――　細かい点が捨てられちゃった。そういう気はするけれどね。
○○　そういう点かどうかわかりませんけれど、とにかく一般的にみまして、すぐ前の「資本主義社会における恐慌の必然性」と「貨幣資本と現実資本」という二つの論文を比較してみたらどうですか。
――　どっちも混乱だね。前のでは、たとえば無政府性とか、いわゆる搾取の実現の条件と生産の条件の違いとか、そういう点がちっとも処理されていない。後のでは貸付資本と現実的資本全体との関連がはっきりしていないし、それから資本と貨幣との区別が、資本を貸付けるのか貨幣を貸付けるのかというのを区別しながら、実ははっきりしていない。

○○　ぼくの印象では、前の方が「恐慌の必然性」という、いわば根本理論になるのですが、これは一種の補足的なものですから、こっちの方があらが少なくて、つまり「必然性」のほうがあらが大きいというような感じはしたのですが。

○○　問題のむずかしさでしょうか。

○○　そうかもしれない。

――それはこの「貨幣資本」のほうがむずかしい、前のほうは労働力商品化を基準として統一できる。こっちはもっと複雑な現象としての恐慌の直接的原因ですね。それをやらなくちゃならない。それがちっともいい具合にできていない。前のは労働力商品化ということにねらいをつけて資本の過剰を問題としているので簡単だが、あとのはそれを補足するといっても、利子率と利潤率との対立というイメージに至るまでにはまだ相当遠いといってよい。

○○　一つには前のほうが簡単とおっしゃいましたけれど、前のもはっきり蓄積の二面の形態を通して循環になっていませんね。だからそれの上部構造としてある信用現象というものをそれに対応したものとして明確にしていないわけで、そこがやはり基礎理論がしっかりしていないからうまくまとまらないということになっているのではないですか。ただマイナスのことばかりいいましたけれど、しかし再生産過程から信用の問題を明らかにしようという姿勢はいままで貫かれているということは……。

―― ほとんど出来ていたわけだ。ただその当時『資本論』の金融論をやった人はほとんどいない。

○○ そうでしょうね。ぼくもそうだろうという感じがしました。

―― だから「めくら蛇に……」のあれですよ。

○○ 金融論というのはもっと通俗的なものが多いのじゃないですか。

○○ そうでしょうかね。『資本論』のここをやるという……

○○ しかも『資本論』のここを処理するのは大変なことだから。

―― まったくいまからみるとわけもわからずやろうとしたんだという気はするね。

○○ いまの渡辺佐平さんの『金融論』に較べてみても……

―― それはいまの三宅(義夫)君にしてもだれにしてもみんな『資本論』を写しているだけですからね。飯田(繁)君がもっとも熱心にそれをやっているわけだ。

○○ いちばん写すことに忠実な……

○○ 飯田氏というのはちょっと特別なんじゃないですか。ぼくはそれに較べれば三宅氏とか渡辺氏というのは格段の差があるという感じがするんだけれど。

○○ ほめているんだか、けなしているんだかわからない。

○○ ここで金融資本の問題に若干ふれられていますね。

―― ちょっとふれている。あれはいまももっている考え方です。

○○ やはりこういうのをみるとそういう産業資本に対する銀行資本という形で、要するに金融資本というのは資本主義の後期の段階で、高利貸はもっと前だという形になっていますね。そういう意味では、かなり段階論的な形に信用現象もとらえようという。

○○　それはもちろんすでにあったのです。

――　そういう意味でも非常に面白いと思うのですけれど。

○○　いつ頃いまの信用論ができたかわからないといわれると……。

○○　『旧原論』の構造というのは画期的なものでしょう。

○○　それ自身に利子を生む資本という言葉は『旧原論』が最初ですか。

○○　だけど『旧原論』が最初にしろ、アイデアは……

――　いつ頃かわからないな。

○○　まったくああいうことはマルクスにはないのですか。

○○　そのままではないのではないですか。

――　チンストラーゲンデス・カピタルがマルクスじゃ貸付資本を含めて一緒になっているのです。

○○　講義プリントの「原論」の利子論は……

――　どうだったか覚えないな。

○○　それから地代論と利子論と前後関係このアイデアはいつですか。

――　それはプリントの「原論」にもあったんじゃないかと思うけれど。

○○　地代が先になって……。

―― そのような気がするんだけれど、ことによるともうそのときには今のそれ自身に利子を生むものとしての資本という概念を貸付資本と区別することもあったかもしれない。どうもしかしはっきり覚えていないからな。
○○ それでとにかく、一方で貸付資本、商業資本、それ自身に利子を生む資本。他方で商業信用、銀行信用、ああいう構造というのは……。
―― あれは利子論の最初のところをよく考えればわかることなのだが、『資本論』でその点が貨幣資本家なんかというような、原理論では無理な想定によっているのでむつかしいことになっているんだ。ぼくも戦後になって明確になったように思う。利子論のところは東大の大学院で最初のころ塚本健君たちのクラスでやっている。そのときズット明確になったように思う。
○○ 私たちが第三巻をやった頃はもう構造はできているような感じだったのではないですか。
○○ 私が学部の三年のときの夏休みに先生、ちょうど『原論』の上巻を書かれた時期です。夏休みを楽しんだよということを秋になって聞いたことがある。
―― それじゃもう前にできていたんだな。そういえば『原論』でいちばん苦労したのは、日高君はいちばんつまらんというけれど、地代論ですよ。(笑) 地代論ができたのでこれは書けると思った。
○○ だから利子論の構想というのはそれ以前からあったのですね。
―― でしょうね。はっきりしないけれど。これを書いたとき苦労しているので、多少考えていたかもしれない。とにかく戦前は『資本論』を一歩も出ることはいかんという考えが強かった。それは戦後までなかなか出られなかった。だからいまここで問題になっている「農村分解」でもなんでも『資本論』の範囲でやっているわけだ。
○○　一種の面従腹背というか……
――それほどじゃないよ。しかしなにかやはりいかんところがある。それは「貨幣の必然性」のときからある。なにかこれではいかん、本当にはやっていないのじゃないかという。
○○　理論を摂取する場合の態度としては、やはりそういう態度をおもちになって、それでわれわれをみていて、かなりそういう点は妙なものをお感じになっておられるのじゃないかという気がします。
――妙なということはないけれど。
○○　自由だから勇み足が出てくる。
○○　つまり、やはり『資本論』の所説を簡単に否定しすぎることに対するにがにがしさみたいなものは……。
――それは非常にある。それと同時に、『資本論』を批評する人に、櫛田さんでも向坂君でも山川さんでもみな答えているけれど、本当には答えていない。批評する人に対してやはりその批評をもっと根本から克服しなきゃいかんという考えはいつもあった。
○○　ぼくのいうのはそうではなくて、戦後のわれわれのジェネレーションのやり方に対して先生がにがにがしく思う面はあるのじゃないですか。
――そうにがにがしくとは思わないけれど、もっと慎重であってよいとはいつも思う。これはことによるとぼくの影響かと思ったりもする。それにしてもぼくはかえって君らからいろいろ教えられる点をいつも摂取しているつもりだ。

○○ 先生の『資本論』から離れる離れ方とそれから……

○○ 先生から学んだ人たちの離れ方とぜんぜん違うでしょう。

―― それは非常に違う。驚くべき離れ方。

○○ 先生に、どうもなにかレーニンの悪口ばかり書いているのじゃないかとおっしゃられたことをいつも思うのです。

○○ そういう一種のにがにがしさみたいのありませんか。

―― それはにがにがしさというのではない。ただちょっといきすぎじゃないかと思う。

○○ 『資本論』を読む前に『経済原論』を読むから違うわけですね。

○○ 読む前でもなかった、ぼくは。

○○ あとでも読まない人もいるし。

―― いろいろあるでしょうね。しかしぼくらの時代は、少なくとも『資本論』擁護が本当の擁護じゃないのじゃないかという気がいつもしていた。ところがそれがなかなかぼくにできない。それを本当にやりたいというのがぼくの念願だった。しかしこの二つの論文、「恐慌の必然性」と「貨幣資本」とを今度読んでみて、なるほどとわかった。やはりぼくはまだ本当に『資本論』を自分のものにしていなかったと。理論的にも本当は自信がなかったのじゃないかと思う。やはり『資本論』にもたれかかっているからね。その背後にはやはり社会主義がソビエトで成功したじゃないか、やはりマルクスは偉いんだというのがあって、『資本論』にもたれている点がある。これを一歩でも出ることは自分らが考え及ばんのだというものがあったものだから、なかなかそこが……

――　○○　しかし「貨幣の必然性」のもたれ方と「恐慌の必然性」のもたれ方とちがうでしょう。

さあ、どうかな。ただこの恐慌論の方は自分にわかっていなかったからね。「貨幣」のときは今までになんべんもやられているし、ある程度日本でも価値論の論争をみていて、しかもあれでは批評に本当には答えていない、そういう点を感じていたからね。マルクス的なものを本当に出すのはこっちじゃないか。そういう考え方があった。いわゆる単純商品論なんていうのはどうしてもぼくには承認できない。そういう考えがあったからね。

○○　そういうような、いまごく簡単な言葉でいえば、一種のロシア革命に対する信頼というものが研究を深める一つの動力になっていて、また多少それが制約するあれにもなっているのですけれど、落ちついて一つのことを深めていこうとする動力になるわけですね。

――　それは大いにあったでしょうね。だから日本ではこんなに共産党はやられているけれど、やはり社会主義というのは結局は正しいのじゃないかという気はいつもあったのです。しかし自分が社会主義者じゃないものだから、マルクスの学説を自分で本当にこなしていて対抗できるという気持ちには、まだとてもなれなかった。いまいった価値論の方はわりあい解決の方向がついていたけれど恐慌論はそうはゆかなかった。

○○　その当時は一般に価値と生産価格との乖離の問題がだいたい中心だったのですね。「貨幣の必然性」は少し違った方向を示しているのではないですか。

――その方向への考え方はぼくにはもうできていた。しかしあれが本当に労働力商品を軸にして答えられるようになったのは戦後ですね。

○○　これでだいたい「資本論の難問」についての先生の戦前における研究の話は終ったわけですけれど、『生産価格論』というようなものについて、あの当時大いに問題になって論争せられていたのに先生自身はお書きになっていませんね。お書きになっていますか。

――書いていないでしょう。「賃銀・利潤・地代」に何か書いてないかしら。

○○　ちょっとありますね。とくにそう難問だと思わなかったわけですか。

――ぼくはあれは自分では解決されていると思っていた。

○○　論文はまさに自分にとっての難問を書いたわけですね。

――そうです。

○○　社会的に難問だとみなされているのじゃなしに。まさに「経済学四十年」かなんかでいっておられる「悪戦苦闘」の……。

――悪戦苦闘とどこかでいっているが、あれは西田さんが『自覚における直観と反省』かなんかで書いているのですよ。それを思い出したのではないか。

○○　あとは次回にしましょう。

第八章　経済政策論の体系化

○○　この前の回では、だいたい『資本論』の研究に結実している、東北大学時代における先生の「原論」を中心にした研究の進展を伺ったわけですけれど、きょうは続いて、時期的にはそれとオーバーラップしている面がかなりあるわけですが、『経済政策論』、あれは何年でしたか、出たのは。たしか昭和十一年五月、それに大成される、それ以前のいくつかの論文ですね、「リストの経済学」に始まって、「ブレンターノとディール」、「社会党の関税論」、それから『経済政策論』の上巻という形にいくわけですが、その過程をお伺いして、それからその次に、だいたいそれで先生の東北大学時代が、労農派事件をきっかけにして終わるわけですけれども、労農派事件についてお伺いする前に、総括として、東北大学時代の先生にとっての経済政策論の意義というものを総体としてお伺いしてみたいというふうに思います。

たしか、先生の「経済政策論」は、最初から講義はおもちになっていた学科ですけれど、それが論文になって出始めたのはかなりあとのことで、むしろ初めは、政策論を講義なさりながら『資本論』の研究に力点が置かれていて、それで一九三〇年代にはいってからですね、「フリードリッヒ・リストの『経済学』」とか「ブレンターノとディール」、「社会党の関税論」という形で結実してくる。そのへんの、まず最初に、普通、大学教授並にいえば、経済政策論の講義をもっているのですから、たいがいそういう形での論文が出始めるわけですけれども、これはかなりあとになったということは、先生の政策論の体系構成がずっと成熟してくる問題と関係しているのじゃないかというふうに推測しているのですが、そのへんのところからお話をうかがってみたいと思うのですが。

――前にも話したけれど、経済政策論をやれといわれても、ぼくは経済政策論をやるための研究などなにもしていない。偶然のことから東北大学に行って、それで行ったらすぐ経済政策論の講義なら人を採るというので、とにかくなんであろうが就職しなくちゃいかんから、じゃやりましょうといっただけの話なんで、『資本論』と『帝国主義論』とを読んでいただけで、経済政策論をやるためになにをしていいかというのは、この前も言ったと思うが、家内の父から借りたゾンバルトの、Der moderne Kapitalismus の古い版――これはわりあい面白かった――、それを初めのうちは読んで、多少そういうものの中から話をするぐらいの経済政策論をやっていたんで、体系もなにもなかったのです。初期の人は非常にひどい講義を聞いたことになるわけです。ただぼくは、図書館から経済政策論に関する書物は、目につくかぎりみんな借りてきてね、それを片っぱしから読んで、しかし全部通読するんじゃなくて、初めのうち面白かったらしまいまで読むというので何冊か読んだのです。それをだいたい経済政策の講義の歴史的材料にしてやっていたのですが、そのうちにも『資本論』を勉強するというほうが主だったわけです。毎週講義はどうしてもしなきゃならない。講義したのは、大正十三年の十月に東北大学に行ったのですが、十四年の春からというので半年ばかり準備して、それから講義をはじめたのです。どういう講義をしたのかちょっと覚えない。ノートも残っていないのですが、ずいぶん乱暴だったんじゃないかと思う。ただ初めのうちは、中世の経済でのギルドやそういうものの歴史を多少話した覚えがある。それから重商主義の話に移ったわけです。歴史的なものを多少ドイツからも買ってきていたし、それにギルドの商品経済的歴史というのに興味もあった。つまりギルドの経済政策ということになるわけだ。ギルドの組織自身が経済政策みたいなものだから、そういう話をした。それから近世初期の商業政策としての重商主義に入っていったように思うが、確実には覚えていない。

○○　そうすると、あとでまた、いまピックアップした三つの論文についておうかがいすることになると思いますけれど、その前に、ああいう重商主義、自由主義、帝国主義という形での講義が、内容的には進んでくるのでしょうけれど、そういう編別で講義が行なわれ始めたのはいつごろからですか。

――　その点もはっきりしない。おそらくリストを書いたころにはやっていたと思う。いまぼくのところになにも資料がないので確実じゃない。

○○　先生の場合は『資本論』と一緒に『帝国主義論』を読まれて、それが基礎になって、それにおゾンバルトとかいろいろと歴史的研究が加わるのですが、ヒルファディングの『金融資本論』というのは、あれはいつごろからおやりになったのですか。

――　あれは批評を書いた前後に読んでいるが、直接に経済政策論に使ったのは後のことです。

○○　批評は理論的な問題ですね。だけどもヒルファディングのいちばん最後のところで政策の問題やっているでしょう、あれなんか。

――あれはぼくとしてはのちの問題です。

○○　先生の段階論の構成からいうと、むしろああいうもののほうが近いような気がするのですがね、われわれが読むと。

――ちょっと覚えないが、ぼくの問題は『資本論』のような理論と政策論との関連にあったからね。

○○　わりあいあれは資本主義の発展段階と政策との関係を関連させながら読んでいるでしょう。

――そうだったろうか。どうもそういう印象はもっていないが、あるいは影響を受けているかもしれない。ルクセンブルグ、ヒルファディング、それから、そのほか外国の帝国主義論のものは相当読むことは読んだ。それからまた『ノイエ・ツァイト』に出ているいろんな論文、そういうものはだいぶ読んだね。とにかく手あたり次第に帝国主義に関するものはずいぶん探しもしたし、読みもした。もっとも『ノイエ・ツァイト』の諸論文は断片的なものが多いので、直接は役にたたなかった。

○○　ルクセンブルグの『蓄積論』の中の帝国主義に関する叙述なんか、あのころの先生……。

――面白かったからね。ただ理論として第一章の理論については、のちになって批評を書いたけれど、今も誤っていると思っている。

○○　資本主義の発展史の概説書みたいなものですと、結局、最後はインペリアリズムにならないで……。

―― そう、いわゆるブルジョア経済学のやり方では、ネオ・マーカンティリズムということになる。
○○ ボグダーノフは……。
―― ボグダーノフは非常に早く読んだ。あれは、前にもいったが、ぼくは外国から帰る道で読んだ。
○○ 『経済科学概論』ですか。
―― でしょうね。あれの影響受けているかもしれない。あれはロンドンに行ったら英語本があって、それでロンドンで買ったのです。
○○ ロシアの左翼読書界を風靡したらしいですが、それを読まれていたことからの推測ですけれど、そういう緊密な体系構成になっているかいないかはともかくとして、三つの発展段階で説くということは、かなり早くからおやりになることになっていたのではないですか。
―― ボグダーノフ読んだときは、まだ経済政策論の講義をなんて考えてもいなかったから、その影響を受けているにしても、直接ではない。それと、普通よくある資本主義発展の歴史を書いた英語の本があるでしょう。ちょっとボグダーノフに似た英語版みたいな。
○○ それはアングロサクソン系の人が書いたのですか、英訳でなしに。
―― 英訳でなしに、少し左翼がかった、忘れたけれど、そういうものはわりあい早く読んでいる。だけど商業政策の本、たとえば津村秀松氏の『商業政策』とか、関一氏の『工業政策』とか、特に津村氏の『商業政策』は、だいたいそういう歴史的な展開をやっているのです。ただ、それがレーニン的な、あるいは『資本論』的な理論をもっていないので、明確な歴史的規定になっていないんだ。

○○　そういう日本語で書かれたものでも、なんとかの本質は何ぞやということじゃなくて、ある程度具体的にずっと書いてあるのがあるのですね。

――あるのです。津村さんのなんか、なかなか面白かった。『商業政策論』なんかは非常に詳しく商業政策の変化を書いている。いまはむしろ少ないけれどね。京都大学にもそういう政策をやっている先生があった、なんといったかな。そのほうはあまり役に立たなかった。それは工業経済論とか商業経済論として書いた、地道な研究者ではあったが、ぼくにはあまり役に立たなかった。つまり一種の商業立国論なんていう自分の意見を書いちゃうからね。そういう意味では津村さんの政策論や関氏の工業政策論のほうが役に立ったね。

○○　『資本論』研究と並行しながら、政策論についてはずっとそういう本をお読みになって……。

――それは自分の仕事だからね。

○○　それで毎年ノートの方は……。

――毎年、初めのうちは必ず新しく書いた。それはもちろん同じことを書く場合もある。講義の前の日までにいい具合に準備ができなくて前のを写すというときでも、とにかくノートは変えるということにしていた。そうしないと前のノートを使っちゃうからね。だから何冊もノートができた。大して意味なかったかもしれないが、とにかくそうした。書き抜きのノートというのは別にした。そしてずいぶんしたけれど、しかしぼくはルーズだから原木のページを書かない書き抜きのノートで、あとで使えないんだ。ほとんどの場合、あそこにあったと思ったら、もういっぺんその原本を見ることになった。そういう点は非常にむだな、やはり秀才じゃないんだな。のちになってから特殊講義もしたが、初めのうちは、あまりそういう特殊講義はしなかった。のちには特殊講義として、たとえばいちばんしまいごろだっただろうと思うけれど、イギリスの鉄工業の発展とか、そういうものの特殊講義もしたが、それも同じことだ。ただ、レーニンがイギリスでもカルテルやトラストがあるようにいうからね、それは確かめなければいかんというので、イギリスの鉄工業の集中、合同が、どういうふうに行なわれたかという特殊講義をしたことがある。

○○　それは昭和十年に近いころ……。

——そうです。昭和十年前後だが何年ごろだったかな。

○○　それは初めてうかがいました。イギリスの鉄工業と、それから？

——ほかになにをしたか、ちょっと覚えていないが、二、三回したように思う。

○○　二、三回というと？

——二、三年。それからまた、経済政策論のほかには必ずスミスかリカードを学生と一緒に読む。

○○　それはゼミナール？

——外国書講読です。スミスかリカード、それからマルサスもやったことがある。マルサスは『原理』が手に入らないのでやれないから、普及版の『人口論』をやった。

○○　『原理』がないというのは。

——一般に手に入りやすい本がないでしょう。翻訳がまだ出ていないし、英文のが得られなかったからだ。
○○　政策論の成立過程から少し質問がはずれちゃいますけれど、そうしますと外書講読でそういうことをやって、それからゼミで……。
――ゼミというのじゃなく、特殊講義を。
○○　それからゼミでもなにかおやりになったでしょう。
――ゼミはね、ぼくは助教授だったからね……。
○○　ゼミをもてないのですか。
――もてないということもないけれど、少し助教授を利用した点もあるんだ。助教授は講義は本来やらんでもいいのをやっているんだというわけで、一週間に二回かな、二回でいいとかいうのでね、しまいにはそれを逆に使って、助教授は二回しか講義しちゃいかんのだといって……（笑）
○○　そういうものを同時にやって、各々かなり準備をなさっていらっしゃるとすると、それ自身が研究でしょうけれども、かなりそういう学校の講義のための研究と別のものというのは、かなりたいへん……。
――たいへんといって、そう大した研究はしていない。外書講読もみんなで代わりあってやっていたのですからね。自分の勉強だと思ってね、前の日に辞書をひっくり返して一生懸命にやった。ぼくは初めは外書講読に『クリティーク』（『経済学批判』）を使ったこともある。
○○　『クリティーク』を最初からお読みになったのですか。

―― そう、そう。『クリティーク』の序文から。しかしそれではいっぺんしくじったことがある。まだ玉城(肇)君が学生のとき、『クリティーク』の序文やって本文へはいろうとしたら、玉城君が、もう商品論はなんべんも読んだから貨幣論からやってくださいというので、よしきたといって貨幣論のところを開けて、やれると思って読みかけたらつかえちゃってね、読めないのだ。準備してなかったからね。これはぼくにとって非常に教訓になった。武市健人君、あれが学生でいて、その単語はこういう意味ですと教えてくれたけれど、(笑)あとが続かない。それで弱っちゃってね、きょうは参ったから、この次にやりましょうといって……、(笑)そういうこともあった。それから以後は、必ず準備なしには講壇で本を読まないし、講義はしないという原則を、ちゃんと自分で守ることにした。そういうしくじりの話をいつかしたら、やはりたいていの先生がやっているね。ドイツ語教えて、ein, zwei, dreiとやっていて、sechsというところまでいって、sixしか出ない。そういうことをエライ先生がやったということを聞いた。だから必ず準備をする、それから黒板に書くときは必ずちゃんとノートを見て、スペルなんかをまちがえないようにやる。まちがえないつもりでサッと書いて、ちょっとつまったら最後だからね……。(笑)

○○ 漢字なんかでもそういうことありますね。

―― 漢字なんかはことにね。夏目漱石の手紙を見ても、手紙は校正しないから誤字がたくさんある。手紙は、手紙出すとき印刷して校正するわけじゃないからね……(笑)

○○ あのころはいまと違って、あて字が多いんじゃないかな。

○○　さっき、イギリスの鉄工業といわれたのですが、資料はなにをお使いになったのですか。

——　資料は非常に零細な資料です。もちろんリーフマンの Beteiligungs…… というのも使ったけれど、リーフマンはわりあいに「カルテル、トラスト、コンチェルン」などで有名だが、あれはあまり面白い本じゃない。しかし Beteiligungs…… のほうは、わりあい面白い資料が、つまりいろんなのがナマの資料が出ているんだ。しかしぼくが使ったのは、小さい経済史のような本がいろいろあって、そういうものによった。堀経夫君の買ってきたイギリスのものがだいぶ東北にあったから、そういうものをなるべく使った。だから鉄工業の合同など、わりあい詳しくやった。あれはしまいごろだったので、いまも少しは覚えているんだ。ぼくのそのときの学生の一人で、鉄鋼連盟かなんかに入ったのが、あのときあれを聞いていたのでなかなか助かりましたという話をしてくれたこともあった。

○○　イギリスの鉄工業というのは、具体的にはどういうことなのですか。たとえば生産過程。

——　そうじゃない。それはあまり知らないけれどね。会社のアームストロングとかなんとかが合併したとか、そういうのはたくさんあったので、そういう合併集中の問題をやったわけだ。ただ、ドイツのようなカルテルにはなっていないし、わりあいトラスト的になる傾向をもっている。また、その際の銀行との関係など、ドイツとまるで違うんだ。また鋼にしても、鉄製品にしても、いろいろ種類があって、それを得意とする会社がいろいろあるが、それもカルテルを困難にしている。

○○　それは第一次大戦以前ですか。

——　もちろんそうだ。

○○　それはともかく、政策論についての講義をどういうふうにして作ったかということ……。

——　どうやって作ったかということは覚えていないよ、前にいったように、あらゆる手当たり次第、得られる材料はみんな探してくる。東北大学、その点は図書館がちゃんとすぐ研究室の続きにあって、研究室へ借りてくることは自由だしね、ちょっと書庫の中で探してきて、借りてくるんだから、その点は非常に便利だった。ぼくは毎朝研究室へ行って夕方まで、ちょっと昼めし食って二時間ぐらい研究室でみんなと雑談をやる。これは非常に楽しんだね。

○○　政策論のわきにそれますけれど、そういう雑談の常連メンバーはどういう。

——　常連メンバーというのは、戦後死んだ長谷田泰三君や、それからあとはその時々の若い助手連中だね。初めのうちは豊崎稔君もいたわけだ。木下彰君もいた。岡本博之君もいたが、当時は彼は『資本論』などの話には加わらなかったと記憶している。いろいろの助手諸君が、つぎつぎに相手になってくれたわけだ。それへ若い木下君も、のちには助教授になって加わる。さらにのちには中村(吉治)君や、その後の幹部がみんな助教授だったからね。服部英太郎君なんかは、わりあいにぼくがけむたいほうだから、ときどきしか顔を出さないほうだった。

○○　先生の研究室へ？

——　いや、合同研究室。

○○　自分の研究室は別にあるのですか。

——　自分たちの研究室は周りにある。

○○　サロン……。

——　サロンというわけではないが、それは経済学科の合同研究室。そして周りには雑誌などの資料がある。そこの資料整理の仕事をしている男の子が一人と、それからときには女の子と二人いたからね、それがコーヒーを作ってくれる。だから資料室の事務をしていた連中は、みんなコーヒー作るのはうまかったですよ。資料室で使わんような雑誌は、共同の金でとっていたんです。それはずいぶん勉強になったかもしれない。みんな毎月のように雑誌の論文やその他……。なにも報告するとかなんとかいうんじゃない。小説から論文にいたるまで、大いに話題にしていた。

○○　先生の発言が、その中でいつも中心になったわけですね。

○○　そういう助手の人も、みんな先生のように研究室へ毎日行って？

——　来ていた。

○○　そういう習慣だったのですか。

——　そうそう。それは教授諸君には来ない人もあるけれど、また講義があるときだけ来る人もあるけれど、ぼくはあるなしにかかわらず毎日行っていたからね。それから初めのうちは堀君もいっしょだったけれどね。たとえば夏休みなんか、ぼくと堀君と二人だけというときがしょっちゅうあった。みんないなくなって。ライスカレー食べながら、堀君がリカード研究の話をしていたよ。あの博士論文になった本だが……。

○○　堀先生という方も、かなりしゃべることは……。

―― 堀君はわりあいにパッシブだね。しゃべる方じゃない。だけどもわりあいに生真面目な男ですからね。和田君という方はほとんどしゃべらない。そして、そういう議論は好きでない。あんなのはテニスやっているようなものだといっていた。論戦にしても球をあっちへやったりこっちで受けたり……。

○○ 球がはずれて当たることがある。

○○ やっているうちにテニスもうまくなるでしょうから。

―― 和田君というのは自分一人で弓をやり、巻きわらを自分のうちに作ってやっていた。ジュグラーなんかを手に入れながら、大切に持っていて利用はあまりしないような男だった。わりあいに自信はあっただろうけれど、とうとうほんとうになんにもしないで死んじゃった。

○○ 一種のあれですか、大学である以上当然なのですけれど、好学の気といいますか、そういうものはあったわけですか。学問に対する好みですね。

―― 非常にあった。それも、いわゆるペダンティックじゃなしにあったといってよい。だから若い連中でもそんなにペダンティックなのはいなかったといっていいでしょう。

○○ そういうものをいまのあれと比較しますと、一つはあれもあると思うのです。つまり専門が分化しすぎているという、いまは。つまり大学院卒業して助手か教師になるでしょう。そのときに専門が非常に分化し、高度化しているし、だから間口が狭くなっているでしょう。だからあまり接触して話し合うことができないような感じになって……。

―― ぼくらのときは、ひととおりは『資本論』を知らないとそこへ来ても話しができないという空気はあったでしょうね。『資本論』の話、しょっちゅう出るからね、それはあったと思う。だからひととおりは知っている。長谷田君でも、あれ本当に読んだかどうか知らんけれど、ひととおりは、どういうことが書いてあってどういうふうなものだということは知っていたでしょう。彼は財政学ですけれどね。ぼくは彼と財政学の方法についてはずいぶん議論したよ。それで、彼は講義は大内先生かなんかの、ああいう一般の教科書を使っていたでしょうけれど、しかし論文はみんなイギリス財政史を書いています。残っているのはそうですがね。それはぼくの主張を認めたのですよ。財政学というのに原理をやるばかなことはないということをしょっちゅうやって、とうとうぼくの主張にしたがって、イギリス財政史をやったといってよいのではないか。

○○　あれはいい本ですね。

——　非常にエネルギッシュなという本じゃないけれどね。かれは金持ちですからね、そんなにあくせくしないんだ。ゆうゆうと楽しんで書いているんだ。それかといって非常にこり屋でもないしね。わりあいに淡々と書いている。あの本の序文は玉野井芳郎君が書いているけれど、全然わかっていないんだ。ぼくはあの本を出すのを世話したし、それから論文もぼくが非常に大きい役割を果たしているので、あの序文にはぼくの名前ぐらいあげてくれてもいいんじゃないかと思うんだ。あれ勁草書房で出したんですが、どこの本屋に持っていっても出してくれなかったんだ。

○○　いつですか、出たのは。

○○　だいぶ前ですね。

――二十年代でしょう。

○○　戦争前はぜんぜん出たことないのですか。

――戦争前に出たことはないです。

○○　ぼくは、戦後のリプリントかと思ったのですが。

――そうじゃない。戦争前は雑誌論文で出しただけです。

○○　ぼくは古本屋で見つけて買った。

――面白い本ですよ、わりあいに。いい本です。財政学というのは、ぼくはそういう財政史をやらなくちゃいかんという主張だったものだから、それをしじゅう論じていた。大内先生の『財政学大綱』が出たとき、二人で一生懸命にそれを議論したんだ。ただ、彼は思想的には非常に共産党ぎらいだったようだ。ぼくにはそれはひと言もいわなかった。長谷田君の息子は共産党が怖くてしようがないといっておったが、どうも親ゆずりらしい。前にもいったが、彼はもともとキャナンを勉強していたのです。

○○　キャナンといいますと。

――キャナンの書いた本があるでしょう。『富』とか、なんとかいうのが。あんなのをやっていたようだ。

○○　あれはずいぶん読まれましたね。学説史のあれで。

――ぼくはぜんぜん読んだことないが……。

○○　面白くはないですけれど、ああいう本がないからでしょう。

――ぼくは『ロンバード・ストリート』を彼が持っていたのでそれを読んだのです。のちにぼくが翻訳するようなことになったけれども、それも彼の本を利用したのだ。昔はみんな読んだ本だということを聞いていたので、彼の本を借りて読んで、それからとうとうぼくが占領してしまったわけだ。

○○　仙台でのそういうお話については、あとでもう少し詳しくおうかがいしたいと思いますけれども、前のお話の政策論のことにかえって、政策論の講義をなさってから、個別的なことを研究しながら「リスト」だとか「ブレンターノとディール」とか、それから「社会党の関税論」ですね、そういうのは、そういう勉強しながら出てきた特殊的な、しかし重大な問題というものが独立の論文になったというわけですね。

――「ブレンターノとディール」もそうだし、ことに「社会党の関税論」、これはリストの研究につながるわけだけれど、リストは経済学的にはだめだ、価値論がないからだめだ、リストのように経済政策を主張するやつはみんな価値論のわからんやつだ、つまりしまりがないんだということ、しまりがなきゃ、どんなにでも政策が主張できるんでね。資本主義社会で人民の福祉まで説けることになる。法則性がないんだからなんとでもいえる、それがちょうどリストで明らかになると思ったのです。当時だんだんと国家主義的な要素が強くなりつつあるときで、日本でもちょっと読まれる傾向が多少あった。もっとも日本では大したことないんだけれど、ドイツでは非常に重大な役割を演じ、ナチスの前提になるわけです。リストなんかはぼくには全く興味なかったけれど、経済政策論やるという以上は、リストをいっぺん徹底的に読む必要があるということでやったわけです。面白くない、むしろばからしい本だけれど、とにかくあれは徹底的に読んだ。

○○　「リスト」、それから「ブレンターノとディール」、「社会党の関税論」ですね、ぼくらがいま読みますと、ずっと一連の内面的な関係をもちながら個別に違った問題を扱っているでしょう。あれは「リスト」を書かれるときに、すでにそういうことを予想して書かれておられるのですか。

——　そんなことはない。

○○　結果としてはそうなっていますね。

——　ただ、当時は経済政策論が理論的に主張できるかというのがテーマだった。だから「ブレンターノとディール」みたいにごちゃごちゃやるとか、「社会党の関税論」のように、それをどう理論的に主張していいかわけがわからずに討論するとかというのも、結局は、マルクスの「自由貿易問題」で解決されると思っていた。あれがぼくの一つの基準になっているわけです。最初からずっとそうなんで、経済政策論にはこれが根本の筋になっている。あれにぼくは並べてウェーバーをやるべきだったといつも思っていたのです。つまり、ウェーバーの方法自身を、もっと経済政策論として問題にすべきだというこことをいつも考えていて、それは『経済政策論』の序論ではある程度やっているんだが、そしてそれはいつも考えていたんだが、ほんとういうとウェーバーをそう十分に扱うところまでいかなかった。戦前にも読むことは例の方法論を読んだが、結局十分にはいえなかった。ぼくはどうも頭が悪いから、いっぺんですぐわかるというわけにいかないんで、ああいうものはなんべんも繰返し読まないとわからないんだが、戦後は、彼には原理がないんであんなことをいうということがわかってきた。「社会党の関税論」のときには、カウツキーとシッペルをやった。シッペルは偶然ドイツの古本屋からあの本を手に入れたのです。ちょっとなかったからね。つまらん本だけれどね。つまり社会党のリストだな。

○○　ただ、シッペルは『ノイエ・ツァイト』にも書いていますね。それを読んだ程度ですけれど、少しカウツキーに点が甘くて、シッペルに辛いという感じがするんですが、どうですか。というのは、結局、先生がマルクスの「自由貿易問題」を一つの座標軸にして書いているというところと関係するんじゃないかしらと感じたんです。もちろんマルクスは基本的には正しいかもしれないですけれど、いわば、いくら自由主義段階であっても原理とは違うわけですね。そうすると、その問題をうまく自由主義に密着したような形で説くことができていても、帝国主義段階になると、ちょっとその社会的関係がそうシンプルな形じゃないですから、非常にむずかしい問題が出てくるわけですね。その問題が「社会党の関税論」にはちょっと……。

――　まだできていない……。

○○　多少ふれているんですけれど。

――　しかしあの論文ではむしろ基本的な問題でちょっと得意だったのです。いままで社会主義政党というのは、理論的に政策論が可能かどうかというのを考えたことがなかったのに、自分が初めて書いたという、そういう得意さはあったのです。あれはいつごろ書いたのかな、昭和十年ごろじゃないかな。十一年になるかしら。

○○　出たのが一九三六年じゃないでしょうか。お書きになったのはもう少し前かもしれませんけれど。

○○　その年に『経済政策論』が出ているわけですね。

――そう、そう。ちょうど書いてプリントになったときに、戸坂潤と岡邦雄の両氏が講演に来たのです。それでぼくが別刷りを岡さんにあげたんです。そうしたら帰りの汽車の中で読んで大いに感激したと書いてね。少し大げさだけれどね。つまり考えたことがなかったのでしょう、ああいう人は。なにか経済学の理論というのは政策論にすぐ使えるように思っていたのでしょう。ところがマルクス経済学ではそれが問題だったわけだ。経済学の理論が政策の主張に使えるかどうか、使えるとなると、どういうふうに使うのか、それが問題なのだ。マルクスは、結局、目標は組織にあることを明らかにした。マルクスはもちろん組織論とはしていない。闘争が激化するかどうかということをいっているだけだが、結局、組織のためのポリシィだというのだ。ぼくはその点をあれから学んだわけです。

○○　それはやはり、先生のいかにも先生的なものであって、ある意味では、マルクスの場合そういう答は簡単に出てくる構造が一つあって、社会は両極分解をして、これは経済学でわかると。両極分解していくというのは、階級闘争が激化するとそれをできるだけ政策的に助長する形で組織論を出す。ところが実際に十九世紀の末からぶつかった問題は、農業問題もそうですけれど、必ずしもそうならない。社会がならないときに、いったい中間層はどうしたらいいかという問題が出て、政策に対する組織家なり革命家なりとしての態度というのは、根源的なところはわかるのですけれど、それをいったいどういう形で具体化したらいいのかという、その段階論的な考察の媒介が、あるいは現状分析的な考察の媒介がいるわけですね。そこが「関税論」ではかなりふれられていない。やはりカウツキーが非常に……。

——きみのいうのは少し問題がズレていると思う。ぼくは、党の運動を離れてはそういう政策の具体的主張や判断ができないことをいっているんだ。その点シッペルの俗流的主張は批評できるが、カウツキーを批評するというところまではいえなかった。ヒルファディングをやったときもそうだが、カウツキーにもなにかそういう欠陥があるということを感じながら、批評できなかったんだ。その知識に圧倒されていたわけだ。その点はしかし今でも党外にいてはいえないよ。

○○　カウツキーのあれというのは大きいのですね。

——いろんなことをよく知っているからね。ちょっと勉強するとわれわれより先にいろんなことを具体的に知っているからね。だけども理論的には、これでは足らんところがあるという感じはいつもしていた。それがぼくの問題だ。きみのいうような段階論ないし現状分析の問題ではない。その点では、ぼくなんか比べものにならぬほどに非常に博学だからね。

○○　大内先生が戦後に、『社会科学』の創刊号でカウツキーの *Der Arbeiterschutz und der Bauerschutz* あれの紹介をしていて、やはりそれなども、カウツキーをトータルに認めるという形だったようです。

——それはこういうことになるんじゃないか。われわれのように書斎にいてあとから論ずるとなると、具体的な問題は当事者のように具体的には論ぜられない。せいぜいマルクスの経済学と政策論との関係という抽象的なことになるんで、きみのいう両極分解論で片付かないことになっても、政策の是非はなんともいえないことになるんだ。

○○　しかしすでに政策論をお書きになって段階論的な考察に入っておられて、リストなんかでそういう後進資本主義国の問題というのがあって分析しなければいかんので、リストはごっちゃにしていて価値論まで否定しちゃっているんじゃないかという形でちゃんとやっているわけですね。ところがいざマルキストのカウツキーになると、そういう点、やはりそういうところから学んでいるだけにかなり残るわけですね。マルクスとの関係でも、ちょっと違うかもしれないですけれど、やはりちょっと、態度がそこから学ぶという姿勢が非常に強く、という感じがどうもするのですが。

――　リストにしても具体的な問題でいっているのではない。その点、どうもきみのほうで考えすぎているのではないか。

○○　論文が前後して恐縮なのですが、前の「ブレンターノとディール」、あれはどういうことをお書きになって……。

――　どういうことといって、なにを書いたか忘れちまったな。

○○　しかし「リスト」を書かれて、「ブレンターノとディール」というのは非常にうまく接続した形ですね。つまりリストの古典経済学に対する関係を再現したような形で採り上げられたわけでしょう。やはり古典経済学対リストが、またブレンターノ対ディールという形で、ドイツ的に再生する。それに対して「社会党の関税論」という形に、社会党の側での同じ問題ですね。それを社会党のほうとして受け取り方が違う。なにか対応関係がうまくついていくわけですがね、いまからいうと。

――それも具体的な問題としては考えていなかったし、また、ぼくらに考えられることでないんだ。むしろ社会党は政策をいかにして主張するかということが問題だったんだ。

○○　この前、日高さんが『中央公論』に書いた「宇野弘蔵論」で、「ブレンターノとディール」を書いていたのですけれど、やはりどちらかというと「ブレンターノとディール」で、ブレンターノに対して軍配が上がるという。

――それはそうです。それはブレンターノのほうが論理の筋が通っているからね。そういってしまったら身もふたもないかな。それにしても経済学的だよ。

○○　たとえば修正主義と正統派とのあれで、よくうかがって多少わかるような気がするのですけれども、まだわからないという気もするのですが、やはりベルンシュタインが問題提起していて、その提起された問題を、いわば押しかくすような形でしか回答を与えていない。しかしカウツキーのほうが依然としてという……。

――それはベルンシュタインの問題を出した動機も問題だが、問題の出し方たるやむちゃくちゃだからね。『資本論』に対しても唯物史観に対しても、それから弁証法に対しても、なんら理解がない。だからむしろ惜しいような気がするのですよ。自ら問題を出しながら、出し方としては非常に悪い。素人より悪い。あれだけ長くエンゲルスの下にいた人があんなことを書いていいのかと思うような書き方でしょう。それはマルクス主義にも非常に不幸だったと思ったのだ。あれをまともに問題を出していたら、早速カウツキーも帝国主義論を考えなくちゃならなかったわけだ。あんな問題の出し方をしたために、カウツキーは、『資本論』にはこう書いてある、マルクスはこう考えているというんで反駁できる。事実のほうの問題でなしにね。そのうえカウツキー自身も問題の解決をやれないことになった。それはちっとも本当の展開になっていない。妙な正統派ができたわけだ。あれから十年もたたないとヒルファディングの『金融資本論』が出ない、そういう結果になったんじゃないかね。

○○　それはどうなのでしょうか。そういう政策論を中心にしながら段階論の問題が明らかになる。それと、やはりもう一方では日本資本主義論争が展開されているわけですね、直接は先生発言なさらないのですけれど。

――　しかしぼくは非常に深い関心をもっていた。

○○　それとの結びつきといいますか、例の「資本主義の成立と農村分解の過程」、あれはそうだろうと思うのですけれど、それは具体的にはどうなのでしょうか。一応切り離してやっておられたわけですか。

――　ぼくは日本のことをあまり勉強していないので積極的にはいえなかった。だからあれは日本資本主義については少しも書いていない。

○○　「こういうような予備的な考察が必要じゃないか」……

――　というだけでね……。

○○　それでも、そのころすでに講座派的な処理の仕方とか、労農派的な考え方というのは、経済政策論に照らした資本主義の発展段階論という点から見ると、相当それている。

——それはいつもそう思っていた。それは山田君の本が出たときでも最初からそう思っていた。当時、『ドン・キホーテ』を読んでいたので、日本資本主義論を封建的地主という風車に向かうドン・キホーテのように思えて、研究室でそういうことを話したこともあった。

○○ 向坂さんなんかに比べて猪俣津南雄なんかは、『帝国主義論』を使ってやっていますね。ああいうのはどうなのですか。

—— 前にもいったと思うが、猪俣氏のものはぼくはあまり勉強していなかったのでなんともいえないが、あの人、本当に『資本論』の経済学をやったのかということは疑っていた。なにか『資本論』を本当にやったという気はしなかったね。そのせいもある。それに反して向坂君のものはいつもていねいに読んでいた。あのころの論争はたいていていねいに読んで、そして読むごとに研究室でみんなに話し、助手諸君からも意見を聞く、こっちも論ずるということはしじゅうやっていた。その当時の助手はみな聞いているわけだな。

○○ そうすると、先生の場合は、段階論とかあるいは政策論なんかが非常に明確にならないかぎりポジティブな発言はできない。

—— それは研究室にいる者として当然でしょう。今もいったように、ぼくは日本の現状分析についてはほとんど知らない。ただそういう論争を通して知っているだけだから、発言すべきじゃないと思っていた。それは東北大学にいる間は本当にそういう点やっていないんだから当然だろう。もちろんいろんなものから雑然とは知っていたから、研究室で議論はしたし、また山田君たちの論証の方法などは論じていたよ。野呂栄太郎もぼくはあまり知らない。結局、日本資本主義論争は内容的にはまだ批評できなかった。山田君の書物は、のちに演習をやることになったとき、相当時間をかけて毎週やったことがある。だからわりあいに詳しく知っていた。それに、ほとんどぼくがしゃべって、学生の質問に一人で反撃したわけだ。学生といって、十四、五人だけれどね。統計の使い方や資料の使い方など、また例のインド以下的賃銀労働者などという誤り、こんなべらぼうなことはあるかといって。

○○　ああいうところの指摘というのは、向坂先生などもかなり鮮やかにやっていますね。

○○　猪俣津南雄というのはぼくは関心があるのですけどね、非常に。『金融資本論』だとか『帝国主義論』を使って現状分析の問題をやっているでしょう。それで講座派を批判していますね。その場合に、いま先生がおっしゃったように、たしかにあの人は『資本論』を基本的にやっていないような感じを受けるのですが、要するに原理論をあまりきちっとやらずに、『帝国主義論』とか『金融資本論』で現状分析やると結果は出てくると思うのですが、具体的にはどういうふうにして出るのでしょうか。常識的に考えると原理論は直接使えないわけですから、やはり『帝国主義論』とか『金融資本論』ですましておけばある程度できるという点……。

——　やはりその点に問題があるのではないか。

○○　ぼくもどこか欠陥があるだろうと思うのです。具体的にどこがどう欠陥があるかよくわからないのですけれど、しかしあるような気がするのですよ、非常に重要なところで。どうしてなのでしょうか。

―― 猪俣氏のようなやり方というのは非常に多いんじゃないの。日本の、ことに通俗的考え方には……。
○○ ジャーナリスティックになってきて、厳密な論理構成みたいな訓練がないと、なにかそういう実証なんかでも。
○○ なにかしめるところがなくなる。
―― やはり価値論がないということはいけないんだよ。
○○ 価値論を直接使うわけじゃないんだけど、ないとしまりがない……
―― と思うね。それはどうも日本のジャーナリスティックに活動できる人、みんなそういうタイプでしょう。価値論はあまりやらない。あんなものやったってつまらない、無意味だという考え方でしょう。価値論で価値法則知ったからといってなんの役にも立たんし、現状分析にもなんにも役に立たん。それはヒルファディングの程度でよろしいということになる。
○○ いまでも経済分析家みたいの、『エコノミスト』あたりで載せるああいうのは、そういう感じですね。経済知識としては非常に広いし、だけどあれ本当に分析といえるかどうか。
○○ 経済知識としてもなにかいいかげんなものじゃないかしら。
―― ぼくより多くを知っていることは事実なんだ。
○○ 名前をあげたら悪いかもしれないけれど、今井(則義)さんだとかああいう人たちのを読んでみると、知識としてもいいかげんなんじゃないかしら、と。

―― それで、むこうもひけ目を感じながら、あいつらはつまらんことをやっていると思ってもいる。
○○ 最近あまりそうでもないような感じがする。
○○ ひけ目を感じているのはたしかですね。
○○ それはそれで率直にいろいろ先生に質問したりなんかしたらいいんだけれど、そういうふうにはならない。年をとってしまうとやはりだめなのですかね。
○○ いつか理論学会で質問したけれど、理論のところは逃げてしまうんです。あなたいつも恐慌とおっしゃるけれど、その恐慌というのはどういうことを考えておられるのですかと聞くと、「恐慌というのは『資本論』に書いているあれですよ」と。(笑)「ハッハッハッ」と笑っちゃうんだから。
―― そのくせ、猪俣氏なんか戦略論なんていうと大きいのをたてるんです。大変なものだね。ホー、こういうことをいうのかなと思って驚いたことがある。それも党としての決定なら別だとぼくは思う。
○○ しかしどうも、要するに山川さん、福本さんがだいたいああいう形で正統的な組織の流れからパージされてしまってからあと、わりあい運動にはいらない人で自分で物事を考えようとする人たちは、結局、先生の表現ですけれど、兵隊のいない戦略論みたいになっちゃって、そうすると、同時にそれがなにかいろんな問題のたて方なんかについても妙な形になる。それに対応してそういう前衛党の側は、だんだん無理論的になっていくというように、両方ともだんだんだめになっていって、いまだにそれがずっとあると思いますね。
―― それはともかく、ぼくにとって東北大学の時代は、そのときはそうも思わなかったが、やはりいちばん楽しかったね。

○○　それではまた「政策論」についておうかがいしますか、それとも「政策論」は戦後の時期で「帝国主義論」を書かれてからうかがいますか。どうしましょうか。

○○　「政策論」はやはりやっておいたほうがいいんじゃないの。戦後は「帝国主義論」を中心にしてやったほうがいいんじゃないの。

――「政策論」、別にそう話すことないけれどね。

○○　類型論として作ったということの意味なのですけれど。

――別に、そう……。書いたときは意識していないんだ。ぼくはいつも書きながらだんだんはっきりするほうだからね。きちっと全部考えてしまってやるということはないし、しゃべったときにはっきりしたり、書いたときにはっきりするというタイプだからね。

○○　先生、たとえば重商主義でイギリスとりますね。マルクスは『資本論』の中でもたしか典型という言葉を使って、むしろ重商主義も最初に典型的なのはオランダであり、なんとかであり、なんていう表現があったりして、最後に総括的にイギリスということになるのですが、そういう意味では、字句どおりにそのまま典型とするのをイギリスにとるのは、必ずしも『資本論』に忠実ではない形で展開なさっているわけですね。そうすると、そういうのは一種の先生の、いわゆるタイプ論になるという気がするのですけれど、どこかであいう典型的なものを設定する場合に、歴史の連鎖をどこかで切ってそれをやりますね。そういう場合の方法というのは、なにかたとえば世界市場の変遷でやっていくという形で全部をとり込むとしても、どうもそういう形では説けないものだと思うのですけれど、なぜ説けないのかということ、タイプの形でしかなぜ把握できないのかということ、対象からきている、資本主義というものの性格からきている問題じゃないかという。

――それはそうでしょうね。

○○ そのへん少し……。

――それは別に深く考えてやったわけじゃない。どうしてイギリスをとったのかというのは、やはりイギリスよりほかにどうもとりようがなかったからということになる。

○○ いま、きみがいう重商主義をオランダやなんかたどってきたというのは、あれ、原蓄過程の政策でしょう。その種になる政策を順番にたどって……

○○ 結局、十七世紀末のイギリスにおいて典型的な形であらわれる。

○○ オランダ、スペイン、ポルトガルとあげて……。

――それがイギリスで総括されたというのが重要ではないか。ただ、マルクスの場合は、重商主義という言葉がむしろ経済思想として屢々使われているから、注意しないといけない。重商主義というのは重金思想と重商主義というように、それはクラシックとは対立するような意味で使われているからね。ぼくの重商主義というのは原蓄過程の政策としていっているんで、場合によって違うように思う。原蓄はだいたいイギリスを基礎にしてやらなくちゃならない。それは資本主義の発生期を明らかにする。むしろオランダにしてもフランスにしても、そこで重商主義を説くと、典型にならない。人によっては絶対主義とともにフランスこそ典型という人もある。たとえばコルベールチズムなんかという言葉があるぐらいだから。

○○　あれは原蓄をはずれてしまいますからね。

――その点はよくわからないが、その後の資本主義の発展と関連してみると、イギリスの重商主義こそ発生期の資本主義の政策を代表することになる。だからフランスで重商主義やった人は、不幸なる重商主義論になる。資本主義の発展には結びつかない。それでたいてい、むしろ絶対王政の重商主義となってしまって、絶対王政の意味も一面的にしかわからない。特殊な温室的重商主義になっちゃってね。

○○　ちょっともとに返って悪いのですけれど、先生が使っていた外書でスミスをお読みになった、スミスのどこをやるのですか。

――たいていは初めから読んだ。これは学生にクラシックを知らせるためにやるのだから、ぼくだからといって政策論の篇をやるわけではない。

○○　リカードも最初からですね。

――そうです。なんべんもやったけれど、ほかの人もやっていたのです。必ずだれかがその年にスミスとリカードをやっているわけですよ。

○○　その先生によって。

――どこをやってもいいが、だいたい同じようにやっていたでしょう。スミス、リカードは必ず読もうというのが原則でやっていたのです。

○○　やはり古典をちゃんと読むという。

――そう、経済学をやるかぎり当然でしょう。ぼくは教室では、さきにいったように『クリティーク』を読んだこともあるが、『資本論』のほうを教室で読んだことはほとんどない。そのかわりに学生がやりたいといったらどこへでも出ていってやる。それから研究室の助手諸君が勉強したいといったら必ずやる。それでみんなやりたいところをやるという、そういう機会はいかなる場合でも利用しようという、そういう方法です。だからたいてい相手のほうが閉口してやめる。二回ぐらいでやめたのがある。医学部の学生がぜひ『資本論』を知りたいというんで、一回やったら大勢来て、普通の下宿の二間ぶっ通していっぱい来て、二回目になったら非常に少なくなって、三回目はもう流れちゃった。医学部の学生なんかというのは『資本論』という名前を聞いていて、どういうものか知りたいという。それも昭和初年までですね。ぼくが実際に医学部の学生なんかとやったりしたのは大正の末です。『資本論』は学校で使うのにはちょっと大きすぎて、『クリティーク』を使うことになった。

○○　社会というのはなにか、たとえば『資本論』なんかでも、ある特定の知的な範囲だけかもしれないですけれど、そういうものに対する盛り上がるような、そういうものを探究したいというような雰囲気がある時期と、それから専門家はそうだけれど、あとはぜんぜんそういうものにインディファレントになってしまうような時期というようなものがあるというような気がするんですが。

――それはありますね。

○○　たとえば革命前のロシア社会、たとえば十九世紀の末なんか、『資本論』に対して大変な期待があったのではないですか。

——そうでしょうね。

○○　おそらくドイツなんかでも、そういうものが第二インターの最盛期にあったんじゃないでしょうか。やはり昭和初年までは日本のそういうマルキシズムと知的な世界との蜜月の時期みたいのがあったのでしょう。

——そういってよいだろうね。

○○　いまはそういうものは感ぜられない。

——戦後もときどきあったんじゃないか。

○○　『資本論』研究や、座談会が、あれが出たころは……。

——戦前でも講座派が出たときはもうそうでなかったでしょう。しかし戦後は廉価版などいろいろ出て、その点では盛んだが……。

○○　『経済政策論』の中で、序文だったと思うのですけれど、古典経済学が自由主義を主張したという、これは重商主義とか帝国主義と非常に違った関係があるわけですね。しかしさらにそれだけじゃなくて、経済政策一般をも批判しなければならない。これは資本主義の体制的批判としての経済学批判としての立場を必要とする。

——そう、古典派を批判するわけだ。

○○　経済学批判の立場って、結局『資本論』のことだと思いますけれどね、経済学批判の立場を必要とするということと、それから各段階を具体的には重商主義段階とか自由主義段階とかいうふうに分けて、それをそれぞれの支配的な資本を規定している、それとの関連といいますか、それが序文ではポジティブにはちょっとわからないのですがね。

―― そうだろうか。だけどもぼく自身はやっていたつもりだが……。

○○ 展開はそうなっているわけですね、『経済政策論』の。序文のところでは、あれはやはりああいう言葉を使われるというのはわざとなのですか。つまり『資本論』の立場とかいわずに経済学批判の立場という……。

―― それはもっと広くいっているわけだ。経済学批判というのは、同時に自由主義が政策論を否定するという場合でも資本主義肯定論があっての主張だから、だからそれでできる経済学というのを批判するような立場でなきゃ、本当は自由主義のオリエンティールングもできない。マルクスの場合は経済政策論はやらないから、なにか社会主義で全部片づくようになる傾向がある。それが原理論で全部片づくようなかっこうになっている理由かもしれない。そうではないんで、やはり資本主義自身を批判するというのは経済学を批判しながらやるよりほかにしようがない。そうすると『資本論』よりちょっと出るんだな。そこが『経済政策論』を書くときでもぼくには、いまほど明白ではないがあったわけだ。

○○ そういう意味で経済学批判の立場……。

―― 『資本論』にしても同じ立場でしょうが、範囲は限られている。政策論ではもっと一般的に経済学批判の立場でやるということのほうがぼくは正しいと思っている。

○○ そうすると『資本論』と経済学批判というものはぴったりとは重ならないわけですか。

—— 『資本論』が、たとえば帝国主義論とどう関連するかという問題があるでしょう。そういうのは、しかしあの当時ほんとうは明確にはまだわかっていないからね。というのは、『資本論』の理論と「経済政策論」のそういう三つの段階の関連はどうしたらいいかということになるのは、『資本論』の理論自身をもっと整理しなければならないという考えとともに発展してきたわけで、それは戦前には明確にはいえなかった。いわばまだ残された問題になっていたと思うね。

○○ しかしほぼ同じころ、先生「原論」を講義なさったわけでしょう。そのときにはやはり『資本論』は直接には帝国主義論を含まない。むしろ一つの完成した理論体系として出されて、しかもそれを流通論、生産論、分配論という形にされておられるわけでしょう。ですから、やはり帝国主義論と区別して『資本論』自身を一つの理論体系にするというのは、もうすでに……。

—— だいたいの方針はできているわけだけれど、それをほんとうにぼくが主張して『資本論』を、ここがいかん、あそこがいかんといっていいかどうかということは、まだ精確にはできていなかったのだ。たとえば、前にも話したけれども、恐慌論もそうだし利子論も、まだほんとうにマルクスの主張を批判的に取り扱うということはぼくにできていない。だけども価値論から剰余価値論、そういうものに対しては、相当『資本論』とは違った扱いをやり得るのじゃないか、やらなければならぬのではないかという考えをもっていた。政策論についても、やはりそれはあった。ぼくはのちにある若い人に指摘されたけれど、まだ最初の『政策論』を書いたときには、マルクス主義の政策というのが成り立つんじゃないかという考えも多少もっていたんじゃないかといわれたが、そうでないとはいっても、なおいいきれないものがあったと思う。ことによるとそういうニュアンスが文章の中にあるかもしれない。のちになるほどその点は明確に分かれてきたのだ。

○○　経済学批判の立場からの経済政策の主張というのは、何としても、不明確になると思う。原論との違いが……。

○○　それはしかし労働者階級の実践運動なしには意味ないことになるわけでしょう。

○○　戦略戦術という意味で……。

○○　そういう意味になると経済政策という言葉ではちょっとおかしい。

○○　しかし経済政策が積極的な主張としてぜんぜん成り立たないかというと、そうじゃなくて、やはり労働者階級の、たとえば社会主義運動なら社会主義運動を前提にして出されてくる。どうもその点は戦略戦術の問題となってしまう。

——そういうことは実際にやらざるを得ないし、やれるんじゃないかと思うが、理論的にすぐやれるというのでなく、もっと実践的な判断でやるんじゃないかと考えてはいたわけだ。例の「自由貿易問題」から……。

○○　科学としての経済政策論と、それから科学からはみ出した実践的な、組織的に主張されるものとはディメンジョンが違うわけですね。同じような問題が含んでいるところもあるけれど。

——その当時はほんとうにそういうことをずっと徹底的に考えつくしていっているとはいえないね。

○○　『帝国主義論』の著述プランなのですけれど、それはすぐ続けて下巻をお出しになる予定ではあったのですか。

――そうだったんだ。

○○　すると基本的な考え方は帝国主義論についても、いまの帝国主義論より少し違ったものになるのではなかったですか。

――書くつもりでいたんだが、書くうちには当然変わるよ。もっともノートはある程度していた。

○○　それは、やはりあれですか、金融資本の蓄積という形で押えて、それでいわゆる諸相という、ああいう考え方でですか。

――そう、ノートでもドイツをやはり主にして、これに対してイギリスをとるというのはやっていたと思う。ノート自身をなくしちゃって、精確にはわからんけれど。

○○　序論にも出ていることは出ている。

○○　原論との論理の違いになってくるわけですけれど、とくに帝国主義論にいく場合に明確になると思うのですけれど、ドイツの資本主義にしても、イギリスの資本主義によるヨーロッパでの商品経済全体の発展の中で実際にはあるわけですね。それなのにそういうものとして説かないで、いわば切れたような形で、それ以前の国内的あるいは国際的な発展というのは一応与件にしてしまって、それでもってドイツにおける金融資本的蓄積というものを説くわけですね。その場合に、先生はそれを経済政策論という形で展開されるが、それはもはや世界経済論から抽象して論ぜられることになる。資本主義はそれ自身として発展する原論の構成と違って、実際の資本主義というのはそういう、たとえば支配的な資本の蓄積形態を軸にするということが、政策論の展開の中では政策的なものを媒介にして出てくるわけですね。そういうことと関係するわけでしょうか。それまでのドイツ経済の発展を与件として一旦切っておいて、発展した資本主義から支配的資本を軸にして展開するということになる。しかも同時に政策論の新しい展開を規定するということになる。というのはイギリスの資本主義から、あるいはまたドイツの資本主義から自然に展開するものとしては、実際の資本主義というのは説き得ないんだという認識からくるわけですか。

――歴史的な発達自身はもちろん実際上それぞれの国で出てくるわけだが、それが他の諸国の資本主義の発展に影響されている。その中から新しい政策を基礎づけるような画期的な資本形態というのを取り出すのだから、資本形態自身が、たとえば商人資本から産業資本、産業資本から金融資本というように、それ自身で発展してくるとはいえないんだ。資本主義の発展自身は、たとえばドイツではすでにイギリスで発達した方法を輸入して行なわれる。その場合、むしろイギリスをリードするものにもなる。イギリスの自由主義政策から転化し、発展する帝国主義の政策よりも、新しい基礎による帝国主義を展開することになる。それは十七世紀にオランダを凌駕して資本主義の発展を示したイギリスのことを考えてもわかると思う。とにかく世界史的に発展する資本主義の中から指導的なものの特徴をつかまえるんだから、特徴自身の発展を自然に世界経済が発展するのと同じような具合につかまえようとしても、それはつかまえられない。

○○　そうすると、先生が実際、政策論をやりながら事実をずっと研究して、どうもそうなっていないという事実認識の問題があるわけですね。そういう事実認識で、どうも普通の考えですと、実際にも連続的に自主的にずっと発展するという形で説くのが多いですが、そうはいかない。先生は事実はそうなっていないからというのでそうは説かないで、新しくそれについての方法的なものを考えられたことになりますね。やはりそういう問題は相当苦しまれたわけでしょうか。

——苦しむということはないけれど。

○○　原論のような形に実際ならないから。

——その点はだいぶ前から気がついていたね。だからむしろ、たとえば商人資本で羊毛工業をとるのに対して綿工業を自由主義時代の代表にとり、それが産業資本を基礎とすることを明らかにする。それから鉄工業を金融資本でとり、これを帝国主義政策の基礎とする。これは理論的に羊毛工業から綿工業、鉄工業へ発展するわけじゃないから、これを原理的には説けない。それはもちろん鉄工業に代表される金融資本時代にも羊毛工業も綿工業もあるわけで、代表的産業が自然にそういうふうな発展をするわけじゃない。それは原論のような具合にずっと理論的に展開することはできない。それは前から気がついていたんだね。

○○　それを方法的に整理すると類型的な……。

——類型といってよいが、むしろ、単なる類型というより典型といった方がよいと思うが、とにかく代表的な基幹産業というわけだ。類型というとなにか単なる類概念的になっちゃってね、そうとられても困るんだ。もっともそんなことはどっちでもいい、意味さえわかればば。ただ類概念的じゃないんで、やはり資本主義の発展のエポックを規定する典型的なものとわかればよい。それは単に資本主義諸国の諸現象から類概念をとっていうんじゃない。もっと質的な規定が時代的に出てくるわけだ。

○○　だから各々、要するに典型的な、たとえばイギリスならイギリスの自由主義については典型的な資本蓄積の構造を明らかにするが、しかし同時に歴史的にやっているわけですね。そういう意味じゃ、単なる類型ではないわけですね。

——　じゃないね。歴史的発展を、やはり発展はもっと、きみがいうようにいろんな条件が加わってできた発展だから、種々なる国で異なるが、その中でリーダーシップをとるものとして典型的なものとなるので、それがまたつぎの典型的なものに移行するなんかいたって、それは無理だよ。典型的なものができるような条件があったわけだ。つぎの典型的なものができるような条件があって、それによって典型となるわけでしょう。だから商人資本と産業資本、金融資本をとったとしてもその関係は明らかだ。金融資本のできるまではその周りにいろんな条件ができているわけで、その条件は産業資本の周りにいろんな条件のあるものの中から発展したかもしれないけれど、産業資本自身がそれにずっと変わっていくというふうにはすぐはいえないとぼくは思う。

○○　たとえばイギリスで羊毛工業をとる場合、この前先生がおっしゃっていらっしゃるわけですけれど、要するに羊毛生産に適したあれだという。

——　事実問題としてそうなる。原理は自由主義の綿工業によるが、それは綿工業としてではない。

○○　アメリカの場合ですと、おそらく、農業についていえば処女地があったという大きな問題があるかもしれませんね。そういう問題、結局、与件として考える以外にない。そういうものが商品経済的な体制の中に巻き込まれるのは当然だけれど、あみ込まれた場合に、与件が非常に大きく作用することにもなるわけですね。だから結局、いわゆる原論的な意味での必然的なものとして説くことができないというわけですね。

――　原論ではそういう条件をみんな商品形態の中に吸収してしまって、純粋の資本主義をなすわけだ。そこで全体がロジカルにずっと関連し合う展開をなすのだと思うんだ。政策論ではそうはいかない。もっともきみのいうように、その国の特殊の与件が非常に大きな作用をすることになるといったのでは典型にならなくなる。

○○　やはりそういう点は、政策論をお書きになるときはかなり方法的にもお考えになっていて……。

――　今日のような明確さはもっていなかったけれど、そうならざるを得なかったし、またその点、日本資本主義論争と『資本論』とから教わってきて、非常に面白いという気もしたね。『資本論』の解説書なんかで、原理から帝国主義論を続けて説くのを読むと面白くない気がしていた。

○○　面白くないってどういうことですか。

――　その当時は明確な理由があったのではない。しかし政策論で十七世紀イギリスの資本主義を羊毛工業によってつかまえるというとそれは商人資本によらなければならない。これを直ちに産業資本にするのは無理だ。そしてまた重商主義の政策と対応する。これに対して十八、九世紀は産業資本と綿工業、そしてそれが自由主義運動の中心をなしていることは当然だ。また逆にその場合、商人資本と綿工業というわけにいかない。綿工業は機械的工場制度をきずいたものといってよい。もちろん鉄工業自身は綿工業と違って昔からあるわけだけれど、それの発展史をやったからといって、商人資本、産業資本、金融資本の発達史ができるわけじゃない。そういう特殊な歴史的関連が問題だ。それに羊毛工業では原料の買入れからして商人資本というのがずいぶん重要な役目をしている。イギリスではことに農村の原料の問題と結びつく。それが綿工業の原料の場合は非常に違ってくる。買付の形やなんかも産業資本的になる。つまり商業と工業の分離がはっきりしてくる。もちろん綿工業資本にも商人資本的一面があるが、羊毛工業のように直接的結合ではない。外国産の原料で工場生産が行なわれて産業資本が確立するという点は、むしろ面白い点ではないだろうか。

○○　政策論にもそれがあらわれるわけですね。

――ところが綿工業の場合でも、日本の綿工業だともう時代が違っている。世界史的にも一筋には続いていない。もう条件によって違った資本形態が出てくるということになる。そしてそれが支配的になる。結局、世界史的にリーダーシップをとっている国でリーダーシップをとっている産業をとるということになるが、これはもうみなやっているんだが、明確に原理論と区別し、それを前提にしてやるということをしていない。マーシャルでもだいたいそういうことをやっているが、原理との関係が不明確だし、金融資本も産業資本と明確に区別されていない。『インダストリー・エンド・トレード』という書物は目次を見ると面白そうだが、内容は実に常識的なつまらぬものになっている。原理と段階論との関係が不明確だからだと思う。あるいは反対に、原理が骨ヌキになったものだったので、そうなったのかもしれない。

○○　代表的産業ということになると、例えば第一次大戦以後になって、今度は自動車工業とか……。

――　そういうことになるかもしれないが、それも鉄工業に代表される金融資本によって産業資本と区別される問題に帰着するのではないか。もっとも第一次大戦後になると政策論の展開が非常にむずかしくなるんじゃないかと思う。どうしてそうなったかということは、一方に社会主義の国ができたりするし、また他方で資本主義国の関係も変わる。政策も変わる。これをどう扱うかというのはいまでもぼくには疑問だし、勉強もしていないけれど、資本主義としては金融資本の時代ということに変わりはないのではないか。

○○　自動車産業が興ってきたということで新しい資本主義の時代だということをいう人がよくありますけれど、その場合にもやはり鉄工業は基幹産業だというのは変化ないと考えられるのですか。

――　ぼくはそう思っているが……。

○○　その場合にむしろ鉄道が発達してくるということで鉄工業が非常に発展するわけだけどね。かといって指導産業だというわけにはいかないですね。自動車産業というのは鉄道に代わったものになるわけでしょう。そうするとやはり鉄工業が基幹産業ということにかわりはないという、そういう意味で。

――　そう簡単にはいえないと思うが、なにも自動車時代といっても、十九世紀七〇年代以後の鉄工業の発展によって解明される金融資本ということにかわりはないといってよいのではないか。最近のいわゆる国家独占資本主義とかいうのも、金融資本の展開する政策によるものをさすのではないか。

○○　それは、むしろ第一次大戦以後の二九年恐慌の研究とかなんとかいうので、自動車産業を中心にした電機産業とかを軸にしながら、これが景気をリードしたというようなことをいって、いま先生がおっしゃった鉄工業、金融資本という対応を、新しく自動車産業となんとかというような対応で考えているでしょう。そういうのがわりあいに多いのですけれどね。どうもアメリカの実証分析やっている人に聞きますと、それは必ずしもそうじゃないようですね。やはり基本的には鉄工業なんで、自動車産業がそれに代わるというのではないようです。それにしてもそれが新しく基本的な産業部門になっているというわけにはいかないようです。それから新興産業ですから資本集中なんかの問題は非常にクローズアップされてくるわけですけれどね。鉄工業のほうはすでに巨大企業ができているわけですからね。できているといっても第一次大戦以後の場合にもそれは相当再編成される、大きな集中運動の変動があるわけで、二〇年代というのはまだそういう点で決定的な変化があったとはいえないんじゃないでしょうか。三〇年代になってくるとだいぶ違いが出てくるというふうに、実証的なことをやっている人から聞いたのですけれども。

——　これは大問題なのだ、実際いうと商人資本、産業資本、金融資本より次の資本の支配形態があるかどうかということが、なかなかそう簡単にいえないんじゃないか。それを国家独占資本主義といっても金融資本と違うかどうかというとあまり違わない。支配的にはやはり金融資本じゃないか。

○○　だけども国家の役割は相当……

―― 大きくなる。それはもう金融資本の政策に一般的なのだが、例えば関税政策はウェイトが比較的少なくなってインフレーションがずっと進んでくるものだから、そしてそれは関税政策よりも全経済生活に非常に広い影響を及ぼすものだから、国家的な問題になるわけだ。それだからといって新しい段階とはいえないのじゃないだろうか。その点はぼくにどうもよくわからないので断言はできない。ぼくの政策論は資本主義の発展史そのものをやっているんじゃないから、新しい段階を示す資本形態が明確にならないと問題でない。むしろいまの問題は両大戦間の現状分析をやってみて決定すべきだろう。つまり帝国主義論の中へね、もう一つ補助的な段階を加える必要があるかどうか。しかしそれも社会主義との対抗の問題があるので簡単にいえない。社会主義自身がまたいろいろな問題を示しているし、植民地の解放がこれに加わる。社会主義も、資本主義でいえばまだ重商主義時代とでもいうことになるかな。

○○　イギリスの重商主義ならいいけれどオランダなんかの重商主義だと困る。

○○　先生に前にちょっとおうかがいしたことですが、資本主義の独裁化と民主主義とか、そういう対立ではファシズムというのは必ずしも、あの場合ナチですが、金融資本の代弁者というような形で理解すべきじゃないんじゃないかというように、多少消極的にですがいっておられますね。それで金融資本の組織化というのはこれは部分的な組織化なんで限界があるんだと。資本主義もいまの段階になってくるとそれでは維持できなくなって、なにか資本主義一般みたいなものが、もう金融資本には任せておけないという形で出てくるというような意味のことをおっしゃっておられて……。

―― ファシズムに対しては戦前にソビエト系の社会主義者が、あれをみんな金融資本だというから、それは違うんじゃないかという考えでいたわけだ。そうかといって、それじゃぜんぜん関係がないかというとそうもいえない。つまりあれは一種の権力の委譲ですからね。つまり金融資本の一面を転用するものだといえばいえんことはない。たとえばいまの番頭政治みたいなものですからね。そういう特殊な形態で出てきたんじゃないかと思う。これは戦前も戦争中もそう思っていた。ただ、あれはしかしたぶんに金融資本と共通の面をもちながら、直ちに同一視してはいけないと考えていたのです。ドイツの、たとえばシャハトとヒトラーの関係なんていうのはそう簡単に一致しているものとは考えられなかった。

○○　つまりシャハトのほうが金融資本的な……。

――　そうです。ときによると一緒になる。そしてナチスのほうはたぶんに空想的な点があるからね。あれ、内容のない権力をもっているわけでしょう、基礎のない権力を。ぼくはあれは賠償金を払わなかったからだという意味にとっているんだけれどね。そうするとそれはドイツにとっては払うべきものを払わないでヒトラーがそれを自由にしてもいいような、そういうのからくる権力だという理解をもっていた。それで逆に今度はアメリカの資金を流入して自動車道路造ったりいろんなことをする。そうするとヒトラーは国民に対しては職を与えながら非常な権力をもつ。ナチスはそういう一種の番頭政治と解していた。ちょうど株式会社の非常に発達した形のね、支配人の支配形態、支配人は実質上の大株主でなくていい。幾株か名義的にもって、そしてその会社を支配するというのに似て、自分は実際上は俸給をもらっている重役のようなもので、その点で一面では金融資本的だが、これが金融資本そのものだというわけにはいかない。形式を利用した特殊の独裁だったのではないか。

○○　それはそのころの、つまり日華事変が始まって、それから太平洋戦争になるというとき、その時期の日本で日本版のファシズムみたいなのが出てくるわけでしょう。やはり旧財閥という形には適応した形じゃないですね。一応抵抗しながら、そういう日本なんかの場合もやはり、それと形は違うけれども、基本的には同じような関係だというふうにお考えになっていたのですか。

――　さあ、そこはよくわからなかった、日本のことは。日本のは、たとえば軍と財閥との関係となると、よくわからなかった。満州国の支配権力と三菱、三井のような旧財閥との関係はよくわからなかった。多少の考えはあったが、大して事実を知らないからね。

○○　やはり共通性はあるわけですね。

――　ある程度共通性があると思う。シャハトとヒトラーとの関係みたいに結びついたり離れたり。しかしナチスをすぐシャハトにしてしまうわけにはいかないということが大切だと思う。その共通性で結びついたというのは少しいいすぎになると思う。共通性は形式で実質は違うからね。どうもあのころのマルクス主義者というのはわりに簡単に片づけてしまって、ナチスを金融資本といったり、あるいは今度は社会民主主義といったり、なんのことかわからなかった。やはり違うんだからね。これはずっとのちの話だけれどね。

○○　その問題、広域経済の問題とからめてあとでおうかがいしたいと思うのですけれども、要するに、仙台での何年間かに先生の経済原論の基礎ができるとともに、経済政策論も体系化したわけですね。

――　ぼくはそれをすべて『資本論』と『帝国主義論』ないし『金融資本論』から学んだつもりだ。

結果は、いずれとも違うことになったが、基調は『資本論』の原理論の体系化にあったといってよい。ただこの原論の体系化はどうも戦前には完成しなかった。『資本論』の解釈のどうしてもつかない点が残っていたわけで、それは戦後になって、それも種々なる批判を受けながら段々とでき上ってきた。もっとも、まだ完全にでき上ったとはいえないが、何とかしてこれだけは生きている間にできるだけのことをしてみたいと思っている。経済政策論の方は、これに反して戦前に大体でき上っただけに、またその後はその方面の勉強をつづけることができなかったので、むしろ欠陥を残していることと思っている。そしてこれはこれからやる人々によってより完全なものにして貰いたいと思っている。ところが、この段階論は案外に多くの諸君から十分には評価されないでどうも自分としては残念に思っているわけだ。ぼくがやったのをそのまま受けつぐのは沽券にかかわるとでも思うのかも知れないが、そんなケチな根性では学問はやれないのではないか。マルクスがやったことでも納得がいかなければ訂正してよいし、ぼくがやったことでも納得がゆけば受けついでも少しも恥ずかしいことはないと思うのだが……。どうだろう。今日はこの位にしておこう。

第九章　東北大学の先生、友人、学生

○○　いままで、先生の『資本論』を中心にした研究と、それから『経済政策論』となって結実するいわゆる段階論的研究、それから「資本主義の成立と農村分解の過程」に出てくるような、講座派、労農派論争に対する一つの対応、そういうような問題についてずっとうかがってきたわけですけれど、昭和十三年、一九三八年二月に、労農派グループ事件で検挙されて、裁判になり、それがすんで東京に移られるまでの間の、いわば仙台生活、大正十三年から昭和十六年ですから十年以上の仙台生活について、いろんなことをおうかがいしてみようと思うのです。先生の仙台での交友関係とか、それから学生との間の関係とかということなどについてお聞きしたいのです。いままでのお話でも断片的には出ているのですが、ここであらためて聞きたいのです。まず最初に仙台での、東北大学を中心にした交友関係。

——といっても経済科関係の話はだいたいいしたんじゃないかな、経済研究室の話などは。

○○　他の研究室とのことはどういうふうになっていたんですか。

——ぼくがいた当時の東北大学というのは、文科、法科、経済と一緒になっていた。だから教授会なんかも一つになっていて、ぼくは助教授だったからあまり教授会に出ることはなかったけれど、それにしてもいろんな会合やなんかも法文学部で一緒になっていたから——奥さん連中の会まであった——そういう点で文科、法科の人とずいぶん親しい人ができて、文科じゃ、例の岩波書店と関係の深い連中、阿部次郎さん以下、小宮豊隆、ああいう大先輩がいっぱい並んでいた。とくにぼくは特殊な関係だけれど、高橋里美さんが高等学校のときの先生だから、これは、行くとすぐ非常に親しく、先生も覚えていて、結局、ずいぶん世話になることになったし、それからある時期にはぼくが先生のごく近いところに住んでいたので、しょっちゅう高橋さんのところに遊びに行ったりしていたから、哲学関係の若い人ともずいぶん親しくなった。高橋さんのところは哲学関係の人がみんな集まるところだったわけで、武市健人君や水野弥彦君、その他の若い人ともわりあいに親しくなっていたね。

○○ やはり高橋さんという方は、人柄から、いろいろ人が集まるような雰囲気をおもちになっていたのですか。

—— またそういうことがお好きのようだった。人柄は地味だけれど、あれでわりあいに派手なんじゃないかな、やることは。つぎつぎにいろんな新しい、そういう哲学の主張を自分に取り入れて、現象学なんかも非常に早く取り入れて勉強していられたんじゃないか。昔はベルグソンの『物質と記憶』を訳されたこともある。ぼくが高等学校のときには『現代の哲学』というので、やはりこれは西洋の新しい哲学の紹介をしていられた。ぼくは早速に買って読んだが、なんのことかさっぱりわからなかった。現代の哲学思想というのをずっとやっておられた。別に西田哲学の批評もあった。のちに西田さんが東北大学に来て講演をしたことがあって、四日ほどの連続講演だったが、京都大学をやめられてからだったと思うが、ぼくもその講演を聞いたのです。西田さん自身の思想史のような面白い講演だったのです。もっともぼくにはだんだんとむずかしくなって、後半はよくわからなかった。それはともかく、最後の日の夜だったと思う、西田さんの歓迎会をやったのでぼくもその末席に出たが、そのとき高橋さんと西田さんとが激論をやるのを見て全く驚いたな。そういうところがあった。

○○　年輩はどのくらい違うのですか。

――相当違うのじゃないかな。

○○　十ぐらい違う？

――十四、五も違うんじゃないかと思う。『思索と体験』という書物に、「高橋学士に答える」という西田さんの文章がある。

○○　激論の内容というのは……。

――なにも覚えていないので話にならないが、ただ激しいんだ、両方とも。

○○　先生は高橋さんのところに若い人が集まる、そういうところに出入りされて、先生自身も哲学の議論をやられたのですか。

――やったことはないけれど、高橋先生自身は、そのころやはりマルキシズムを非常に気にしていられたようだった。しきりにぼくに対してもなにかいいたいようなふうだった。しかしぼくは別に議論する考えはなかった。昭和初期は京都でも西田さんなどもマルクスの勉強をやっていたという話だ。あれはいわゆる福本イズムからの影響だったと思うが、直接には河上さんや三木清君に影響されたんだろうと思う。西田さんも、「マルキシズムがさかんになったので、夜もいい具合に寝られない」というようなうたがあるということだった。そのころは、日本哲学界の人がみんな気にしていたんじゃないかな。高橋先生のもそのせいだと思う。ぼくが遊びに行くと、マルキシズムでは……。

○○　それはどういうふうな。

――　やはり唯物論というのが問題だった。

○○　一般的な考え方ですか。

――　そうです。唯物論とか唯物史観、そういうものに対する疑問だね。よくぼくは高橋先生と碁をやっていた。どっちも問題にならないんだが、ぼくのほうが弱いというのではない。ところが勝てると思うのにぼくはいつも負けるんだね。先生は碁をやっているのに途中で便所に行ったり、お茶を入れて飲んだり、ゆっくりゆっくりやるんだ。

○○　戦術があるわけですね。

――　よく先生にいったんだ。ぼくは先生に勝てると思うときも結局負けるので、どうしてこんなに負けるのかと思ってよく考えたら、ぼくは唯物論だし、先生は「全体の立場」だから。それでどうも先生が勝つらしいといったら、苦笑していられた。（笑）「全体の立場」なんかという、ああいう言葉が使えるのがちょっとおかしいのじゃないかといつもぼくは思っていた。よくわからないので先生にはちょっといえなかったけれどね。『全体の立場』という本が出たときだったかと思うけれど、小さいグループで、高橋先生の本が出たので話を聞こうというので聞いたことがあるのだけれど、そのときでもマルキシズムを非常に気にして話をしていられた。それが非常によくわかるんで、かえってぼくは困った。

○○　「全体の立場」というと観念論の弁証法でもない、階級的なものでもないという意味で……。

——　さあ、どうだろうね。話を聞いてもよくわからなかったが、観念論、唯物論を越えたような全体の立場なのでしょうね。

○○　そういう考えでそういうタイトルをつけたのですか……。

——　かもしれない。しかしぼくあの本もらいながら読んでいないし、読めもしないしね。高橋先生もしかしだんだんとマルクス主義を気にしなくなって、ぼくにはずっと楽になった。それで思い出すんだけれど、いつごろだったか、ぼく東京に来たときに岩波茂雄さんに会って一晩ご馳走になったことがある。昭和十年ごろだったかもしれない。高橋先生の話が出て、高橋先生もやはりだんだんと偉くなったというふうにぼくがいったんだ。つまりマルキシズムを初めに気にしていたときはそんなに偉いと思わなかったんだ、ぼくとしては。あまり気にしないようになって、やはりちょっと偉くなったような気がしていたのでそれをいったら、岩波さんは怒って、前から偉いというんだ。高橋君は前から偉い、きみにそんなことという資格はないといって怒られた。しかしぼくはそうは思わない。いまもいったように、とくに昭和の初めごろマルキシズムが哲学界にも影響したころは、ひどく気にしていられた。だからぼく自身も話ししにくかった。しじゅうぼくに、なにかそういうことで、おまえはマルキシズムをやっているというように、ぼくがなにかマルクス主義を信奉しているかのように思っていられた。実際はその当時からぼくはそうでなかったのに、そう思い込んでね。

○○　しかし、それは一般にそう思われていたのではないですか。

――かもしれないが、先生もそう思い込んでいられて、いつもなにか感じとしては、ときによるとつっかかってくるような感じを受けたからね。それでぼくは、高橋先生どうしてこんなふうにいうのかなあと思っていた。ところがそのうちにだんだんそういうことはあまりいわれなくなってきたから、それで偉くなったと思っていたんだ。先生はだんだんぼくの「立場」を理解されてきたわけだ。のちに裁判のときも特別に弁護をしてくださったり、いろんなことをしてくださることになった。もちろん、ぼくが高橋先生の哲学を理解できたのではなく、先生のほうでだいたいぼくの考えを理解されることになったわけだ。初めのうちはぼくがカンカンのマルキストで、だからなにかいえば自分らをばかにしていると思ったのかどうか知らんけれど、ちょっとそうもとれるような質問をしばしば受けたものだ。

○○　そういう形で気にされていたのですか。

――そうじゃないかと思うんだ。つまり従来のいわゆるブルジョア的な文化の哲学というのをマルキシズムの人はみんなばかにしている――、だからぼくも、おそらくそういう哲学思想なんかばかにしているだろうと思ったのじゃないかととれる意味の質問をずいぶん受けたね。もっともその点は、ぼくにも、さきにいったように実践家にコンプレックスをもっているという裏があったので、そう思われるのも仕方がないといってよいかもしれない。それにはちょっと思い出すことがある。いつごろのことか、武市君から「五月雨や研究室のマルキスト」という句をもらって、この句に返しができなかった。その当時のぼくの反面に、そう思われても仕方のないところがあったのだろう。

○○　じゃ、先生の研究のされ方がわかったといっても、そのわかったことが高橋さんの考え方の中に影響を及ぼすようなことはなかったのですね。

――　もちろんそんなことはない。そんなことはないけれど、ぼくがほんとうに、いわゆるマルキストじゃないということがわかったのだ。ぼくの研究態度がね。それがわからなかったんだろうと思うんだ、初めはね。だから、なにかいうと、ぼくはすぐマルクス主義を主張するだろうとばかり思って、それを気にしていられたんじゃないかと思う。ぼくと高橋先生との間の関係は相当長い期間、そういう関係の変化を経て、ぼくが東北大学をやめるころになってようやく先生は理解されたんじゃないかと、ぼくはそう思っている。高橋先生のところに集まる連中は、べつにどうということはなかったけれど。

○○　武市という方とは。

――　武市君は学生としても知っていたのです。ぼくが『クリティーク』を読んでいるときに、ぼくのクラスに出ていたんだ。だけどぼくと年はあまり違わないし、友人みたいな関係の人です。ですからわりあいに早く、高橋先生と往き来すると同時にぼくは武市君とも知り合いになって、それからズッとつきあっている。武市君の場合にはいろんなぼくの考え方を聞いてもらったり、また、ヘーゲルをぼくは読んでもわからないからそれをただしてみたりしてきた。とくに昭和九年以後と思うが、ぼくは武市君とすぐ近いところに住んでいたので、ときどきうちに来たり、ぼくが行ったりしていたのだが、そのころ価値形態論を商品論の軸にする「経済原論」をやる考え方をもってきていたので、そのことをしばしば話した。ちょうどその前後、ヘーゲルの『ロオギーク』を、だれか哲学の人が死んでその蔵書を売りに出したのをぼくが買って読んでいたので、それと比べて彼に意見を求めたことを記憶している。翻訳を読んでも翻訳ではよくわからないものだから、『ロオギーク』といっても初めのほうだが、このほうはドイツ語ではわかるようでわからないものだから、それを武市君に聞いたわけだ。もちろん『ロオギーク』の問題としてじゃない。ぼく自身の価値形態論として問題を出して、こういうふうに考えられるんだけどというように聞いたわけだ。そのときによくぼくが、『ロオギーク』の目次と『資本論』の目次を合わせて、ぼくはひとつ『資本論』を論理学としてやってみたいんだという話をしたんだ。つまり『資本論』体系というのは『ロオギーク』でできるのじゃないかということを武市君によく話したことがある。ところが武市君はそれを自分でやったわけだ。しかしそれはぼくとはまるで考えが違っていたんで、のちに、戦後のことになるが、そういうことを議論したこともあった。

○○　武市さんという方の『ヘーゲル論理学の世界』は戦争中に書かれたものですか、出版は戦後ですね。

――　書いたのはいつごろかよく知らない、戦後じゃないかな。

○○　しかし清水正徳さんなんかにうかがったら、戦争中もかなりマルキシズムというものをやっておられたという。その指導を受けたということをいっておられる。

――　ぼくは戦争中は仙台にいないですから、ぼくがいうのは戦前の、昭和十二年までのことです。戦争中も武市君はそういう勉強をしていたのかもしれない。

○○　武市さん自身は、いまでも自分はマルキストだと思っておられるのですか。

——そうじゃないでしょうね。

○○　マルキストというのは、広い意味でですけれど、たとえばマルクス経済学は正しい……。

——その点はそうかもしれない。だけども、やはり「全体の立場」かもしれない。よくわからない、それは。

○○　自分は宇野先生と同じだとある程度思っていたけれど、最近になって違うということがわかってがっかりしたということをいっておられるとか聞いたのです。

——それは武市君、あの本を書いたときに、ぼくが違うということをいったら、いや、それはあなた自身が、白い着物を着ながら黒い着物を着ていると自分で思っているだけだというんだからどうしようもない。武市君というのはそういう面白いところがあるんですよ。土佐っ子だからね。

○○　色の黒い、そういう感じの人ですね。

——あとは文科じゃ河野与一君だな。これは同年輩だということからでしょうね、河野君と仲良くなったのは。同じく助教授であったということも関連するかもしれない。河野君のほうは当時教授のポストがなかったのです。河野君とか児島喜久雄とか、それから久保勉さんとかという偉い助教授がいたのです。それからもう一人、寺崎修一という仏教史の研究をしていた男。これが河野と一高で一緒なので仲良かった。それでぼくも寺崎と仲良くなったわけです。ぼくと寺崎と河野と、法律のほうの中川善之助の四人で、まだそのころピーピーだからそう酒飲みに行くわけにいかんから、ときどき、一学期に一回ぐらい、東洋館という山の上の料理屋に行って、四人で〃メイ人会〃というのやっていた。昼間から行っておふろに入ってお酒飲んで、気炎を上げて。「迷」のほうか「名」のほうかよくわからないけれど〃メイ人会〃と称して。それが何年続いたかな、四、五年続いたかな。

○○　いつごろからですか。

――いつごろからかよく覚えていないけれど、昭和五、六年までじゃないかと思うけれど。ただ少しばかり酒飲んで、つまらぬ話をしていたのでね。

○○　助教授会みたいな。

――助教授会のなれのはてだな。

○○　やはり人のたなおろしをやったり。

――だけど中川君はもう教授になっていたしね。

○○　べつに学問的な共通の場というのは。

――なにもなかった。こんなこともあったというだけだ。

○○　中川さん、ああいう方とも話はかなり……。

――ぼくは中川君とはあまり話が合わなかった。中川君はぼくに調子を合わせていたんでしょうね、きっと。もっとも彼は早くから社会学的な研究に関心をもっていたようだ。彼は専門が親族法ですからね。たとえばクーランジュの『古代社会』なんか訳したりしているんだ。それからエンゲルスだったかマルクスだったか覚えていないけれど、ぼくが持っていたので貸してやった本を彼が訳したものが改造社の『マルクス・エンゲルス全集』の中にある。彼はそれを返すとき製本屋にちゃんと装幀を新しくきれいにとじさして返してくれた。なかなか才能のある人でもあった。しかしぼくとは思想的にもその他いろんな点でもあまり合わなかったから、結局ぼくは河野との付き合いがずっと長く続くことになったわけだ。寺崎は早く亡くなった。

○○ その集まりについてもう少し……。

―― べつに話すことないよ。ぼくも若いときで、多少はうっ憤もあるし、教授にしてやるといってもなかなかなれんし、といってもそれは憤慨するほどのことにも思わないし、ただ、ときには酒を飲むぐらいのことを四人でやるという程度だ。河野とはそういう関係で、うちにもよく来たし、部屋にもよく来たし、しじゅう会っていた。お茶を飲みにしょっちゅう行くし……。

○○ 週になんべんもという……。

―― 週になんべんどころではない。毎日のようにぼくの部屋に寄ったし、ぼくも向こうに行った。

○○ 河野さんは何をなさっていたのですか。

―― フランス文学をやっていたのです。学生とはフローベルなんか読んでいた。もちろんそのほかいろいろなものを読んでいたのじゃないかと思う。彼は学生に教えるのが好きだからね。非常に語学が好きなんだから。ぼくはいっぺんスピノザを教わった。スピノザの『エチカ』を、ここを読めというのでそこを読んでみると、なるほど、これはぼくの「経済政策論」にすぐ使えるなというわけで、ぼくはそれをもって、「経済政策論とは」というのをスピノザ式に書いたこともある。

○○　それはどういうことですか。

――　スピノザというのは二元論だからね。政策を原理からわけて二元にすればいいわけだ。精神と身体の……。そういうのをちょっと話したんだ。そうしたら河野は、それでいいんだという。それを学生の新聞かなにかに書いたんだけれどもね。もうちょっとなにを書いたか覚えていない。短い、書き出しだけだった。スピノザの『倫理学』の中ごろの、感情について論じているところを読めというのでそうしたのだ。ところがぼくの「経済政策論」の定義にもちゃんとあてはまっているというわけだ。

○○　先生、それ以上か以下かわかりませんけれども、もう少し人生的な意味でなにか。

――　それはないね。

○○　先生はよく「それはしようがないよ」なんておっしゃるのは、なにか。

――　河野と仲が良かったのは、両方そういう点似ていた点があるかもしれないけれど、才能としては、むこうは非常に語学ができる。こっちはちっとも語学ができないというのでまるで違う。ぼくはいつか河野の還暦のお祝いのときに、なにかお祝いの言葉をいえというから、なにもないけれど、河野とどうして自分がこんなに長く仲良くやっていけたかについて、――いまでも仲いいけれど、仲がいいといっても今はしょっちゅう会っているわけじゃないが――よく考えてみたら、河野は都会の秀才で一流の本を読むし、そして覚えているんだけれど、ぼくは田舎の鈍才で一流の本を読んで忘れるという、その一流の本を読むというところが共通なんだろうというようなことを話したことがある。ぼくは河野君のようには考えない。外国のものを彼は外国人の読むような意味で読みたいらしい。それが本物だと思っているんだけれど、ぼくはそんなふうに思わない。だって書いた人がいくら一流でも、あるいはまた書いた人の考えたように理解したからといって、それが自分のものになるというわけではない。やはり自分のものにしなくちゃ意味ないと思う。ぼくはその点じゃ田舎者ですよ。河野はずっと都会人だから、彼には相手の本を本当に読むということが重要なんだけど、ぼくは相手のものを自分のものにしなければ読んでも仕方がないと思う。マルクスでもやはりぼくはそういう考えで読んでいる。マルクスも偉いことは偉いけれど、絶対に誤りがないというほどに偉いとはどうしても思えない。いろんな間違いもあるのじゃないか。間違いのあるものを本当に読んで覚えたって、やはり間違いには違いない。もちろん河野君が間違っているものをそのまま自分のものとしているというのではない。彼は、ぼくと一緒に東北にいたころはフランス文学の先生だったが、本来は哲学をやっているんで、ぼくも哲学上のことを多少は教わったりしたけれど、彼の態度というのは一般にそういう本物主義の態度だ。なかなか日本人じゃ向こうのものは本当に読めない。彼はライプニッツの研究をやっていたようだ。ギリシャ哲学ものちにやったのじゃないかと思う。

○○　ライプニッツについてはお書きになったものでもあるのですか。

――　書いているようだ。訳書はいろいろとある。岩波文庫にそれはたくさんある。哲学から随筆、小説まである。文庫本ではなかったかと思うが、ノールウェーの童話まであるが、それをすべて本物主義でやるのだから大変だ。

○○　自分でお書きになったものは、本になって。

――本にもなっているようだが、専門のほうのはぼくはよく知らない。随筆集はよく知っているが……。

○○　本当に外国語のものがわかるというのは大変でしょうが、河野さんの気持ちはわかるというような気がする。

――さきにもいったように、ぼくは河野君とは違う。自分のものにすればよいと思っている。外国人の書いたものが本当にわかるということも大切だろうが、自分では外国語がそうできないということを知っているから、マルクスにしてもこれがマルクスの真意であるかどうか、それは自信がない。そんなことより、筋の通った理論がつかめればよいと思っている。日本語で書いてあっても必ずしもちゃんと読めないからね。ぼくはそうあきらめているからなんともない。たとえマルクスをぼくが誤解していても、ぼくの理論が筋の通ったものになっていればよいと思っている。人が本を読むのも自分の理解力の程度で、それは仕方がないと思っている。河野君はそこが非常に慎重で、相手の書いたものをちゃんと理解するというんだから大変だ。もっとも、そこまで詳しく心情を聞いたことはないが、しかしそんな気がする。とにかくぼくにとっては非常に偉い友人をもったものだと思う。ぼくは児島喜久雄さんが仙台を去って東京大学に移るときに、児島さんは、ぼくとしては仙台で共に住んでいることは光栄とするけれど、日本に共に生まれたことを光栄とするまでにはならない、といって笑ったことがあるんだ。(笑)

○○　ついでだからうかがいますけれど、そのころ日本で共に……。

――そのころのことではないが、大正時代には、ぼくは『我等』時代までの長谷川如是閑を、日本に共に生まれたことを光栄にしていた。ぼくはよくいっていたんだけど、イギリスにバーナード・ショウと共に生まれなかったことを残念には思わないけれど、日本に長谷川如是閑と共に生まれたことは光栄だと思うと。これがファンということだろう。もっともこれは少々オーバーないい方で、如是閑の『倫敦』以来のファンだったことをショウと比較して誇張していっていたのだ。児島さんはそれに答えて、少し負けおしみで、それじゃおれはきみと一緒に日本に生まれたことを光栄としようかななんてごましていっていた。児島さんというのはわりあいに貴族的な人だったが、事実、なんでも明治大正の、例の寺内ビリケン元帥の親分の息子ですよ。彼が子どものころ寺内がよく来て、坊っちゃん坊っちゃんといって抱いたりしたというのだ。

○○　あれのまた上の軍人ですか。

――その点はよく知らない。陸軍省に関係していたらしい。和歌山かなんかの侍だったようだ。彼自身は白樺派の連中と一緒ですね。志賀とかなんとか、みな一緒ですよ。あの連中の中でも美術眼は偉かったのでしょうね。といってもぼくにはわからないけれど。ぼくとわりあい話が合って、会えばよく話した。いっぺんぼくは仙台から東京に来て学士館に泊って、学士館の食堂で偶然会って、とうとう夜を徹して『資本論』の話をしたことがある。そうしたら彼は非常に面白がって、ぜひその本を自分に貸せという。それからぼくは『資本論初版抄』という対訳の本があって、河上さんの、あれをやったら、日本訳はあまり面白くないけれどドイツ語は非常に面白いといって感心していた。ドイツ語は非常によくできていたようだ、長く外国にいたし。

○○　時期的にはそれはいつごろのことですか。

——いつごろだったか、やはり大正の中ごろから昭和の初めにかけてのことだと思う。外国でも美術を外国人と同様にして研究していたらしい。これも本物主義だ。

○○　先生の話の内容はどういうことだったのですか。

——単に『資本論』とはこういうものだという話をした。

○○　かなり先生の解釈のはいった『資本論』ですね。

——もちろんそうです。それだから話ができるのですね。そうでなければできないですよ。彼は非常に感心していたようだ。のちにある新聞が「二十の椅子」とかいう続きものを出したことがあったとき、辰野隆氏がいちばん先に坐って、そのつぎにだれといって指名して坐らせたことがあるのですが、児島さんは自分のつぎにぼくを坐らせたのです。それでぼくが弱っちゃって、つぎをだれにしようかと思ったが、結局、久留間さんを坐らせたことがあった。そのときにぼくのことを、というのはその続きものは隣に坐る男を簡単に紹介するんです。

○○　隣に坐る男のことが主題なのですか。

——そう、主題なんで、その人が書く。「この男はこういう男で」と、そうしてつぎつぎに続いていくわけだ。辰野氏から始まって、何人目かの男が児島さんに来て、児島さんがぼくをつぎに坐らせて、この男は自分と違ってちゃんとマルクス研究をやっている男で、そのために教授にもなれなかった男だ

と書いていた。（笑）

○○　戦後ですか。

――戦後初めのころです。何新聞だったかな。

○○　東京新聞じゃないですか。

――いや、なんとか日報とかいう大した新聞じゃないんですが、それは面白かった。児島さん、そのとき、自分がマルクス主義に興味をもったのもこの男のせいだとかいって書いてあった。ぼくは久留間さんをつぎに紹介するときに、この人は非常に名人肌だから、ときどき、『資本論』なんかやるより大工をやればよかったというけれど、おそらく大工をやっても家を建てかけちゃこわし、建てかけちゃこわしして、とうとう家は建たんだろうと書いた。（笑）

○○　それは久留間先生がなにかの本でいっていますね。宇野君はひどいことをいったと書いてある。久留間先生の「恐慌論」か「価値形態論」かどっちかですよ。宇野君にいわせると、家も自分じゃ建たんということになると。

――大工をやったほうがよかったかもしれないとぼくにいったことがあったから、そう書いたんだ。

○○　それ、憤まん、よくわからないけれど。

――憤まんじゃないでしょう。ぼくもそう悪意をもっていったのじゃない。

○○　先生のはよくわかるのですが、しかしちょっと多少憤まんが……。

――そうかな。ぼく自身は下手な大工だが、しかし粗末ながら家を建てるというわけだ。

○○　やはりちょっと気になっているところがあったのでしょう。

——　これは、長い間東北にいて、児島喜久雄とか河野与一とかという本物主義者と一緒にいたせいだ。実際また児島さんは毒舌のほうだからね。河野君はそうでもないが……。

○○　やはり先生はそのころから毒舌をならってこられたのですね。この前だれかに聞いたことですが、荻生徂徠に弟子が、先生はなにが楽しいかと聞いたら、いり豆をかじりながら人の悪口をいっているのがいちばん楽しい、人生の快楽だといったという。やはり先生もかなりそのころ毒舌を修業されたのですね。

——　まあね。昔も今でも同じですよ。今のほうが多少悪いかもしれないね。

○○　だいたい友人のおもだった方とおっしゃると。

——　法律も思想的関係の友人とはいえない人、たとえば小町谷操三君とか河村又介君とか栗生武夫君とかという連中と親しかった。この三人とは非常に親しかった。どういう関係か、これもよくわからんけれどね。ぼくの部屋によくみんな来たし、ぼくも彼らの部屋に行ったけれど、いずれもぼくより先輩だ。栗生君とは多少思想的な問題でも話し合った。彼はマックス・ウェーバーを大いにやりたかったらしい。法制史の人で、唯物史観について、ぼくに考えをよく聞いていたね。

○○　かなり先生の考えに近くなってきて……。

——　そうでもないでしょう。

○○　法制史の、なんか本を残された？

――本はあるが、ぼくとは考えは違うはずです。だけどあの本を書く前後、彼はよくぼくのところに来て、唯物史観について議論した。ぼくはこう考えるというような話をしたことはあるのです。

○○　法律についてどうという……。

――そう、そう。もちろん冗談だが、ぼくはよく彼に法学通論を一緒に書こうといったことがある。ぼくがちゃんと編別目次を作るから、内容はきみが書いたらどうかといって、第一編私法、第二編刑法、第三編公法。ヘーゲルの法律哲学みたいのはだめだというわけだ。いちばん初めに私法を論じても、二編が「道徳」だったりしたのではせっかくの法が生きてこない。あの「道徳」のところは『資本論』の、いや『原論』の労働生産過程にあてなければならない。「道徳」が法律的な形態に包摂されたのが刑法ということになり、『原論』の価値形成増殖過程にあたるわけだ。だからブルジョア社会の道徳というのは刑法だというのだが、そのころぼくもだいたい原論の構成ができつつあったのだ。もちろん『法の哲学』というのは、ぼく読んだことないんで、ただマルクス主義者の法律論をみるとそんなことがいいたくなっただけだ。パシュカニスなんかも『資本論』の初めのほうをマネしているだけでつまらないから、栗生君にもそんなことをいったんだ。彼は「うーん」といってうなっていた。

○○　栗生さんの遺稿集が出たそうですね。

――そう、それは知らないんだ。

○○　『法律の諸問題』とかなんとかいうので。

――彼は末川さんなんかの友人ですよ。ぼくよりずっと先輩です。栗生君というように彼に「君」

というのはわるいのだが、小町谷君もそうだが、法文学部の初期から一緒にやっていて、みな君《くん》づけで話すから、ついそうなってしまった。とにかくこの三人は法科の連中の中でぼくは非常に親しくしていて、ぼくの事件なんかでも、栗生君も小町谷君も非常に心配してくれた。経済の連中は近火だけに、あまりそんな心配もできなかったようだ。それは事情が違うからね。

○○　ほかの先生、文学部では哲学の高橋先生のほかに阿部次郎さんなんかは……。

――　阿部次郎さんなんか、あまり影響受けていない。

○○　影響というより、おつき合いはなかったのですか。

――　つき合いというほどではないけれど、河野と二人で名士訪問を始めようというわけで、まず第一に阿部さんのところに行こうじゃないかということで訪ねたところ大変に歓迎されたので、そのつぎに木下杢太郎氏のところに行き、そこではフランスの小説など面白い話を聞いた。そこで図にのって三番目に小宮豊隆氏のところに行って、そういう歴訪をしているんだといったら、点をつけるのかといわれて、（笑）それでギャフンと参っちゃって、もうやめようということになった。（笑）

○○　それは三人でやめたわけですか。

○○　面白かったですか。

――　面白かったね。木下杢太郎さんなんか面白い話ししていたよ。ナポレオン着用の帽子がしょっちゅう売れる話、昨日売ったのにまたきょうも売れる。よく売れますとかというような話を上手にやって、なかなかしゃれものだからね。フランス小話です。なんとかいう将軍が、新しい飛行機ができたのでなんとかいう飛行場に、その飛行機でもって着いて歓迎を受けたというのが新聞記事に大きく出たら、それが着かんうちに爆発して死んでいたという話、そういう話をいろいろしていて面白い人だったがね。木下杢太郎は太田正雄といって、東北大学の皮膚科の先生だった。

○○ 経済学の同僚なんかと研究会みたいなことをおやりになったのですか。

―― 同僚とはあまりやらなかった。初めのうち、たとえば堀君やなんかとリカードを読んだりしたが、間もなく止めた。ただ助手諸君との『資本論』研究は幾度もやった。ぼくは、前にもいったと思うが、『資本論』を読むといえば、だれがやるといっても必ず出たんだ。それはそういう機会をできるかぎり利用しようというわけだ。だからどんな見当違いの連中がやろうといっても出ていく。それで、とにかく一緒に一ページでも二ページでも読む機会を得ればいいと思っていたから、そういうのはいつも利用した。

○○ いまの先生は、当然のことですけれどよく論ぜられ、よく話されるわけですけれど、そのころも、やはり。

―― しゃべっていたね。ぼくの家内はよくいうよ、こんなによくしゃべる人がほかにあるだろうかと初めは驚いたそうだ。(笑) 昔からよくしゃべるんです、ダベるの好きだから。河野と仲が良かったのも、それもあるかもしれない。河野もいろんなことをよくしゃべるからね。

○○ 先生の舌のほうが少し厚くて、河野さんの舌のほうが少し薄いような感じがするのですが。

―― ちょっと体質が違うから。

○○　もっとテンポが早くて……。

――テンポが早くて、三宅剛一さんと話していて――河野の話だが――三宅さんはテンポが遅いんだからとてもあわない。これはいまさっきのきみのいったのの返事だということがあったそうだ。(笑)河野はもうつぎの話をしているんだ。三宅剛一という人は、哲学者でもいろんなことをよく知っていて、左翼のこともよく知っていた、左翼の文学やいろんなことも。八幡丁というところに住んでいて、高橋さんのところに集まる若い連中で、三宅さんに〝八幡丁のもの知り〟という名をつけていた。なんでも知っているんだ。

○○　先生は演習はおもちにならなかったのですね。

――特に演習はしなかったと思う。

○○　むしろ助教授はそれをしないほうがいいというあれで。

――特殊講義はした。講義のほかにもう一つもてばいい。外国書講読か特殊講義をやって、演習というのでは、前にも話したように、終り頃に山田君の『日本資本主義分析』を使ってやったこともある。

○○　そろそろ学生とのことにはいってよろしいでしょうか。

○○　先生ほどにお話が好きな方が、それは抵抗だとはいえ、演習をもたれなかったというのはどうもがてんがいかないのですが。

――全然しなかったわけではないが、ぼくの場合はやったとしても演習は外書講読と同じですよ。山田君の本を使った場合もそうです。昭和十二年だから最後だが……。

○○　その当時の学生の話、先生のまわりに集まった若い学生たちについて……。
――　それはたくさんいるけれど、話してもちょっときみらの知らない人が多い。もっとも、いままでも学問研究に残っている人もいる。
○○　高橋先生のまわりにたくさん集まったように、先生のところにも。
――　それは哲学の場合と違うし、家にはあれほどは来ていないね。あれはクラブのようだった。
○○　それは初期とあととではかなり違う。
――　哲学の人はそれがそうでない。経済学では二、三年で変わる。それから助手をしていても二、三年でよそに行っているからね。
○○　そういう意味じゃなしに、かなり学生の気質自身が前とあととでは。
――　それは違いますよ。福本君時代と、のちの山田君時代とね。やはり福本君と山田君との違いでしょうね。前は大変な意気込みだった。大きなエポックをなしているといってもよいほどに学生に対する影響力があった。
○○　福本時代の先生と学生の間の関係は……。
――　そのときに有力な連中というのは、いまほとんどいなくなってしまってる。
○○　福本イズムとともに没してしまったのですか。
――　そうもいえないが、そういうのもある。そのころの学生じゃ、玉城肇君なんかそうですね。最初の学生ですね。そのほかいろんなのがいたね。いまは小会社の社長さんになっているのもいる。

○○　やはり玉城さんなんかでも福本イズムに一時は……。

――　玉城君は性格的にもそうイデオロギッシュに突進するほうじゃない。むしろ彼はその純情からついていくというようなほうだからね。主導者じゃなしに、だれかリーダーと一緒に。そのかわり常に一緒に左翼の行動をする。そういう態度ですよ。彼のいいところですね。そう大して主張はしないけれど、いつもいる。

○○　そのころですか、東北に突然レーニンが現われたというのは。

――　そうです。玉城君はもう卒業したあとです。昭和四年か五年ごろでしょうね。坂口という男ですけれど、「レーニン選集」が訳されたころです。坂口君というのは盛岡の高等農林から傍系入学した学生です。東北大学は傍系入学に面白いのがだいぶいたのです。傍系入学というのは、あれは、たいていはまず聴講生にはいるわけだ。それはわりあいにやさしいのです。それではいったあとで本科の編入試験を受ければ大学にはいれる。だから地方の高等商業や高等農林のような専門学校を出て大学にはいるのには便利な制度だった。なかには中途退学ではいるのもたくさんいた。高等学校中途退学、そういうのがいるわけです。坂口君というのは盛岡高等農林からきて、初め一年にきたときはぜんぜん知らなかったんだ。それが一年間に「レーニン選集」を徹底的に読んだんだ。

○○　向坂さん以上に読んだ。

――　さあ、それとは違うよ。選集の訳が出ているのを、それは本当にまたたくうちに読破して、社会科学研究会をリードするようになった。それでなにか、あそこに印刷工場かなんかのストライキがあったので、それを指導する集会をやっていて、とうとう自分がレーニンになっちゃった。それで仙台は革命の本拠になるというお託宣を下したということだ、本気で。二日だったか徹夜を続けて演説をして、ジノビエフみたいな、ずいぶん長い演説をして、そう多くじゃない、十何人かぐらいの集まりでしょう。そういう学生のグループに、革命がきたらお前はなにをしろ、お前はなにをしろというわけでね。

○○　全部そのとき神がかって……

――そうらしい。一種のリバイバル運動でしょう。あのころよくあったそうだが、仙台でもあった。あれは福本イズムのはやったのちの共産党弾圧が始まったころのことですね。一種の宗教的な復活運動ね。

○○　十字架にかかったキリストがまた下りてきたという。

――まあ、そういうような感じだったのだろう。それで仙台が革命の出発点になる、自分がレーニンだというわけだ。そういうことは駒場の農学部でもあったとあとで聞いた。とにかくその会議のあと、玉城君はぼくのところに来て、自分は実践家じゃないといわれたといっていた。もっともその当時の社会科学研究会というのは、前にもいったと思うが東北地方に農民組合を作っていたのです。

○○　学生が出かけていって……。

――ええ。いまの仙台のレーニンより少し前からのことだが、あのへんの農民組合はすべて学生が作ったといってよいくらいです。前にも話したが、ぼくも徹夜して組合論をみんなと議論させられたことがあった。組合とはなにか、なにを任務とするか、政党との違いはなにかというようなことをね。そのころこんなことがあった。ぼくのうちに女中がいて、その女中がお百姓の細君に行っていて、そしてのちにうちに女中に来たのだが、学生がうちに遊びに来たら、あの学生知っていますというんだ。その学生たちが、自分が嫁に行っていたうちにみんなで襲撃してきたというんだ。そうしたらみんな逃げてしまって、その嫁一人残っていて、自分はこの家では被害者だということを学生たちにいったというんだ。因業地主で、自分はここに嫁に来ているけれどひどい目にあっているんだといったので、なにもしないで引きあげたといっていた。その中の学生がうちに来たわけだ。つまり、そういうこともやっていたんだ。例の立入禁止とかいうのがあるでしょう。ああいうのに抗議運動をやりに行く。小作の運動の初歩を指導しに行っていたのです。島木健作君なんかもその時代です。

○○　玉城さんなんかと同じぐらい。

――　玉城君より一年か二年下ですよ。島木君なんかほとんど学校に出ないんだ。ただ顔だけはよく知っていたからね。のちに小説を書いて、『中央公論』だったと思う、当選したときに写真が出ていて、ああこれは知っているぞということになってわかった。あの男は三・一五の前に大山郁夫氏が香川で立ったでしょう。あのとき香川まで応援に行ったのです。学生でありながら。そのまま帰らんのです。彼はもう学生というのではなかった。仙台市内のドイツ語書院にいた赤津益三とかという連中といっしょにやっていたようだ。

○○　その人代議士かなんかに立ったことないですか。

――　そんなことはない。ドイツ語書院の店員をしながら、共産党にはいって運動していたのではないかと思うが、その点はよく知らない。そのころはそういう点はだれも口にしなかった。ぼくの知った学生なんかで『赤旗』が来ても、書いてあることでびっくりしちゃって、配れないのもいた、天皇制廃止なんて書いてあるんだから。配れないでぼくに預けて、ぼくが預かってやっていたこともある。ぼくは預かる必要ないと思ったし、配れないんならはいらなければよいとも思ったが、しかしその男があまり頼むものだからしばらく預ってやっていた。

○○ なんとなく惜しい気がして。

―― 多少それもあったかもしれない。自分がつかまったら、先生焼いてくださいというのだ。つかまらなかったらいつかなにかにする、それまで預かってくれというんだ。ぼくはしようがないから研究室に行って、研究室のぼくの本箱の上にのっけていた。

○○ 上にのっけるというのも呑気な話ですね。

―― その男、つかまったからね。三・一五のときだったと思う。その男、細君がいて幼稚園の保母をしていたので、それがぼくのところに夜遅く来て、うちの人つかまったからということづけをされて、ぼくにそういってくれといったからというので、それからぼくはすぐ研究室に、夜十時ごろだったけれど行って研究室から『赤旗』を持ってきて、ぼくのうちで焼いたよ。残していたらつかまるからね。そういうケースはもういっぺんあった。やはり配れないで、これは学生じゃなく、仙台の町の人だった。共産党にはいっていたらしい。それでまたぼくに預かってくれないかという。そのときはぼくは断わったよ。その人をぼくはよく知らなかったからね。

○○　学生については多少信頼して……。

――それはぼくのところによく来ていてよく知っていたからね。そのあとの人も心配なかった人かもしれないけれど、それはわからなかったから、そういうのは断わった、だめだといって。そういうのはわりあいにそのころから、実践運動家にコンプレックスはあっても明確にいえるようになっていたからね。なんといわれても断わるときは断わるというのがわりあいはっきりできた。いろんなことといわれるに違いないけれど、いわれてもこれはどうもしようがないからね。自分は社会主義者じゃないんだというのが、だんだんとはっきりしてきていたからね。学生のときからぼくはそう思っていたんだが、明確になったのだ。前にも話したが、滝川事件のときでもぼくのところに援助してくれといってきたけれど、ぼくは断わった。繰返すことになるが、ぼくには滝川氏の事件は学問の圧迫とは考えなかった。どうも法律の人の新研究というのは理論的ではあっても、学問というより実践的主張だとぼくは理解していたんだ。のちの美濃部さんのときもそうです。だからあれは弾圧を受けても仕方がないと思っていたんだ。法律の人のいう学問の自由とか、その弾圧とかというのは、ぼくには実践的主張の弾圧の問題として闘うべきだと考えていた。たとえば天皇機関説とかなんとかいうのでも、理論的になされても、あれは実践的主張ですからね。明らかに一種のブルジョア的な主張でしょう。だからブルジョア右翼と当然に主張の争いがおこる。政治的な弾圧があったとしたら政治的に争うほかはない。ああいうのを学問の弾圧というのはかえってよくないという考えだったし、今もそう思っている。そういう思想の弾圧というのは、ぼくは当然にあるものと思う。学問は弾圧されるべきでなく、その誤りを正されなければならない。弾圧しても意味ない。学問、思想の自由などと簡単に並べていうのはよくない。しかし思想の自由がなければ、やはり学問の発達はないというのは、これは事実だと思う。だけどもそれだからといって、学問を弾圧するというのと実践的主張としての思想を弾圧するというのは違うという、そういう考えをそのころからもってはいたんだ。だから滝川事件のときでも、それは学生にもそうだが、栗生君なんかにもその点話したが、どうもわかってもらえなかったようだ。このことはもう前にも話して繰返すことになるが、大切だと思うんだ。

○○　科学とイデオロギーの問題というのは非常にむずかしい問題。いま先生がおっしゃったように、思想の自由がないと学問的研究発展の培養基みたいな面がなくなるという。

――それはたしかにそうだが……。その思想が実践的主張となるともう学問とはいえない。

○○　その点はまた戦後のところで。あと学生運動の後半期、山田盛太郎氏があああいうものを書いてからはガラッと学生の先生に対する態度が変わって……。

――ガラッと変わるというより、前からぼくはそういう態度だから、学生はぼくをあるときはダラ幹だと思ったりもしていたようだ。いろんなふうにいっていたでしょう。マルクスのものを研究していれば『資本論』をやっていてもマルクス主義者だと思うんだね。いまもなおそういう傾向を免れない。

○○　でも先生はそれを学生や同僚にいわれたわけでしょう。

――あまり大していわないよ。

○○　自分の考えはこういうんだということは……。

——それははっきりいっているんだが、しかしそれが相手に通じないんだから仕方がない。たとえばいま話に出た滝川事件でも、あるいは美濃部さんの事件なんかでも、ぼくはそういう思想は反対の考えの政府からは弾圧されるのがあたりまえだといっても、それが通じないんだ。学問研究の弾圧だと思い込んでいるんだ。いまもそうなんじゃないかな。それでも前の福本君時代は学生がそういう点でわりあいナイーブだった。運動やっていて、それでなにか自分らが知らないと、ぼくからも吸収できるものは知りたいと、こういう態度だったからね。あの時代は学生がまだ実際に運動やっていたからそうだったのだろうが、山田君時代はもうそうじゃない。はっきりとぼくを労農派だと思い込んでいるでしょう。これはつぎの事件につながるわけだけれど、学生はみんなそう思い込んでいる。中にはそうでないのも多少はいても、それは例外だった。大部分の学生はぼくを労農派だと思ったり、あるいは弾圧を避けるカムフラージとでも思っていたらしい。

○○　例外というのは、たとえば斎藤晴造氏など……。

——そういってよいかもしれないが、斎藤君がどう思っていたかはよく知らない。ただいつも変わらずぼくのところにやってきていた。そういう例外的な学生は多少いたが、そのほかは大部分、ぼくを労農派だと思っていたようだった。少なくともそれを目標にして闘っていたつもりのようだった。

○○　栗原百寿さんなんかも。

——そうです。

○○　しかしあの人たち、先生の「資本主義の成立と農村分解の過程」、ああいうものは読んでいて、それでそういうふうに思っているわけでしょう、面白いですね。

――その点は、ぼくもわからないんだ。いくらいっても通じないんだ。だから山田君の本を使ったときなんかでも、十四、五人の学生がすべて講座派でぼくの批評に反発するんだ。その中に栗原君もいたわけだ。

○○　大島清さんは……

――大島君はどちらもその組ではなかった。大島君や中野(正)君はぼくに教わったことないんだ。それはともかく、その十四、五人がみんなむきになっていろいろくってかかっていた。それはもう学問的理論ではなかった。いわゆる正統派は正しいというだけだ。

○○　先生も若かったから、むきになって……。

――やったよ。ずいぶんやった。

○○　じゃ、ずいぶん福本時代の学生とガラッと変わってきていたわけですね。

――違うね。もうぼくは労農派だから別のものだと思っていたでしょう。もっともぼくは労農派ではないが、問題点を明確にしてきていたわけだ。

○○　それは一つは実践運動が非常に追いつめられてきていて、外で実践ができなくなって、大学の中でそういう思想論をするということが実践というふうに思われてくる面があったのではないですか。

――そうだったかもしれない。あの滝川事件なんかというのも、そういう運動の一つと考えてよいのかもしれない。つまり学内でのマルクス主義の実践運動ということになっていたようだ。

○○　それからもう一つは、やはりコミンテルンの権威みたいのが非常に強くなってきて、それが講座派でなければ人でないようなあれが……。

——もちろんそうだったと思う。

○○　それから、学問というのは党派的なものだというのが出てきていますね。

——だから『唯物論研究』で、例の加藤正氏がやられたときも、いまから思えばおかしいぐらいみんな加藤氏をやっつけていた。ぼくはそのときからこれはおかしいと思っていた。いまもしかし同じことをやっているようだが、問題は加藤氏の唯物論が自然弁証法だったことにあるんだ。

○○　先生もその点、自然弁証法で論証できるかもしれないというふうに考えられていたのではないですか。

——どうも明確ではないが、そうかもしれないと思っていた。しかしエンゲルスやなんかもなにかおかしいんだね。おかしいが弁証法の一面を示しているのだろうぐらいに思っていた。それにしても加藤氏も『資本論』でどうしてやらなかったのか、そこに問題があるのじゃないかということは、レーニンの場合も同じだ。

○○　その点はいまと変わらないわけですね。いまも自然弁証法を否定されてはいないですね。

——そんな、否定なんかはしない。ただ自然科学で論証できるのか、ということは疑っている。その点は消極的だね。しかし『唯物論研究』でのああいうやり方はよくないと思っていた。

○○　そうすると仙台時代で、いわゆるマルクス経済学などをやっておられる方とのつき合いでは、あまり親しいつき合いはなくて……。

――やはり向坂君たちの東京の連中です。しかし助手や学生とはいつも議論していたから、それはぼくのマルクス経済学研究に大いに役立った。むしろそのほうが決定的といってよい。

○○　しかしそういうのは変わるわけで、いつも同じような形でやっていけるということにはならないでしょう。

――そう、その点はむしろ問題まで変わっていた。

○○　助手の中には長谷田さんみたいな……。

――長谷田君は助手じゃない。教授です。ぼくよりあとから来たのだが年輩も上だったし、教授にも早くなっていた。しかし彼はマルクス主義にはぜんぜん興味ないんだ。

○○　でも、やはり先生の影響を受けて。

――彼とは財政学でいつも議論していた。彼にはともかく、ぼくにはマルクス経済学と財政学との関連はいつも問題だった。

○○　やはり……

――ぼくが経済政策論をやっていたからだと思う。ぼくの考えは、彼はいつも大変なことだと思っていたでしょうね。その点、あらわにはいわないけれど。彼の財政史の研究には大いに影響しているといってよいと思う。服部君となると、これは言葉だけで、経済学はあまりやらんし、社会思想、社会政策、それも言葉だけですよ。激しい表現を平気で使うんだ。内容はぼくはちっとも感心しなかった。ただレーニンやマルクスの言葉を繰返すだけだったようだ。
○○　左翼学生というか、そういう学生は結局先生のところに……。
――こざるをえないわけだけどね。
○○　あとで変わって労農派云々ということになると……。
――そうなっても経済学ではどうもしょうがない。ただ服部君の周囲にはいつも、いわゆる左翼学生がだいぶいた。服部君自身どれだけ講座派の主張を研究していたかは知らないが、とにかく彼は常に左翼だからね。
○○　学生もなんとなくそれについていくわけですね。
――だから彼のまわりにはいつもいたですよ。
○○　一橋の高島善哉さんみたいなものですね。一種の左翼思想という、ぼくからみるとなにいっているのかちっとも誠実さを感じなかったが、とにかく左翼だということで集まる。だから私もまじめに議論したということはいっぺんもなかった。
○○　そうすると、いま教師と学生を通しての仙台の生活のお話をうかがったわけですが、全体を通してみて、たとえばいまわれわれなんか、こういう法政は特殊かもしれませんけれど、なんとなく落ちつかないようなあれがありますね、せわしないような。そういうことは……。
――しかしあのころのほうがずっとグルーミーですよ。
○○　いまのはグルーミーというより、なにかせわしないようなところがあって……。

○○　せわしないというのは、どういう意味？

○○　どういうふうにいったらいいのか、なんとなく忙しいような落ちつかないような……。

――それは、情勢が非常に違ってきているからね。だれでも社会主義者になれるが、その社会主義というものに対する信頼度が非常にぐらついてきている。前は、とにかくコミンテルンというものが強大だったから、一方ではそれを絶対とし、弾圧を受けるとますますそうなっていった。もっとも他方では労農派のように、その反対物もあった。ぼくはしかし山田君の『日本資本主義分析』、これが本物というのじゃどうもおかしいという、そういう感じは常にしていた。といって労農派を本物とも考えられなかった。その点は前にもいったように共産党のほうが本物ではないかと思っていた。

○○　実際は山田盛太郎氏と三二テーゼはつながっているんだけれど、一応分けて考えるという形で処理していたのかもしれないですね、頭の中で。

――さあ明確にそうでもないが、講座派では困るとはいつも思っていた。

○○　意識的に処理しているわけじゃないにしても、一応分けて、こんなものじゃ本当はないんじゃないかしらと。

――そうかもしれないけれど、それはソビエトのことがよくわからなかったせいもある。初期に比較的強い印象を受けているので、最初の社会主義国としてのソビエトの影響は相当強く受けていたようだ。だんだんとわからないようになってきた。だからなにか社会主義というものを、具体的にはソビエトとして疑うわけにはいかないが、なにかぼくらの考えないことをやっているというふうに思えてきていた。とにかく実際に政権をもってやっているんだから、そういうことはなにもいえないように思っただけだ。たとえば社会主義革命をやった国から日本へ大使が来るなんて、それまで考えもしなかった、それが現実になって次第にそういうものがいろいろなれてきても、やはり理解しえないものがあった。やはりぼくなんかは社会主義を抽象的に考えていただけだからね。それは多くの人がそう思っていたのではないだろうか。

○○　大粛清なんか、ああいうのは。

——　あまり知らなかった。

○○　商業新聞に出ますね。

——　出ることは出ても。

○○　判断を中止しちゃっているわけですね。

——　わかっていないんだ。

○○　ブルジョア新聞のいっていることはそのまま受けとれない。

——　それもあるだろうが、そればかりではない。

○○　いまわれわれは紅衛兵問題なんかもそういうふうに受けとっているわけですね。

——　そうですね、真相はわからんという。

○○　逆に、反動だとも思わない。

——　それほど強く思わないけれど、しかしそういう具体的問題になるといつも判断はつかない。実際、運動の中にいればそうではないと思うし、そういってはいられないだろう。たとえばスターリンの事件でも、ぼくには政治的な問題としてはなにもいえない。スターリンも相当偉い政治家であるのだろう。ぼくはその論文も多くは読んでいないけど、「諸問題」とかいうのがありますね。あれは少し読んだが、なかなか明快だしね。

○○　『レーニン主義の基礎』ですね。

――　あれはなかなか明快だと思って感心したけれど、これが経済学にどういう関係があるのかはわからなかった。それはむしろ、のちのスターリン論文が出て初めてはっきりした。

○○　先生はさきにグルーミーだったとおっしゃいましたけれど、それはまったくそのとおりだと思うのですけれど、そのグルーミーの中で、いまとやはり違って仙台生活ではなにか教師がそれぞれ学問的野心をもってやっているというような、ある点ではわりと落ちついた学問的雰囲気というのがあったのではないですか、全体として。

――　ぼくは特にそういうことは感じなかったね。

○○　ということがそういうことかもしれない。

――　そうかもしれない。たとえばぼくの教授問題なんかもいつも問題になったが、解決しない。それでもそう大したことには思わなかった。本多光太郎さんが総長になったときにはぼくの教授昇進を非常に熱心にやってくれたが、これもだめだった。その後ぼくは本多さんの借家に住んでいたんで親しくなったが、もうそれは問題にしなかった。その借家にはいる前のことだが、いっぺん会ってみたいというので、ぼくは本多さんの家に行ったことがあった。その当時の法文学部長は中村善太郎という歴史の先生だが、ぼくを連れて行って一晩ご馳走になった。その席で、ぼくは経済学としてこういうことをやっている、経済学にもいろいろあるけれどもマルクス経済学以外のものはどうも学問的にはいかんのだという話をしたら、本多さん感心して、とにかく全力を尽してやるといって、なんべんも文部省に本気で交渉してくれた。しかし文部省はべつに反対はしないで辞令に判をつかないんだ。いまはそんなことはないだろうが……。そののちにぼくは偶然のことから本多さんの借家にはいって親しくなったんだ。だから文化勲章をもらったときにも、あれ昭和十年ごろかな、文化勲章の第一回のをもらったので先生非常に喜んで、勲章をもらったから見にこいといって女中をよこして、見に行ったこともある。ぼくがのちの事件で無罪になったときには、さっそく立派な反物をもらった。ぼくに対して、そういう学問的に無理解な文部省などから弾圧を受けているという、そういう感じは本多さんおそらくもっていただろうと思う。文部省は、あとから聞くとこういう考えだったらしいね。教授にすると河上さんみたいになる、もう心配ないと思うというのだ。まったく官僚的なケチな根性というほかないね。つまり助教授でいれば教授が先にあるからおとなしくしているけれど、教授になったら世間的に運動するかもしれない、そういう心配をもっていたらしい、というのだ。あとから聞いて驚いた。それはわりあいに確実なところから聞いたのだ。

○○　河上さんもそういうつもりでおやりになったんじゃないでしょうが。

——　そういうことはぜんぜんないだろう。河上さんは偶然にああいうふうに発展したのです。それはまったく文部省のお役人的考え方でしょう。ぼくはもうそんなことは大したことに思っていなかった。助教授だってわりあいに俸給はくれたからね。もちろん教授になったほうが得だが、しかし大学にいさしてくれればよいと思っていた。もともと大学教授なんかになれるとは思ってもいなかったぼくだ。もっともなってみると大した教授ばかりでもなかった。それにぼくはそんなことでみんながよくしてくれるし、けっして居心地悪いことはなかった。経済の連中も事件の起こるまではぼくにはそう悪くなかった。それから法科や文科の連中、みんなぼくによくしてくれたからね、いわば一種の被害者だと思われていたのだ。だからなおよくしてくれたのでしょうね。ちょっとそこで甘えていたかもしれない。

○○　先生、東北大学に就職なさるときに、なにか大内先生に、二、三年でまた帰ってくるとおっしゃって……。

——四、五年で旗を持って帰ってくるといったけれど。

○○　やはり、居心地が相当よかったわけですか。

——まあ、そうね。

○○　学問的にも……。

——東京じゃ、たとえば大森君が『資本論』を教科書に使うというと、それが教授会で問題になるという状態だった。そのとき、東北じゃぼくが『クリティーク』を使って自由にやっているじゃないかといったとかいって、大森君、ぼくに会ったときにいっていたけれど、そういう点は東北ではぜんぜん問題でなかった。少なくともぼくがいた間はね。もちろん教授の中にはマルキシズムはいかんというのがいたかもしれないが、だれも発言する人は一人もいないし、ぼくのような考えではそれもいえないだろう。経済の関係にはもちろんだれもいない。そういう意味じゃ東京のああいういろいろの事件があったのも、ぼくの理解では『資本論』や『クリティーク』を学問的にやるという点が明確でなかったからではないかと思っていた。あれはちょうど、いまさっき話した法律の思想弾圧の小さくしたようなつまらん争いで、学問の問題じゃないと思っていた。そういう意味じゃ仙台はぼくには非常によかったんじゃないかと思う。だから結局十何年もいるようになって。ぼくの家内には仙台はあまり面白くなかったらしいが、ことにしまいごろはね。だけどぼくにはそう悪くなかった。

○○　青春を全部だいたい仙台で送られたわけですね。

――そうそう。寒いのがいちばんの欠点だった。ぼくは寒がりだから。ほとんどどこへも行かないし、旅行もなにもしないし。

○○　たまには東京へ戻られたいというようなお気持ちになられたことも……。

――いや、なかったね。堀君なんかは京都大学に帰りたい帰りたいといっていて、とうとうあれはわりあいに早く大阪に行ったんだ。少しでも京都に近いところに行きたいのだろうと、ぼくらはひやかしていたのだが、ぼくらは東京へ帰るなんていう気持ちぜんぜんないし、また帰る可能性もないしね。東京大学というのはそういう点、わりあいに保守的だったのではないか。戦後は少し変わったようだ。ぼくはのちに三菱の研究所にはいったときに、なにか同じものを感じたね。

○○　あのころですと帰る気持ちにもならなかったのじゃないですか、ああいう中の状態をごらんになれば。

――それもあったかもしれないな。

○○　それは人によりけりで……。

○○　それは人によりますけれど、先生のようにちゃんと勉強するあれですと、あの中にはいったら大変なことになるでしょう。

――いずれにしてもむだなことだね。学問の問題じゃないからね。だいたい明治時代から大正の初めごろまでの人は、自然科学はともかく社会科学ではぼくのようには考えなかったようだ。法科的だったのだと思うが、なにか新しい考え方を持ちこむことを学問研究としていたので、みんな思想的な問題としていたのではないだろうか。

○○　どうもそれが強いですね。

――社会主義思想が学問研究にどういう役目をもつかを考えないんじゃないかな。もちろん社会主義は実践家にとっては直接的に大切だが、学問的にはそうでない。むしろ消極的にブルジョア思想から脱却するのに役立つので、それ自身が直接に主張されたりしたのでは学問にならない。

○○　思想的に実践運動やっていて、大学の中にそれをもちこむとへんな実践運動をやっていることになる。単なる思想的な争いですね。それがどうもわからないのですが。

――そうそう。それが学問の自由だと思っている。はき違えているのでしょう。それは法科の思想だと思う。

○○　そういう感じがします。
――法律では学問的研究というのが思想的主張になるのです。社会科学になっていないんだ。
○○　しかしいまでも大学の中でごたごたしているのは法科の思想というだけでもないのじゃないでしょうか。もっとなにか……。たとえば法政にしても、みんなつまらんことでごたごたしているというのは、法科の思想というより……。
――それは根本が明確にならないままで思想的な問題で争っているからでしょう。
○○　ある点では実践運動に昔よりは結びついているのかもしれない。
――そうかもしれない。いまはむしろへんに党に関係しているからね。
○○　それは学問の問題としてみれば実につまらん問題でしょう。
――だから逆ですね、いまは。前のは法科的に思想的なものに対する思想的研究が同時に学問だと考え、思想的主張が同時に学問的主張だというので、いわゆる信念は曲げられないとかなんとかと、そういうのだったんじゃないですか。どうもぼくは、東大の経済学部の問題が明確にならないまま、戦後は思想の自由でへんな党派争いになっているように思う。ぼくが接した範囲ではそうだが、それともぼくのほうが特別なのかもしれないけれど……。（笑）
○○　感じがまったく違いますね。学生として相対してみた場合に、常に先生方というのは殉教者的な信念をもって仕事をする。
――ぼくにはそういう信念は大してないからね。

○○　信念の種類が違うのでしょうけれど。

○○　東京から離れているということは……。

――東京から離れているという点は、たとえばこういう面に現われているかもしれない、東京の連中が論争しているのを遠くからみていたという。

○○　かえって静かに客観的にみられた……

――という点はあったでしょうね。しかしまた、東京じゃこんなことといっているなんていって笑ってもいた。そういう点はあるね。

○○　労農派、講座派の論争にしても、それを静かにみて、先生の理論的な成長のこやしとされたというような。

――ぼくにとっては、そういう論争に直接に巻き込まれないという事情はあった。

○○　中にはいってしまうとそうはゆかない。

――それは東京に来て向坂君や大森君と会っても、いつもそういう感じはしていた。どうしてこんなことで争っているのか、もっと重要な問題があるのじゃないかという感じはしていた。ぼくはやはり講座派の中には経済学的にはナンセンスなことが非常にたくさんある、山田君や平野君の著書なんかにも、経済学的にはなっていないと思う点が少なくない。しかし明治史に関するいろいろの史料をあれだけ集めてきたというのは、あの当時としては認めてよいのじゃないかと思っていた。だから向坂君や櫛田さんの論駁なんかでも、ぼくにはどうも、前の小泉さんなどのああいう、いわゆるブルジョア学者の

『資本論』の批評に対するマルクス主義学者の返答の場合と同様に、問題を本当に解釈していないのじゃないかという考えをいつももっていた。実際、マルクスはこういっているというのじゃ、特にいわゆる封建論争では解決にならんと思っていた。やはり自分で経済学的にはこう考えるよりほかないんだということを証明しなければいけないんだ。これは当時としては避けられなかったのかもしれないが、なにか本当に解決していないという気がいつもしていた。

○○　そういうのを先生みていらして、多少いらだたしいような感じというものは……。

――そうでもない。だいたいぼくにも積極的な研究はなかったのでなんともいえなかった。

○○　早く自分がなにか書いて……。

――それは考えない。ぼくにはまだ本当に『資本論』がわかっていない点がずいぶん残っていたんだ。価値形態論にしてもあのころはいまのように明確じゃなかったしね。やはり仙台にいた問は、いまのような明確さはもっていなかったんだ。労働価値説の論証自身もいまのように明確じゃないし、それから恐慌論でもいまのような明確なものをもっていない。利子論やなんかになったらことに非常に不明確。市場価値論でも、ぼくは仙台にいた問はなんら解決できなかった。わかっていないんです。

○○　市場価値論についてお書きになったものはないですね。

――ないです。ただ特別剰余価値に関連し相対的剰余価値論のことを書きはしたけれど、市場価値論が明確になっていないんで、実に歯切れのわるいものになってしまった。

○○　しかし市場価値にひっかけて書いてないというところが、ある意味では……。

——誤りを犯す機縁が少なかったということにはなっている。利子論がわかっていないし、それから商業利潤論でもまだいまのような明確さをもっていない。だから昭和初期の『資本論』についていろんな論戦があっても、なにか本当に解決しているとは思えなかった、といっても、それじゃぼくがそれを解決しうるかというと、そこまでは自信がなかった。いろんな点でまだ『資本論』にわからない点が非常にあったというほうがよい。だから消極的には、向坂君なんかに会えば、どうもあれじゃいかんのじゃないかということはいつも話してはいた。たとえば地代論でも、櫛田さんといつだったか、昭和八年ぐらいかな、それこそ朝四時まで議論した。ぼくが帰ろうとすると櫛田さん、あの人は激しいんだね、これは非常に重要な問題だからいま帰っちゃいかんというのだ。それで議論するんだけれど、同じことをいっているだけで、いくらいわれてもぼくにはそういうことは考えられないといって反駁するだけだった。あの人は自分の説を承認するまで帰さんのだ。なんべんでも同じことをいうんだ。そんなとき、いろんな問題に関連して、価値論から始まってマルクス経済学の全面に関連する問題になるんです。結局は、いわゆる「虚偽の社会的価値」、あれがわからないのです。ぼくもわからない、わからないけれど、ああいうふうな櫛田さんみたいに、農民の労働の対象化したものが貨幣ではどうとかというようなことは、あんなつまらないことはいくら繰返したって解決にはならんといって反駁する。またほかのことになる。とうとう朝の四時まで、間に波布茶を飲んだり、いろんなもの飲んで、いま重要だから帰っちゃいかんといって。奥さんが隣の部屋にねまを敷いてくれて、もう十二時すぎにはぼくも帰らんつもりだったのだ、ぼくは仙台から東京に来て宿に泊っていたんだけれど、腰をすえて繰返し議論した。四時になって、とうとう櫛田さん弱っちゃって、「もう寝よう」とかいってついに床につくことになった。ぼくにもわからなかったけれど、しようがないわね。それにしても戦後にはああいう人がいなくなった。なんかみんなわかったつもりで議論をするようになってしまった。市場価値論だって利子論だって、明らかに『資本論』に筋の通らない無理があってもいいかげんにすましているんだ。学問的には、なんとしてもそういう点を解決していかなければ問題にならない。むしろそんなことはやらないで実践的な組織運動をやっている人のほうが正直といってよい。もっとも科学的社会主義としてのマルクス主義ということになると、その点やはりそのままにはしておけないわけだろうが……。

○○　東北大学の演習では、学生は結局レポートかなんかしたわけですか。

――そう、山田君の本をひととおりやったあとで、全部の学生ではないが、何人かレポートをやり、結局、みな大論文を書いたように思う。

○○　ところでまだ先生が東北大学で「経済原論」の講義をなさった経緯についてお伺いしていないと思うのでその点を……。

――あれは原論をやっていた和田君が永く病気していてだんだん悪くなり、休みも多いので、ぼくと長谷田君とで入院するようにすすめにいったのです。彼はしかし仲々入院しようとしない。「経済原論」の講義をどうするかというので、それはぼくが代りにやりましょうといったのです。そういうことは、ぼくはわりあいに遠慮なくいえる方で、そうなったわけだ。和田君はむしろそういうことを非常に気にするほうだった。前に話した服部君の社会政策論でもぼくにやらないかといったように、こんどは

「経済原論」の講座を自分から取り上げられるのではないかと思ったのかも知れない。よくなってまたやればよいというので入院させたのです。一年で、完全によくなったわけではないが、しかし元気で退院してきた。しかも結婚後十何年もたってからだが初めて子供ができて喜んでいた。もっとも結局は結核で亡くなって、戦後、奥さんは小さい子供さんをかかえて苦労なさったときいている。全くどっちがよかったかわからぬが、それは仕方がない。代講といえば、前にもう話したが、ぼくは服部君の留学中にもその講義をしたこともある。それがイギリスの工場法とドイツの社会政策との相違を明確にする機縁になったといってよい。イギリスの工場法といっても別に研究したことはないが、『資本論』で引用されているレナード・ホーナーの言葉からはどうしても社会政策のようなやましい、社会主義に対抗しようとするような意図は感ぜられないし、また時代もまったく違っていることからそう思ったわけだ。それはともかく、こういう講義などのことは、たいてい初めのうちは堀君とぼくと和田君と長谷田君との四人で決めていたけれど、堀君がいなくなってからは、ぼくと和田君と長谷田君との三人で相談すればだいたいまとまった。あとは経済関係の連中を集めて、和田君が話しすればすむ。

○○　ボスですね。

――これも前にもう話したことだが、経済科の学課表もみんなぼくが作ったんだ。

○○　それが先生自慢の学課表ですね、論文学士とそうでない学士をお分けになって。

――普通就職学士と論文学士とを分けた。あれは大正の終わりごろですよ。大正の終わりごろに人数がだいたいできたから制度をはっきりさせようというので、学課目を作ってくれ、整理してくれということになり、それでぼくが案を作った。論文を書くほうは六科目やらんでもいい。
○○　それはいいですね。
――　それと同時に、その学科のコースは社会科学としての経済学の研究を目標として歴史とか哲学とかを加え、法律は一つだけ聞く、法学概論を。あと経済学の科目。それから就職学士のほうは経済のほかに法律はほとんどすべて聞くのです。そのときからぼくは毎年新入生に、入学座談会というのをやったんだ。経済学科の入学ガイダンスだ。ぼく流にやったんで、みんなには迷惑だったとも思うが……。
○○　主任ですか。
――　正式の主任というのではないが、だれもやらないからぼくがやった。事実、一つの学科の学課表をぼくの考えで作っているんだからね。それぞれの科目の勉強の仕方やなんか、論文にいくほうと就職のほうとを分けた理由、就職のほうで法律を聞くのは非常に大切だということを強調した。だってブルジョア社会というのは法律をイデオロギーとしているんだから、これをやらなくちゃだめだというわけだ。はっきりしているんだ。経済学はむしろこの社会での自分の地位を知るインテリになるものとして聞けばよいというのだ。きみらはよく知っているぼくの持論だ。
○○　論文学士というのは、数はごくわずかですね。
――　そうです。
○○　ほとんど大学に残るような。
――　だから年々三、四人ですね。

○○　栗原さんなどは。

——栗原君は経済じゃない、社会学だ。あれはもともと哲学をやっていて、いっぺんやめて。なんでやめたのか知らんけれど、事件でしょうね、なにか。それで再入学したときに社会学にはいったが、ぼくらの授業にも出ていたんだ。学生としては社会学です。

○○　大島さん、中野さんは。

○○　論文学士ですね。

○○　大島さんはジョーンズをやったとかですが。

——それはもうぼくは知らない。

○○　あれは自分の書いた論文でいちばんいいと、自分でそういって……。

——そうだろうね。とにかく論文学士のほうはわりあいに勉強していたよ。だから年々三、四人でもいれば大したものだった。

○○　それは大したものですね。それは演習とは無関係ですか。

——無関係です。

○○　そうすると論文は自分で考えて書く。

——そうそう。

○○　教師は指導されないのですか。

——やはり多少関係してはいたが、なにぶんぼくらがあまり知らないから自分で図書館でやっていた。ぼくがみてやった学生も中にはある。

○○　その中で出色なのは。

――そうね、面白いのもあった。たとえば古い偉い先生がドイツのこういう本を剽窃しているというのを暴露したりしながら、なかなか丹念に調べたものもあった。

○○　教師は困るでしょう。

――剽窃というのはそういう癖の人もあるが、明治、大正の先生の本にはずいぶん多かったようだ。つまりまだ輸入時代だからね。引用がいつの間にか自分のものになってしまうんだ。はっきりそういっておけばよいのに曖昧にしておくのでそんなことになったようだ。

○○　まだいろいろうかがいたいことはあるかと思いますけれど、最後に、いわゆる労農派事件をうかがいましょう。まず労農派事件というのはどういうものか、先生に関係する面から、ごく簡単にお願いします。

――その話にはいる前にちょっと思い出すことがある。いままで話す機会がなかったが、昭和十年前後にどういうわけか、東北大学のぼくらの学科には、それまでは少なかった中国の留学生が急にふえてきていた。たいていは省からの選抜の留学生らしかったが、その中の二、三人を除いては、皆『資本論』を英語か日本語で勉強していて、ぼくの家にもよく三、四人で連れだってやって来ていた。非常に真面目な勉強家だった。まだ日本語が十分にできないのもいたが、またたくうちに上手になった。ぼくの家へ来るとき連れだってきたのは、日本語が十分にできないというせいでもあったかもしれない。昭和十二年の夏、事変の始まったあとで、八月か、九月だったと思う、もう最後の船になったというのでぼくは大学の正門の前で別れるとき、この機会に引き上げて帰るようにすすめたのを覚えている。おそらく帰ったのだろうと思うが、それから消息を全然聞かない。この三十年どうしていたことかと、ときに思うことがある。いつかぼくの家に来たとき、それは事変が七月に始まった直後ではないかと思うが、こんどはこれまでのように簡単には片付かないでしょう、といっていた。爾来、この言葉は忘れられない。一人か、二人でも、今も元気でいてくれるなら会ってみたいと、ときどき思うことがある。あの動乱の中で、あるいはもうみんな亡くなってしまっているかもしれない。

第十章　いわゆる労農派教授グループ事件

――あれは向坂君たちが昭和十二年の暮にあげられたのから始まったのだが、ぼくは実際は、その教授グループには入っていないんだ。前に人民戦線事件というのかで向坂君たちがあげられ、山川さんもあげられたんじゃないかな、鈴木茂三郎さんもそうじゃないかと思うが、そのときに冬休暇あけに東京から帰ってきた助手の一人が、有沢君からの話で、どうも今度はぼくらもあぶないというのです。ぼくらがあぶないといったって、ぼくはそんな関係はぜんぜんない。そんなことあるわけがないといっていたんだ。もっとも来たらちょっと困るなとは思ったけれど、あるわけないと思っていたし、いってもいた。その前の日までそう思っていた。『東京朝日』に前の日に出たのです。

○○　予想が出たという。

――どういうわけか、予報が出たのです。あれは二月一日ですけれど、一月三十一日の『朝日』に出たんだ。教授グループがやられるだろう。そういう噂が出たので、ぼくの家内の父からぼくの研究室へ電話がかかってきたのです。ぼくはちょうど研究室にいたので呼び出されて、お前のほうはどうか。

東京はどうもだいぶ物騒だと。そんなことぜんぜんぼくには考えられないという意味のことを返事したんだ。ほんとにそう思っていた。ぼくは長谷田君とぼくの室の窓に寄りながら、いまでも覚えているけれど、ぼくはぜんぜんそういう東京の連中との関係なんかないんで検挙されるわけないと話したんだ。ただ、しかし、もしも捜索されたら困るものも少しはあった。それは長谷田君にもいわなかったが、ぼくは前に話したように西と昔からの友人で、彼から多少コミンテルンの文書の訳したものやなんか、大したものではないが、いわゆる秘密文書に近いようなガリ版刷りをぼくに送ってきていたのです。もうずっと前の三・一五前後のものだが、それでも警察にもっていかれたら厄介なことになると思って、それでぼくはそれをうちに持って帰って始末した。西の手紙のほうは大変たくさんあったが、これはその前に有沢君からの話をきいたとき関西の友だちのところに送っていた。西とぼくとの関係というのが警察にあがったらちょっと厄介な問題になる。西は三・一五でやられていたからね。

○○　入ったままですか。

——いや、いわゆる転向をしたのか、出ていたのです。それでもまたあとからいろいろ結びつけられると困ると思ったからそんなことをしたわけだ。西との通信、これは非常に惜しいことをしたんだ。ぼくが考えすぎて、西との葉書、こんなにたくさん小包にして友人のところに送っちゃった。あげられて一々問題にされると厄介なことになるし、西にもまた迷惑をかけると思ったので、そんなことをしたわけだ。ところが友人のところで、それは戦災にあって失ってしまった。多少残りかすの共産党の文書はぼくのところで始末して焼いちゃった。それでもまさか来るとは思わなかった。前にもいったように労農派の教授グループとはまったく関係がないんだからね。それはともかく、その夜はぼくの家内なんか子供などつれて映画を見に行っているのです。

○○　どんな映画だったのですか。

——なんだったかな、「猿飛佐助」とかなんとかいっていたけれどね。それで、それはちょうどぼくには都合がいい。行かせたわけじゃないのだが、そのときは女中もいたんだが、子供をつれてみんな出かけた。ぼく一人だったからそういう始末を全部した。

○○　一月三十一日の晩ですね。

——そうだったと思う。あとであれは、映画にやってそしてぼくが何か始末したんだろうということにされたらしい。ぼくの家内はそういっていた。そんなことはない。やったわけじゃないんだけど、ちょうどうまくそうなったんだ。もっともそんなものもう問題にはならなかったんだ。ぼくの思いすぎだったようだ。

○○　そんなに思ったというのは、予審判事かなんかが。

——いや、警察の特高がぼくの家内にいったそうだ。

○○　なんかしたんだろうと……。

——そういっていた。あくる朝、早かったんだな。まだ暗いうちに相当たくさんの人数の刑事が来ちゃった、予審判事がついて。予審判事が令状を持ってきた。目がさめたら廊下にずっと並んでいてびっくりした。「ああ来たな」と思った。だけどもぼくは直接運動はしていないから直ぐすむと思っていたので、すぐ帰ると、ただその一言いっただけで出ようとしたら、刑事がぼくの家内に、やはり寒いから余計着せなさいといったらしい。だからぼくにシャツを余計に着せようとするから、ぼくはそんなものいらないよと、マントを着て普通のなりで出た。すぐ帰れると思っていたんだ。

○○　二重回しを……

――二重回しを。いまでも使っている。ボロボロになっているけど。普通の着物でね。それはぼくは警察に行って話しをしたらすぐ帰れると本気で思っていたからだ。そうしたら特高課長が、「しばらく休んでもらいましょう」といった。妙なことをいうな、いったいどこで休むのかと思って。(笑) 特高課長若い人で、なにも尋問しないのです。非常にお気の毒ですけれどとかいってた。仕方がないから車に乗せられて、刑事が両方へついて、どこへ連れていかれたか本当にわからなかった、そんなところ車で行ったことないから。塩釜に行ったんだった。そしてそれはすぐ近くなんだけど、ぼくは塩釜に行くのはいつも電車で行っているから、全く見当がつかなくなった。宮城野の原をずっと行ってもわからなかった。宮城野の刑務所に連れていかれるかと思っていた。そうしたら塩釜警察署の、それも裏門から入ったから塩釜ということもわからなかった。そして留置場にすぐ入れられた。しかしぼくは向坂君があげられたときに仙台からリンゴを差入れしてやって妻君から手紙が来て、非常においしく食べたとかいって返事が来たから、ぼくも差入れがあるとばかり思っていたが、何日たっても差入れがない。往生したな、これには。手拭も紙もふとんもなにも差入れないんだ。ふとんはみんなと共通のを、留置場の隅の入れ場にあるのだが、それを一枚ずつ毎夜くれるんだ、留置場に入ったやつ順々に。だけどもぼくは一人の部屋で、多少優遇され、後には最初にいいのを取るようにいわれた。たいていは綿のほとんどないのが多かった。毎夜、大勢入れられるんで大変なふとんだった。まず最初これには閉口した。しかし一人だったのは助かった。

○○　重要犯人。

――それはあとでわかったんだけれど、ぼくは二月一日に入って三月十日ぐらいまでぜんぜん差入れを許さない。一種の拷問かと思ったのだが、拷問しようとしたんじゃない。警察は東京からの指令であげたんで、それがために仙台のほうの特高でなにか手落ちがあったらいかんという、それを恐れて差入れも全部とめたんだ。その点で重大犯人だ。東京の事件の共同の犯人としてあげられたわけだ。そのうちでいちばん弱ったのは、朝、顔を洗うわけにいかないことだった。「洗え」というんだけれど、まっ黒の手拭。みんな共通の手拭だから、これには閉口した。歯もみがかず、便所の紙だけは、いうと少しくれるんだけどね。便所は房の中にあった。便所が中にあるというのは非常に楽だけれどね、悪い点もあった。しかし仙台署のように便所が外にあるのは閉口だ。みんな時間で行くんだから。それで別の時間にいうと巡査がいやがるんだ。なかなか開けてくれない。中にあるのは便利だが、しかし紙を入れてくれないんだから、それを巡査にもらわなくちゃならない。ふとんの綿がなくなっていたのはどうも紙をいい具合いに入れないためのようだった。まったく綿なんかないふとん一枚ではどうしようもない。しかも共通のふとんだからシラミがいっぱい。

○○　ひどいものですね。

○○　そのころはどこでも、日本じゅうの留置場はそういうような状態だったのですか。
――田舎はね、ことに塩釜署はひどいんだよ。というのは、漁師ばかりだから。
○○　漁師で、けんかしてあげられたとか。
――それが毎夜連れられてきて朝出されていくんだ、そういうのが来るんだから。
○○　塩釜に連れていかれたというのは……。
――それは、やはり仙台へ置くということを避けただけでしょう。ぼくの家でもどこへ連れてゆかれたか知らないし、差入れしても何もとどかない。それはともかく、わりあい取調べに行くのが便利だから塩釜にしたのだね。ぼくがあげられたときに、実にけしからんことなんだけれど、学生も非常にたくさんあげられたのです、ぼくの事件に関連して。だけどもそれはまったく無関係なのです。警察は調べるまで事情を知らないんだ。とにかく先生をあげる機会にというだけだったらしい。三月十日過ぎに警視庁属というのが来て、初めてぼくは二階に連れていかれた。見たら下にすぐ塩釜の港があるのでびっくりした。こんなところに来ていたのかと思って、知らなかったのだ。なにか汽車の音と汽笛がしょっちゅう聞こえるんだけれど、どこかと思っていた。
○○　まったくわからなかったのですか。
――わからなかった。うとい話だ。
○○　塩釜で二月に、その時分でそういう状態に置かれるということになると、体力的に大変なことだったでしょうね。

――それでもやっぱり気が張っていたらしい、風邪もなにもひかないしね。ただ、シラミはいっぱいついた。シラミの子が生まれるのも見たよ。(笑)

○○　その間はほとんどなんにも取調べなしで独房に監禁ですね。

――そうです。だいたい仙台で調べることはなにもないんだ。東京からの指令だから。三月十日過ぎに警視庁から初めて来てね。ぼくはそのころ体がぶるぶる震えていたらしいね。いつもぼくはマントを着たままだったからね。ふとんをもらってもどうしようもないからね。寝られないのでその話したんだ。そうしたら警視庁属が塩釜署の警部を叱ったよ、そんなばかなことがあるかといって。すぐに差入れを許せというので、それからふとんその他が入れられた。

○○　嬉しかったでしょうね。

――初めてね、シャツを脱いで返したのでうちでびっくりしたといっていた、シラミの行列を見て。(笑)それはともかく、ぼくの事件というのはなんでもないんです。調べてみて弱っちゃったのでしょう。なんにもない。あげた本当の原因は、ぼくが向坂君に出した葉書なのです。あのとき改造社で「準戦時体制」とかという全集が出ることになり、いろいろの問題について書く人選を向坂君たちでしたらしい。そしてぼくが世界経済体制、大森君が世界政治体制を書くことになっていた。ところが途中から大森君は、昭和十二年夏ごろかと思う「飢ゆる日本」とかいう論文を『改造』に書いて発禁になったので、その計画から脱したのです。その点をぼくが向坂君に聞き合わせた葉書があったんだ。その葉書でぼくは協力しているということになったらしいんだ、向坂君たちの運動に。あれは東京であげたのは向坂君たちの運動よりも、ぼくらの件は有沢君や脇村君らが神田にあった医師会館の室を借りて、そこで事務所をもって共同の仕事をして、世界情勢を『中央公論』かなにかに載せていたらしい。いわゆる阿部事務所だ。それであげたのです。それに向坂君も加わっていたのだ。ところがぼくは阿部事務所には行ったことがないのです。調べられてみると、これはいつごろだったか、三月半ば過ぎだったか、調べられても、阿部事務所を知らんのだ、ぼくはそういう名前も知らなかった。だいたいそういう場所があるということは知っていた。だけどもおもしろいんだね。阿部事務所に属する人の中に、ぼくが行くことを嫌っている人がいて、向坂君はぼくを連れていかなかった。つまりぼくがマルクス主義者というか、社会主義者というか、そういうふうに考えられて、ああいうのが来ては困るというのか、あるいはまた外部のものは一切入れないというのか、とにかくぼくに来てもらっては困るという。そのことは向坂君から直接聞いていた。それでもその中には会いたいというのもいて、ぼくは東京へ出かけたとき二度ほど神田須田町の「いくえい」という鳥屋でいっしょに食事したことがあった。大森君や有沢君なんか来て、南君、あれなんかも来て、碁を打ったり鳥を食べたりして、二回ほどみんなで歓迎してくれたのです。しかしその事務所にはぼくは行ったことがない。仙台署ではそれで弱っちゃったわけだ。協力しているというような葉書を向坂君のところで手に入れたが、それを証拠に調べることができなくなった。向坂君は労農派の運動を説いて、雑誌『労農』が出なくなってもその結合はあったといっていたらしいが、ぼくは雑誌の廃刊とともに労農派というのは論壇で講座派に対していわれていただけだと思っていた。したがって向坂君たちとそういう組織的な協力関係なんかぜんぜんもっていなかったのだ。結局、向坂君たちの政治運動にも関係ないし、大内さんや有沢君の仕事にも関係ないということがわかっちゃったので弱っちゃって、あとはまったくのでっちあげということになった。

○○ それが判決文の中で、たとえば、どこそこで学生とどういう会をしたとか……ということになったわけですね。

―― あれは有沢君が仙台に集中講義に来るときに、あのころは講義料がずいぶん高かったので、その金で向坂君や大森君も遊びに来いということになって、そのときに向坂、大森両君を中心に学生と会をしたわけです。そういうのを材料にするほかなくなったんだ。つまり労農派の宣伝をするために呼んだんだと、こじつけたわけだ。しかしそれではどうも足らないからぼくの論文を採り上げたが、よくわからない。結局、すべてぼくのすることは共産党の運動を援助するものとして起訴することになった。山田君の本を使って演習をしたのをあげてみたが、それは山田君を批評しているので、これにはだいぶ困ったようだ。それればかりではない。その演習に出た学生の、全部じゃないが、大部分が「杜の会」という左翼学生の会をつくっていたのをぼくと関係しているものとみて、十何人もあげてみた。ところが、それがほとんどすべてぼくに反対の講座派でしょう。意味がなくなってしまった。そして向こうもこれを独立の事件にした。なにか「杜の会」の中には医学部の学生なんて、ぼくを見たことがないのがいて、先生を知らぬ学生もいましたよといって、特高のほうで驚いていた。むちゃですよ。だからこれは無罪になるのは当然わかりきった事件なのです。ぼくは争いもしなかった。ただ、いちばんなさけなかったのは、運動していないということだったね。運動していれば抵抗もできるわけだが、反抗のしようがない。誤解のもとにあげられ、しかもあげたのは東京でしょう。仙台はそれのつかいですから、ぼくにしても、またぼくの事件であげられた学生も、とんでもない目にあったわけだ。運動をしてやられたというのとは違うんだ。反抗しようがない。実際なさけない。いちばんなさけなかったのは、その点だった。こんなばかばかしいことはないと思った。しかし同時に、ぼくはこんな情勢からいってこんな国で経済学なんかやるのがいやだなと思った。それは本当に正直にそう思った。この事件がすんだらぜひ大学をやめてやろうと思った。これは調べられているうちに思ったのだが、こんなことではなにをしてでも生きていけばいいと思った。こんな国で学問を、少なくとも経済学をやることはできない、こんなばかばかしいことってあるものかと思った。その裏には、やはりぼくはまだ『資本論』をぼくの主張として主張しうるものにしていないということもあったようだ。これはやはりぼくがマルキストになれないということだと思った。マルクス主義者だったら『資本論』にわからないところがあっても、これは正しいに違いないと思ったかもしれないが、ぼくにはそういうことはできなかった。『資本論』の所説に疑問があるということはぼくを実に弱くしていたように思う。検事やいろんなものに対しても。だいたいは正しいと思うけれど、どうもぼくには明確に全部そうだとはいえない。もちろん自分が書いたものの中にも確信のあるものはどうしても理論的に反駁を受けない限りは改めるわけにはゆかない。しかし全面的に『資本論』の所説を主張しうる自信はなかった。これはこういう場合に実にむずかしい。自分に運動ができるのだったらといく度思ったかしれない。なお、その当時はたばこをよく吸っていたので、ここで持ち出すのはおかしいが、たばこなんか吸うんではなかったとよく思った。たばこを吸いたくてしようがない。

○○　『資本論』とたばこ。

——向こうはそれを利用するわけですよ。面倒くさくなっちゃってね、こっちは。そんなに面倒くさいうならどうにでもなれと考えてしまう。早くすめばいいという、そういう気持ちですね。それでもぼくは本当に起訴されるとは思わなかった。

○○　でも運動していなかったことがなさけないとおっしゃいますけれど……

——なさけないというのは、調べに対して抵抗する気になれないからだった。

○○　そうでしょうけれど。

○○　弁解するわけにいかない。

——法に触れることはなにもしていないんで、なにもかくすこともないんだ。

○○　だけども、たとえばたばこなんか吸いたいときに、こうだといえといわれたときに、もしちゃんとやっていれば、やはりいわざるをえないとこに追い込まれるでしょう。

——むしろ逆にそういうときにも抵抗もできるだろう。たばこ吸わんという決意もできるよ。それは運動していればそれぐらいの抵抗はやれますよ。ただ、いちばん困ったのは大森君が間違って話して、ぼくが労農派の運動に金を寄付しているというんだ。それを追及されたとき……。そんなことしていないのですが、している、大森君が証言しているというんだ。なんぼ考えてもぼくにはないんだ。だいたい労農派の運動というのがどれぐらいのものでどういうことをやっていたのかも知らないんだから。これには弱ったな。四日ぐらい考えて、しまいにはなんかしていたような気がしてきた。あれは面白いものですよ。ことによるとしたかなと思うんだな。どこでしたか、だれを通してしたかという、いろいろ考える。どうしても思い出せない。なにかだれかに渡したような気がしてくる。結局、渡したかもしれないといったことがある。しかし、どうもはっきりしないから、東京をもう一ぺん調べてくれといった。東京に刑事がいって調べたら間違っていたことがすぐわかって、なんのことはない、いたずらに苦労しただけになった。ああいうことは、やっぱり妙なことだな。そういうことがあるということをはじめて知った。ぼくはべつに拷問を受けたわけではないが、そんなことになったのだ……。

○○　学生のほうはずいぶんひどかったそうですね。

——そういうことだ。ぼくの向いの房にいた医科の学生などは調べのあと顔が変わっていた。

○○　法政の大島さんなんかもあげられたそうですね。

——大島君もやられた、「杜の会」というので。栗原君も、斎藤君も。

○○　そうすると、学生で主だっているのは大島、斎藤。

——高田富之君、戦後共産党に入っていたが、今は社会党にいる。

○○　内藤知周氏やなんかは違うのですか。

——内藤君はまだ一年に入ったばかりでやられなかったのではないか。茨木君というのは助手だったが、これもなんの関係もないのにやられ、不起訴で出て満鉄に行って戦争で死んでしまった。そのほか、いま名前ちょっと出ないけれど、学生はみんなほうぼうの警察へ分散して連れていかれて、そして拷問を受けたらしい。仙台の特高から行っちゃ調べて、それはひどかったようだ。はじめは東京からぼくをあげろといってきて、そのとき研究室にはもう一人助手をしていた杉森君というのがいて、それは当時東京に行っていた。東北を出て、経営学やらせるつもりで一橋大学の増地君のところに勉強にやっていたのです。それをぼくの事件で、ぼくが、その男の論文を向坂君の雑誌に世話してやって載っけたことがあるので、そういう関係でなにか運動の連絡に東京へやっていると思ったんだね。一緒にあげて仙台に連れて来られて調べられた。結局、その男はなにも関係がないことがわかって不起訴になった。学生の方も十何人かいる中で一人起訴された。

○○　だれですか。

——　名前は君たちにいっても仕方がないが、盛岡の男で、斎藤昌というのだが、それには弱っちゃった。彼はぼくを立派なマルクス主義者だとして、結局そういう運動をやっているように検事にいっているんだ。そういう学生のそういう証言もあったのだ。

○○　先生のファンだったわけですね。

——　そうかもしれない。しかし実際はそうでもないんだ。検事の誘導でそうなるんだね。検事がみんな文章を作るんだが、それがすべて講座派の文章なんだ。彼らは講座派で勉強しているんだ。ちょうどマッカーサー司令部の最初の頃の左翼分子がそうだったようだが、とにかく講座派の主張は経済学の素人にわかりいいんだね。それでぼくを起訴するのでもみんな講座派の文章です。結局、天皇制を廃止する共産主義の運動を援助したということで起訴するのですね。だからぼくは講座派に起訴されたような気がした。あれは二月にあげられて十二月に起訴され、十二月の二十何日かに白石署から仙台刑務所へ入った。仙台に連れてこられるまで、起訴されるとはどうしても思わなかった。不起訴だとばかり思っていた。裁判所に連れていかれてようやくわかった。

○○　相当オプチミストなのですね。

——まったくのんきなんだね。それですぐ刑務所に入れられて、もちろん未決ですが、別に番号をつけられたわけでもない。あったのでしょうけれど。

○○　青い着物は。

——それも着せられなかった。

○○　どういう着物を着ていたのですか。

——普通の着物。刑務所のほうがずっときれいだし、一人の大きな部屋だった。ただ、畳が一畳だけだったから、ちょっとそれには弱ったけれど、本を読んだりするにはわりに楽だった。

○○　だいぶ本をお読みになりましたか。

——ところが予審判事が、これまた大事をとって、ぼくが差入れしてくれといっても許さないんだ。君は差入れしないほうがいいというんだ。それでぼくは刑務所の本ばかり読んだ。例外に二つだけ、小町谷君のお父さんが「観音経」かなんかお経の本を一冊入れてくれた。面白かった。お経の本とそのほか二冊ほどだった。やはり仏教関係の。それからもう一人、ぼくと関係のない史学の人がいて『菜根譚』を入れてくれた。それは許してくれたが、この方はあまり面白くなかった。ぼくのうちからはぜんぜん許されなかった。その予審判事ははじめからぼくにむしろ同情的で、ぼくを調べている間もはじめのうちはわりあい疑問をもっていたらしいけれど、調べている間にすっかりぼくのファンになっちゃってね。予審判事も書記も給仕も、みんなぼくのファンになっちゃった。なんにも罪なくしてあげられているという確信をもっていたのですね。ぼくはなにも違法の点がないんだからわりあい楽にいえるわね。ただ、ぼくの場合は上申書を書いて出せといわれても転向しようがないので困ったぐらいだ。転向上申書を書けといっても転向しようがないから。社会主義はだいたい正しいと思っていたけれど、学問的にはなにもその論証はできないのでよろしくない。以後こういう点は改めて大いに国家のために尽しますという上申書を書いた。それよりほかなかった。そういう転向の上申書を出して、森戸さんが筆を入れてくれて、天皇制なんていう言葉を使わないほうがいいなんていって消されたりして、予審でも調べているうちに予審判事は君の場合は本当に無罪だ、しかし自分はこれで社会主義の理論はわかったというんだ。今後社会主義の裁判ができる自信がついたといっていた。まったくおかしいことになってしまったんだ。だから本当に予審から回されて裁判になることにはなったが、——あの当時はまず予審で有罪ということになるのです。それで裁判に回されて無罪か有罪かということを決定する。ぼくの場合、予審で有罪にするというときに東京に行って予審判事がいろいろ相談してきたようです。そのときに、いま、この間まで大審院というか、最高裁というか、その判事をしていた池田克という検事が「思想を取締る」という新しい主張を出したとかで、ぼくの場合も起訴されることになったらしい。東京の連中はともかく、ぼくの場合はそういうより仕方がなかったのだ。予審判事はぼくに頭を下げてそういっていた、時勢だと思ってくれって。ぼくもそれはよくわかるといったのを覚えている。それから五月中ごろに保釈になって出してもらった。

○○ 昭和十三年の五月。

―― いや、十四年です。それから裁判。

○○ 起訴されたのが十二月ですね。翌年の五月の……

―― そう、そう。だから十四年です。

○○ 「隣はなにをせし人ぞ」というのは、あれは。

―― 「した人ぞ」です。

○○ 前年の三月十日までのときですか。

―― そうです。あれはぼくの隣に脱獄囚が入ったのです。夜、ガタガタガタガタやっているんだ。大騒ぎしている。それからさっと静かになった。「春浅き隣はなにをした人ぞ」というわけだ。あとで聞いたら脱獄囚だった。したたかものだったらしい。それは二月の塩釜署です。

○○ そうすると一年と三カ月ぐらい入っていたわけですね。

―― やはり運動していないのにあげられたという点と、それから『資本論』に自信がなかったということ、これが非常に大きな弱点だった。この点でぼくのいまぐらいの考えがあったら、もう少し強く検事とでも争えたかもしれない。ぼくはどうせ、早く裁判をきめてしまってどこかで就職すればいいと思っていた。それればかり考えていたから。非常に弱っていたのです。

○○　十月に……

――　第一審。

○○　第一審の弁護士は。

――　弁護士は、もとぼくらと一緒に東北大学にいた友人の鈴木義男君。のちに、戦後、法務大臣になった鈴木君が、ぜひ自分がやりたいとぼくに手紙をよこした。というのが、鈴木君は東京でだれかの弁護を引受けていたんだ。だから彼はぼくで勉強したようなものです。事件の概要を、ぼくがみんな書いてやったんだ。彼はそれで弁護してくれたんだが、うまかったね。それから小町谷君のお父さんが、これは小樽で長年弁護士をしていたのをやめて仙台に引上げてきて弁護士をやめていたのに、小町谷君が、ぜひぼくのために弁護してやってくれといって、もう一ぺん弁護人の届を出して、それで弁護士になって、それで引受けてくれたんです。それからもう一人、佐々木という弁護士。これは河村又介君の親戚の人ですけれど、仙台の古い弁護士です。この人はぼくの検事調書を読んで、とうてい自分は弁護できんといってちょっと困ったことがあった。実際、検事の調書を読むと、天皇制の廃止運動をしていたと書いてあるんだからね。弱っちゃってね。一ぺん引き受けていて弁護をやめるというんではぼくには非常に不利になるというわけで、いろいろと説き伏せて弁護してもらった。それに河上丈太郎さん。河上氏はぼくの家内の父が頼んで、ぼくとは関係なしになったのだが、河上さんはぼくの弁護に関しては非常に不熱心だった。これはのちに第二審のときには、とうとう裁判長が、そんな弁護人は断わりなさいといったほどだった。来るといっていて来ないんだ。翼賛会の仕事で来られないからとかいうのだったが、そうしたら判事が偉い判事で、いまごろの弁護士は翼賛会、翼賛会といってしょうがない。そんな弁護士は断わりなさいというんだ。

○○　その二審の判事はなんという人ですか。

――二審は山口とかいう人だった。非常にはっきりした人なんだ。二審でも、その前に別の判事があたっていたのだが、ぼくのような裁判をするのはどうもいやだったらしい。長びかすばかりしているうちに転任しちゃって、それからあとに来た山口という人が非常に徹底していてどんどん進めたんだ。あとで聞いたら彼は栗生君かだれかの友人だったらしい。非常に明快な人で、河上さんなんか断わればいうんだが、そのときぼくは困ってしまって、ぼくが頼んだんじゃないからすぐそうするわけにいかんけれど、よく相談してお答えしますといったわけだ。そうしたら弁護士のほうでは、ことに初めに弁護できんといっていた佐々木という弁護士なんかは、第一審で無罪になったときにもぼくに握手して喜んだのだが、このときももう大丈夫だという。ぼくにはちょっとわからなかったけれど、判事が弁護士を断われというようならもうこれは無罪に決まっているというわけだ。証人に向坂君も来てくれたし、それから東北大学じゃ高橋先生と武内義雄という、事件前に法文学部長をしたんだが、二人とも特別に証言して下さった。武内さんのほうは書面の証言だが、高橋さんは法廷に出て特別の……

○○　どういうことを……。

――どうということはないけれど、学問的にやっているんで運動していないという点を強調されたようだった。そのときに高橋先生はぼくが理論にも実践的理論と理論的理論があるという主張をもっている点を話していられた。ぼくがよく高橋さんにそんな話をしていたからね。高橋先生心配して、ぼくが塩釜署にいるときにも一ぺん面会に来てくだすった。自家の者のほかは全部会えなかったんだが、先生は特別だったらしい。

○○　こわがったのですか。

——そうではないだろう。経済関係の人にはこわがった人もあったろうが、一般に会わんほうがいいという意見もあったようだ。刑務所にいってからも同様だった。

○○　かえって警察を刺激しないほうがいいという……。

——だいたいは経済の連中はいやがっていたけれど、ほかの法科、文科の人々は自分に直接には関係ないからね、だからべつに心配しなかったでしょう。もちろんみなぼくに非常に同情的だった。

○○　経済にはきちんとしていたのはいないのですか。

——いない。しかし当時の情勢ではやむをえなかったといってよい。

○○　やはり経済の場合だとマイナスになるほうが強いのでしょうね。

○○　マイナスというのはどういう意味？

○○　なんかマル経をやっているような人はそういう弁護に立った場合に……

——もちろん弁護になんか立てない。長谷田君はたしか予審の証言には呼ばれていたと思う。

○○　それはどういう……。

——それもただ学問的にやっているだけだというのだったようだ。

○○　弁護はするのですね。

――それはもちろんしますよ。不利な証言なんかするわけがない。しかし弱腰だからね。それは特高がおどかしばかりしているんだから仕方がないよ。たとえば、保釈中のぼくが大学の中を通ったというだけで、ああいうものを大学を通らせるようじゃいかんとかいったということだ。むちゃくちゃですよ。

○○　自分の研究室も？

――行けない。

○○　閉めたまんまで。

――本なんかもむやみに持ち出してしまって、ドイツ訳の「レーニン全集」なんて一冊を残してあと全部とられてしまった。

○○　あとはほこりをかぶったままで……。

――大損害ですよ。これはあとで返してくれといっても、あれは小宮さんの知り合いかなんかの高級の裁判官から、そんなことはいわないほうがよいと注意された。裁判所に行っている本もあったが、警察にはもっとたくさんいっていた。その中には丸善から取寄せてまだ支払ってないものや、図書館の本も一、二冊はあったが、それもあまり争わんほうがいいというのだ。ぼくの就職やなんかのことも心配して、不利になるといけないというのだったらしい。そういわれると同情されているだけにあきらめざるを得なかった。そういういきさつです。だから二審で無罪となったのが十五年の暮で、一月にはそれが確定し、法文学部の教授会が復職の決議をしているのですが、これがまたどうもうまくゆかなかった。

○○　十六年の一月に復職の決議をしていますね。

――そうです。

○○　復職を積極的に提議したのは……。

――それはだれか知らんけれど、法科、文科の連中でしょう。法科、文科はみんななんともない。経済の方ではそうするのは非常に危険な問題だと思いこんでいたらしい。つまり特高におびやかされているわけだからね、そんなことするとお前たちもあげるぞなんてしょっちゅういわれていたんだからね。まさかそんなこともできないだろうが……。

○○　復職のその問題は法文学部の教授会で法科、文科の先生方が出して決議したのですね。

――その点はぼくはよく知らない。

○○　経済の先生方もいたわけですね。

――もちろんいたでしょう。

○○　べつに反対はなかったわけですね。

――もちろん反対はできない。欠席した人は少しはいたかもしれない。大部分は非常に同情して、また非常に喜んでくれた。会をさっそくやってくれた。色紙を書いてくれたりいろんなことをしてくれた。ただ結末はよくなかった。どうしても総長が復職を許さない。文部省がそれを許さなかったからです。ぼくはやめるといっているんだから、ぼくは総長に……

○○　そのとき総長はだれですか。

——熊谷岱蔵という結核の先生です。その方では偉い先生で、あそこに抗酸菌研究所を作ったりしたという評判の人だったが、どうしてもわからんのだ。ぼくはやめるんだから安心して復職させなさいとぼくはいったが、それが信用できない。面白いね。それじゃぼくの信頼する先生に辞表を預けておく、せっかく法文学部の教授会で復職の決議をしたんだから、形式的にだけでも復職させなさい、そうすればぼくはあとでやめるといったのだが、それもきかない。文部省から許さんといっているからできないという。

○○　熊谷という先生自身の考え……。

——もあるんでしょうが、そういうことはしようとしないんだ。ぼくは熊谷さんのうちに行って何時間か議論したんだが、なんとしても聞きいれない。そんなにわからないんならどうにでもなさいといって、それで帰った。そうしたら、ちょうど学部長が土居光知さんで、土居さんは弱って教授会では決議するし総長は許さんというし、結局辞表をまず出しなさいということになった。つまり総長は自分が辞表をもらわなきゃ安心できないというんだから仕方がないよ。今ならそうはならなかったろうが、この総長はぼくを信用できないと思っていたらしい。あるいは文部省からそういってきていたのかもしれない。この人ぜんぜん知らないことはないのです。前に子供のことでいく度か会っているんだ。

○○　大学の中でいろいろ評判を聞いているでしょうからわかっているでしょうにね。

――そのときぼくの信頼する先生というのは高橋先生なのですが、そのことは明白には名前をいわなかったので、なお信頼できないと思ったのかも知れない。なにかグループの連中に預けてとかと思ったんだろうね。そうしたら文部省からはやられるというわけだろう。ことに復職させたら辞職しないということになると、第二の滝川事件みたいになると思って。

○○　結局……?

――辞表を出したのです。もともとぼくはやめるつもりだったのだから。

○○　復職しなかったわけですね。

――いや、それがまたおかしいんだ。辞表を出したら復職させた。だから非常に形式的な……。

○○　直接総長に出されたのですね。

――そうだったか、どうかちょっと明白でない。

○○　学部長の立場はぜんぜんなしですね。

――ぼくは学部長を通して総長に出したように思う。教授会の決定を無視したことになった。だから学部長がいちばん困った。土居さんの奥さんなんか、ぼくらの隣に住んでいたことがあるのでよく知っていたものだから、うらまないで下さいよといってられた。うらむことなんかないよ、土居さんはむしろ気の毒な地位にあったのだ。総長がだめなのだ。もっともぼく自身も滝川さんのように争う気はないのだから、結局はぼくによるわけだ。

○○　東京にいらしたのは……。

——十六年の三月。
○○　要するに貿易研究所に就職すると同時に東京にいらした。
——そうです。だが、ちょっと前にぼくは一人で来て、どこか就職するところはないだろうかといって、家内の父に話して、結局は竹内謙二君に相談することになった。
○○　そういう親しい仲だったのですか。
——いや、ぼくより、ぼくの家内の父がよく知っている。あれは顔が広いから竹内君に相談したらいいだろうというので相談したら、それはいま貿易振興協会というのができているというんだ。これは金もずいぶんあるという。これに入ったらどうかといって、これに入るのは相当の名士を紹介者にもつ必要がある。それには家内の父の学生だった山室宗文という、当時三菱信託の社長がいいだろうということになった。もう亡くなったが、彼に頼むことにしたら、早速決まった。もちろん山室さんはぼくに会いたいというので、ぼくは『ロンバード・ストリート』の訳本を持っていっていろいろ話したら、それじゃ自分が推薦するからということになった。高橋先生は三菱の経済研究所に入れといって、自分の友人が理事長をしているからといって長い手紙を書いて下さったりしたので、ぼくはそれをもって三菱経済研究所に行ったのだが、その理事長はどうしてもぼくを入れたくないんだね。その理事長は高橋先生の同級で一高の寮で同室だったということだ。山室さんにその話をしたら、いま三菱に行かんほうがいいといって、結局行かなかった。あとで聞いたらその当時三菱にいた鎌田(正三)君が呼ばれて、宇野という男はどういう男かいく度もきいたそうだ。どういう男かが鎌田君の説明によると実に面白いんだ。

親類に三菱の重役がいるかということなんだ、結局、そういうのがいたら大変だから断われないと思ったらしい。まったくゆかいな話ですよ。それで貿易研究所に入った。ほかに栗生君が世話して北京に来ないかという話もあった、北京の放送局だ。放送局の人が来たのです、仙台まで。

○○　放送局でなにを？

——　なにもせんでもいい。来て坐っていてくれ。相当の俸給を出すというんだ。北京は見たいけれど、ぼくは放送局はごめんだ。大連と東京の間ならなんの職業でもやるといっていたし、なんでもいいと思っていたが、その話は受けられなかった。なおまた、ぼくの学生に北支軍の司令部のなんとかいう偉い大将の甥がいて、北支軍の顧問に推薦するからとすすめるのがいた。これは困ったけれど、みんな好意をもっていってくれるのですげなく断わることはできないが、これも止めにした。それはともかく、たしか今村さんという弁護士がそういっていたというんだが、治安維持法の裁判で無罪になったのはぼくが初めてだということだった。これは裏からいえば問題にならぬことを問題にしようとしたことに過ぎない。まったく無意味のことで二、三年を無駄にしたことになるが、そのおかげで戦争中の大学にいないですむことになったわけだ。

○○　ほかにも治安維持法の裁判で無罪になったのがあったというのを読んだことがあったのですが、検察当局にだんだんと無理があったのでしょう。

——　しかしあとで考えれば裁判になってそうなったほうが楽だったようだ。不起訴になっていたら要視察人になって特高がしじゅう来ることになる。ぼくにはそれはなかった。しかしどうもブラック・

リストにはのっていたらしいね。警察では知っていたらしい。ぼくは戦争中に西荻に住んでいてそういうことを知ることになったが、しかし大したことはなかった。

○○　きょうはだいたいこれぐらいにしておきましょう。

（上）了

［著者］

宇野弘蔵（うの　こうぞう）

1897年倉敷に生まれる。東京帝国大学経済学部卒業後，ドイツに留学。帰国後，東北帝国大学助教授。1938年人民戦線事件に連坐。日本貿易研究所，三菱経済研究所勤務を経て，戦後東京大学社会科学研究所教授，法政大学教授を歴任。1977年死去。『宇野弘蔵著作集』（全11巻，岩波書店），『恐慌論』『経済原論』（岩波文庫），『資本論に学ぶ』『社会科学としての経済学』（ちくま学芸文庫）ほか。

資本論五十年　上

1970年2月16日　初　版第1刷発行
2017年5月18日　改装版第1刷発行

発行所　一般財団法人 法政大学出版局

〒102-0071 東京都千代田区富士見2-17-1
電話03（5214）5540　振替00160-6-95814
印刷：三和印刷　製本：誠製本

Printed in Japan

ISBN978-4-588-64106-0